Karl Valentin's
Gesammelte Werke

MIT 28 ABBILDUNGEN

R. PIPER & CO VERLAG

MÜNCHEN

Mit einer Erinnerung von Ernst Buschor ›Museumsdirektor Karl
Valentin‹ und einem Essay von Kurt Tucholsky ›Der Linksdenker‹

ISBN 3-492-01568-9

12. Auflage, 83.–87. Tausend 1974

© R. Piper & Co. Verlag, München, 1961

Einband und Schutzumschlag Gerhard M. Hotop

Gesetzt aus der Palatino-Antiqua

Gesamtherstellung: Graphische Werkstätten Kösel, Kempten

Printed in Germany

INHALT

Monologe

Dialoge

Szenen

Verschiedenes

MONOLOGE

Der Vortragende soll auffallend schlank gewachsen sein

Wenn man es eigentlich richtig nimmt, ist das Radfahren eine große Dummheit. – Ich z. B. würde überhaupt nicht radfahren, aber mir hat es der Doktor verordnet. »Sie müssen Bewegung haben, sonst werden Sie zu fett«, hat er gsagt. Fett bin ich eigentlich gar nicht, ich bin nur leichtsinnig. Wie oft bin ich schon auf d' Nacht ohne Glocke ausgfahrn, nicht amal a Licht hab ich dabei ghabt. Auf d' Nacht fahr ich nämlich nie ohne Licht aus – bei Tag weniger, außerdem es wird recht früh Nacht wie im Winter zum Beispiel. Und im Winter fahr ich überhaupt nicht. Malheur hab ich schon ghabt mit der Radlerei und immer fahr i wieder. Erst kürzlich bin ich mit mein'm Radl unter ein Automobil neinkommen! Da hab ich ein Mordsglück ghabt: Der Chauffeur war nämlich a guata Freund von mir – hat mich gleich erkannt wia ich dahergfahrn bin und hat deswegn natürlich sofort bremst, sonst wär ich sicher kaputt gwesn. Darum sage ich, ich gib die ganze Radfahrerei noch auf; aber bevor ich mei Radl einem andern verkauf, fahr ich doch lieber selber und mir tut das Radfahren gut. Ein jeder kann's net vertragn – da muß man gut beinand sein, vor allem gsund auf der Brust. *Hustet verdächtig* Jetzt, ich halt was auf mei Gsundheit, ich leb auch danach. Bei mir heißts in der Früh um 11 Uhr raus ausm Bett, a paar guate Zigarrn graucht, z'Mittag a paar Regensburger in Essig und Öl – recht sauer, dös macht Blut. Nachmittags a kleine Radtour nach Holzkirchen, aber gemütlich 40 km. Wenn man dann so erhitzt am Ziel angelangt ist, net gleich in a warms Lokal neisetzen, nein! Zuerst im Hausgang stehn bleibn, wo's recht zieht, und wenns einm dann friert, dann a frische Maß Bier nunterstürzen und a Stückl Brot danach essen – da kann einem nix passiern. Nur auf diese Weise bekommt man ein kräftiges, blühendes Aussehen. Schaun S' mich an – ich treib das schon wochenlang. A paar Freund vor mir habn diesen Rat auch befolgt – denen fehlt jetzt nix mehr. – – – Verunglückt bin ich auch schon. Beim letzten Rennen hab ich einen Nabelbruch erlitten, an Gabelbruch wollt

ich sagn; seit dieser Zeit hab ich die Rennerei satt. In meinem
Leben mach ich kein Radrennen mehr mit. Zu meiner Schande
muß ich gestehen, daß ich bei jedem Rennen der letzte war; da
war aber nicht ich schuld, da warn die andern schuld, weil mir
die immer vorgfahrn sind. Schaun S', der wo den ersten Preis
gmacht hat, der Mann is krank – der leidet an Verfolgungswahn,
der bildet sich bei jedem Rennen ein, der zweite fahrt ihm immer
nach; natürlich fährt er dann wie wahnsinnig dahin, dann muß
er doch der erste werdn. Jeder kann ja auch nicht der erste sein,
das soll bei einem richtigen Rennen gar nicht vorkommen – das
hätte auch gar keinen Sinn. – A paarmal hab ich einen Schritt-
macher gmacht, aber da ham s' mich net brauchen können, weil
ich zu wenig Luft verdrängt hab. – Was Interessantes muß ich
Ihnen noch erzähln! Ich bin doch der Vorstand vom Radlerclub
›D' Windhund‹ und neulich ham wir von der Fabrik für unsern
Club eine neue Standarte kriegt. Eine wunderschöne Standarte!
Und in diese Standarte war mit goldenen Buchstaben der schöne
Spruch hineingestickt: »Der Mensch denkt und Gott lenkt«.
Einige Sekunden besann ich mich grübelnd und nachdenklich
über dieses Symbol der Velozipedistik. Stillschweigend nahm ich
mein Rad, verließ den Club, setzte mich auf meine Maschine,
verschränkte die Arme ineinander, die Nase stolz zum Himmel
gerichtet, und fuhr eben dahin, ohne zu lenken. Nach fünf Meter
Fahrt schleuderte es mich gegen ein Hauseck und ich lag un-
schwer verwundet am Boden. Ich stand zerknirscht auf, setzte
mich wieder auf mein Rad, und seit dieser Zeit – lenke ich wieder
selbst. – – Die Radfahrerei betreib ich schon seit meiner Jugend.
Als ich kaum ein Kind von 19 Jahren war, beschloß ich, mit meinem Dreirad nach Nürnberg zu fahren. Pro Stunde leistete dieses Veloziped 4 km und ich dachte, bei gutem Rückenwind in
9 Tagen in Nürnberg einzutreffen. Ich konnte damals erst übermorgen starten, denn der Abschied von meinen Eltern dauerte
einen Tag, der von meiner Braut – eine Nacht. Keine Behörde,
kein Bürgermeister, nur ich selbst hatte mich am Startplatz ein-
gefunden. Das Wetter war herrlich – fast schön. Leise Winde
durchhuschten die Speichen meiner Überlandmaschine. Ein küh-
ner Sprung auf dem Stahlroß, noch ein Rückblick auf die Heimat,
und mein Vehikel durchschnitt die Atmosphäre. Nach einer hal-

ben Stunde rasender Fahrt kehrte ich zum erstenmal ein. Da ich mein Rad auf dieser langen Fahrt voraussichtlich beim Einkehren immer allein auf der Straße stehen lassen mußte, habe ich vorsichtshalber ein großes Blechschild angebracht: »Bitte nicht stehlen!« Und so war ich wenigstens vor einem eventuellen Diebstahl sicher, und frisch gestärkt ging die Fahrt fortwährend hurtig weiter. – All Heil!

KRESZENZ HIAGELGWIMPFT

Kreszenz Hiagelgwimpft ist die Gattin eines hiesigen Großkaufmanns aus der goldenen Inflationszeit 1919 usw. – Lassen wir sie selbst reden:

»Was moanas, wie schnell wir uns emporg'schwunga ham, – nix ham ma ghabt, i und mei Mo, – nix – als wia a kloans Kind. Aber mit Kleinem fängt man an und mit Großem hört man auf. Und heut hätt ma so ziemlich alles, was unser Herz begehrt. Alles könn man uns kaffa, beinand san ma, daß 's zwischen der Burgoassi und uns koan Unterschied gibt. – Blos 's Maü wenn ma aufmacha, dann san ma verlorn, dann hauts uns naus aus der Rolln, zwega der Haidhauser Grammatik. Drum muaß i jetzt von mein Mo aus Anstandskurse mitmacha, in der Anstandsanstalt beim Knigge. Voraussichtlich bleib ja i im ersten Kursus scho hocka, wie a erster Klassler, weils i halt gar net recht dapacka konn, mit der Bildung. – Wia gestern bei meiner Friseuse, bei der Frau Speer in der Sendlingerstraße, hab i mi wieder in Gedanken vergessen und hab mei Giesinger Abstammung öffentlich bekanntgeben, weil mir dö kletzerte Friseuse a so a graüßliche Mohnweckerlfrisur aufs Haupt aufidraht hat, daß mir mindestens fünfhundert Schulbuben nachglaufen warn, wenn i damit auf d' Straß auße war. – ›Moanst, daß i mit dera Bollnfrisur aus dem zwölften Jahrhundert Spießruaten laffa tua – an Bubikopf schneidst ma – aba schleunigst – mit sämtlichen Raffinessen der Gegenwart und Zukunft‹ – hab i zu der Ondolischuxen gsagt. ›Und verschneidn balstn tuast, na pack i di so lang beim Schlund, bist an Geist aushauchst.‹ In dem feina Schuahladen beim........ ists ma aa so ganga. Hab i mi auch wieder vergessen. Da hab i mir feine Schuah kaffa wolln, feine Lack mit Pariser Goldbrokateinsätze. Zwoa volle Stund bin i strumpfsockert in dem Ladn drinn ghockt. Moanas, i war drokemma? Auf oanmal ists mir z'dumm worn. Jetzt bin i aufganga wia d' Morgensonne. ›Ja du windiger Ladenratz‹, hab i zu dera Verkaüferin gsagt. ›Tua fei ja net launenhaft sei und beicht amal, wia oft daß d' jetzt bei mir no vorbeisaust, wennst sigst, daß ma pressiert. Wiast mi net augenblickli prompt bedienst, dann fahr i dir strumpfsockert in d' Nasenlöcher nei, daß d' dastickst.‹ Aber da hats ihr auf einmal pressiert, und glei ists mit zwölf Schachteln Damenschläuch angruckt. ›Was willst denn da mit dera Schachtel? Inhalt Schuahnummer fünfunddreißig — Moanst, i bin im Saüglingsheim auskemma?‹ — Mit drei Paar 42er hab ich das Schuhasyl verlassen, bin ausn Laden zornig raustanzt, in mein Auto eingstiegn und meinem Schauffeür befohlen: ›Alise, reib auf, hoam gehts.‹ — — O mei, unser trautes Heim solln Sie amal dalurn, da kanntens Ihna amal a paar Stund lang an am Reichtum ergötzen. Eine Zwölf-Zimmer-Wohnung ham ma uns zuaglegt, ist ja nix aa — an Rokokokcko-Salon sollns sehn, mit de geschnekelten Saüln und de persischen Fuaßabstreifer. Und das glänzerte Speisemagahoni-Zimmer aus der Zeit Lugge des Vierzehnten. De elektrische Trambahn kenna ja mir nur vom Sehngn. Mir ham in unsern Autostall an unhäßlichen Mercedes und einen Maybach-Achtsitzer je hundert SP — ah, PS. Dös aufsehenerregende Getös sollns amal erlebn, wenn wir mit unserm lila lackierten Töff-Töff vorm Nationaltheater landen. Es ist halt so ziemlich dasselbe als wia ehemals mit Seiner Majestät bis aufs Hochschrein. Und im Theater drinn nacha, ersten Rang Vorderplatz, auf grünem Samt, da geht dann 'das allgemeine Gegaff o auf unsre Wenigkeit. Mei Alter mitn Opernherzarrer und ich mitn goldnen Linseisen. Vor acht Tagen warn ma in Tristan und Isolde. — AAA — da schneidst o, mit dem G'schpui — Der Tristan geht ja noch, aber d' Isolde, de gschroamanlert Fee, mit dem chronischen Stimmbandlgeknarz, des is allerhand. Und unterhaltlich wars im Ganzen, so oft hab i mein Alten gar net aufwecka könna, als er mir eingschlummert ist. AAA – dö Opern, daß i net rutsch, da geh i scho tausendmal lieber in d' Auermühlbachlichtspiele. Aber mir könna doch heut mit unsern sichtbaren Pomp net in an Vorstadtkino auftaucha. Ja ja — Geld alloa macht auch nicht glücklich. Je mehr Geld, desto mehr Verdruß. Hast Geld, dann brauchst Dienstboten – hast Dienstboten, dann muaßt di Tag und Nacht ärgern über Magd und Gesinde. Gegenwärtig such ich eine Herrschaftköchin. Moanas, ich treibert eine passende auf? Dö wo ma jetzt ham, dera gfallts nimmer bei uns,

hamm Sie Worte? Tuat ma dem Trampe alles, was ma ihr an dö
Augn absieht. Mittags gibt ma ihr 's ganze Essen, des was mir
nimmer mögn, hat ihr eignes Bett, d' Ortskrankenkasse laß ma
ihr selber zahln, und da gfallts ihr nimmer bei uns. I moan,
wenn ma einem Menschen in jeder Weise entgegenkommt —
und ein wüffes Frauenzimmer ist das — jetzt ist sie schon fünfunddreißig Jahre alt, moana Sie, dö fürcht noch an Kaminkehrer?
Ja an Schafkas, im Gegenteil — nachlaufa tuts ihm noch. Aber da
derf ma nix sagn, da wars aus mit mein Alten — bei mein Xade —
über sei Fanny laßt er nichts kemma — dö wenn eahm vierecker-
te Knödel am Tisch hinstellt, dann sanns aa rund bei ihm. Alle
vierzehn Tag hat 's Fräulein Fanny Ausgang von 2—8 Uhr. Sie
kommt aber jedesmal erst an andern Tag in der Fruah mit gras-
greane Froschaugn. Schauns, auf Weihnachten hat man kein
Geld angschaut, mei Xade hat ihr drei Ohrringeln kauft und ich
hab ihr, daß aa a Freud hat, vom Kaspar Ostermeir 's Magdzimmer desinfiziern lassen. Moanas, ich hab an Dank ghabt?
Ja an Dreck — ausgricht hats mi bei der ganzen Nachbarschaft,
daß ma so viel Wanzen ham. Aber heuer auf Weihnachten, wenns
noch bei uns ist, soll sies selber fangen. — Kinoschauspielerin
möcht sie jetzt werden! Ham Sie Worte! ›Sie — mit dera broat-
gfotzerten Bauernfünfalarva! — — Denkas liaber an Eahna Kocherei‹, hab i gsagt, ›daß amal lerna, auf was für a Seite man
Butterbrot schmiert, moana denn Sie, mit Eahnan gwarzerten
Verdrußfaltengsicht und mit Eahnan Baumhacklteint wern Sie a
Schauspielerin? — A Schauspielerin? — A Abspülerin könnas macha in der Speisehalle, Sie Prachtdotschen!‹ Ja es ist unglaublich,
eingebildet ist die Person — sie bildet sich immer ein, mein Gemahl ist in sie ganz verrückt — sowas braucht sie sich doch net
einbilden, de freche Naßl, wo es doch bittere Wahrheit ist. An
ganzen Tag hats nur ihre Mannsbilder im Kopf, drumm ists auch
so furchtbar zerstreut. — Was tuts nicht neulings? — Reibts net in
unsern eleganten Speisesalon die schöne Goldtapete mit Stahlspäne ab, daß d' Fetzen glei bis am Fußboden nunterghängt
san. — An Parkettboden putzt sie regelmäßig mit Sidol — an Kanarienvogel gibts manchmal vor lauter Zerstreutheit 's Hunds-
fressen — auf Weihnachten hats uns amal Ostereier gfärbt — am
Heiligen Dreikönigtag hats Kirtanudeln bacha — auf Pfingsten

hats auf unsern schöna schwarzpolierten Blüthner-Flügel mit der
weißen Ölfarb ›Kaspar, Melchior und Balthasar‹ naufgschriebn –
und d' Goldfisch .... reibt 's Rindviech mitn Staublumpen ab.
Punkt.«

Also gestern war ein direkter Freudentag für mich. Sagt mein Mann zu mir: »Kreszenz, heut gehn wir in das neue Kinematographentheater nüber und schaugn uns das große Filmdrama an ›Quo vadis‹, das soll großartig sein.«

Ich hab mich z'sammagschneckelt (angezogen) so gut als halt noch geht, und um ¹/₂ 2 Uhr san ma scho vorm Kino dortgestanden. Wir ham gmeint, mir komma noch z'früh, daweil san da Menschen dortgstanden, hingrafft ham sie sich zu dera Kasse wie die Wilden.

Ich und mein Alter san gleich an die Kasse hin und ham g'schaut, was die Billetten kosten.

»Mögts Euch schon hinten anstelln!« schreit so a junges Frauenzimma. – »Wird Ihnen schon passen«, sag ich, »wenn ma zuerst schaun, was es kost; das wissen wir schon selber, daß wir uns hinten anstellen müssen. Sie schaug o, 's rotzige Zimmamadl.«

Mei Mann packt mich gleich am Arm und will mich z'ruckziehn, reißt mir aber von meiner neuen Blusen an halberten Ärmel runter. »No, Lackl«, sag ich, »jetzt schau Dich wieder an, was Du wieder gmacht hast, ich sag ja, wiast halt Du was in Dei Pratzen (Hand) nimmst, is schon hin auch.«

»Aber deshalb brauchen Sie Ihren Mann aa koan Lackl hoaßen«, sagt s i e drauf, die ganz andere, »weil Ihna Sie mit Ihrem Schnacklkopf auch dö Blusen net selber kauft ham.« »Haltens fei Eahna Maul, Sie gschnappige Person, und mischens Ihna nicht in Familienangelegenheiten, sonst stoß ich Ihna naus aus der Reihe der ›Angestellten‹.« – Und dann ham mir die Gescheiteren gemacht und haben uns hinten angestellt bis mir die Billetten ghabt ham.

Punkt 2 Uhr hams uns hineinlassen. Ich hätt ja den schönsten Platz erwischt, aber natürlich, der langweilige Herr Gatte, der beim hellichten Tag schon zu langsam schaut, ist im finsteren Zuschauerraum umeinandergetappt wia a junger Hund, der

im Wasser an Hundstapperer macht. »Ich sieh ja nichts, ich sieh
ja nichts«, hat er allaweil gschrian, und wenn ihn i c h nicht auf
einen Platz hingesetzt hätt wie ein Schullehrer einen ABC-
Schützen, dann hätt er die Kinoleinwand auch noch durchgrennt
mit seinem Gipskopf. Einen schlechten Platz ham wir erwischt
in einer Nischen drin; vor uns ist glücklicherweise ein Mordstrumm viereckige Säuln gstanden. »So, jetzt haben wir's«, hab
i zu meim Mann gsagt, »jetzt kannst ums Eck nüber schaun oder
Du kannst Dir um den Eintritt zwei Stunden lang die viereckige
Säuln betrachten.«

   »Ach, möchtens net so freundlich sein, Herr Nachbar«, sag ich
zu dem Herrn, der neben mir gesessen ist, »und möchtens ein
wenig nach links nüber rücken, daß wir besser vorsehn.« »Das
könnens Ihnen denken«, sagt der, »ich bin schon ganz narrisch,
wenn Ihna die Säuln geniert, dann streckens halt Ihr'n Gans-
kragen um die Säuln nüber.« »Ich dank recht schön, Herr Nachbar«, hab ich gsagt, »Sie sind halt ein liebenswürdiger Mensch«,
und dann hab ich mir beim ersten Akt den Hals so verdreht, daß
ich ausgschaut hab wie ein erdrosselter Flamingo im Zoologischen Garten. Also gschimpft hab ich so viel in dem Kino drin,
daß ich bald die Klaviermusik übertönt hätte. Auf einmal schreit
einer von der hinteren Reihe zu mir vor: »Gell, tuns fei bald
Ihre Gebiß-Schatulle zumachen, sonst falln Ihna noch die ganzen
Beißperlen raus, wo Ihna die Ortskrankenkasse die Hälfte dazu-
gezahlt hat.« Jetzt schaun S' eine solche Frechheit an und darfst
nichts sagen, sonst kriegst noch Prügel auch.

   Vor mir sitzt so ein Lucki, hat an Goggs (Hut) auf, und weil
ich halt a bisserl klein bin, sieh ich natürlich nichts wegen dem
sein' Hut. »Ach, möchtens nicht so freundlich sein, schöner Herr,
und möchtens Ihren Stops (Hut) runtertun, weil ich sonst nichts
sehe«; und weil er nicht gleich darauf reagiert hat, hab ich ihm
mit meinem Zeigefinger von hinten ein wenig auf die Achsel
hinaufgstupft. Der schaut um und staucht (schimpft) mich gleich
so zusammen.

   »Tu mich fei noch einmal betupfen dahinten, dann heb ich
Dich raus aus die Klappsitz, alte Hyazinthn. Und jetzt, mein ich,
wirst es packen mitn Stillentium, gräuslicher Hausaff.«

   Jetzt bin ich narrisch worden. — »Wer ist a alter Hausaff?«

hab ich g'sagt und hab dem Schlawinerbuben von hinten meine
zehn Fingernägel so ins Genick neingsetzt, daß er gemeint hat,
er hat seinen Kopf in eine Roßhaarzupfmaschine neibracht.

Mei Mann will mir helfen, der dumme Depp packt mich in der
Finsternis und haut mir oane nach der andern runter. Der Platzanweiser hat sich mit seiner Uhrketten in meinen Lockenchignon
verwickelt, die Leut haben alle geschrien: »Licht, Licht!«, und bis
wir uns besonnen haben, war schon Licht – aber Tageslicht, sind
wir schon auf der Straße draußen gelegen. Ausgeschaut ham
mir, als wenn wir 14 Tage in einem feindlichen Stacheldrahtver-
hau dringehängt wären. Ganz verhaut und zerfetzt sind wir
von dannen gezogen. Beim Heimgehn sind uns die Schulkinder
alle noch nach und ham g'schrien: »Ah, ah, Mann und Frau im
Essigkrug!« Vor der Wohnungstüre angekommen, hab ich erst
gemerkt, daß ich bei dieser Rauferei mein Tascherl mit die Woh-
nungsschlüssel verloren hab. Ich mußte in dem Verzug zum
Schlosser laufen, der war natürlich nicht daheim, jetzt haben
uns mein Mann und ich den ganzen Nachmittag im Stiegenhaus
aufs Fensterbrettl gsetzt und haben auf den Schlosser gewartet
und anstatt zur Erinnerung an das schöne Filmdrama ›Quo
vadis‹ haben wir beide geseufzt: »O fad wars!«

Von gestern bis heut, hat er gsagt, der Menter Xaver, hat er drei Nächt net gschlafa vor lauter Zahnweh.

Ganz hint in der Eck hat er an Stockzahn, a Mordstrumm, aba hohl wia a alter Trankhafa. Da Xaver sagt, dös kann er net versteh, wenn do a Zahn hohl is, dann is doch im Zahn nix drin, und wia dös »nix« weh toa ko', dös konn er net versteh, dös wui eahm gar net ei'geh. Denn dann müassat do der Burgermoaster allawei Kopfweh ham, sagt er.

Es is aba aa z'wida fürn Xaver, weil er an ganzen Tag mitn rotdipfedn Zahnbund rumlaffa muaß, – a jeda fragtn scho aa: »Hast Zahnweh, Xaver?«

»Naa«, brüllt er, »an Fuaß hab i mir verstaucht, drum bind i mir an Kopf ein.« Er hat scho recht, der Xaver, dös muaß do jeder am ersten Blick glei sehgn, daß er Zahnweh hat, sunst taat er do koan Zahnbund ummabinden.

Soweit i an Xaver kenn, konn er ja gar nix dafür, sei Muatter, hams erzählt, soll aa am selben Platz an hohln Zahn g'habt ham und da hat'n halt der Xaver geerbt, da konn ma eahm wirkli koan Vorwurf macha.

Gestern solls aba ganz g'fehlt g'wesn sei. Gestern hat er g'wimmert wia 's Sturmglöckerl, wanns brennt, vor lauter Zähntweh, dann is eahm z'dumm worn. Er hat sei schöne Joppn o'zogn, hat sei Plüschhüatl mitn Adlerflaum aufg'setzt, dössell war eahm aba um fünf Nummern z'kloa, wegn am Zahnbund, aba er hats mit an Spagatschnürl o'bundn, sein Stecka packt und dahi is ganga.

Und wias halt scho oft vorkemma is, wia da Xaver in der Stadt vorm Zahnarzt seiner Tür steht, wars eahm grad, als wia wenn der Zahn auf oamal gar nimma so weh taat. Halt, hat si da Xaver denkt, dös hast schö daratn, a Viertelstund später wenn er aufg'hört hätt, waar er scho herausg'wesn, da hab i aba a Glück g'habt. Und g'lacht hat er, wei er sich das Markl erspart hat.

Auf dö Zehaspitzl is er runtaganga vom drittn Stock, und

heruntn hat er sich glei a Maß Bier kafft und a Laugnbrezen.
Seine andern Zähn hat dös eiskalte Bier und dö stoaharte Laugn-
brezen net g'schadt, bloß der oane Zahn, der wehe, war mit dera
Behandlung net z'friedn und er hat halt wieda zum tobn und
zum ziagn o'gfangt, so daß da Xaver vor lauter Schmerz as
Zahln vergessn hat. Und dö Kellnerin hat g'schrian: »Halt, z'erst
zahln!« — und bald hätt er dös aa net g'hört wegn dem dicken
Zahnbund.

Und wia a alter Leimsieda is da Xaver wieda zum Zahndokta
aufe mit dem oan Gedanken — jetzt muaß er aussi, der Knocha! —
Narrisch hat er o'glitten, und a paar Minutn drauf is er scho auf
dem g'spassigen Stuhl drom g'hockt. Zittert, sagt er, hat er wia
a Schweinssulz. Aba wia da Zahndokta zu eahm g'sagt hat: »No,
mei Liaba, wo fehlts denn?« — da hat der Xaver 's ganze Ver-
trauen verloren. Mei, hat er si denkt, wenn der aa no so dumm
fragt und als Zahndokta net selba kennt, daß i Zahnweh hab,
na werds grad recht. »Ja, Zahnweh hab i«, hat der Xaver g'sagt.

»Ja, ja«, moant da Dokter, »dös glaub i schon, daß Du mir
koan Stiefe zum Doppeln bringst, aber i muaß do wissn, wo
Du Zahnweh hast?«

»In mein Mai drinna«, sagt der Xaver.

»Ja«, sagt der Dokter, »na muaßt aber dei Mai aufmacha, daß
i den wehen Zahn siehg.« — Mei, hat da Xaver denkt, is der
neugieri, der werd do als Zahndokter scho öfters an wehen Zahn
g'sehgn ham. Dann hat er sei Mai aufgrissn und da Dokter hat
einegschaut, hat sei Zangerl g'holt, und da Xaver hat si' denkt
›Jetzt hoaßts aushalten‹ und hat sich im stillen g'wunschen:
Liaba lassat i mir jetzt den größten Holzschiefer ausn großn
Zeha rausziagn, dös tuat zwar aa narrisch weh, aba i kannt wenigstens vor Schmerzen dö Zähn z'sammbeißn. Aba beim Zahn-
reißn hats was mitn Zähn z'sammbeißn, wei da Dokter sagt:
»So jetzt machas an Mund recht schö weit auf!« Aba dösmal hat
da Dokter zum Xaver gsagt: »Gar so notwendig is eigentli dö
Rausreißerei net mit dem wehen Zahn, weil man den vielleicht
no plombiern kannt. Ich moan, der halts no aus.« Na is er auf sei
Schrankerl zuweganga, hat 's Zangerl neiglegt und is mit so a
neumodischen Bohrmaschin daherkemma. Dös war a langa
Schlauch und vorn dro is a Bohrer g'wesn, der hat sie draht wia

da Teufe. – »Halt«, hat da Xaver g'sagt zum Dokter – »gehst glei weg mit dera Maschin, mir waars ja schön gnua, was möchst ma denn mit dem Teifelsglump otoa?«

Aber da Dokter hats eahm ganz vernünfti erklärt, an Xaver, daß er den hohlen Zahn vorm Plombieren ausbohren muaß. »Den brauchas nimmer ausbohrn«, hat da Xaver g'sagt, »der is ja so scho hohl.« Da Dokter hat aba mitn Xaver a rechte Geduld g'habt und hat gmoant, da Xaver soll sich halt dann doch den bösen Zahn reißen lassen. Er hat eahm aa versprocha, daß er gar nix gspürat, weil er ihn mit Lachgas behandeln tät.

Jetzt hat da Xaver d'Lippen übernanderg'schobn, hat oa Aug zuzwickt und hat g'moant: »Nix g'pürn, dös waar scho mei seligster Wunsch beim Zahnreißen, aba mit Lachgas, dössell trau i mir net, wei mei Basn vor vier Wocha g'storbn is, und da hab i no Trauer.«

»Ja mei«, hat der Dokter wieda an Xaver vertröst, »woaßt, dös is a schware Sach mit euch Bauern, jetzt bleibt mir nix mehr übrig als an Nerv töten und a Goldkrone aufsetzen.« – Wia dös da Xaver g'hört hat, is er vom Stuhl aufgrumpelt, hat sein Huat packt und sei Packl, denn vom Töten hat er no nie was wissen wolln, und jetzt in da Republik a Goldkrone aufsetzen?

»Naa, Naa!!! – Pfüat Gott, Herr Dokta – nix für unguat!!!«

DAS MÜNCHNER KINDL VOM RATHAUSTURM
BESUCHT DIE UNTER IHM LIEGENDE STADT

Ich bin das Münchner Kindl, ein wirklich armer Wurm,
Ich steh seit vielen Jahren dort drobn am Rathausturm,
Ich schaue so herunter auf unsre Münchnerstadt,
Will Ihnen nun erzählen, was sich ereignet hat.

Also, jetzt stelln S' Ihna amal vor, das Hockerl da war der Rathausturm. An Rathausturm selber hab i natürlich net reintragen könna, weil er mir z' schwer war, und er hätt überhaupt koan Platz da herin.

Sehn S', so steh i jetzt 40 Jahr lang drobn auf mein Platzerl und derf mi net rührn. An ganzen Tag muß i mi mäuserlstad halten – warum? Damit i ja die Beamten net aufweck, die im Rathaus drinn schlafa. 40 Jahr lang hab i a gußeisers Gwand an, dös is fei koa Kleinigkeit. Aber das gußeiserne Gwand muaß i tragen, des hat das Bayerische Zentrum mir anmessen lassen, daß mir der Wind an Rock net in d' Höh wehn kann, denn des waar sowas für unser sittenreines München. Die oanzige Unterhaltung, die i auf'n Turm hab, is 's Glockenspiel – da dank i unsern Herrgott wirkli, daß i a gußeisernes Ohrwaschl hab. Manchmal wirds sogar lebensgfährlich bei mir herobn, namentlich jetzt, wo die vielen Flieger kommen. Es ist nur gut, daß i recht fest ognagelt worn bin, sonst war i scho lang in Propeller neikemma. –

Neulich schau i am Himmel nauf, siech i, wia die Wolken schiebn. Des wird halt unser Herrgott noch net wissen, daß Schiabn in München verboten ist. Das wenn halt die Polizei amal sieht, die macht da koa Ausnahm, da wern an Herrgott oft 50 Mark Straf' treffa. Jetzt heut is mir amal z'dumm worn und bin runterganga. Mein Gott, gehts auf dem Marienplatz zua! – Der Schutzmann, der am Marienplatz den ganzen Tag steht, der woaß am besten, der muaß de ganze Zeit Obacht gebn, daß er net überfahrn werd. – Jetzt hab i dann so an kloana Rundgang gemacht, in mei Stammlokal, wo i früher verkehrt bin, a

Maß Bier zu trinken. Wie i hinkomm, hängt a groß' Plakat heraus, a Kassa is dort, viel mehr Leut san drinn gwesen als früher, wo's no a Wirtschaft war. – Is da a Kino hineinbaut worn.
– Jetzt bin i voll Ärger ums Eck nübverganga, dawei san da no
mehr Leut gstandn; i will schaun, ob da was passiert ist, dawei
siech i wieder so a groß Plakat – war des aa a Kino! –

Na, hab i mir denkt, da hört sich do scho alles auf, jetzt kaufst
Dir a Haferl Kaffee. Natürlich hab i mi nimmer so recht auskennt, weil i scho z'lang nimmer herunt war. – Frag i da an
Herrn, wo 's Sendlingertorkaffee ist. Sagt der: »Ja, da könnas
net hi, da is auch a Kino drinn.« Jetzt bin i aber narrisch worn,
i bin fort – und glei geh i jetzt wieder nauf auf mein Turm – so
ungern als wia i zerst drom war. –

Denn daß des koa leichte Arbeit ist, de ganze Stadt zu über-
wachen, des könna S' Eahna denken. Solln sie's nur amal pro-
biern und oan von der Wach- und Schließgesellschaft nauf-
stelln, der verlangt mindestens 6–7 Mark pro Tag, bei täglicher
Ausbezahlung no dazua. Da müsst na jeden Tag oaner am Turm
naufsteign und dem 's Geld naufbringa . . . Aber i verlang nichts
und gib auf mei München a so Obacht und geh so lang vo mein
Platz net runter, bis die Flieger über mich kemma.

Gesang
  Solang die grüne Isar durch d' Münchnerstadt no geht,
  Solang der alte Peter am Petersbergl steht,
  Solang uns schmeckt a Rade, a Bier und a Trumm Brot,
  Verlaß i aa mein München net, und jetza Pfüat enk Good!!!!!

Ich habe mich ja schon furchtbar geärgert! Heute nicht, nein, jahrelang schon. Nicht, daß Sie glauben, wegen Familienangelegenheiten, nein – nur über meinen Kragenknopf! Sehen Sie, man muß ihn ja haben, den Kragenknopf, man ist ja direkt darauf angewiesen, auf den Kragenknopf! Wenn man bedenkt, was an einem Kragenknopf alles dranhängt: der Kragen, die Hemdbrust, die Krawatte usw.

Bitte, stellen Sie sich mal einen feinen Mann ohne Kragenknopf vor, wie der daherkommt! Was nützt da ein feiner Zylinder, wenn man keinen Kragenknopf hat? Rutscht ja alles herunter!

Den einzigen Menschen, den ich mir ohne Kragenknopf vorstellen kann, das ist ein Matrose, aber es kann doch nicht jeder ein Matrose sein, da müßte ja jeder Mensch ein Schiff haben, und außerdem hat nicht jeder Matrose ein Schiff! Dasselbe ist's mit dem Kaffee.

Stellen Sie sich mal einen Kaffee ohne Tasse vor! Man kann ihn doch nicht aus der Kaffeemühle trinken! Oder – einen Tisch ohne Füße – da braucht man ja überhaupt keinen Tisch, da kann man sich ja gleich auf den Boden setzen. Dasselbe ist's mit einer Uhr ohne Zeiger.

Schauen Sie, ich lauf' zum Beispiel schon jahrelang herum mit meiner Uhr ohne Zeiger; die hat doch gar keinen Wert! Eine U h r ist sie natürlich auch so, – Sie werden doch nicht behaupten, daß es ein P a p a g e i ist? Ich könnte sie ja zum Uhrmacher geben, aber in dem Moment, wo ich sie dem Uhrmacher gebe, hab ich gar keine, also ist's doch gescheiter, wenn ich wenigstens d i e hab, wenn sie auch nicht geht; das weiß ich ja sowieso – sie k a n n ja auch nicht gehen, ohne Zeiger. Das heißt, gehen kann sie schon — innen —, aber sie zeigt es nicht an, drum hat auch die ganze Uhr keinen Wert. Ich trage ja die Uhr nur wegen der Kette, was will man denn sonst mit einer Uhrkette anfangen, das sagt ja schon das Wort: Uhrkette! Das ist doch selbstverständlich, daß da eine Uhr daran sein muß, ich kann doch keinen Hund hinhängen! Dann wär's ja eine Hundekette. Und wer wird einen Hund in die Westentasche hineinschieben? Niemand.

Ich halte ja eine Uhr für überflüssig. Seh'n Sie, ich wohne ganz nah beim Rathaus. Und jeden Morgen, wenn ich ins Geschäft gehe, da schau ich auf die Rathausuhr hinauf, wieviel Uhr es ist, und da merke ich's mir gleich für den ganzen Tag und nütze meine Uhr nicht so ab!

Die heutigen Uhren gehen ja noch eher, aber früher war's fad mit den Sonnenuhren: Keine Sonne – keine Uhr! Da ist mir ja die meinige ohne Zeiger lieber, da ist man doch wenigstens nicht auf die Sonne angewiesen, bloß auf die Zeiger, und Zeiger kann man schließlich machen lassen, wenn man sie braucht.

Das wäre ja traurig, wenn man nicht ohne Uhr leben könnte! Der Uhrmacher, ja, der kann nicht ohne Uhr leben, bei dem ist's Geschäftssache. Glauben Sie, daß ein Uhrmacher, wenn er wissen will, wie spät es ist, auf alle die tausend Uhren hinschaut, die er in seinem Laden hängen hat? Er denkt nicht dran, er schaut nur auf eine, die andern verkauft er an die Leute, die eine Uhr brauchen; einer, der keine Uhr braucht, der kauft sich ja sowieso keine.

Aber, wie gesagt, es hat keinen Zweck, daß ich die Uhr reparieren lasse: schließlich stiehlt sie mir noch einer, dann hat der eine gehende Uhr und ich bin jahrelang mit der kaputten rumgelaufen! Drum lass' ich sie lieber so, wenn sie dann wirklich einer stiehlt, dann kann sich der damit ärgern! . . .

Die lustige Geschichte von dem selbsteingerichteten Fernsprecher verdient erzählt zu werden. Man konnte sich in jedem Schreibwarengeschäft um das Jahr 1895 einen Telefonapparat kaufen und die ganze Apparatur, zwei Pappschachteln mit Pergamentpapier bespannt und eine 10 Meter lange feine Schnur, kostete 20 Pfennige. Man hätte sich ja auf 10 Meter Entfernung auch ohne Telefon verständigen können. (Bitte, in einem modernen Betrieb sprechen heute die Menschen von Zimmer zu Zimmer per Telefon.) Wir Buben, ich und mein Freund Finkenzeller Schorsche, wollten gleich hoch hinaus und legten uns ein Spagattelefon von meiner Wohnung in der Entenbachstraße 63 bis in die Lilienstraße, also eine Strecke von ungefähr 500 Meter. Leitern wurden angelegt, Dächer wurden bestiegen, um den Leitungsdraht vom Sender zum Empfänger zu legen. Ein Hof war zu überspannen, in welchen wir uns nicht hineintrauten, aber ein eiserner Schraubenschlüssel sollte die Leitungstelefonschnur über den Hof befördern – ein Wurf – aber zu kurz, und ein Fenster klirrte. »Es Hundsbuam, es miserable, des war wieder der rotharete Fey-Batzi; aber wart, wenn i di dawisch, dann kriagst Nuß (Prügel)!« schrie der Nachbar den kleinen Telefonarbeitern nach! Unbekümmert um die Glasscherben vollzog sich die Arbeit. Als das Telefonkabel gespannt war, wurden die Pappschachteln an die jeweiligen Endstationen, bei mir und ihm, am Fensterstock befestigt, und das Telefon war fertig. Wer sollte zuerst hineinsprechen und wer sollte zuerst horchen, das war hier die Frage! Wahrscheinlich horchten wir nun beide oder wir sprachen beide. Extrahörer hat es hier nicht gegeben, an dem Pappschachtelmikrophon wurde aber damals auch gehorcht und gesprochen wie an einem Sprachrohr. – Ich entschloß mich nun, meinem Freund Schorsche ohne Telefon aus voller Kehle hinüberzuschreien: »Schorsche, red du zuerst nei, dann horch i, ob der Telefon funktioniert!« Darauf horchte ich – – – keine Antwort! Wieder schrie ich hinüber: »Schorsche, red halt

was nei, dann horch i – – –!« Wieder kein Resultat. – Wiederum
schrei ich hinüber: »Was is denn, Schorsche, so red halt amol was
ins Telefon eini – –!« Und der Schorschi schreit herüber: »I
woaß ja net, was i neiredn soll!!!«

Fünf Meter von Starnberg abwärts liegt der Starnberger See. Am linken Ufer des Sees liegt eine ›Leoni‹, kurz genannt Leoni. Wie in Neuyork, so landen auch hier stündlich Dampfschiffe. Mit den Dampfschiffen nehmen alltäglich die Starnberger Dampfschiffseerundfahrten ihren werten Anfang. Die Rundreisebilletten auf den Dampfern sind aus Pappkarton, und wenn es regnet, ist meistens während der Fahrt die Aussicht auf das bayerische Gebirge wegen schlechter Aussicht nicht zu sehen. Der Starnberger See selbst ist melancholisch, was bei anderen Seen stets meistens auch immer hie und da sehr oft der Fall ist. Einer alten Sage nach aus dem Jahre 1925 sollen sich vom Undosabad aus vorigen Sommer aus unbekannten Ursachen Tausende von Menschen in den See gestürzt haben; dieselben konnten sich aber dank ihrer guten Schwimmkenntnisse alle selbst aus den Wellen befreien. Im selben Jahre ereignete sich auch noch ein anderer bedauernswerter Unfall. Ein Mann stieß mit dem Ruderboot, ungefähr 50 Meter vom Ufer entfernt, an eine grüne Schlingpflanze, sogenannte Wasserrose, an, das Schiff kippte um und im Handumdrehen fiel der Mann in das in der Nähe befindliche Wasser. Breit und weit kein Mensch, der dem Ärmsten Hilfe bringen konnte, trotzdem er fortwährend um Hilfe schrie. Zufälligerweise kam ein Briefbote daher und bemerkte die Hilferufe des um Hilfe Schreienden. Statt nun wacker (nicht identisch mit Fußballklub Wacker) ans Rettungswerk zu schreiten, rief der hartherzige Briefträger dem Ertrinkenden die nicht minder harten Worte zu: »Ich kann Ihnen leider nicht helfen, da ich selbst nicht schwimmen kann, aber ich kann Ihnen die Adresse eines guten Schwimmlehrers mitteilen!«
Jeder Mensch ohne Ausnahme soll also in der heutigen Zeit schwimmen lernen, das finde ich unbedingt notwendig, damit er einen nicht Schwimmenkönnenden jederzeit aus dem Wasser retten kann. Aber eigentlich ist es auch wieder zwecklos, denn wenn jeder Mensch einmal schwimmen kann, braucht man ja

keinen mehr retten. Also wäre es angebracht, daß jeder, der
schwimmen kann, dasselbe sofort wieder verlernen soll. Ein
weiterer Sport außer dem Ertrinken ist das sogenannte Fischen
von lebenden Fischen. Daß die Fische gefangen werden müssen,
leuchtet jedem ein, und das ist auch klar. Wäre im Starnberger
See z. B. seit Gründung, oder besser gesagt seit dem vieltausend-
jährigen Bestehen desselben noch nie ein Fisch gefangen worden, so hätten sich diese Fische seit diesen Jahrtausenden so ver-
mehrt, daß vielleicht mehr Fische im See wären als Wasser. Die
Folge davon wäre, daß die Fische vor lauter Fischen nicht mehr
schwimmen könnten, zu wenig Wasser hätten und daher nicht
mehr existieren könnten. Nachdem aber im Starnberger See
viel Wasser ist, bleibt die Frage offen, ob tatsächlich schon so
viel Fische gefangen worden sind. Eine Kontrolle hierüber käme
jetzt natürlich zu nachträglich. Das Fischen mit der Angel ist
von vielen Seiten als Tierquälerei empfunden worden, hauptsächlich vom Fisch selbst. Einen Dieb fängt man ja auch nicht
mit der Angel, sondern eben aus Humanität mit List und Schlau-
heit. Stellen wir uns einmal einen Schutzmann vor, der mit der
Angel einen Dieb fangen will; der Schutzmann geht mit der
Angel in eine Wirtschaft, in der er den Dieb vermutet, befestigt
an dem spitzen Angelhaken ein Stück Schweinsbraten, hält diesen dem Dieb vor die Nase, der Dieb beißt an, und schon hat der
den Haken in der Oberlippe. Das wäre eine Grausamkeit. Ist es
bei einem Fischlein keine Grausamkeit? Eigentlich noch mehr,
denn der Fisch ist ja unschuldig, weil er nichts gestohlen hat.
Über die Tiefe des Starnberger Sees gehen die Ansichten weit
auseinander. Einige behaupten, er sei tiefer als lang, andere sagen, er sei länger als tief. Fachmännisch wurde genau berechnet,
daß er tief, seicht, lang, kurz, schmal und breit zu gleicher Zeit.
Die Tragkraft des Wassers wurde erst kürzlich von Ingenieuren
geprüft und dabei die erfreuliche Tatsache festgestellt, daß die
irrige bisherige Meinung »je tiefer das Wasser, desto mehr
Tragkraft« nicht richtig ist. Eine Probe brachte den sicheren Beweis. Während ein faustgroßer Stein in der Mitte des Sees, also
an der tiefsten Stelle, rapid unterging, blieb ein ebenso großer
Gummiball an der seichtesten Stelle auf der Wasserfläche liegen.
Ob dieses Experiment eine Tragweite für die Zukunft bedeutet,

wird uns die Zukunft beweisen. Jedenfalls ersieht man daraus
das fortwährende wissenschaftliche Tasten nach Problemen. Auf
alle Fälle steht fest, daß, je weiter sämtliche Ufer eines Sees von-
einander entfernt sind, desto größer sich also die Wasserfläche
gestaltet. Ein See ohne Ufer wäre daher kein See mehr, denn
einen uferlosen See hat es bis heute noch nicht gegeben. Dasselbe gilt auch für den Ammersee.

Geschichtliches ist vom Starnberger See nur noch zu berichten, daß der damalige bayerische Herzog der Pfiffige einen
Antrag des Starnberger Bürgermeisters: Errichtung einer Han-
delsflotte auf dem Starnberger See, schnöde abwies. Die heutigen noch existierenden Starnberger-See-Salondampfer können
nur noch in den Augen der Firmlinge »Gewaltiges« auslösen,
denn für Weltreisende bedeuten dieselben nur mehr ein Lust-
spiel auf offener See. »Bei schönem Wetter«, sagt der kleine
Maxl, »ist es auf dem Starnberger See herrlich, regnet es aber,
so wird der See naß.« Über Starnberg selbst ist wenig zu berichten. Starnberg hat seinen eigenen Reiz und seinen eigenen
Bahnhof, in welchem unsere neuen elektrischen Schnellzüge stehen. Bei den elektrischen Schnellzügen, die einen Gipfel der
deutschen modernen Technik darstellen, haben sich die alten
Gasfunseln (aus dem Jahre 1880 ungefähr) so gut bewährt, daß
dieselben jetzt in den modernen Münchner Straßenbahnwagen
statt der elektrischen Glühlampen eingeführt werden sollen. In
Starnberg sind jetzt schon viele Fremde zu sehen, die aus München geflüchtet sind, wegen den unaufhörlichen chronischen
Straßenbauarbeiten.

Soweit wäre über Starnberg alles berichtet. Nächsten Sonntag nachmittag um halb 21 Uhr findet im Starnberger See ein
Karpfenrennen statt, mit darauffolgendem Brillantfeuerwerk.
Zwölf zehnpfündige dressierte Karpfen schwimmen mit Mo-
torboot und Musikbegleitung von Starnberg nach Seeshaupt;
während dem Rennen ist der See für Fußgänger gesperrt.

Der große Dichter Josef Ding (i. J. 152c) sagte einmal: »– Es geschieht nichts Neues unter der Sonne!« – Dieser Mann hatte nicht recht oder vielmehr, er hatte nicht Gelegenheit, heute über den Marienplatz in München zu gehen. Der Marienplatz vor hundert Jahren (siehe Maillingersammlung) – der Marienplatz von heute (siehe Marienplatz). –

Schutzleute zu Podium (früher zu Pferd) und Schutzleute zu Fuß tuen ihre Pflicht. Der Marienplatz ist voll von Menschen – Kindern – Automobilen – Radfahrern – Hunden – Tauben – Glockenspiel – Straßenbahnen – Pflaster – Inseln – Wasserpfützen – Bogenlampen – Zigarrenstumpeln – verfallenen Straßenbahnbilletten – Kontaktdrähten – Eenzingestank usw. – Das sind die gegenwärtigen Requisiten des Marienplatzes.

Was treiben diese Requisiten? – Die Schutzleute dirigieren – die Menschen folgen nicht – die Gaffer gaffen – staunen, betrachten, grinsen, spotten, sind noch biedermeierisch veranlagt, wollen sich nicht an den Großstadtbetrieb gewöhnen. – Die Automobile hupen – die Radfahrer warten – die Hunde stören – die Tauben fliegen – das Glockenspiel klingt hell und »rein« – die Straßenbahnen kommen daher und fahren dahin – das Pflaster wird betreten, die Inseln ebenfalls – die Wasserpfützen auch ebenfalls – die Bogenlampen brennen (nachts) – die Zigarrenstumpel liegen – die weggeworfenen Straßenbahnfahrscheine flattern – die Kontaktdrähte schwingen wie Spinnennetze – der Benzingestank ist tagtäglich – und somit der ganze Zustand unerträglich. –

Die Verkehrspolizei will nun das Beste. – Aber wir Städter sind immer noch Dörfler. – Macht es der Schutzmann so – gehn wir so. – Macht es der Schutzmann aber so – gehen wir gewiß so. – Es soll klappen, aber es klappt nicht. Vielleicht in zehn Jahren, dann ist es aber zu spät, bis dahin fliegen wir alle. – Für die ganze Verkehrsordnung hätte ich eine neue Idee. Und jeder Irrsinnige wird mir voll und ganz beistimmen.

Mein Prinzip wäre folgendes:

Am Montag dürfen in ganz München nur Radfahrer fahren, am Dienstag nur Automobile, am Mittwoch nur Droschken, am Donnerstag nur Lastautos, am Freitag nur Straßenbahnen, am Samstag nur Bierfuhrwerke. Die Sonn- und Feiertage sind nur für Fußgänger. Auf diese Weise könnte nie mehr ein Mensch überfahren werden.

Ein zweiter Vorschlag wäre auch dieser:

Von 6 bis 7 Uhr morgens sind die Straßen Münchens nur für Radfahrer, von 7 bis 8 Uhr für Automobile, von 8 bis 9 Uhr für Droschken, von 9 bis 10 Uhr für Lastautos, von 10 bis 11 Uhr für elektrische Straßenbahnen, von 11 bis 11¼ Uhr für das Glockenspiel, von 11¼ bis 12 Uhr für Bierfuhrwerke bestimmt.

WIE KARL VALENTIN
DAS SCHÜTZENFEST 1927 ERLEBTE

Kaum war der Kanonendonner des 30jährigen Krieges verhallt,
begann die Schießerei von neuem. Diesmal auf der Theresienwiese. Die Nachbarschaft der Theresienwiese, also des Bavariarings, hatte sich schon sehr oft beschwert über den furchtbaren
Lärm des Oktoberfestes. Nun kam gleich gar das Schützenfest
mit der unaufhörlichen Knallerei. Unser Magistrat hatte aber
vorgesorgt und hatte um das ganze Schützenfest eine endlose
Bretterwand geschlungen. Aber das Krachen der Büchsen klang
trotzdem nach außen. Die Bretterwand war mindestens 35 Zentimeter zu nieder, oder die Schützen hätten leiser schießen
müssen, eventuell mit Gummikügerl und Brausepulver. Das
heurige Schützenfest wollte man eigentlich auf neunzehnhundert28 verschieben, wurde aber auf allgemeinen Wunsch in diesem Jahre abgehalten. Manche Tage wurde miserabel geschossen, was bei dem föhnartigen Wetter nicht überraschte, da jede
abgeschossene Kugel vom Winde, wenn auch ganz minimal,
doch etwas verweht wurde. Insgesamt wurde den Schützen der
bittere Vorwurf gemacht, daß sich dieselben bei ihrer Ankunft in
München, wie immer, zuerst nach dem Bierpreis, dann erst nach
dem Pulverpreis erkundigten. – Ein Probeschießen wurde von
der Festleitung unbedingt vorgeschlagen, ein Probesaufen dagegen fand man für vollständig überflüssig. Die Schützerei ist
eine uralte Erfindung und stammt aus dem grauen Alterdumm.
89 000 Jahre vor Christi muß es schon Schützen gegeben haben,
besonders in München, denn der Name Schützenstraße läßt unbedingt darauf schließen.

Von dem letzten Schützenzug im Jahre 18hundertweißichnichtmehrgenau ist mir folgendes noch in Erinnerung. Ich und
wir standen auf dem Marienplatz, ich war ein damaliger Knabe
von ungefähr 15 Jahren, und da mein Vater ein kleiner, dicker
Mann war und nicht über die Menschenmauer hinübersah,
nahm ich ihn auf meine Schulter und er sah nun bequem den
fast dreistündigen Schützenfestzug an uns vorbeiziehen. Am

Anfange des Zuges kamen zwei berittene Schutzengel zu Pferde
(oder Schutzmänner, was man durch den lauten Lärm nicht gut
sehen konnte), dann kam der Tölzer Schützenmarsch ebenfalls
zu Pferde, dann Tausende von Schützen und zuletzt der Schüt-
zenkönig; dieser hatte einen großen schwarzen Schnurrbart und
ebenso viele Orden, aus Gold und Silber, die alle an einer
Schützenkönigkette hingen und im Winde lustig umherflattern
wollten. Alle Menschen und Frauen schrien aus Leibeskräften
»Glück auf«. Plötzlich verdunkelte sich das Firmament und der
Himmel, und ein strömender Regen plätscherte hernieder. Die
Schützen, die leider statt Regenschirme ihre Gewehre bei sich
hatten, flüchteten, bis auf die Haut durchnäßt, in die Häuser der
Stadt, und vom ganzen Schützenzug war in einigen Minuten
nichts mehr zu sehen als die leere Straße. Die ganzen Menschenmassen stuben auseinander und gingen nach Hause. Auch ich. –
Als ich heimkam, erschrak meine Mutter furchtbar, sie glaubte,
ich sei übergeschnappt, denn in der Panik hatte ich ganz darauf
vergessen, daß mein Vater noch immer auf meinen Schultern
saß. Ich hub ihn herunter und alles war wieder gut. Genau dasselbe passierte mir bei dem heurigen Schützenfest – – nicht
mehr. Nach Aussagen blödsinniger Schützenfestzuschauer soll
der heurige Schützenzug mit dem heurigen deutschen Bundes-
schießen wenig Ähnlichkeit gehabt haben, denn die Dekoration
des Festplatzes soll fast 300 Goldmark betragen haben, eventuell auch mehr. Vielen Münchnern ist es ein Rätsel, daß man
das Schützenfest und die Ausstellung zugleich und direkt nebeneinander abgehalten hat. – Auf Anfrage wurde uns von
dem Komitee darüber mitgeteilt, daß das von vornherein so be-
absichtigt war, weil nach Beendigung des Schützenfestes das
Defizit in der Ausstellung ausgestellt wird.

Und wer war an dem Defizit schuld? Nur das nasse Regenwetter und die schlechte Witterung. – Nun ist das Schützenfest vorüber, – vorbei, – es ist gewesen, – es ist nicht mehr, – es war
erst kürzlich, – oder wie man sich hierüber ausdrücken mag. Die
Vorbereitungen für das nächste Schützenfest sind bereits schon
wieder in vollem Gange. Nach den jetzigen Voraussagen des
amtlichen Wetterberichtes werden wir zum nächsten Schützen-

fest in München 1940 besseres Wetter bekommen, wenigstens die ersten Tage, die letzten acht Tage sollen wieder teilweise bewölkt und mit gewitterartigen Niederschlägen umsäumt sein. —

DER REGEN

Eine wissenschaftliche Plauderei

Der Regen ist eine primöse Zersetzung luftähnlicher Mibrollen und Vibromen, deren Ursache bis heute noch nicht stixiert wurde. Schon in früheren Jahrhunderten wurden Versuche gemacht, Regenwasser durch Glydensäure zu zersetzen, um binocke Minilien zu erzeugen. Doch nur an der Nublition scheiterte der Versuch. Es ist interessant zu wissen, daß man noch nicht weiß, daß der große Regenwasserforscher Rembremerdeng das nicht gewußt hat. Siedendes Regenwasser gehört zu den heißesten Flüssigkeiten der Gegenwart. Dem Regen am nächsten liegend ist der Regenwurm – er lebt vom Regen, genau wie der Regenschirmfabrikant. Regenschirm und Sonnenschirm sind zwei gleiche Begriffe, und doch würde ihre Verwechslung zu einer nicht vorausgeahnten Katastrophe führen, denn einen Regenschirm kann man im Notfalle als Sonnenschirm benützen, dagegen kann man einen Sonnenschirm im Notfalle kaum als Regenschirm benützen.

Die Regentropfen gleichen in der Form den Hoffmannstropfen, die, an der Medizinflasche hängend, eine ovale, frei in der Luft schwebend, eine runde, und auf einer Tischplatte liegend, eine platte Form besitzen. Regenwasser benützt man häufig zum Gießen von Wiesen, Gräsern, Blumen, Unkraut und Gärten. Kinder benötigen den bekannten Mairegen zum Wachstum, und es ist statistisch nachgewiesen, daß die Kinder wirklich wachsen, auch wenn sie nicht mit Mairegen begossen wurden. Der allerschönste Regen ist der Regenbogen – gar kein Vergleich mit dem Münchner Maffeibogen, jener ist ein Wunder des Himmels, letzterer ein Greuel der Stadt München. Nur an Farbenschönheit überragt ersterer den letzteren.

Das Regenwetter wird oft mit Sauwetter, Hundswetter betitelt. Die Theater-, Kino- und Kaffeehausbesitzer haben derlei Ausdrücke noch nie über ihre Lippen gebracht. Heftige Regengüsse nennt man Wolkenbrüche; damit ist gemeint, daß irgendeine Wolke so schwer mit Wasser gefüllt ist, daß sie bricht, wel-

chen Vorgang man beim menschlichen Biermagen mit Katzen-
jammer bezeichnet. Gegenmaßnahmen zur Heilung von Wol-
kenbrüchen sind zur Zeit noch nicht gemacht worden, da Wol-
kenbruchbänder der großen Dimensionen halber noch nicht her-
gestellt werden können, und zwar aus technischen Gründen.

Künstlicher Regen wird durch Gießkannen erzeugt. Unglaub-
liche Sitten und Bräuche werden aus dem Mittelalter erzählt. Ich
zähle hier schon einige mehr an Aberglauben grenzende Tatsachen auf: Bei den alten Germanen wurden schnell alternde
Kinder mit frisch gefallenen Regentropfen geimpft. Während
dieser Injektion mußte der Urgroßvater des betreffenden Kin-
des einen vierstimmigen Choral singen. Ein weiterer Aberglaube
bestand darin, Ehesünder auf folgende Art zu entlarven: Bei
strömendem Regen mußte der Ehemann 100 Meter weit laufen,
unmittelbar nach seiner Ankunft am Ziel wurden die – auf
seinen Körper gefallenen Regentropfen schnell gezählt, waren
es über 1000 Tropfen, war er ein Ehesünder.

Weitere wissenschaftliche Fortschritte über Regenwasser sind
bis heute noch nicht gemacht worden. – Die Feuchtigkeit des
Regens soll auch im Mittelalter nicht so stark gewesen sein wie
heutzutage, was ja auch der jüngstvergangene langanhaltende
Regen beweist. Denn die verflossene Feuchtigkeit konnte nicht
mehr mit Bodenfeuchtigkeit, sondern mit Hochwasser angedeu-
tet werden. Und was Hochwasser bedeutet, wissen wir alle
noch von der Sündflut her, die vielen unvergeßlich bleiben wird.
Aber dennoch denken wir dabei an die Worte des Dichters:

Sich regen – bringt Segen.

Nicht jede Semmel hat so ein schweres Dasein als gerade wir Wirtshaussemmeln. Eine Privatsemmel z. B. wird beim Bäcker gekauft, heimgetragen und meistens gleich gegessen. Aber wir Wirtshaussemmeln und meine Kolleginnen, die Römischen Weckerln, die Loabeln und die heruntergeschnittenen Hausbrote, wir haben meistens ein ekliges Dasein, bis wir von den Menschen verspeist werden.

Es hat sich ja einmal der Magistrat um uns gekümmert und hat in jeder Wirtschaft kleine Tafeln anbringen lassen mit der Inschrift: »Das Betasten der Nahrungsmittel zum Zwecke ihrer Prüfung ist verboten.« Aber darum kümmert sich heute keine Sau mehr, viel weniger ein Mensch. Nicht genug, daß wir gleich nach unserer Erschaffung aus Mehl und Wasser sofort ins Krematorium kommen, werden wir, wenn wir fertiggebacken sind, von rohen Bäckerlehrbuben in die Lieferkörbe geworfen, diese Körbe werden wiederum unsanft ins Lieferauto geschwungen, und im 60-km-Tempo rasen wir armen Semmeln dem Restaurant oder Gasthof zu, in welchem wir heute noch verspeist werden sollen.

Nicht jeder Semmel blüht dieses kurze Dasein wie einer sogenannten Eintagsfliege. Manchen Semmeln geht es wie den alten Jungfrauen. Sie bleiben über, wenn auch nicht so lange. Nach Wochen und Monaten kommen wir in eine vielschneidige Guillotine (Knödelbrotschneidemaschine genannt), werden zu Scheiben geschnitten und bilden den Bestand der berühmten bayerischen Semmelknödel.

Aber wie traurig und dreckig geht es uns armen Wirtshaussemmeln! Wir werden von den Kassierinnen (früher Kellnerin) in aller Frühe ins Brotkörbchen gelegt und auf den Tisch gestellt. So – und nun sind wir der sogenannten Hygiene unterworfen.

Zum Frühschoppen kommt schon um 10 Uhr direkt vom Bahnhof die Familie Bliemchen aus Sachsen. Sie setzen sich alle

an den Tisch, und Frau Bliemchen entnimmt gleich dem Brotkörbchen ausgerechnet »mich«, drückt mir den Brustkorb ein
und sagt zu ihrem Mann: »Gustav, guck mal, fühl mal das Brötchen an, wie weich das ist. Hier in Bayern ist das Brot nicht so
knusprig gebacken wie bei uns in Leipzig.«

Herr Bliemchen hatte keine Zeit, mich gleich zu drücken, er
hatte sich mit seinem Taschentuch eben die Nase geputzt, und
erst, nachdem er dieses eingesteckt hatte, nahm er mich in die
Hand, drückte mich zusammen, daß ich beinahe aussah wie ein
Pfannkuchen, legte mich wieder in das Körbchen und sagte: »Du
hast recht, liebes Paulinchen, die Brötchen sind hier scheinbar
alle so weich« — indem er sich auch davon überzeugte und eine
Semmel nach der andern zerdrückte. Mit gebrochenem Brustkorb lagen wir Semmeln im Körbchen.

Herr und Frau aßen ihre Weißwürste, welche ihnen scheints
auch nicht besonders schmeckten, aber die mußten sie ja schließlich essen, weil sie dieselben bestellt hatten.

Wir Semmeln stehen aber unbestellt am Tisch, mit uns kann
ja jeder tun und lassen, was er will.

Nach der Familie Bliemchen nahm ein alter Herr, der zwar
sehr gut gekleidet war, aber trotzdem einen riesigen Schnupfen
hatte, an dem Tische Platz. Oweh, dachte ich Semmel, der wird
mich und meine Kolleginnen wohl annieser. — gesagt — getan —
einige Dutzend Male ging ein kräftiges Hah — zieh über uns
Semmeln nieder, begleitet von einem heftigen Bakteriensprüh-
regen.

Wir ertrugen gerne diese Schmach des Angespucktwerdens,
uns war es nur um die armen Menschen leid, die nach dieser
Sauerei vom Schicksal an diesen Tisch geführt werden.

Der alte Herr aß, trank, zahlte, nieste und ging.

Eine Mutter mit vier Kindern waren die Nächsten. Wir Semmeln zitterten, als wir die vier Kinder an den Tisch kommen
sahen.

»Mutter, Mutter — darf i mir a Semmel nehmen!« schrie es
durcheinander, und wie Siuxindianer überfielen die Buben das
Brotkörberl, welches dem Ansturm nicht standhielt und über
den Tisch hinunterkollerte, und natürlich wir Semmeln auch.
Die Mutter schalt leise: »Glei klaubts die Semmeln auf und

tuts wieder ins Körberl neilegn schö, daß niemand siecht, dö Semmeln genga euch gar nichts an, mir bstelln uns Brezen.«

Zerdrückt, beschmutzt lagen wir vier Semmeln wieder ungegessen im Körbchen. Was wird aus uns noch werden! dachten wir.

Da kamen die vielen Mittagsgäste, schauten uns verächtlich an und bestellten sich anderes Brot, aber direkt vom Büfett.

Wir Semmeln sahen selber ein, daß wir zu unappetitlich aussahen, um verspeist zu werden. Keiner von den vielen Mittagsgästen wollte von uns was wissen – wir blieben auf dem Tisch stehen, obwohl wir fast von allen Gästen berührt, zerdrückt und angehustet wurden.

Bis der Abend kam, bis die Nacht kam – und schon gleich die Polizeistunde, da kam noch schnell ein Liebespaar geschlichen, setzte sich an den Tisch und trank mitsammen ein Glas Bier.

Sie hatten auch noch Hunger – aber nicht viel Geld. Wie wärs mit den vier Semmeln?

Indem sich beide verliebt in die Augen sahen, aßen sie dazu – uns vier Semmeln.

Die beiden hatten gar nicht bemerkt, wie wir aussahen, denn Liebe macht blind ...!

Ein Mann, Doppelgänger von Beruf, Kamin (kam in) eine baumarme Waldgegend, um elektrischen Strom zu kaufen. An der Haustüre einer alten Sandgrube blieb er verdrossen stehen und ging heiteren Mutes seiner Wege weiter. Es war ein sonniger, kinderreicher Frühlingstag, und selten fuhr kein Auto hinter dem andern. Trotzdem in der ganzen Gegend kein Haus zu erblicken war, stand mitten in dieser Kleinstadt ein Kino, welches sehr schlecht besetzt war – ein Mensch saß drin – die Besitzerin selbst. Ein bildschönes Mädchen von 26 Jahren. Ihr Mann lernte sie einmal kennen, das war das einzige, was dieser Mann in seinem Leben gelernt hatte. Er führte das Mädchen in die nächstliegende Kirche (nächststehende) und ließ sich dort hochzeiten. Über der unbewölkten Einöde und am nahen Dorfbrunnen spielten alte Schulkinder mit Schneider und Scheren und pflückten aus Übermut Trinkwasser. Nach der Trauung begaben sich beide sofort auf den Sportplatz und spielten Fußball, nach dem alten Grundsatz: Zuerst der Sport und dann die Liebe. Und wer den Sport und das Turnen liebt, der fördert seinen Haarwuchs, denn schon der alte Sport- und Turnvater Jahn soll einen mächtigen Vollbart gehabt haben. – Also betreibet alle den Sport, denn Sport ist Leben — und Leben ist schwer. Genauso schwer ist es, wenn man während des Sitzens aufsteht und erst dann gehen will, wenn man sich niedergelegt hat.

Wie waren doch schon unsere Vorfahren durch den Sport gestärkt! Der Riese Goliath (wohnhaft Löwengrube, Hausnummer ?) hat 1000 Jahre alte Eichenbäume mit Daumen und Zeigefinger aus dem Erdboden gerissen, den zugefrorenen Nil stieß er mit der blanken Fußsohle bis auf den Meeresgrund durch. Zeppeline und Aeroplane fing er mit der Hand wie Schmetterlinge — Riesenschlangen nahm er als Selbstbinder her, und die größten Kirchtürme benützte er als Zahnstocher. Kurzum: er hatte ›Kraft und Schönheit‹ in sechs Akten. Aber daß sich Sport und Schicksal ohnedies die Hand geben, liegt klar auf der Hand.

Beispiele: Ein Hochtourist bestieg zehnmal den Montblanc, ohne jeden Schaden zu erleiden, jedoch beim Anblick eines Steuerzettels wurde er ohnmächtig und mußte minutenlang das Bett hüten.

Ein anderer Fall: Dem bekannten Rekordschwimmer M. Sxdnhpfdb wurde kurz vor Beginn seines geplanten sechzig-stündigen Rückenschwimmens ohne jeden Grund seine Bade-hose gestohlen. Aus diesem Anlaß mußte die Veranstaltung, bei der unzählige Menschenmassen als Zuschauer erschienen wa-ren, abgesagt werden. – Der berühmte Fußballtourist Johann Wacker soll seine Siege nur durch eigenes Verschulden gemacht haben. Somit sieht man, daß Sport und Schicksal zwei eng in-einander greifende Begriffe sind. Am meisten davon berührt ist die Turnerei. (Eigene Schutzmarke F.F.F.F.)

Frisch – Fromm – Fröhlich – Frei. Es ist kindisch, wenn ich mir erlaube, zu berichten, daß ich mir als junges Kind dieses Turner-Symbol-Zeichen ganz anders erklärt habe, als es in Wirklichkeit ist. Ich glaubte, jeder Turner muß vor dem Turnen ein Bad nehmen, daß er frisch wird. Hierauf muß er in die Kirche gehen, daß er fromm wird. Dann muß er einige Maß Bier trin-ken, daß er fröhlich wird, und dann muß er sich von seiner Frau scheiden lassen, daß er frei wird. Dann ist er F.F.F.F. –

Man sieht also, daß man sich als Kind schon falsche Vorstel-lungen vorstellt, die man im Alter nie verantworten, höchstens verwerten kann ...

MAGNET – FISCH – ANGEL – FIX!

Eine zeitgemäße Erfindung

Ein wahrer Triumph ist es zu nennen, was der geniale Erfinder Karl Valentin erfunden hat. Die Verzweiflung der Angelfischer über jahrelanges »Nichtserwischen« ist behoben. Jeder Angelfischer ist von nun an »Beuteheimträger« geworden. Das jahrzehntelange Warten auf den »Fischanbiß« ist durch das Patent Valentins aus der Welt geschafft. Kein Auslachen der Zuschauer mehr beim Zuschauen des Fischens. Die Anwendung des ›Emfaf‹ ist Knaben und Mädchen leicht. (Kurz gesagt kinderleicht.) Aus Anglerkreisen wird uns berichtet, daß alte leidenschaftliche Angler, die 40 bis 45 Jahre und darüber hinaus noch nie beim Angeln etwas »erwischt« haben, aus Freude über diese Erfindung haselnußgroße Tränen geweint haben. Unter den Fischen selbst ist, wie uns berühmte Taucher mitteilen, eine große Bestürzung ausgebrochen. Scharenweise schwimmen sie beisammen und beraten Gegenmaßregeln gegen ›Emfaf‹. Sämtliche Verlage von lustigen Blättern, die seit Bestehen des Angelsportes an den Anglerwitzen Geld verdient haben, haben ihre Verlagshäuser schwarz beflaggt. So schwer die Erfindung des ›Emfaf‹ zu begreifen ist, so leicht ist sie für den Laien verständlich. Statt dem scheußlichen Mordinstrument, »Angelhaken« genannt, tritt nun das Angelmagnet. Während der Angelhaken aus Stahl und einem gebogenen Haken geformt ist, besteht das Magnet aus Mag und net. Der Angelhaken mit Widerhaken mußte stets beim alten System trotz »Tierschutzvereinswidrigerweise« mit einem lebenden Regenwurm »geschmückt« werden, der als Leckerbissen den zu fangenden Fisch anlocken sollte. Bei ›Emfaf‹ kommt dies völlig in Hinwegfall, da die Krümmung des Magneten an und Pfirsich schon einem gekrümmten Wurm ähnelt. Der Fisch betrachtet sich nun im Bedarfsfalle das Magnet und denkt sich dabei vielleicht »instinktisch« ... Ja, was ist denn das für eine Angel? Er betrachtet sich das Magnet näher (besonders, wenn es sich um einen kurzsichtigen Fisch handelt), und schon hat ihn das Magnet erfaßt, und warum ... Weil der Fisch »Eisen« in sich

hat, und Eisen wird bekanntlich vom Magnet angezogen. Wie
werden aber die Fische eisenhaltig? Diese Frage ist aber ebenfalls von dem feinsinnigen Erfinder gelöst worden. Man geht
tags zuvor an die betreffende Stelle, wo der Fischfang stattfin-
den soll, und füttert die Fische mit den kleinen Patentbrotkügelchen, welche unter dem Namen ›Aha‹ in den Handel gekommen
sind. Diese Patentbrotkügelchenmischung ist ebenfalls eine Erfindung von Karl Valentin. Die Mischung der Kügelchen besteht
aus Mehlteig, »Regenwurmblut« und »Eisenfeilspänen«. Die
von Fischen verschluckten »Patentbrotkügelchen« sind nun eisenhaltig und damit die Fische auch. Folglich wird der Fisch,
falls er sich dem Magnet nähert, von demselben angezogen; der
Fischer merkt am Untergehen des Angelkorkes, daß ein Fisch
angebissen hat, also in diesem Falle am Magnet haftet. Nach
Entfernung des Fisches vom Magnet wird der Magnet »abge-
trocknet« (da er im trockenen Zustande mehr Anziehungskraft
besitzt) wieder in das Wasser geworfen, und derselbe Vorgang
wiederholt sich nach Belieben. ›Emfaf‹ funktioniert in jedem
Wasser, sogar in dem stark salzhaltigen Meereswasser. Nur im
»schwarzen Meer« müssen Pillen mit »Radiummischung« verwendet werden, da die Fische in dem tiefschwarzen Wasser nur
»beleuchtete« Kügelchen erkennen können. Allerdings kommt
dieses Verfahren ziemlich teuer, aber der Erfinder Karl Valentin
hat Mittel und Wege gefunden, die Herstellungskosten bedeutend zu ermäßigen, indem er statt Radiummischung die Pillen
mit»Glühwürmchensirup«verarbeitet,womit er dieselbe »Leucht-
kraft« erzielt.

»Hier sitz ich alleine und spähe umher
und lausche hinauf und hernieder«,

so heißt es in dem alten Lied ›An der Weser‹.
  So ähnlich erging es mir, als ich allein im Olympia-Stadion saß.
– Wie kam es, fragte ich mich selbst, daß ich zur Olympiade zu
spät kam?? – Ich blieb mir die Antwort nicht schuldig, Ihr Leichtsinn ist daran schuld! erscholl es von meinen Lippen. (Ihr bedeutet ich selbst.) Denn aus Eigentrotz sage ich selbst zu mir
nicht ›Du‹, sondern ›Sie‹, weil man da vor sich selber viel mehr
Respekt hat als mit der Duzerei. – Nur e i n e n Tag zu spät
und dennoch zu spät! – O, Herr, bewahre mich bei der nächsten
Olympiade 1940 vor solchen Etwaigitäten! – Trotzdem ich mich
setzte, war es doch entsetzlich, als ich allein dasaß, in einer Hand
die verfallene Eintrittskarte, die andere Hand in meiner eigenen
Hosentasche. – Um mich herum saß nirgends niemand – das
große Schweigen ringsumher war still und lautlos. – Meine einzige Unterhaltung war das ›Warten‹. Zuerst wartete ich langsam, dann immer schneller und schneller, kein Anfang der
Olympischen Spiele ließ sich erblicken, – da endlich von mir ein
schriller Blick, und meine Augen starrten hinunter zu dem Eingang bei der Kampffläche. – Ich sahte einen kleinen Jemand, der
Jemand scheinte mich zu suchen, was diesem auf den ersten
Blick gelang. Unsere Pupillen kreuzten sich in der Mitte unserer
Entfernung. Ich saß, – sie kam – nur sie allein, die kleine Liesl
Karlstadt, klärte mich darüber auf, daß g e s t e r n der l e t z t e
olympische Tag gewesen ist. — »Ist das schade!« schrie ich teil-
nahmserregt in den blauen Äther hinaus – ich schnellte langsam von meinem Sitz empor, flux verließen wir die Stätte des
großen ›Gewesenseins‹. Freudezerknittert traten wir per Ver-
kehrsmittel die Heimfahrt an in die Stammkneipe am Kurfür-
stendamm. – Wir Sachsen haben in Berlin einen eigenen Stammtisch, dort kommen täglich alle Münchener zusammen, und da

wird erzählt, von diesem und jenem, von jenem weniger, dafür öfter von diesem. Ich konnte leider heute zu meinem Bedauern nichts von den Olympischen Spielen erzählen, da ich ja nichts gesehen hatte, – und alle lauschten umsonst.

Ich bin erst kurz beim Fußballkampf gewesen,
dort war es schön und int'ressant,
den Platz hab ich schon irgendwo gesehen,
die Fußball-Mannschaft hab ich nicht gekannt.
Und als sie Abschied nahmen von den Toren,
das Spiel war aus, sie reichten sich die Hand,
ich hab mein Herz in Heidelberg verloren,
mein Herz, das wohnt am Isarstrand.

Große Tagesplakate kündigten einen großen Fußballkampf an.
Ich hab noch nie einen solchen gesehen. Flugs eilte ich an eine
Autowartestelle und frug den Führer, ob er gewillt wäre, mich
zu dem heutigen Fußball-Rennen zu bringen. Nachdem mich
der Autoführer aufgeklärt hatte, daß heute kein Fußball-Rennen, sondern ein Fußballkampf stattfindet, stieg ich in das Auto
und fuhr los. Sowas von Menschen habe ich noch nie gesehen,
eine direkte Völkerwanderung von der Stadt bis zum Fußballplatz. Ich zählte mindestens 5000 Autos. Wenn man bedenkt
wegen einem Fußball 5000 Autos, das ist kolossal. Am Sportplatz selbst eine Menschenmasse von 50 000 Menschen, dazu
5000 Autos gerechnet, also zusammen 55 000. Am Fußballplatz
angelangt, frug ich sofort einen Platzanweiser: »Wo ist die Drehbühne?« »Drehbühne?« sagte er, »gibt es hier nicht.« »Was«, sag
ich, »50 000 Menschen und keine Drehbühne? Sind Sie verrückt?
Ich habe doch im Kartenvorverkauf eine Drehbühnenkarte gekauft!« Ich wies meine Karte vor, der Irrtum wurde mir klar —
es war keine Drehbühnen-, sondern eine Tribühnenkarte. Ich
wälzte mich also zur Tribühne hinauf. Schlängelte mich amphi-
bisch zu Platz Nr. 4376 hinauf. Ich saß. Ich saß kaum — wer stand
vor mir? Ein Mann mit einem heißen Blechkessel. »Wollen Sie
heiße Würstchen?« sprach er. — »Nein«, sagte ich, »das Gegenteil
— ich will das Fußballwettspiel sehen.« Ich zog meine Uhr aus der
Tasche und sah — 4 Uhr 10. Beginn 4 Uhr.

»Wann geht es endlich los?«– Ich wurde ungeduldig und schrie aus Leibeskräften!! – Schon wieder war einer da–»Wer wünscht hier Los? Ziehung unwiderruflich Freitag, den 1. April.« Nun begann die Musikkapelle drei Musikpiecen zu spielen. Vom Fußballspiel war noch keine einzige Spur zu sehen. Die Musikkapelle spielte hierauf ein Dacapo. Währenddessen nahte ein Flieger samt Flugapparat surrend zum Flugplatz heran. – Der Flieger war hoch oben, der Platz tief unten, das Publikum ebenfalls. Es war ein ergreifendes Schauspiel. Besser hätte man es in einem Schauspielhaus auch nicht gesehen. Ich habe schon in meinem Leben viel Flieger gesehen, aber diesmal nur einen, oder besser gesagt, damals nur diesen. Als das Flugzeug sich dieses Fußballs entledigt hatte, flog es hurtig von dannen. Nachdem uns die Musik wiederum etwas geblasen hatte und das Fußballspiel noch immer nicht begann, rief ich zum zweitenmal aus Leibeskräften: »Los!!!« Wer kam wieder daher? Der Mann mit den Losen! »Ziehung unwiderruflich am Freitag, den 1. April.« – Nun wurde es mir fast zu dumm, wir wollten gehen ... Sie staunen, weil ich w i r sagte – wir waren zu zweit, ich und mein Regenschirm. Um wieder auf den Fußball zu kommen, ich vergesse nie den Anblick, wie auf dem riesigen Festplatz dieser kleine Fußball lag – einsam und verlassen. Hätte ich Tränen dabei gehabt, ich hätte dieselben geweint. Auf einmal – wir konnten es kaum erwarten - fing es endlich an ... zu regnen. Von diesem Augenblick an war ich überzeugt, daß die Menschen vom Affen abstammen. Denn wie bekannt, machen doch die Affen alles nach. Beim ersten Regentropfen öffnete ich meinen Regenschirm, und siehe da – – – alle 45 000 Menschen machten mir es nach. – – Was sagen Sie dazu?

Hätte ich vielleicht meinen Regenschirm nicht aufgespannt, hättens alle anderen auch nicht getan. Und alle 45 000 Menschen wären naß geworden bis auf die Haut, die sich ja bei jedem Menschen unter den Kleidern befindet. Plötzlich ein Fahnenschwenken, die Musikkapelle spielte dazu, und das erste Fußballbataillon marschierte mit klingendem Spiel auf das Spielfeld. Ich sprach zu meinem neben uns stehenden Freund: »Nun geht's los.« Wer stand wieder da? Der Mann mit dem Los: »Ziehung unwiderruflich Freitag, den 1. April.« ... Es war zum Kotzen.

Ich werde dieses Datum nie mehr vergessen. – Und nun begann der Anfang. Es erschienen nun die Fußballieblinge, die vom Publikum vergötterten Fußballisten. Da begannen die 45 000 Menschen ein 90 000händiges Applaudieren. Der Torwärter stand schon vor den Toren und die Musik spielte dazu ›Am Brunnen vor dem Tore‹. Alles stand kampfbereit, aber der Fußball stand noch immer allein und einsam in der Mitte. Es war bereits 4 Uhr 30 alte und 16 einhalb Uhr neue Zeit zugleich. Da ging wie ein Lauffeuer ein unleises Raunen durch die Menschenmassen . . . »Die Photographen kommen.« Mindestens ein halbes Dutzend Photographen ohne Ateliers bevölkerten jetzt das Spielfeld. Das Spiel begann nun – – immer noch nicht und die Kapelle spielte dazu das alte Volkslied ›Es kann doch nicht immer so bleiben‹. Das war denn auch meine Meinung, und nach einigen kürzeren Minuten erschienen endlich drei Kinooperateure. Nun trat eine Pause ein, nach deren Ende plötzlich die Sanitätsmannschaft auf dem Platze Platz nahm. Anschließend daran kam der Herr Amtsrichter – Verzeihung – Schiedsrichter, um seines Amtes zu walten. Er ging in die Mitte, pfiff und das Spiel begann. Enden tat das Spiel mit dem Sieg der einen Partei – die andere Partei hatte den Sieg verloren. Es war vorauszusehen, daß es so kam.

Noch nie hatten Theaterbesucher so etwas erlebt. In der Singspielhalle im ehemaligen ›Frankfurter Hof‹ in der Schillerstraße zu München war ich vor dem Krieg als Komiker engagiert. Ich forderte den Besitzer öfters auf, er möchte doch einmal eine neue Bühne bauen lassen, denn die gegenwärtige existierte schon seit 1870 und war nicht mehr der Zeit entsprechend. Nach vielem Zureden war er endlich dazu bereit, eine neue Bühne mit Vorhang, Dekoration, Podium und Beleuchtung anfertigen zu lassen.

Diese schöne neue Bühne stand schon in der Werkstatt des Bühnenbauers. Der Hauptpunkt der Sache war aber, daß deshalb keine Vorstellung am Abend ausfallen durfte. Nach Schluß des Theaters, nachdem die Zuschauer das Lokal verlassen hatten, mußte sofort mit dem Abbruch der alten Bühne begonnen und die ganze Nacht durchgearbeitet werden, damit am anderen Abend die nächste Vorstellung schon auf der neuen Bühne vom Stapel laufen konnte.

Da kam mir eine Idee. Also, nach Schluß der Vorstellung sollte mit dem Abbruch begonnen werden! Ja, dachte ich, warum denn nicht schon vor dem Publikum?

Wir hatten als Schlußkomödie eine Bauernszene, bei der ein Bauer zu spät nach Hause kommt und von der Bäuerin eine Gardinenpredigt erhält. Der Bauer bekommt deshalb Streit mit seiner Frau, fängt an zu toben und schlägt mit den Fäusten auf den Tisch; sonst tat er nichts. Im Ernstfalle würde der Bauer vielleicht im Jähzorn die Möbeleinrichtung demolieren. Das könnte er doch eigentlich heute machen, dachte ich mir, denn die alte Bühne brauchen wir morgen sowieso nicht mehr.

Gut, ich teilte meine Idee dem Bauern mit, sonst niemand, nicht einmal der Bäuerin, die am Abend die Szene spielen mußte.

Am Abend wurde das übliche Programm heruntergespielt, und dann kam die Schlußkomödie mit der letzten Szene. Als die

Gardinenpredigt der Bäuerin zu Ende war, ergriff der Bauer
nicht bloß das Wort, sondern auch ein Beil und schrie: »Jetzt
wirds mir aber amol zu dumm, Himmisapprament!«, und ein
wuchtiger Hieb zertrümmerte gleich die Zimmertüre, die natürlich nur aus Kulissenplatten und Leinwand bestand. Dann schrie
er zum Fenster hinaus: »Großknecht, da geh rei.« Ich erschien
ebenfalls mit einem Beil – und nun ging es los.

Alle, der Besitzer des ›Frankfurter Hofes‹, die Besitzerin, die
Stammgäste, das Publikum und die Bäuerin – alle sperrten
Augen und Mund auf, als die ganze Bühne vor ihren Augen in
Trümmer zerfiel. Sogar die Podiumfußbodenbretter rissen wir
auf. Einige Gäste flohen aus dem Saal, weil sie glaubten, die
Schauspieler wären wahnsinnig geworden.

Kopfschüttelnd verließen die Gäste die Singspielhalle, und
einige meinten: »Die haben aber natürlich gespielt ...!«

Und am nächsten Abend spielten wir auf den neuen Brettern,
die die Welt bedeuten.

Böller haben gekracht, vom Kirchturm schmetterten Trompeten in die Nacht, aus den eisernen Fackelständern, welche dutzendweise auf dem Mariahilfplatz aufgestellt waren, loderten dunkelgelbe Flammen zum Himmel empor, weil eines der größten Feste, das die Au je erlebte – ich glaube, es war das soundsovieljährige Bestehen der Vorstadt Au oder so etwas ähnliches – gefeiert wurde. An der Seitenwand der Auer Kirche stand eine große Musikkapelle mit einer großen Trommel, und neben dieser Trommel wollte ich stehen, weil ich dieselbe ganz genau sehen, nicht bloß hören wollte. Aber neben dieser Trommel war kein Platz, denn der ganze Mariahilfplatz war voll Menschen – Menschen, ich glaub, ganz München war da. – Wie kann ich kleiner Knirps diese Menschen beseitigen? Ein Gedanke blitzte in mir auf – schnell eine Flasche Schwefel-Ammonium!!! Das ist das stinkigste Zeug der Welt, es riecht nicht nach Hyazinthen, sondern nach Abort. Ich hatte von Schwefel-Ammonium gute Kenntnisse, hatten wir es doch flaschenweise zu Hause, da wir es im Geschäft zur Desinfektion der Möbelwagen gegen Ungeziefer brauchten. Also, ich holte in Eile eine ganze Flasche Schwefel-Ammonium, wickelte die Flasche in ein paar Zeitungen ein, eilte wieder hinüber auf den Mariahilfplatz, zwängte mich durch die Menschenmassen bis zur großen Trommel und führte hier das »ruchlose«, in diesem Falle das »ruchvolle« Attentat aus. Ich schüttete hinter meinem Rücken den ganzen Inhalt der Flasche an die Wand – – –. Na, die Wirkung war ein furchtbares Ereignis. Zuerst Murmeln, dann mischte sich Lachen und Schimpfen der Menge miteinander: »Ja, was is denn dös?« – Weiter weiß ich nichts mehr, denn ich war mir bewußt, was ich angestellt hatte, und schlich mich, so schnell es ging, aus dem Staube, besser gesagt, aus dem Gestank und schnell heim ins Bett. – Ich hörte nur anderen Tags stillschweigend von der Katastrophe. »Der ganze Mariahilfplatz soll eine Stunde lang gestunken haben«, was sich auch dadurch erklären läßt, daß aus diesem Quantum – 1 Liter – mindestens 300 kleine Gasstinkbomben, welche man in Juxartikel-Geschäften früher zu kaufen bekam, gefertigt wurden. Der Täter wurde nicht ermittelt. Warum? Gesehen hat's keiner – nur gerochen!

DIE FRAU FUNKTIONÄR

Komischer Vortrag aus dem Jahre 1918

> Naa, die Welt ist ein Theater,
> Auf der Welt, da gehts jetzt zu,
> Wo'st nur hinschaugst, mußt di' ärgern,
> Nirgends hast a Rast und Ruah.
> In der Ehe mit de Kinder,
> Mit der Wohnung, mitm Mann,
> Machst du in der Fruah die Augn auf,
> Geht das Kreuz scho wieder an.

Mei Gott, is dös heutzutag a Kreuz, sozusagen ein direkter Kampf ums Leben — ja, ein direkter Kampf, wenn ma's richtig nimmt, de ganze Welt ist eine Falschheit, ein Schwindel, oana schwindelt den andern o, koan Menschn derfst mehr traun, naa, naa, is des a Jammer, aber mitmacha mußt, bis D' stirbst, und als Toter hast na aa no koa Ruah, da schimpfas na aa no über Di, daß D' in koan altn Schuach mehr neipaßt, wie man so sagt. – Bei der Beerdigung von meiner Freundin ihrn Mann, dem Herrn Trambahnkontrolleur Kammerberger, wars glei so, is a so a guata, braver und fleißiger Mann gwenn, mit so an gefährlichen Beruf, mit oan Fuß is a so an ganzen Tag im Grab gstanden, er war nämlich bei der Münchner Straßenbahn Kontrolleur, wie der Herr Hochwürden, Herr Dekan Obermeier von Sankt Heiligengeist, in der Grabred betont hat – ein fleißiger Mann in seinem Beruf – na habns hinter mir gsagt: »a fleißiger Mann, daß i net rutsch, an ganzen Tag is er Trambahn gfahrn und to hat er gar nix, als wie an ganzen Tag hat er bloß gsagt: Billetten vorzeigen — Danke —«. Sehn S', so bös san die Leut, und der elektrische Trambahnberuf ist doch wirklich ein ganz aufopferungswürdiger Beruf. –

In unserm Haus, vielmehr in unserm Gang wohnt auch eine Frau, von dera Frau d'Schwägerin, a liebe, nette Frau, i kenn s' zwar net, aber was i g'hört hab, die soll auch bei der Trambahn sein, Schaffnerin, und noch dazu auf der Linie 13 – du heiliger

Josef, i bin net abergläubisch, aber wie kann man denn so ge-
wissenlos sein, stell'ns Eahna vor, wenn die Frau grad am 13.
mit der 13er Linie 13 Mark einnimmt, da muß doch a Unglück
passieren – aber mei, des is halt Schicksal, wie's eim bestimmt
is, so kommt's; so hat mei Mo amal glaubt, daß er 's Ludwigs-
kreuz kriegt, des is halt lauter Bestimmung, so was kommt
plötzlich daher, ma hat oft vorher nicht die geringste Ahnung. –
   Mit mein Sohn geht's jetzt die letzte Zeit, Gott sei Dank, wieder besser, mei Gott, hat der arm Kerl ausgstandn, da Doktor
Meier in der Kaufingerstraßn hat'n operiert an Stirnhöhleneite-
rung, unterm Operiern rutscht der Doktor auf einer Zitronen-
schaln aus und fahrt ihm mitm Lanzett ins Hirn nei, gut, daß
mei Sohn 's Hirn so weit hint hat, sonst waar's g'fehlt gwen. Da
Alfred, der Zwoatälteste, hat a Zahnfistel ghabt, da war aber
unser Hausarzt dran schuld, der hatn falsch behandelt und der
hat an Bubn auf Glenkrheumatismus kuriert. – Jetzt geht er
scho bald ins 16. Jahr, da Alfred, hoffentlich kommt er nimmer
zum Krieg dazu, wenn er nur grad recht langsam gedeihn tät, da
Bua, gsund is a ja so net recht, denkas Eahna, der g'rat ganz an
Vater nach – mei Mann is nämlich Magistratsbeamter, aber sehr
leidend, der hat so a Art Schlafkrankheit, die is nicht schmerz-
haft, aber sehr zeitraubend, – stelln S' Ihnen das Unglück vor,
wenn die Krankheit mei Sohn auch kriegn tät, mit der Schlafkrankheit kann ja der Bua koa G'schäft lerna; no ja, g'fehlt
wär's nie, wenn alle Strick reißat'n, bringt'n halt der Papa in'n
Magistrat nei. –
   O mei, mit de Kinder is jetzt scho a recht's Kreuz, a Familie
wo heutzutag acht oder neun Kinder hat, is net zum Beneid'n,
mir ham Gott sei Dank nur sieb'n, geht da der Ärger und der
Verdruß scho net aus. – – – Mei Kloane, de mit sechs Jahr,
d'Anni, bringt neulings von der Schul d'G'sichtsros'n mit hoam,
mei Gott, i war ganz resultatlos; »Hundsbankat, reidiger«, hab i
g'sagt, »wie kimmst denn Du zu der Rose, zu dera G'sichtsros'n,
häst lieber d'Parkettrosn mitbracht, na hätt ma wenigstens was
zum Bodenputzen ghabt.« – Und so kommt alle Tag was anders
daher. – –
   Unter uns da wohnt a Filmschauspielerin, und dera muß
d'Gretl, mei zweitälteste Tochter, imma 's Sach holn; neilings

hat s' es furtgschickt um an Puder, und de Kloa hats falsch verstandn und hat ihr an Butta bracht, a Fünftl. – – Hats zu meiner Kloan gsagt: »Mach 's nächstmal Deine Ohrwaschl besser auf, dumms Ding, dumms.« Aba da bin i auffi – »Was«, hab i gsagt, »is mei Tochter, wos für a dumms Ding hat Ohrwaschln? Sie alte Filmschuxn, sans froh, daß Eahna 's Deandl an Butter bracht hat statt an Puder, dann kennas wenigstens Eahnan ausdürrtn Magen damit einschmiern, daß a net allawei so knarzt, Sie Filmgspenst; Eahnane Gsichtsfaltn san ja so scho die reinsten Dachrinnen, de könnas nimma verpudern, da is gscheiter, Sie kaufen Eahna a Gasmaske oder an Taucherhelm und deckas Eahnan gfalteten Fesselballon ganz zua, und wenn S' 's nächstmal wieder was braucha, na lassns Eahna Eahnane G'sichtsutensilien 's nächstemal von an Packträger mitn Zwoaräderkarrn holn und verschonas mei Tochter mit Eahnan Gang, Sie langhaxate Blindschleicha.« – – –

Ja, wissens, d'Leut taaten mit de andern Leute eahnane Kinder grad was wolln, naa, naa, dös gibts net – Mei Mann natürlich, der kann ja mit de Kinder gar net umgeh, der hat keine Ahnung von der Kindererziehung; unsern dreijährigen Pepperl gibt er neilich 's offene Rasiermesser zum Spieln – – i kimm grad dazua, schrei glei: »Um Himmelswillen, reiß an Buam 's Messer aus der Hand!« Sagt mei Mann: »Laß ihm doch, der kann sich ja doch no net rasiern.« Sehn's, so dumm redn d'Mannsbilder daher. – – –

Ja ja, 's is a Kreuz, jetzt derf i heut no umanandlaufa, daß i für morgn was auftreib, das is jetzt eine Umanandrennerei, heutzutag an Haushalt führn, is direkt a Kunst, ma werd nimmer fertig. Kaum moanst, jetzt kannst 's kocha anfanga, fehlt dir wieder des und das, nacha hast wieder koane Kohln, wennst nacha um Kohln gehst und bist beim Kohlenhändler, hast d' Kohlenmarken wieder vergessen, dann lauft ma wieder hoam um d'Kohlnmarken, kimmst dann mit de Marken zum Kohlnhändler, derweil hat der koane Kohln mehr. – – –

I sag ja, es is schrecklich und manche Leut habn no alles, was eahna Herz begehrt, die Ungerechtigkeit ist zu groß auf der Welt, drum soll unser Herrgott wieder amal a Sündflut kemma lassen und alles wegschwoabn lassen.

Und mit de Dienstboten ist das heutzutage aa so a Kreuz. Moanas, ich treibet jetzt a neue Köchin auf? Nicht um alles in der Welt. Dö ma jetzt ham, dera gfallts nimma bei uns, ham Sie Worte? Tut man dem Trampel alles, was man ihr von die Augen absieht; Mittag gibt ma ihr 's ganze Essen, dös was mir nimma mögen, hat ihr eigenes Bett, d'Ortskrankenkasse laßt ma ihr selba zahln, und da g'fallts ihr nimma bei uns; da kann man doch gar nimma reden. Ich mein, wenn man einem Menschen in jeder Weise entgegenkommt wie ich – neulich bin ich ihr sogar zum Metzger entgegen komma, weil s' imma so lang ausbleibt, und habs recht z'sammag'staucht.

Und ein wüstes Frauenzimmer ist das, jetzt ist sie schon 35 Jahre alt, meinens, dö fürcht noch an Kaminkehrer? Ja, Schafkas – im Gegenteil, nachlaufa tuts ihm noch, dös Luder. Aber da derf ma nichts sagen, da waars aus bei mein Mann, über sei Käthi, da laßt er nichts kommen, dö wenn eahm viereckige Knödl am Tisch hinstellt, na sinds aa rund bei ihm. – Alle 14 Tag hat's Fräulein Käthi Ausgang von 2 — 8 Uhr, sie kommt aber jedesmal erst am andern Tag in der Früh heim.

Schauns, auf Weihnachten hat ma koa Geld ang'schaut, mei Mann hat ihr drei Ohrringel kauft und einen Schlittschuh und ich hab ihr, daß s' auch a Freud hat, vom Kaspar Ostermayer 's Magdzimmer desinfizieren lassen; meinas, ich hab an Dank g'habt, ja, an Dreck – aber heuer auf Weihnachten, wenns noch bei uns ist, solln s' von mir aus d'Wanzen fressen. Kinoschauspielerin möchts jetzt werden! Ham Sie Worte! Sie, mit dera broatn Bauernfünferlarva! »Denkens lieber an Eahna Kocherei«, hab i gsagt, »daß S' lerna, auf was für a Seiten daß ma's Butterbrot schmiert. Moana denn Sie, mit Eahnan gwarzatn Verdrußfalten-G'sicht und mit Eahnan Baumhacklteint werden Sie a Schauspielerin? A Abspülerin könnens macha in der Wärmstube, in der 15-Pfennig-Abteilung hint.«

Ja, es ist unglaublich, und eingebildet ist die Person; sie bildet sich immer ein, mein Mann ist in sie ganz verrückt, so was braucht sie sich doch nicht einbilden, der freche Socka, wo es doch bittere Wahrheit ist. An ganzen Tag hats nur ihre Mannsbilder im Kopf, drum ist sie auch so furchtbar zerstreut. Was tuts nicht neulings? Reibts net in unserm chinesischen Speise-

salon die schöne Goldtapete mit Stahlspäne ab, daß d'Fetzen
glei bis am Fußboden runterg'hängt san; an Parkettboden putzt
's Rindvieh mit Sidol, an Kanarienvogel gibt sie 's Hundsfres-
sen, auf Weihnachten hats Ostereier g'färbt, am Hl. Dreikönigstag hats Kirtanudln bacha, auf Pfingsten hats auf unser
schwarzpoliertes Tafelklavier mit der weißen Ölfarb Kaspar,
Melchior und Balthasar naufg'schrieben und d'Goldfisch reibts
mitn Staublumpn ab.

Mancher Mensch hat keine Ahnung,
naa, heut hab i schon was g'flucht,
wenn man so wie eine Nadel
eine neue Köchin sucht,
telefonisch, telegraphisch,
durch die Zeitung, durch die Post,
ich such eine gute Köchin,
hohen Lohn und gute Kost.

VALENTIN Erlaube mir, ein Drama ›Mitternachtsständchen‹ zum Vortrag zu bringen: Mit eigenen Requisiten und eigenen Dekorationen. Kostüme und Dekorationen aus der Brockensammlung, München, Kohlstraße 2. Das Stück spielt zwischen Karfreitag und der Römerschanze bei Grünwald Ende des vorigen Jahrhunderts, nachmittag gegen ½ 3 Uhr. Die Rollen liegen in den Händen des Herrn ›Ich‹ und – aso – – ist vielleicht jemand da, der als Gast mitwirken möchte? – Geh' sag'n S', die Frau Ding soll reinkommen, die hat schon öfters Theater g'spielt! – Bitte, tragen S' meine Kostüme herein und eine spanische Wand dazu! – *Diener bringt das Verlangte. Valentin zieht sich an, stellt eine Kulisse auf, die Ritterburg. Mitwirkender Gast kommt auf die Bühne.*

VALENTIN *zum mitwirkenden Gast* Also, Sie brauchen nichts zu tun, als bei einem Fenster herauszuschauen. Sie gehen jetzt in das Haus hinein und wenn ich dreimal pfeif', dann schau'n Sie zum Fenster 'raus! Sagen brauchen S' nichts als wie: »Ich lieb' Dich nicht mehr, ich liebe einen andern!« *Valentin setzt ihm ein Nachthäubchen auf, geht mit ihm hinter die spanische Wand, zieht ihn an und pudert ihn ganz weiß. Zum Beleuchter* Sie sind so gut und beleuchten alles recht grell und farbig! – Zum Beispiel, wenn ich von der Sonne sing, beleuchten S' hell, – wenn ich von der Nacht sing, – beleuchten S' dunkel, – und wenn ich vom Morgenrot singe, beleuchten S's Morgenrot! – Jetzt fangen wir an. *Valentin singt mit der Gitarre ein Ständchen, – siehe Noten – Bühne finster*

Leise, leise, – wie ein Schatten – schleich ich mich auf d' Nacht beim Mondenschein – Mondenschein – Mondenschein – *schreit zornig zum Beleuchter* Mondenschein! – ja, hör'n denn Sie net?

Beleuchter beleuchtet ganz grell weiß.

VALENTIN Ach, das ist ja die Sonne, – beim Mondenschein hab i g'sagt! – gelb –

Beleuchter macht gelb.

VALENTIN So is recht! *singt*

    Zu meinem lieben Schätzelein, die wohnt in diesem Haus,
Haus No. 9 – – Herz, mein Herz, erhör' mein Flehn, ich bitte
Dich, Du kleine süße Maus, schau' doch zum Fenster 'raus!
Liebchen schaut 'raus Nicht 'rausschau'n, – erst, wenn ich drei-
mal pfiffen hab! *pfeift dreimal, Liebchen schaut 'raus*

VALENTIN *singt*

    Da bist Du ja, mein Engel,
    Du bist mein Himmelreich,
    Was ist mit Dir geschehen?
    Du bist ja furchtbar bleich!

Beleuchtung rot

VALENTIN *schimpft* – bleich! – Dö hat ja an Rotlauf – dö schaut
aus wia a Bluatorangen! *singt*

    Ich wollte Dich besuchen,
    Schon am Gründonnerstag *grün*
    Doch war es mir nicht möglich,
    Weil krank ich im Bettchen lag,
    Ich glaub', ich hab Dir's ja schon g'sagt,
    Ich hab erst kurz die Gelbsucht g'habt; *gelb*
    Doch heut' bin ich gekommen
    Zu Dir, mein Schätzelein,
    Und bring Dir Liebeslieder
    Beim goldenen Mondenschein! *Regenbogenfarben*

VALENTIN Jetzt macht der an Regenbogen! – Hab'n Sie schon
an g'scheckat'n Mond g'seng? *Zum Liebchen* Jetzt sag'n S'
»Ich lieb' Dich nicht mehr, ich liebe einen andern!«
Liebchen sagt den Satz mit hoher Stimme.

VALENTIN *ganz baff* Was? – Du liebst einen andern???? Wia
kannst denn Du dös toa, – Du R u f a!??? *singt*

    Du liebest einen andern!
    Das machst Du mir nicht weiß, *weiß*
    Ich kann es gar nicht fassen,
    Mir wird um's Herz so hoaß – heiß!
    An mir, da nagt der Kummer,
    Mein Haar wird langsam grau! *blau*
zum Beleuchter Blaue Haare gibt's do' net! – grau hab i g'sagt!

Ich kann's nicht überleben,
Ich sterb' hier auf grüner Au! *gelb* – grüner Au! –
Vergess' nie, daß in finsterer Nacht *weiß*
spricht finsterer Nacht – finsterer Nacht – geh' – was is' denn
mit der Nacht? – Ich kann mi' do' net beim Tag umbringa! –
schwarz –
singt
Dein Liebster sich hier umgebracht.
Ersticht sich mit einem Degen, fällt zu Boden.
singt
Da lieg' ich nun als Leiche
Vor deinem Fenster tot!
Am Horizont, da leucht' mir
Das letzte Morgenrot! *blau*
steht zornig auf I mag nimmer, – i lass' mi' net dablecka! I lass'
mir do' net die schöne dramatische Szene verpatzen! – Wenn
Sie das Morgenrot blau beleuchten, dann tun S' mir leid –
jetzt grad am Schluß, wo alles geweint hätt', verpatzen Sie
alles – und 's Liebchen, – dös Rindviech lacht, wenn ich stirb –
mit solche Leut' kann ma nix mach'n! *zum Publikum* Wissen
S', wenn zum Beispiel im Hoftheater so 'was passiert, dann
lassen's wenigstens einen – so eisernen Vorhang 'runter, –
dann sieht das Publikum nicht, was auf der Bühne los ist, –
aber da hat man ja nichts auf der Bamberlbühne! – Man
könnt' schon einen anmachen, – sehn S', wenn man *erklärt*
dem Publikum eiserne Träger und Rollen und sagt Also, –
entschuldigen S' vielmals!

DIALOGE

BUCHBINDER WANNINGER

Der BUCHBINDERMEISTER WANNINGER *hat auf Bestellung der Baufirma Meisel & Co. 12 Bücher frisch eingebunden, und bevor er dieselben liefert, frägt er telefonisch an, wohin er die Bücher bringen soll und ob und wann er die Rechnung einkassieren darf. Er geht in seiner Werkstätte ans Telefon und wählt eine Nummer, wobei man das Geräusch der Wählerscheibe hört.*

PORTIER Hier Baufirma Meisel & Compagnie!

BUCHBINDERMEISTER Ja hier, hier ist der Buchbinder Wanninger. Ich möcht nur der Firma Meisel mitteilen, daß ich jetzt die Bücher, wo's bstellt ham, fertig habe und ob ich die Bücher hinschicken soll und ob ich die Rechnung auch mitschicken darf!

PORTIER Einen Moment, bitte!

BUCHBINDERMEISTER Jawohl!

SEKRETARIAT Hier Meisel & Compagnie, Sekretariat!

BUCHBINDERMEISTER Ja, hier ist der Buchbinder Wanninger. Ich möcht Ihnen nur mitteilen, daß ich die, die Bücher da wo, daß ich die fertig hab und ob ich die, die Ding da, die Bücher, hinschicken soll und ob ich die Rechnung auch dann mit- gleich hinschicken soll – bitte!

SEKRETARIAT Einen Moment, bitte!

BUCHBINDERMEISTER Ja, ist schon recht!

DIREKTION Direktion der Firma Meisel & Co.!

BUCHBINDERMEISTER Ä, hier ist der, der Buchbinder Wa-Wanninger. Ich möcht Ihnen nur, und der Firma Meisel des mitteilen, daß ich die Ding, die Bücher jetzt fertig hab und ob ich dann die Bücher hinschicken soll zu Ihnen und ob ich die Rechnung dann auch gleich mit hinschicken soll – bitte!

DIREKTION Ich verbinde Sie mit der Verwaltung, einen Moment, bitte, gell!

BUCHBINDERMEISTER Ja, ist schon recht!

VERWALTUNG Hier Baufirma Meisel & Co., Verwaltung!

BUCHBINDERMEISTER Ha? Jawohl, hier ist der Buchbinder Wanninger. Ich möcht Ihnen nur mitteilen, daß ich die Bücher jetzt fertig gmacht hab und daß ich's jetzt hinschick oder daß ich's hinschicken soll oder ob ich die Rechnung auch dann gleich mit hingeben soll!

VERWALTUNG Rufen Sie doch bitte Nebenstelle 33 an. Sie können gleich weiterwählen.

BUCHBINDERMEISTER So da muas i glei – jawohl ist schon recht, danke, bitte. *Geräusch der Wahlscheibe* Bin neigieri!

NEBENSTELLE 33 Hier Baufirma Meisel & Compagnie!

BUCHBINDERMEISTER Ja, der Ding ist hier, hier ist der – wer ist dort?

NEBENSTELLE 33 Hier Baufirma Meisel & Compagnie!

BUCHBINDERMEISTER Ja, ich habs dene andern jetzt scho a paarmal gsagt, ich möcht Ihnen nur des jetzt mitteilen Fräulein, daß ich die Dings-Bücher fertig jetzt habe und ob ich die Bücher da zu Ihnen hinbringen soll oder hintrage und die Rechnung soll ich dann vielleicht eventuell auch gleich mitschicken, wenn Sie's erlauben!

NEBENSTELLE 33 Ja, einen Moment mal, ich verbinde Sie mit Herrn Ingenieur Plascheck.

BUCHBINDERMEISTER Wie?

PLASCHECK Hier Ingenieur Plascheck!

BUCHBINDERMEISTER Ja, hier ist die Bau-, hier ist der – wer ist dort? Hier ist der Buchbinder Wanninger. Ich möcht Ihnen nur und der Firma mitteilen, daß ich jetzt die Bücher da fertig gmacht hab, die zwölf Stück, und ob die Bücher dann alle zu Ihnen hinkommen sollen, daß ichs hintrag und ob ich d'Rechnung auch, auch hinoffe-offerieren sollte, bitte, zu Ihnen!

PLASCHECK Ja, da weiß ich nichts davon!

BUCHBINDERMEISTER So!

PLASCHECK Fragen Sie doch mal bei Herrn Architekt Klotz an. Einen Moment mal, bittschön!

BUCHBINDERMEISTER Wia hoasst der? Was hat denn der für a Nummera? He! – Herrgottsakrament!

KLOTZ Architekt Klotz!

BUCHBINDERMEISTER Wanninger, Wanninger, ich hab, ich hab a, ich möcht dem Herrn Ingenieur nur das jetzt mitteilen, daß ich die Bücher schon fertig gmacht hab und die – und ob ich die Bücher jetzt nachher hinschicken soll zu Ihnen, weil ich die Rechnung auch gleich mit dabei hab und die würd ich dann auch gleich – daß ich's dazu geb vielleicht!

KLOTZ Ja, da fragen Sie am besten Herrn Direktor selbst, der ist aber jetzt nicht in der Fabrik.

BUCHBINDERMEISTER Wo is er nacha?

KLOTZ Ich verbinde Sie gleich mit der Wohnung!

BUCHBINDERMEISTER Na na, na da bin, passen's auf, hallo!

DIREKTOR Ja, hier ist Direktor Hartmann!

BUCHBINDERMEISTER Ja, der Ding is hier, der Buchbinder Wanninger. Ich möcht nur anfragen, ob ich jetzt Ihnen des mitteilen soll wegen de Bücher, weil ich – die hab ich jetzt fertig gmacht in der Werkstatt und jetzt hamas fertig und ob ichs Ihnen nachher mit der Rechnung auch hin- mitschicken soll, wenn ich – ich hätt jetzt Zeit!

DIREKTOR Ja, ich kümmere mich nich um diese Sachen. Vielleicht weiß die Abteilung III Bescheid; ich schalte zurück in die Firma.

BUCHBINDERMEISTER Wer ist, wo soll i hingehn? – Herrgottsakrament.

ABTEILUNG III: Baufirma Meisel, Abteilung III!

BUCHBINDERMEISTER Ja, der Ding ist hier, der Buchbinder Wanninger, ich habs jetzt dene andern scho so oft gsagt, ich möcht nur an Herrn Direktor fragn, daß ich die Bücher – fragen, daß ich die Bücher jetzt fertig hab und ob ichs nausschicka soll zu Ihna und d'Rechnung hätt ich auch gschriebn, ob ich die auch gleich mit de Bücher, zamt de Bücher mit zum Herrn – Ihnen hinschicken soll, dann!

ABTEILUNG III: Einen Moment, bitte, ich verbinde mit der Buchhaltung!

BUCHHALTUNG Firma Meisel & Compagnie, Buchhaltung!

BUCHBINDERMEISTER Hallo, wie?
Ja, der – ich möchte nur der Firma mitteilen, daß ich die Bücher jetzt fertig hab, net, und ich dadats, dats jetzt Ihnen hin-hin- hinoweschicken, hinaufschicken in eichere Fabrik und da möcht ich nur fragen, ob ich auch die Rechnung hin- hinbeigeben, beilegen soll, auch!

BUCHHALTUNG So, so sind die Bücher nun endlich fertig, hören

Sie zu: Dann können Sie mir ja dieselben morgen vormittag gleich – ach, rufen Sie doch morgen wieder an, wir haben jetzt Büroschluß!

BUCHBINDERMEISTER Wos? Jawohl, ja so, danke – entschuldigens vielmals! – – Saubande, dreckade!

v Aber das ist eine Überraschung für mich! Ihr Herr Schwager,
   der Lorenz, mein bester Freund, ist gestern gestorben.
κ Ja! Ja! – Das ist schnell gegangen! Der hätte ruhig noch so
   10 bis 20 Jahre leben können.
v Ja ruhig! – Ich hab ihn ja gern mög'n – er war ein lieber
   Mensch – einer meiner besten Freunde – wirklich!
κ Ja, er hat bei Lebzeiten oft von Ihnen erzählt und von den
   Stück'ln, die ihr beide gemacht habt.
v O mei – ich hätt nicht 'glaubt, daß dieses Freundschaftsband
   so schnell und jäh zerrissen wird!
κ Ja, das hätt niemand so schnell geglaubt.
v Ich kann's noch gar nicht recht fassen, daß der Lorenz – so ein
   wackerer Kamerad – schon von uns gegangen sein sollte!
κ Er hätt halt nicht so viel trinken soll'n! 's Bier hat er halt gern
   mög'n.
v Ja mei, wenn er's net so gern mög'n hätt, hätt er sicher net so
   viel trunken. – Aber daß es so schnell geht, hätt nicht jedermann geglaubt!
κ Ja, es ist fast allzu schnell gekommen!
v Aber ich darf sagen, ich hab viele Freunde, aber mein bester
   Freund war und bleibt der Lorenz. Wie oft hat er mir in der
   Not ausg'holfen, wenn's grad net g'stimmt hat! »Lorenz« –
   hab i g'sagt, »i bin momentan in Verlegenheit«; – schon hat er
   mir 50 Mark in die Hand gedrückt.
κ Das stimmt, er war zu gut, zu gut!
v Seh'n Sie, Frau Oberberger, das sind Freunde, und solche
   Leut müssen fort.
κ Ja, – in der Hinsicht war er großzügig!
v Er war ein Mensch, der andern Menschen gezeigt hat, was
   ein Mensch ist. Er war immer nobel!
κ Ja – nur nobel, das kann man nicht anders sagen! Ihnen gegenüber sogar sehr nobel – hat er mir oft gesagt.
v Einmal, wie es mir recht dreckig gangen ist – ich war damals

ganz am Hund – und trotzdem er selbst nicht auf Rosen gebettet war, hat er mir mit 500 Mark gutg'standen. Das werd'
ich ihm in Ewigkeit nicht vergessen.

κ Ja,–so war er! Er hat eine edle spendende Seele g'habt!–Ja,
die hat er g'habt!

v Ja, die hat er g'habt! – Und jetzt hat er das Zeitliche gesegnet,
der gute Lorenz!

κ Das Zeitliche hinter sich – ja, das kann man wohl sagen.

v Zu jedem Namens- und Geburtstag hat er mir gratuliert. Da
schaun's her, Frau Oberberger, das Zigarrenetui *schnackelt*
hat er mir auch g'schenkt! Das wird mir ein nie vergessendes
Andenken bleiben!

κ Ich hab noch eine Photographie zu Hause, wo Sie und der
Lorenz armumschlungen im Salvatorkeller sitzen.

v Ja, – das war'n Zeiten! Für mein Freund Lorenz wär ich jederzeit durch's Feuer gegangen – ja! – Ich schon!!!

κ Davon bin ich überzeugt!

v Wann ist denn die Beerdigung?

κ Am Sonntag um 3 Uhr!

v Am Sonntag um 3 Uhr – – schad, – da muaß i nach Daglfing
zum Rennen – da kann i leider net komma! Na ja – verwandt
war'n wir ja eigentlich nicht zueinander!

A *steht am Sendlingertorplatz in München und betrachtet sich den Springbrunnen und meint zu einem neben ihm stehenden Herrn* So ein Springbrunnen ist doch etwas Herrliches.

B Wenn er springt, is er sehr schön.

A Was heißt springt, wenn er net springen würde, wär's ja kein Springbrunnen.

B Was wär's dann für ein Brunnen?

A Dann wär es keiner.

B Gar keiner?

A Nein! Gar keiner nicht, es wäre halt dann ein Brunnen, der nicht springt.

B Aber d a is er schon.

A Freilich is er da.

B Aber sehn tut mer ihn nicht.

A Wenn er nicht springt – nicht.

B Hören tut mer ihn auch nicht.

A Wenn er springt schon, dann rauscht das Wasser.

B Rauschen tut er, und springen zu gleicher Zeit.

A Der Springbrunnen rauscht nicht, nur das Wasser.

B Ohne Springbrunnen?

A Nein, mit Springbrunnen.

B Kann man so einen Springbrunnen kaufen?

A Nein.

B Woher hat dann unsere Stadtverwaltung den Springbrunnen?

A Der wurde gestiftet.

B Springend?

A Nein – da mußte zuerst das Wasserbassin betoniert werden, dann wurden die Rohre gelegt und die Blumenanlagen und dann wurde ein Geländer herum gemacht.

B Und dann?

A War er fertig.

B Aber gesehen hat man ihn noch nicht.

A Wen?

B Den Springbrunnen selbst.

A Nein, erst als er aufgedreht wurde, dann ist der Wasserstrahl in die Höhe gesprungen.

B Vor Freude?

A Na – das ist doch ein Naturgesetz, wenn man einen Wasserhahn aufdreht, springt das Wasser immer in die Höhe.

B Immer nicht, in unserer Küche zu Hause, wenn man den Wasserhahn aufdreht, springt das Wasser hinunter.

A Eine Küche und der Sendlingertorplatz ist auch zweierlei.

B Aber nützlich ist ein Springbrunnen nicht.

A Nutzen hat er keinen.

B Warum baut man dann Springbrunnen?

A Nur zur Zierde, – zum Anschauen.

B Für wen?

A Für die Bewohner unserer Stadt.

B Wie lange existiert der Springbrunnen schon?

A Ich glaube seit 1860, also fast hundert Jahre lang.

B Nun, dann müssen ihn doch alle Münchner schon gesehen haben.

A Das ist Geschmackssache, was Schönes kann man sich zwei- und dreimal ansehen.

B Zwei- bis dreimal schon, aber so alte Münchner oder gar die, die am Sendlingertorplatz wohnen, müssen sich doch schon an dem Springbrunnen satt gesehen haben.

A Für die Münchner allein is er auch nicht gemacht worden, sondern hauptsächlich für die Fremden.

B Nein, das stimmt nicht, die Fremden kommen nicht wegen dem Wasser, sondern wegen dem Bier zu uns nach München.

A Das stimmt.

B Mich hat noch nie ein Fremder gefragt: »Sagn's Sie mal, wo kann man hier einen Springbrunnen sehen?« – Alle haben mich gefragt: »Wo ist hier das Hofbräu?«

A Natürlich kommt kein Mensch wegen dem Wasser nach München und keiner wird aus dem Springbrunnenbassin Wasser saufen wollen.

B Warum haben's dann einen eisernen Zaun drumrum gemacht?

A Daß man nicht naß wird, wenn man zu nahe an den Springbrunnen hingehen würde.

B Aber im Winter?

A Im Winter? Da springt er ja nicht.

B Wenn aber ein Fremder im Winter den Springbrunnen sehen will?

A Das kann er nicht, da muß er schon warten, bis es wieder Sommer wird.

B Muß er dann so lang in München bleiben?

A Nein, der fahrt wieder und soll im Sommer wiederkommen.

B Wenn er aber nicht mehr kommt?

A Dann sieht er ihn nicht.

B Da hat's der Münchner leichter, der sieht ihn immer.

A Im Winter auch nicht.

B Warum springt er nicht im Winter?

A Da tät der Springbrunnen einfrieren.

B Das ist nicht wahr, laufendes Wasser friert nie ein.

A Da haben Sie recht, das hat mir auch einmal ein Installateur gesagt, das wissen vielleicht die Herren Stadträte gar nicht.

B Das muß man den Stadträten sagen, die sind einem vielleicht dafür dankbar, dann könnte man sich doch die Arbeit mit dem Zudrehen ersparen.

A Gewiß, hieraus sieht man, daß der Laie auch manchmal eine gute Idee haben kann.

B Nur eines ist mir nicht klar: der Springbrunnen springt in die Höhe, dann fällt das Wasser wieder herunter und sammelt sich in dem Wasserbecken und läuft dann zum Ablaufrohr wieder hinaus.

A Ganz klar, der Ablauf ist wichtiger als der Springbrunnen selbst, denn wenn da kein Ablauf wäre und das Wasser hätte seit dem Jahre 1860 nicht ablaufen können, da wäre vielleicht heute ganz München – ganz Bayern – ganz Deutschland – vielleicht ganz Europa überschwemmt, – was wäre das für eine gewaltige Katastrophe, wenn einer aus Mutwillen das Ablaufrohr verstopfen würde?

B ... Ah!!! ... jetzt weiß ich, warum daß man um diesen Springbrunnen ein Geländer gemacht hat.

DER UMZUG

Die Bühne zeigt die Ecke einer Vorstadtstraße mit vielen kleinen winkeligen Giebeln und Dächern über- und hintereinander. Im Vordergrund eine armselige Bretterhütte mit Türe und zwei schmalen Fenstern mit je einem Laden. An der linken Ecke des Häuschens ein staubiger Fliederbusch und zwei riesige aufgeblühte Sonnenblumen. Rechts ein Gartenzaun, ein winkeliges Gäßchen mit Schuppen, hinter welchem eine Kastanie hervorschaut, aufgehängte Arme-Leute-Wäsche und weitere Dächer und Mansardengiebel.

KARL VALENTIN trägt einen Vollbart, eine verbogene Nickelbrille, offenes Hemd ohne Kragen und Krawatte, karierte Weste, havelockähnlichen dunklen Überzieher, unter dem Korkenzieherhosen hervorschauen, die in riesigen Schuhen enden. Unter dem Kragen des Mantels ist eine Schnur durchgezogen, an der große, dicke Pelzhandschuhe befestigt sind, die der Mann trotz des warmen Sommerwetters angezogen hat. Er kommt mit einem flachen Handkarren auf die Bühne, dessen Räder durch Kette und Vorhängeschloß blockiert sind.

LIESL KARLSTADT mit schütteren, grauen Haaren, Madonnenscheitel und Nickelbrille, trägt rotes Halstuch, karierte Jacke, helle Schürze und einen graugestreiften Rock.

Vor dem Häuschen ist übereinander der ganze ärmliche Hausrat zusammengestellt: Ein Vogelbauer mit dem Kanarienvogel, der mit einem langen Faden um den Fuß an einem Gitterstab angebunden ist, Matratzen, Bettenbündel, eine Kommode, ein Kinderwagen, die Küchenuhr mit Gewichten, Reisekörbe, zwei Nachtkastl, eine Waschtischgarnitur, bestehend aus einem zerbeulten Emaillekrug und Waschbecken, zwei verbeulte Emaille-Eimer, ein gerahmter Wandspruch »Rein wie der hellste Edelstein Mutterliebe ganz allein!«, Küchengeschirr, eine Kaffeemühle, mehrere Rohrtischchen, Stühle, ein kleines Handleiterwagerl, ein Hirschgeweih, ein Aquarium mit Wasser, aber ohne Fische, ein Blumenstock, ein Hockerl.

Bei geschlossenem Vorhang spielt die Musik ›Morgenstimmung‹ von Grieg, dazu ertönt Vogelgezwitscher, dann geht der Vorhang auf.

LIESL KARLSTADT *tritt aus dem Haus, in der Hand einen Blumenstock, den sie abstellt, und spricht* Heute sinds grad sechs Jahr, daß ich am Wohnungsamt vorgemerkt bin. Und so oft ich früher in Rosenkranz ganga bin, ins Angerkloster, so oft geh ich jetzt aufs Wohnungsamt. Es ist sozusagen meine zweite Heimat geworden. Es ist zwar immer ein fader Gang da hinauf, und es ist grad gut, daß wenigstens die Herrn Beamten vom Wohnungsamt so nette, freundliche Menschen sind. Der eine gar auf Schalter dreizehn, der sagt jedesmal zu mir: »Schaugn S' morgn wieder her!!« und das sagt er so lieb, daß mir jedesmal die Tränen in den Augen stehn, so fürcht ich mich vor dem; 's letzte Mal hat mich der eine Beamte gfragt, ob ich auch wirklich verheiratet bin, und ob ich auch wirklich fünf Kinder hab. Er hat's halt gar net recht glauben können, er hat gmeint, ich lüg ihn an. Dann bin ich aber heim, und hab s' alle g'holt. Mitn Kinderwagl bin ich glei über d' Stiag nauf g'fahrn. Und droben hab ich s' ihm alle vorgestellt: An Micherl, an Wiggerl, an Sepperl, d' Fanni und d' Walli. – Der hat gschaut, der hat nimmer gsagt: »Sehr angenehm!« Das war ihm schon sehr unangenehm. »So«, hab ich gsagt, »mit dene fünf Kinder, mit mein Mann, mein alten Vatern und der Schwiegermutter, – Hund, Katz und Kanari ham mir oan Zimmer. Und manche Großkopferte ham zu zweit, sage und schreibe, sieben bis zehn Zimmer!« Ja ja, mir sind furchtbar beschränkt, – nicht mir selber, sondern mit unserer jetzigen Wohnung. Wohnung kann man da eigentlich nimmer sagn, mir sagn halt so, weil wir bis jetzt noch keinen passenden Ausdruck dafür g'funden ham, wie wir unser Heim nennen könnten. »Loschi« mögn ma net sagn, weil das ein Fremdwort ist, und Dreckloch, das ist uns zu ordinär. Wir wohnen halt jetzt sechs Jahr in der Vorstadt in der Quellengasse, neben der alten Papierfabrik am Mühlbach. Hausnummer ham ma koane, aber es ist leicht zum finden – wenn S' uns b'suchen wolln, brauchen S' nur in d' Quellenstraß gehn, – wo de Kunstmaler allweil umanander hocka, und speziell das

Häusl – wo de allweil abmaln, in dem wohna mir. Mir ham
ja nie über unser trautes Heim geklagt, aber – wie uns vor drei
Jahr das letzte Hochwasser aus'n Zimmer an Fuaßbodn raus-
g'schwoabt hat, von da ab war ein weiteres Ausharren unmöglich. Das einzige Schöne, was wir in der Wohnung ham,
ist das laufende Wasser, – das lauft Tag und Nacht über d'
Wänd runter, so feucht ists in unsrer Burg. Und ein Leben ist
drin! Alle acht Tag werden die Schulkinder klassenweise in
unsere Wohnung geführt, und der Herr Lehrer erklärt den
Kindern bei uns das Leben und Treiben des Hausungeziefers.
Drum hat auch der Herr Kommissär von unserm Bezirk gesagt:
»Die Wohnung ist nicht mehr geeignet für menschliche Wesen. Sie müssen eine andre Wohnung kriegen«, hat er gsagt,
»dafür ist das Wohnungsamt da!« – Wir kriegn aber keine
vom Wohnungsamt, sechs Jahr wart ma jetzt drauf. Nacha is
uns des z' bunt wordn und drum ziagn mir heut schwarz um!
Man hört den Kanarienvogel in seinem Bauer zwitschern. Ja
der Hansi, der singt schon sein Abschiedslied. *Sie nimmt der*
Hansi aus seinem Bauer und reißt den Zwirnsfaden von sei-
nem Fuß ab Ja, Hansi, jetzt wirds Ernst – heut müß ma ausziehn. Mei, Hansi, da wirds dir heut schlecht gehn bei dem
Umzug, da wirds dich umanandaschütteln auf dem Wagen
droben, da kriegst ma ja du a Gehirnerschütterung, was mach
ma denn da? Halt, i habs – du bist ja a Vogerl, du brauchst ja
net gfahrn werden, du kannst ja hinfliegen, dir sag i jetzt unser neue Adreß, dann fliegst derweil voraus. Also – Ickstatt-
straße 42/III links im Rückgebäude. *Sie läßt ihn fliegen* Weiter links, weiter links – schaug net immer um. Jetzt hätt er
sich bald an einen Kamin angstoßn. Ah – der findt scho hin.
Jetzt wärs halt recht, wenn der Alte mitn Karrn scho da wär.
Seit drei Stunden wart ich auf ihn – *Sie spricht in die Kulisse*
Was sagn S', Frau Hinterhuber, ich versteh Sie nicht – ja grad
sag ichs, jetzt is er noch nicht da – drei Stund is er jetzt aus –
jetzt hab ich die schweren Möbel alle allein runtertragn. Und
jetzt wärs Wetter so schön, das ist so notwendig beim Umzug – derf bloß a Schütterer daherkommen, dann derweichts
uns unser ganze Rokokoeinrichtung. Ich kann mir gar nicht
denken, wo er so lange bleibt – aber Sie wissen ja, die Manns-

bilder – da ist einer wie der andere …! Ihnen brauch ich ja
nichts zu erzählen, Sie haben ja das gleiche Rindviech wie
ich … jetzt kommt er ja endlich – also, pfüat Gott, Frau Hinterhuber, bleiben S' recht gesund, wenn ma uns nimmer sehn
sollten – und bsuchen S' uns amal in der neuen Wohnung. *Die
Musik spielt ›Mit Standarten‹ von Blon.*
*Karl Valentin kommt mit dem Wagen, er schiebt ihn ganz
langsam.*

LIESL KARLSTADT Ja wo warst denn du so lang? Jetzt wennst noch
länger ausblieben wärst, wärst noch später kommen. Und so
an kleinen Wagen hast gebracht – da bring ma ja unsere Möbel gar net nauf.

KARL VALENTIN Dann muß ma halt abermals fahren.

LIESL KARLSTADT Und schwitzen tut er – ja, wenn du mit dem
leeren Wagen schon schwitzt –

KARL VALENTIN Ja, weil der Karren so schwer zum Fahren ist.

LIESL KARLSTADT Ah – ein leerer Wagen kann doch net so schwer
zum Fahren sein – den nimmt man einfach und schiebt ihn – –
– *Sie probiert es, bringt den Wagen aber nicht vom Platz* Ja,
da gehn die Räder ja gar nicht rum, der is ja kaputt.

KARL VALENTIN Nein – da. *Er deutet mit dem Zeigefinger auf
das Schloß.*

LIESL KARLSTADT Ja, der ist ja abgesperrt!

KARL VALENTIN Deshalb war er ja so schwer zum Fahren.

LIESL KARLSTADT Ja sag amal, bist du den ganzen Weg mit dem
abgesperrten Wagn gfahrn?

KARL VALENTIN Ja – darum war er ja so schwer zum Fahren.

LIESL KARLSTADT Da glaub ich schon, daß du so lang gebraucht
hast – ja haben dir die Leute keinen Schlüssel mitgeben zum
Aufsperren?

KARL VALENTIN Natürlich hab ich an Schlüssel. *Er zieht ihn aus
der Westentasche.*

LIESL KARLSTADT Da hat er an Schlüssel – ja, warum hast denn
nicht aufgesperrt?

KARL VALENTIN Der hat gsagt, der Wagen muß immer abgesperrt bleiben, weil er schon amal gestohlen worden ist.

LIESL KARLSTADT Aber unterm Fahrn kann dir doch niemand den
Wagen stehlen. *Sie sperrt das Schloß auf.*

KARL VALENTIN Sicher ist sicher!

LIESL KARLSTADT Zwar, dir könnt man ihn auch unterm Fahren stehlen, so langsam schaust du. *Karl Valentin steigt über beide Wagengriffe.* Schau nicht lang – und zieh dich aus.

KARL VALENTIN Ganz?

LIESL KARLSTADT Nein, mir wars gnua, dein Mantel und dein Hut sollst runter tun.

Karl Valentin brummt – legt den Hut vorne auf den Wagen, den Mantel hinten zwischen die zwei Griffe.

LIESL KARLSTADT Ja, da darfst jetzt nichts herlegen, da müssen wir doch Möbel rauflegen.

Karl Valentin nimmt den Mantel und hängt ihn an den linken Wagengriff. Der Mantel schleift auf der Erde. Er hebt den Wagen auf, da rutscht vorne der Hut herunter. Er putzt den gleichfalls heruntergefallenen Mantel ab.

LIESL KARLSTADT *ruft* Was is denn?

Karl Valentin schaut zu ihr hin, haut sich sein Gesicht am Wagengriff an. Er geht vor, legt den Hut auf den schiefstehenden Wagen. Der Hut rutscht immer herunter. Er hebt den Wagen auf und legt den Hut darauf. Dann geht er zu den Wagengriffen zurück. Als er seine Weste ausziehen will, bemerkt er, daß der Rock wieder auf dem Boden liegt. Er hebt die beiden Wagengriffe auf und balanciert damit.

LIESL KARLSTADT Wir haben doch was Wichtigeres zu tun – laß diese Kindereien, tu den Mantel weg.

Karl Valentin hält jetzt den Mantel in der Hand.

LIESL KARLSTADT Da hast an Kleiderbügel. *Sie geht ab.*

Karl Valentin hängt den Mantel auf den Bügel. Er weiß nicht wohin damit, sucht herum und hängt schließlich den Bügel mit dem Mantel auf einen hervorstehenden Pfannengriff. Die mit Geschirr vollbepackte, auf einem hohen Tisch stehende Pfanne fällt herunter.

LIESL KARLSTADT *kommt zurück* Ja natürlich, wenn man nur dich zu was brauchen könnte. *Beide legen Geschirr in die Pfanne.*

Liesl Karlstadt stellt die Pfanne wieder an ihren Platz zurück. Karl Valentin bückt sich um seinen Mantel, stößt beim Aufstehen wieder an den Stiel der Pfanne, das Geschirr fällt wie-

der herunter. *Liesl Karlstadt hebt alles wieder auf. Karl Valentin hat den Bügel mit dem Mantel in der Hand.*

LIESL KARLSTADT Jetzt hat er den Mantel immer noch in der Hand – zieh ihn halt an. *Sie hilft ihm den Mantel anziehen – er hält den Bügel in der Hand, weiß nicht wohin damit und steckt ihn in die Manteltasche. Karl Valentin bringt einen Blumenstock.*

LIESL KARLSTADT Nein, der kommt später dran!

Karl Valentin nimmt einen Stuhl und eine Schüssel mit Geschirr und geht damit zum Wagen.

LIESL KARLSTADT Warum trägst jetzt das Geschirr, du läßt ja doch wieder alles fallen, nimm doch eins nach dem andern.

Karl Valentin stellt alles zurück, nimmt den Nudelwalker. Als er ihn auf den Wagen legt, kugelt der Nudelwalker herunter, er wiederholt das dreimal.

LIESL KARLSTADT Das ist ja zum Kotzen mit dir – der muß ja runter rinnen, weil er rund ist.

KARL VALENTIN Zum Umziehn bräucht man halt einen viereckigen Nudelwalker.

LIESL KARLSTADT Da legt man einfach was unter, dann bleibt er liegen. *Sie haut ihn fest auf den Wagen.*

Karl Valentin legt den Nudelwalker vorsichtig auf den Wagen, holt den Besteckkasten zum Unterlegen – aber der Nudelwalker ist inzwischen auf den Boden gefallen. Er hebt ihn auf.

LIESL KARLSTADT Mit so einem Glump fangt auch kein Mensch zum Aufladen an, mit so kleinen Dingen schon gleich gar nicht.

KARL VALENTIN Es heißt aber: »Mit Kleinem fängt man an –«

LIESL KARLSTADT Aber nicht beim Umziehn. Da, nimm ein großes Bett-Teil – *sie legt eines auf den Wagen.*

KARL VALENTIN *nimmt auch eines, schlägt damit hinter sich das Geschirr herunter und legt es dann auf den Wagen. Er schaut plötzlich genau hin – nimmt den Nudelwalker und schlägt eine Wanze tot* Vor de Wanzen hab ich an direkten Abscheu, die mag ich nicht amal streicheln!

LIESL KARLSTADT *holt die Flitspritze und spritzt, während er genau hinschaut* Geh weg! *Sie spritzt ihm ins Gesicht.*

Karl Valentin holt einen Puppenwagen und versucht ihn auf den Wagen zu stellen.

LIESL KARLSTADT Wie du nur immer das Verkehrteste erwischen
kannst, der Wagen ist doch so klein, das Wägerl hat aber
doch Räder, das braucht man doch nur an den Wagen anzu-
hängen, dann läuft es von selber.

KARL VALENTIN Ja das ist wahr, das soll selber fahren, das ist
alt genug. *Er steht ganz nahe dabei.*

LIESL KARLSTADT Geh weg, lauf mir nicht immer zwischen den
Beinen rum, hol was anders. *Sie hängt das Puppenwägerl an
den Handwagen an* Schau, das ist praktisch – wenn wir dann
wegfahren, läuft das Wägerl von selber mit –
*Karl Valentin kommt mit einer Wanduhr, von der lange Ge-
wichte herunterhängen, bleibt an der Wagerlschnur hängen,
verwickelt sich mit Ketten, Fäustlingen, Taschenuhrkette und
Kleiderbügel – schließlich bleibt er rückwärts am Haken hängen und reißt sich einen Triangel in die Hose.*

LIESL KARLSTADT Du machst ja mehr kaputt, als deine ganze Arbeit wert ist. *Sie beginnt ihn von seiner Umschnürung zu
befreien.*

KARL VALENTIN So Sachen halten am meisten auf.

LIESL KARLSTADT Die Uhr legen wir gleich hier in das Wägerl, da
ist sie am besten geschont.
*Karl Valentin bringt den Blumenstock. Beide tragen eine Kom-
mode zum Wagen, heben sie hoch und merken im gleichen
Augenblick erst, daß an dieser Ecke gerade der Hut liegt.*

LIESL KARLSTADT Jetzt liegt der saudumme Hut gerade da.
*Karl Valentin will ihn mit den Händen wegnehmen, kann
aber die Kommode nicht auslassen und versucht, ihn wegzu-
blasen.*

LIESL KARLSTADT Stell die Kommode runter. *Sie stellen die Kommode wieder auf den Boden* Mußt du den Hut gerade da
herlegen, den kannst du doch woanders auch hintun. *Sie legt
den Hut hinter zu dem linken Wagengriff, während er den
inneren Kommodehaken aufmacht. Beide überlegen, wie
man jetzt die Kommode nehmen soll, er macht eine krumme
Armbewegung von vorne nach hinten, sie meint umgekehrt*
Also, wie du willst, aber andersrum wäre es auch gescheiter
gewesen. *Beide heben die Kommode auf, halten sie zu weit
nach vorne, die Schublade mit allem Inhalt fällt heraus. Eine*

Klosettpapierrolle rollt sich auf, Karl Valentin will sie auf-
nehmen, sie rollt aber immer mehr auf. Beide heben die Sa-
chen auf, er wirft seine Handschuhe, die aber an einer Schnur
um seinen Hals angehängt sind, immer wieder in die Schub-
lade hinein und zieht sie immer wieder mit heraus. Er hebt
eine Frauendusche auf, schaut sie lange an. Sie sieht sie, reißt
sie ihm rasch aus der Hand und legt sie in die Schublade.

KARL VALENTIN *hebt den Kleiderbügel vom Boden auf und fährt*
ihr damit unter den Rock. Dann nimmt er vom Boden einen
Zettel auf, liest ihn und lehnt sich an die Kommode Da schau
her, jetzt ham ma 'n, fünf Jahr lang ham ma gsucht und jetzt
ist er da – Geburtsurkunde 1783 Ururgroßmutter, katholisch
– kann uns nichts mehr passieren.

LIESL KARLSTADT Na also – dann heb ihn nur gut auf. *Beide he-*
ben die Kommode wieder auf den Wagen, der nach unten
kippen will.

LIESL KARLSTADT Wart, ich hol was zum Unterstellen – aber laß
ja nicht aus!

KARL VALENTIN An Blumenstock stell unter!

LIESL KARLSTADT Was nehm ich denn gleich? Und du hältst daweil 's Maul – ah, an Wagen. Das Nachtkästl stellen wir unter
– *Sie holt es, geht vorn vorbei, verwickelt sich in die Wägerl-*
schnur und reißt das Puppenwägerl um Hilf mir doch, da geh
her! *Karl Valentin kann die Kommode auf dem Wagen nicht*
loslassen. Liesl Karlstadt dreht sich um – der Nachttopf mit
Inhalt fällt aus dem Nachtkästl.

KARL VALENTIN *macht Grimassen, weil er sich geniert* Das ist
eine solche KKathástrophé.

LIESL KARLSTADT Katastróphe heißt es. *Sie stellt das Nachtkästl*
auf den Boden und nimmt den Nachttopf Ich bin ja heut zu
gar nichts gekommen, mit lauter Einpacken. *Dabei stellt sie*
den Nachttopf ins Nachtkästl hinein und schiebt das Nacht-
kästl unter den Wagen.

KARL VALENTIN *zwickt sich den Finger ein und schreit* Eventuell
verbinden!

Liesl Karlstadt holt einen Wäschekorb, zieht ihn am Boden
hinter sich und fordert Karl Valentin durch Gebärden auf, ihr
dabei zu helfen. Beide gehen im Bogen um die Wagerlschnur

herum, wollen den Korb auf den Wagen heben, sehen aber,
daß der Hut wieder dort liegt, wo sie den Korb hinstellen
wollten. Er nimmt rasch den Hut weg und setzt ihn auf, dabei
fällt aus dem Wäschekorb unten der Boden heraus. Sie jam-
mert und legt die Wäsche wieder in den Korb.

LIESL KARLSTADT Die schöne Wäsch, habs so schön gewaschen
und gebügelt. *Karl Valentin steigt in den Korb hinein. Gehst*
glei raus aus dem Korb! *Sie haut ihm die Fäustlinge auf den*
Kopf — er steigt wieder heraus, sucht seinen Hut, reißt alle
Wäsche wieder heraus, um sie gleich darauf wieder in den
Korb hineinzuwerfen, und findet dabei endlich seinen Hut.
Dann heben beide den Korb auf den Wagen.
Karl Valentin bringt den Blumenstock, dann das Aquarium.
Im Herbeigehen spritzt er immer Wasser heraus.

LIESL KARLSTADT Wer hat denn gesagt, daß du das alte Wasser
mitnehmen sollst — wir haben doch schon ein Vierteljahr keine
Goldfische mehr. Zum Andenken an unsere Fisch wirst du 's
doch nicht mitnehmen wollen? Schütts doch weg!

KARL VALENTIN Wenn ma aber wieder neue Fisch kriegn?

LIESL KARLSTADT Dann nehmen wir wieder a neus Wasser!

KARL VALENTIN Oder des reinigen lassen!

LIESL KARLSTADT Schütt es doch weg! *Sie lädt alles Übrige auf*
den Wagen.
Karl Valentin schüttet das Wasser in einen Eimer.

LIESL KARLSTADT Ausgerechnet in den Eimer schütt ers nei, den
müssen wir doch auch mitnehmen.

KARL VALENTIN Das weiß ich doch nicht. *Er schüttet das Wasser*
in die danebenstehende Kanne.

LIESL KARLSTADT Aber ich bitt dich, nicht in die Kanne nein, die
müssen wir doch auch mitnehmen.
Karl Valentin schüttet das Wasser aus der Kanne wieder ins
Aquarium zurück.

LIESL KARLSTADT Jetzt schüttet ers wieder ins Aquarium. Bist
denn du vollständig blödsinnig geworden?

KARL VALENTIN Ich weiß ja nicht, wohin ich es schütten soll.

LIESL KARLSTADT Wo man halt a Wasser hinschütt — in Kanal
hinein.

KARL VALENTIN Wo ist denn ein Kanal?

liesl karlstadt Jetzt findet er wieder keinen Kanal – dann
saufst es aus!

karl valentin *trinkt das Aquarium leer* Ex! *Er bringt wieder
den Blumenstock.*

liesl karlstadt Nein, der kommt zuletzt. Weißt was, wir müssen das Ganze auch noch verschnüren, sonst könnt's sein, daß
wir etwas verlieren. Hast einen Strick?

karl valentin *nimmt einen Wollfaden, umwickelt alles, auch
die Frau, die vor dem Korb steht* Ich weiß net, der Schnur
traue ich net recht.
*Liesl Karlstadt hat alles aufgeladen, aber den Helm am Bo-
den liegen lassen. Karl Valentin hebt ihn auf, will ihn zuerst
auf den Wagen legen, setzt ihn aber dann auf.*

liesl karlstadt *hat das Zuberwaschtischerl hinten verschwinden lassen und das Hirschgeweih in den Korb beim Bett gesteckt* Weißt, was mir abgeht, unser Keilpolstermatratze –
wo is denn die hinkommen? Bei der Kommode ist sie doch
vorher gelegen –

karl valentin Da drüben ist sie.

liesl karlstadt Ja wie kommt denn die da nüber – hast du sie
da nübergschmissn?

karl valentin Ich habs ja gar nicht angrührt.

liesl karlstadt Von allein kann sie doch nicht da nüber laufen!

karl valentin Die schon! *Er legt sie auf den Wagen – dann
geht er zu den Griffen* Noch unpraktischer hättst das Geweih
wirklich nicht hinlegen können, da schau – direkt in d' Nasn
stoß ich mirs nei. *Er tut es weg und setzt es sich auf* Schau,
wie a Bock!

liesl karlstadt Bei dir hats sichs schon ausgebockelt!
Karl Valentin holt den Blumenstock.

liesl karlstadt *schlägt ihm denselben auf den Kopf und schreit*
Laß mir doch amal mit dem Blumenstock mei Ruah!
Karl Valentin taumelt daraufhin hin und her.

liesl karlstadt Geh, sei net gar so empfindlich!

karl valentin *steckt die Blume ins Knopfloch und schickt sich
an, wegzufahren* Auweh, müss ma alles wieder runtertun –
ich seh ja nicht drüber – ich fahr ja ins Ungewisse – alles muaß
wieder runter.

LIESL KARLSTADT Um Gotteswillen, ich bin froh, daß wir alles droben haben –

KARL VALENTIN Ich seh doch kei Straßenbahn –

Er nimmt plötzlich das Hockerl vom Wagen und stellt sich darauf Jetzt – da – man muß nur denken können, jetzt seh ich alles.

LIESL KARLSTADT Ja – aber wie ist das unterm Fahrn?

KARL VALENTIN Jaso – das ging schon, aber des geht nicht, die Wagengriff gehörn darauf – das ist auch nichts. *Er steigt herunter.*

LIESL KARLSTADT Du weißt dir schon gar nicht zu helfen, jetzt schaust so blöd aus und bist doch noch so saudumm. – Halt! – Wir müssen ja gar nicht so nüber fahrn, wir wohnen ja ca drüben, wir müssen so nüber fahren, dann brauchst doch den Wagen nicht schieben, sondern ziehen.

KARL VALENTIN Man sagt ja sowieso umziehen, nicht umschieben.

LIESL KARLSTADT Jetzt wirds Ernst – schau dirs Häusl nochamal an!

KARL VALENTIN Ich kanns nicht mehr anschaun. *Er weint. Beide singen*

    So leb denn wohl, du stilles Haus.

    Wir ziehn betrübt von dir hinaus,

    Wir wollten nicht, doch muß es sein,

    Denn morgen reißt man dich schon ein.

    Wir wollten nicht, doch muß es sein,

    Denn morgen reißt man dich schon ein.

LIESL KARLSTADT *singt einige Male allein*

    Wir wollten nicht, doch muß es sein –

KARL VALENTIN *hört ihr zu, geht um sie herum und schlägt ihr die Fäustlinge auf den Kopf* Hör auf, so oft reißen sies nicht ein.

LIESL KARLSTADT Also, ich nimm das kleine Wagerl und fahr voraus und du brauchst bloß hinten nachfahren, dann findest schon hin! *Sie fährt weg.*

Karl Valentin hebt den Wagen bei den Griffen auf und gleich fällt hinten alles herunter. Man hört ein ungeheures Getöse. Er steht entgeistert da. Liesl Karlstadt kommt weinend wieder herein. *Er will sie kniend um Verzeihung bitten, aber sie haut ihm den Haussegen auf den Kopf, daß er den Rahmen auf den Schultern hat. Karl Valentin nimmt ihn von da weg und schaut sich selber wie ein Bild an.*

LIESL KARLSTADT Wenn man nur dir was tun läßt! *Sie weint* Die schöne Einrichtung! *Sie setzt sich erschöpft auf den Wäschekorb und fällt hinein, daß ihre Füße in die Höhe stehen.*

KARL VALENTIN *legt den Helm auf das Nachtkästl und stützt sich mit flacher Hand auf die Helmspitze. Er schreit auf* Au!

LIESL KARLSTADT *sitzt am Korb und jammert* Des Unglück! Des Unglück!

KARL VALENTIN Das ist kein Unglück, das ist ein Glück.

LIESL KARLSTADT Wieso is des a Glück?

KARL VALENTIN Weil, wenn net alles nunter gefallen wär, hätten wir unser Nachtkästl vergessen.

LIESL KARLSTADT Stimmt, da hab ich gar nicht mehr daran gedacht. Ja, das Jammern hat überhaupt keinen Wert, da müssen wir halt jetzt von vorn anfangen. Wo ist denn der Wagen? *Karl Valentin zieht den Wagen heran.* Also beeil dich – zieh dich aus –

KARL VALENTIN Ganz?

LIESL KARLSTADT Nein, den Mantel und dein Hut sollst runter tun. *Karl Valentin legt den Hut auf den Wagen und dazu den Mantel.*

LIESL KARLSTADT Ja, da darfst nichts nauflegen, da kommen doch die Möbel nauf.
Karl Valentin hängt den Mantel an den linken Wagengriff, hebt dann den Wagen auf und putzt den heruntergefallenen Mantel ab.

LIESL KARLSTADT Was is denn?
Karl Valentin haut sich das Gesicht am Wagengriff an und der ganze Umzug geht nun wieder von vorne an. Damit das Publikum nicht zweimal dasselbe sieht, wird hier langsam abgeblendet. Es fällt der

Vorhang

MANN Klara! Ich finde meine Brille nicht. Weißt Du, wo meine Brille ist?

FRAU In der Küche hab ich sie gestern liegen sehen.

MANN Was heißt gestern! Vor einer Stunde hab ich doch noch gelesen damit.

FRAU Das kann schon sein, aber gestern ist die Brille in der Küche gelegen.

MANN So red doch keinen solchen unreinen Mist, was nützt mich denn das, wenn die Brille gestern in der Küche gelegen ist!

FRAU Ich sag Dirs doch nur, weil Du sie schon ein paarmal in der Küche hast liegen lassen.

MANN Ein paarmal! – Die habe ich schon öfters liegen lassen, – wo sie jetzt liegt, das will ich wissen!

FRAU Ja, wo sie jetzt liegt, das weiß ich auch nicht; irgendwo wird s' schon liegen.

MANN Irgendwo! Freilich liegt s' irgendwo – aber wo – wo ist denn irgendwo?

FRAU Irgendwo? Das weiß ich auch nicht – dann liegt s' halt woanders!

MANN Woanders! – Woanders ist doch irgendwo.

FRAU Ach, red doch nicht so saudumm daher, woanders kann doch nicht zu gleicher Zeit »woanders« und »irgendwo« sein! – Alle Tage ist diese Sucherei nach der saudummen Brille. Das nächste Mal merkst Dir halt, wo Du sie hinlegst, dann weißt Du, wo sie ist.

MANN Aber Frau!!! So kann nur wer daherreden, der von einer Brille keine Ahnung hat. Wenn ich auch weiß, wo ich sie hingelegt hab, das nützt mich gar nichts, weil ich doch nicht sehe, wo sie liegt, weil ich doch ohne Brille nichts sehen kann.

FRAU Sehr einfach! Dann mußt Du eben noch eine Brille haben, damit Du mit der einen Brille die andere suchen kannst.

MANN Hm!! Das wär ein teurer Spaß! 1000mal im Jahr verleg ich meine Brille, wenn ich da jedesmal eine Brille dazu

bräuchte – die billigste Brille kostet 3 Mark – das wären um
3000 Mark Brillen im Jahr.

FRAU Du Schaf! Da brauchst Du doch nicht 1000 Brillen!

MANN Aber 2 Stück unbedingt, eine kurz- und eine weitsichtige.
– Nein, nein, da fang ich lieber gar nicht an. Stell Dir vor, ich
habe die weitsichtige verlegt und habe nur die kurzsichtige
auf, die weitsichtige liegt aber weit entfernt, so daß ich die
weitsichtig entferntliegende mit der kurzsichtigen Brille nicht
sehen kann!

FRAU Dann läßt Du einfach die kurzsichtige Brille auf und
gehst so nah an den Platz hin, wo die weitsichtige liegt, damit
Du mit der kurzsichtigen die weitsichtige liegen siehst.

MANN Ja, ich weiß doch den Platz nicht, wo die weitsichtige liegt.

FRAU Der Platz ist eben da, wo Du die Brille hingelegt hast!

MANN Um das handelt es sich ja! – Den Platz weiß ich aber
nicht mehr!

FRAU Das verstehe ich nicht. – – Vielleicht hast Du s' im Etui
drinnen.

MANN Ja!!! Das könnte sein! Da wird sie drinnen sein! Gib mir
das Etui her!

FRAU Wo ist denn das Etui?

MANN Das Etui ist eben da, wo die Brille drinnen steckt.

FRAU Immer ist die Brille auch nicht im Etui.

MANN Doch! – Die ist immer im Etui. Außerdem ich hab s' auf.

FRAU Was? – Das Etui?

MANN Nein! – Die Brille.

FRAU Jaaaaa! Was seh ich denn da? – Schau Dir doch einmal auf
Deine Stirne hinauf!

MANN Da seh ich doch nicht hinauf.

FRAU Dann greifst Du hinauf! – – Auf die Stirne hast Du Deine
Brille hinaufgeschoben!

MANN Ah! – Stimmt – Da ist ja meine Brille! – Aber leider?!
Sehr schnell

FRAU Was leider?

MANN Ohne Etui!

MANN Elisabeth! – Ich hab doch Hunger, was is denn heute mit dem Hasenbraten?

FRAU Der ist noch nicht ganz fertig, aber die Suppe steht schon am Tisch.

MANN *schlürft* Na, die Suppe ist heut wieder ungenießbar.

FRAU Wieso? Dös is sogar heut eine ganz feine Suppn.

MANN Das sagt ja auch niemand, daß die Suppn nicht fein ist, ich mein nur, sie ist ungenießbar, weil s' so heiß ist.

FRAU Eine Suppe muß heiß sein.

MANN Gewiß! Aber nicht zu heiß!

FRAU Dddddd – alle Tag und alle Tag das gleiche Lied, entweder ist ihm d' Suppn z'heiß oder sie ist ihm zu kalt; jetzt will ich Dir amal was sagn: Wenn ich Dir nicht gut genug koch, dann gehst ins Wirtshaus zum Essen.

MANN Dös is gar net notwendig, die Suppn is ja gut, nur zu heiß.

FRAU Dann wartest halt so lang bis kalt is.

MANN Eine kalte Suppn mag ich auch nicht.

FRAU Dann – jetzt hätt ich bald was gsagt.

MANN Ich weiß schon – nachm Essen.

FRAU Jeden Tag und jeden Tag muß bei uns gestritten werden, anders gehts nicht.

MANN Na ja, Du willst es ja nicht anders haben.

FRAU So, bin ich vielleicht der schuldige Teil?

MANN Na, wer denn, hab ich die Suppn kocht?

FRAU Eine kochende Suppe ist immer heiß.

MANN Ja, vielleicht kochst Du s' zu heiß!

FRAU Zu lang? Nein, nein, morgn häng i an Thermometer in Suppentopf nei, damit der Herr Gemahl a richtig temperierte Suppn bekommt.

MANN Eine gute Köchin braucht kein Thermometer zum Suppn kochen.

FRAU Ja ja, nun kommt die spöttische Seite, so gehts ja jeden

Tag, zuerst nörgelt er und dann kommt der Spott auch noch
dazu.

MANN Was heißt nörgeln. Ich habe doch als Mann das Recht zu
sagen, die Suppe ist mir zu heiß.

FRAU Jetzt fangt er wieder mit der heißen Suppn an; es ist wirklich zum Verzweifeln.

MANN Du brauchst nicht zu verzweifeln, Du sollst die Suppe so
auf den Tisch stellen, wie sie sein soll, nicht zu kalt und nicht
zu heiß.

FRAU Aber jetzt ist sie doch nicht mehr zu heiß!

MANN Jetzt nicht mehr, aber wie Du sie hereingetragen hast, war
sie zu heiß.

FRAU Schau, schau, er hört nicht mehr auf, er bohrt immer wieder in dasselbe Loch hinein.

MANN Wieso, was soll denn das heißen?

FRAU Weil Du immer wieder mit der heißen Suppn daherkommst.

MANN Du bist doch mit der heißn Suppn dahergekommen, nicht
ich, Du drehst ja den Stiel um.

FRAU Du bist und bleibst ein Streithammel. *Zwischenreden* Du
– nein Du – Horch – *3mal schnüffeln* – Was riecht denn da so
komisch?

MANN Ich hör auch was – da brandelt was –

FRAU Hast vielleicht wieder eine brennende Zigarette auf den
Teppich geworfen?

MANN Ich hab ja heute noch nicht geraucht, und wenn ich geraucht hätt, dann hätt ich die Zigarette nicht auf den Teppich,
sondern in den Aschenbecher geworfen.

FRAU Ich hab's ja auch nicht behauptet, ich hab ja nur gemeint,
und mei–nen werd ich noch dürfen. Um Gotteswillen, der
Rauch kommt ja aus dem Gang!

MANN No, so geh halt naus und schau, was los ist.

FRAU Mein Gott! – Die ganze Küche ist voll Rauch – *macht
die Ofentüre auf* Jessas, der Has ist verbrannt!

MANN Ja ja, bei uns muß ja immer was los sein!

FRAU So! – *kommt aus der Küche auf den Mann zu und zeigt
ihm den Braten* Da schau her, da schau her, da haben wir jetzt
die Bescherung! Mit Deiner ewigen Streiterei ist unser ganzes
Essen verbrannt.

MANN Mahlzeit! – Und drinnen waltet die tüchtige Hausfrau!

FRAU Wer ist denn schuld? Du! Mit Deinem ewigen Streiten und Nörgeln!

MANN Ich habe nicht gestritten und genörgelt, ich hab ja nur gesagt, daß die Suppe zu heiß ist!

FRAU Jetzt fangt er wieder an mit der heißen Suppn, ich lauf noch auf und davon!

MANN Auf brauchst gar nicht laufen, nur davon! – Genügt mir vollständig.

FRAU Mit lauter Streiten hab ich ganz drauf vergessen und der arme, arme Has' ist jetzt im glühenden Ofenrohr jämmerlich ·verbrannt. – Essen kannstn nimmer!

MANN Das glaub ich! Aber dem Tierschutzverein werd ichs melden!

EIN GEWITTER KOMMT

Sturmwind pfeift – Donner – Einschlag – Regen usw. – dazu Straßenlärm, Hupen, Flieger usw.

SIMON Ddddd! So ein Sauwind! Hab ich nicht gesagt, Du sollst Dir Deinen Regenschirm mitnehmen? Da, es fängt schon zu regnen an, so is recht, nun haben wir nur einen Schirm.

BABETT Was nutzt der Regenschirm bei diesem Wind?

SIMON Red nicht so viel, halt das Paket hier, nicht bei der Schnur, sonst reißt die Schnur.

BABETT Die reißt nicht. *Schnur reißt, alles fällt herunter.*

SIMON So, ich sags ja, und der Wind dazu, so heb doch die Sachen auf!

BABETT Gib mir den Schirm, jessas, mei Huat, um Gotteswillen, hol mir mein Hut!

SIMON Ja, i kann net weg, sonst nimmt uns wer die Sachen da.

BABETT Da, nimm den Schirm, dann hol ich ihn mir selber.

SIMON Naa, bleib da, ich hol ihn schon.

BABETT Naa, naa, bei so einem Sauwetter wärn ma doch lieber daheim bliebn.

SIMON Unsinn! Glaubst, wenn ma daheim bliebn wärn, wär das Wetter net kommen?

BABETT Freilich wär's auch kommen, aber wir wärn net naß worn.

SIMON Mir wärn ja net naß worn, wenn Du gleich den Schirm aufgspannt hättst.

BABETT Aufgspannt hättst? Hast doch gsehn, daß 'n uns der Wind umdreht hat. Da, schon wieder, halt an Schirm –

SIMON Ja, was is denn dös? Dös is ja schon bald ein Taifun.

BABETT Horch! Es donnert schon, ein Gewitter kommt.

SIMON Wer kommt?

BABETT Wer kommt – ein Gewitter, sag ich, kommt!

SIMON Wann?

BABETT Jetzt!

SIMON Ich mein, um wieviel Uhr?

BABETT Geh, red doch net so saudumm daher, es donnert doch schon.

SIMON Laß doch donnern, d' Hauptsach is', daß es nicht blitzt. Der Donner ist nicht gefährlich, aber der Blitz – gegen den Donner kann man sich schützen, aber gegen den Blitz nicht.

BABETT Gerade das Gegenteil. Gegen den Blitz kann man sich schützen durch den Blitzableiter, aber gegen den Donner nicht.

SIMON Das ist auch nicht notwendig, denn der Donner kann Dir doch nichts tun. *Heftiger Donnerschlag.*

BABETT Um Gotteswillen, jetzt hats eingeschlagen!

SIMON Ich glaub auch, das war ein direkter Schlager!

BABETT Nein, so ein Sauwetter, und vor 4 Wochen war so ein schönes Wetter. Komm, wir steigen schnell in die Straßenbahn ein, da kommt soeben die 13er Linie, mit der müssen wir fahren, schnell!

SIMON Mit der 13er Linie auf keinen Fall, fahre ich nicht, kommt nicht in Frage, das weißt Du schon lang. 13 ist eine Unglückszahl.

BABETT Geh, hör auf mit Dein'm saudummen Aberglauben, dann fahrn wir nicht mit der 13er und warten lieber bei dem Gewitter auf offener Straße, und dann erschlagt uns der Blitz und dann is besser. Schnell, da kommt die 28iger, mit der können wir auch fahren. *Lärm – besetzt – Glockensignal – ab* Wirst sehen, Simon, die nächste Straßenbahn ist auch wieder besetzt, schau nur her, ich bin durch und durch naß vom Regen.

SIMON Na ja, das ist ja ganz logisch, daß man vom Regen naß wird, trocken kann man vom Regen nicht sein.

BABETT Doch, wenn man daheim bleibt, wird man nicht naß, wie es vernünftige Leute machen.

SIMON Ja, vernünftige Leute schon, aber Du gehörst ja nicht zu den Vernünftigen.

BABETT Wieso?

SIMON Weil Du noch immer Deinen saudummen Regenschirm auf hast, obwohl es gar nicht mehr donnert.

Einige Straßenpassanten lachen und sagen so verschwommen Da hat er recht, der Mann!

KARLSTADT Ja sag einmal, warum bist du denn heute Mittag nicht zum Essen gekommen? 2 Stunden hab ich auf dich gewartet.

VALENTIN Ja, ich hab da draußen gleich gegessen, wo ich zu tun g'habt hab, in der kleinen Wirtschaft, und da ißt man sehr gut, fast tadellos.

KARLSTADT No, so gut, wie ich koche, wirds bestimmt nicht sein.

VALENTIN Doch, doch.

KARLSTADT Aber jetzt ist es 9 Uhr abends, wo warst du denn in der langen Zwischenzeit?

VALENTIN Nirgends, da hab ich auf das Mittagessen gewartet.

KARLSTADT Ja ist dir denn das nicht zu langweilig geworden?

VALENTIN Nein – in der Zwischenzeit hab ich mit der Kassierin gesprochen.

KARLSTADT Was, 9 Stunden warst du mit der Kassierin beisammen? Über was habt ihr denn da gesprochen?

VALENTIN Ja über dös, daß die Semmelnknödel so lange nicht kommen.

KARLSTADT So lang wartet doch kein vernünftiger Mensch auf das Mittagessen.

VALENTIN Da war ich ja nicht vernünftig, ich war ja hungrig.

KARLSTADT Papperlapapp – wenn man das Essen um 12 Uhr bestellt und in einer halben Stunde ist es noch nicht da, dann geht man einfach.

VALENTIN Freilich, dann frißt's ein anderer für mich ...

KARLSTADT Und ausgerechnet Semmelknödel hat er sich bestellt, wo doch ich heute auch Semmelknödel gemacht habe.

VALENTIN Was, dieselben?

KARLSTADT Ah, dieselben! Unsinn – andere hab ich halt gemacht, aber Semmelknödel sind Semmelknödel.

VALENTIN deln.

KARLSTADT Was deln?

VALENTIN Semmelnknödeln heißt's.

KARLSTADT Ich hab ja g'sagt, Semmelknödel.

VALENTIN Nein, Semmelnknödeln.

KARLSTADT Nein, man sagt schon von jeher Semmelknödel.

VALENTIN Ja zu e i n e m – aber zu m e h r e r e n Semmelknödel sagt man Semmelnknödeln.

KARLSTADT Aber wie tät man denn zu einem Dutzend Semmelknödel sagen?

VALENTIN Auch Semmelnknödeln – Semmel ist die Einzahl, das mußt Ihnen merken, und Semmeln ist die Mehrzahl, das sind also mehrere einzelne zusammen. Die Semmelnknödeln werden aus Semmeln gemacht, also aus mehreren Semmeln, du kannst nie aus einer Semmel Semmelnknödeln machen.

KARLSTADT Machen kann mans schon.

VALENTIN Ja ja, machen schon, aber wenn du aus einer Semmel 10 Semmelnknödeln machen tätst, dann würden die Semmelnknödeln so klein wie Mottenkugeln. Dann würde das Wort Semmelknödeln schon stimmen. Weils bloß aus einer Semmel sind. Aber solang die Semmelnknödeln aus mehreren Semmeln gemacht werden, sagt man unerbitterlich: Semmelnknödeln.

KARLSTADT Da sagst es aber auch nicht richtig, jetzt hast grad g'sagt Semmelnknödeln.

VALENTIN Nein, ich hab g'sagt Semmelnknödeln.

KARLSTADT Richtig muß es eigentlich Semmelnknödeln heißen, die Semmel muß man betonen, weil die Knödel aus Semmeln gemacht sind – überhaupt das Wichtigste ist der Knödel – Semmelknödeln müßt es ursprünglich heißen.

VALENTIN Nein, das Wichtigste ist das ›n‹ zwischen Semmel und Knödeln.

KARLSTADT Ja wie heißt es dann bei den Kartoffelknödeln?

VALENTIN Dasselbe ›n‹, Kartoffel n knödeln!!!

KARLSTADT Und bei den Schinkenknödeln ah – hahaha –

VALENTIN Da ist's genau so – da ist das ›n‹ schon zwischendrinn, es gibt keine Knödeln ohne ›n‹.

KARLSTADT Doch, die Leberknödeln.

VALENTIN Ja, stimmt – Lebernknödeln kann man nicht sagen!

FRAU LINSENBERGER Ach bitte, Herr, wo komme ich denn hier
in die Schreinerwerkstätte von Holzinger?

HAUSMEISTER Im Hof rechts! Gehns nur da rein, wo die Hobelmaschine so brummt.

FRAU LINSENBERGER Danke schön, Herr. *Sie geht in die Schreinerwerkstätte hinein. Dort ist der Maschinenlärm so stark,
daß man kaum sein eigenes Wort verstehen kann.* So. Sind
Sie der Herr Schreinermeister, mein Name ist Walburga Linsenberger, mein Sohn ist nämlich verlobt und will in zwei
Monaten heiraten, ja! und da soll ich fragen, was bei Ihnen
eine Schlafzimmereinrichtung kostet, hell Eiche, also zwei
Betten – Nachtkästen – zwei Stühle – einen Sessel – ein Kleiderkasten und eine Kommode, aber alles hochmodern. Mein
Sohn, der Lorenz, meint aber, ein Schlafzimmer in Eiche wäre
zu hell für ein Schlafzimmer, er meint, Mahagoni wäre für
ein Schlafzimmer passender, aber Mahagoni, glaub ich, ist
viel teurer als Eiche, ich und mein Mann meinen auch, Eiche
wäre vorteilhafter, weil es heller ist, aber meine Schwiegertochter meint wieder, Eiche ist zu alltäglich, das hat man heut
nimmer und Mahagoni ist halt doch Mahagoni und auch noch
aparter, weils nicht so schmutzt als wie Eiche. Wie w i r damals
geheiratet haben, haben wir uns ein Nußbaumschlafzimmer machen lassen und diese Möbel haben wir h e u t e noch,
die haben sich tadellos gehalten, aber Nußbaum kommt
schließlich genauso teuer wie Mahagoni – Palisander wär ja
noch schöner, aber Palisander wird halt zu teuer sein, drum
soll ich fragen, wie die Preise sind und ob Sie die Möbel erst
anfertigen müssen, oder ob Sie Schlafzimmereinrichtungen
gleich vorrätig haben, dann könnte ich ja dieser Tage mit meinem Sohn herkommen zur Besichtigung.

SCHREINER Ja mei, Frau, ich hab Ihnen nicht recht verstanden,
was Sie da wollen, da muß ich schon die Hobelmaschin ab-

stellen, sonst versteh ich nichts *stellt die Hobelmaschine ab*
So, also, was wollen Sie eigentlich?

FRAU LINSENBERGER Ja, ich habs Ihnen grad gsagt... mein
Sohn ist nämlich verlobt und will in zwei Monaten heiraten,
ja! und da soll ich fragen, was bei Ihnen eine Schlafzimmereinrichtung kostet, hell Eiche, also zwei Betten – Nachtkästen
– zwei Stühle – einen Sessel – einen Kleiderkasten und eine
Kommode, aber alles hochmodern. Mein Sohn, der Lorenz,
meint aber, ein Schlafzimmer in Eiche wäre zu hell für ein
Schlafzimmer, er meint, Mahagoni wäre für ein Schlafzimmer
passender, aber Mahagoni, glaub ich, ist viel teuerer als
Eiche, ich und mein Mann meinen auch, Eiche wäre vorteilhafter, aber meine Schwiegertochter meint wieder, Eiche ist
zu alltäglich, das hat man heut nimmer und Mahagoni ist
halt doch Mahagoni und auch noch aparter, weils nicht so
schmutzt als wie Eiche. Wie w i r damals geheiratet haben, haben wir uns ein Nußbaumschlafzimmer machen lassen und
diese Möbel haben wir h e u t e noch, die haben sich tadellos
gehalten, aber Nußbaum kommt schließlich genauso teuer
wie Mahagoni – Palisander wär ja noch schöner, aber Palisander wird halt zu teuer sein, drum soll ich fragen, wie die Preise sind und ob Sie die Möbel erst anfertigen müssen, oder ob
Sie Schlafzimmereinrichtungen gleich vorrätig haben, dann
könnte ich dieser Tage mit meinem Sohn herkommen zur Besichtigung.

SCHREINER Ja, liebe Frau, da sind Sie an der falschen Adresse,
da müssen Sie zu einem M ö b e l schreiner gehn – dös hier ist
eine B a u schreinerei.

DIE GESTRIGE ZEITUNG

MANN Du, Frau, hat der Mann, der heute die gestrige Zeitung kaufen wollte, die Zeitung schon bekommen?

FRAU Dem hab ich's schon gegeben.

MANN Die gestrige?

FRAU Nein, die heutige.

MANN Ach! Der wollte doch die gestrige haben!

FRAU Die gestrige hab ich nicht gehabt, dann hab ich ihm die heutige gegeben.

MANN Wann?

FRAU Heute. Die gestrige hab ich ihm für morgen versprochen.

MANN Ich auch; dann brauchst Du ihm die gestrige nicht besorgen, weil i c h ihm dieselbe besorge.

FRAU Die gestrige können wir ihm beide nicht mehr besorgen, weil die Redaktion keine mehr hat. Dann muß halt der Mann eine v o rgestrige nehmen!

MANN Eine vorgestrige wird dem Mann doch nichts nützen!

FRAU Na, wenn er schon eine alte Zeitung will, dann ist doch eine vorgestrige n o c h älter als eine gestrige!

MANN Du hast Ansichten! In der gestrigen Zeitung kann aber etwas gestanden sein, was in der vorgestrigen n i c h t gestanden hat, was nicht einmal in der heutigen steht!

FRAU Ja, ja! Das hat ja der Herr gesagt, und dann hat er mir die heutige abgekauft und hat gesagt: »Auweh, da steht's nicht drin!« Wahrscheinlich ist das gestern dringestanden! – W a s dringestanden sein soll, das hat er mir nicht gesagt!!

MANN Das steht dann sicher in der gestrigen drin!

FRAU Was?

MANN Was der Mann in der heutigen g'sucht hat.

FRAU Das glaub ich nicht, denn solche Sachen stehn oft gar nicht in der Zeitung!

MANN Was für Sachen?

FRAU Na ja, so geheime Sachen!

MANN Woher weißt Du denn, daß der geheime Sachen sucht?

FRAU Na, wenn das nichts Geheimes wär, dann hätt er mir doch gesagt, was er sucht!

MANN Was er sucht! – Wasersucht! – Wassersucht ist doch nichts Geheimes, das ist eine Krankheit. Natürlich liest man auch in der Zeitung von Heilmitteln. Vielleicht steht's in der morgigen Zeitung!

FRAU Die morgige gibt's doch heute noch nicht!

MANN Aber morgen gibt's die heutige!

FRAU Aber der Mann will doch die gestrige!

MANN Ach! – Du machst mich noch ganz wirr! Der Mann war doch gestern da, nicht heute! Und gestern wollte er die gestrige, also ist das in diesem Falle die vorgestrige.

FRAU Nein! – – – Das hat der Herr nur vermutet; er hat gemeint, wenn es nicht in der gestrigen steht, dann könnte es eventuell in der vorgestrigen stehen.

MANN Du verstehst mich nicht! Sagen wir, der Mann wäre erst morgen gekommen und hätte die gestrige Zeitung wollen, dann wäre die heutige Zeitung die gestrige gewesen, und die gestrige die vorgestrige. In Wirklichkeit aber wäre die vorgestrige die gestrige gewesen; hast Du das verstanden?

FRAU *ganz laut* Ja, nicht im geringsten!

MANN *zornig* Das ist ja auch gar nicht wichtig! Der Herr braucht d i e Zeitung, wo das drin steht.

FRAU Dann muß er d o c h in der vorgestrigen nachschauen!

MANN Ja, steht's denn in der vorgestrigen?

FRAU Ja, das weiß doch i c h nicht, der Mann weiß es ja s e l b s t nicht!

MANN Ja, wenn's er selber nicht weiß, was drinsteht, wie solln's denn wir dann wissen!

FRAU N a t ü r l i c h weiß er das, was drin stehen soll, nur w o es drinsteht, in w a s für einer Zeitung, d a s weiß er nicht! Zu mir hat er g'sagt, in der gestrigen ... Hallo! Hallo! – Sie, Herr! – Du, da ist der Herr! – Sie, die gestrige Zeitung hab ich leider nicht mehr bekommen, wo das drinstehn soll, was Sie suchen ...

HERR Ach, das ist nicht so wichtig, – ich hab nur wissen wollen, was im Zoologischen Garten der Eintritt kostet!

Schalterraum-Geräusche, Zeitungblättern.

RUNDFUNK-ANSAGER Verehrte Hörerinnen und Hörer! – Wir
bringen Ihnen nun einen Hörbericht von einem Schalterraum
des ›Allgemeinen Stadtboten‹. – Wir schalten um!

V Verzeihen Sie, Fräulein, bin ich hier am richtigen Schalter? In
Ihrer Zeitung stand eine Heirats-Annonce: ›Einsame Witwe
sucht zum 2. Mal ihr Glück in der Ehe, usw.‹ Ich habe diese
Annonce gelesen – ungefähr – vor 4–5 Wochen in Ihrem
Blatte, und die Zeitung ging mir verloren. Oh bitte, sind Sie
doch so gut und suchen Sie mir die Zeitung mit dieser Annonce!

K Ja du lieber Gott, wenn Sie nicht den genauen Datum wissen, läßt sich das schwer machen.

V Die Annonce war ungefähr 5 cm lang und 5 cm breit. »Einsame Witwe sucht zum 2. Mal ihr Glück usw.«

K Vor 4 bis 5 Wochen, sagen Sie? – Ja, Sie können doch nicht
verlangen, daß ich alle diese Zeitungen, die seit 5 Wochen erschienen sind, durchblättere!

V Sind Sie doch so lieb! Vielleicht ist es schon in den ersten
Nummern enthalten!

K No, – das wäre ein großer Zufall!

V »Einsame Witwe sucht zum 2. Mal ihr Glück in der Ehe usw.«
Die Annonce ist ungefähr 5 cm lang und 5 cm breit.

K Das ist doch unmöglich, unter so vielen Zeitungen die An-
zeige herauszufinden!

V Aber es ist dring'standen!

K Ja ja, da steht mehr drin!

V Ja, das andere interessiert mich nicht; mich interessiert nur die
eine Annonce. Die Annonce ist, wie gesagt, zirka 5 cm lang
und 5 cm breit, und der Text ist: »Einsame Witwe sucht zum
2. Mal ihr Glück in der Ehe usw.«

K Ja, so schaun Sie doch her, das ist jetzt schon die 10. Zeitung; ich habe doch schließlich andere Arbeit auch noch zu machen!

v Fräulein! Sind Sie doch so nett! Sie helfen mir vielleicht zu meinem Glück! Es hängt alles von dieser Annonce ab, von dieser kleinen Annonce, 5 cm lang und 3 cm breit, »Einsame Witwe sucht zum 2. Mal ihr Glück in der Ehe usw.«

K Ja, das weiß ich jetzt bereits, wie die Annonce lautet, aber Sie sehen ja selbst – ich finde diese Annonce nicht.

v Vor 4 bis 5 Wochen habe ich dieselbe selber gelesen: »Einsame Witwe sucht . . .«

K Ja, so hören S' doch jetzt endlich einmal auf mit der einsamen Witwe!

v A u f h ö r e n , Fräulein! – A n f a n g e n will ich mit der einsamen Witwe, nicht aufhören! Deshalb ersuche ich Sie ja, so lange zu suchen, bis wir sie haben! Die Annonce ist ungefähr . . .

K . . . 5 cm lang und 3 cm breit! Solche Annoncen in dieser Größe sind nach den Hunderten in unserer Zeitung.

v Ja ja, das glaube ich schon, aber es handelt sich ja bei dieser Annonce nicht nur um die Größe allein, sondern um den Text – »Einsame Witwe sucht zum 2. Mal ihr Glück in der Ehe«.

K Ja, Ehe! – – Ehe wir die Annonce finden, suchen's Ihnen a andere Witwe! Da gibt's genug in München!

v N e i n , – ich will nur eine »einsame Witwe, die zum 2. Mal ihr Glück in der Ehe sucht«!

K Jetzt mag ich nicht mehr! Da schaun's her! Jetzt hab ich alle Heirats-Annoncen der letzten 5 Wochen durchgeschaut, da ist keine drinn. Haben Sie die Annonce auch bestimmt in unserem Blatt gelesen?

v Ja, – ganz bestimmt!

K Vielleicht haben Sie's im ›Landboten‹ gelesen? Wir sind die Redaktion vom ›Stadtboten‹.

v Ja! – Im ›Landboten‹!

K Ja, Sie saudummer Hanswu . . . . .

RUNDFUNK-ANSAGER Wir schalten um!

RICHTER Wir kommen nun zu dem Fall Sisselberger – Niedermeier. Die Anklage lautet auf Einbruch und Diebstahl. Anton Sisselberger ist angeklagt, die Ladenkasse seines Arbeitgebers in der Mittagszeit, als alle Angestellten abwesend waren, erbrochen zu haben. Der Angeklagte ist vorbestraft. Als Zeugen sind vorgeladen: Frau Amalie Hintendick, Frau Anastasia Werbedorn und Hausmeister Emeran Glatz. Aber ich glaube, wir können auf die Zeugenvernehmung verzichten.

GERICHTSDIENER Die Zeugen können gehen. *Zeugen ab.*

RICHTER Führen Sie den Angeklagten herein.

GERICHTSDIENER *schreit laut in den Flur* Der Angeklagte Sisselberger soll eintreten!

RICHTER Sie sind angeklagt, Ihrem Prinzipal aus der Ladenkasse Geld entwendet zu haben.

ANGEKLAGTER Jawohl –

RICHTER Ihr Prinzipal ist aber doch ein ganz kleiner Kaufmann, und nach den Akten zu schließen hat er wirklich selbst nichts übriges –

ANGEKLAGTER Das stimmt, aber ich habe noch weniger.

RICHTER Pfui, schämen Sie sich, das ist doch kein Standpunkt, daß Sie ihm dann, weil er etwas mehr hat als Sie, etwas nehmen –

ANGEKLAGTER Aber logisch, Herr Richter.

RICHTER Wie meinen Sie das?

ANGEKLAGTER Na ja, umgekehrt wär's doch nicht möglich, daß der, der wo was hat, dem andern, der nichts hat, etwas stiehlt.

RICHTER Ja, das hätte doch auch der gar nicht im Sinn, der etwas hat –

ANGEKLAGTER Das stimmt nicht, Herr Richter, wie viele haben schon viel gehabt und haben doch einem anderen etwas gestohlen –

RICHTER Dann muß aber der andere doch etwas gehabt haben!

ANGEKLAGTER Klar – verwerflich ist nur das, Herr Richter, wenn zwei, die gleich viel haben, einander den gleichen Betrag stehlen. Sind die dann strafbar, Herr Richter?

RICHTER Wenn jeder dem anderen den gestohlenen Betrag wieder zurückgibt, dann nicht. – Aber jetzt zur Sache! – Wir haben uns hier am Gericht nicht um logische oder unlogische Dinge zu kümmern, sondern einzig und allein um Ihren Fall.

ANGEKLAGTER Sie meinen, um unseren Fall? Wir sind ja zu dritt!

RICHTER Wieso zu dritt?

ANGEKLAGTER Ich – mein Prinzipal – und –

RICHTER Und? Wer noch?

ANGEKLAGTER – die erbrochene Ladenkasse.

RICHTER Also, Herr Sisselberger, Sie geben zu, daß Sie Ihrem Chef, Herrn Niedermeier, 1.50 M aus der Ladenkasse entwendet haben. – Warum haben Sie ihm diesen kleinen Betrag gestohlen?

ANGEKLAGTER Weil das Sprichwort heißt: »Mit Kleinem fängt man an, mit Großem hört man auf.«

RICHTER Nanu! Sie werden doch nicht am Ende Ihrer Verbrecherlaufbahn Möbelwagen stehlen wollen; aber ich möchte nun unbedingt wissen, warum Sie sich mit dieser kleinen Diebesbeute begnügten, denn das Gericht hat ja genügend Erfahrung und weiß aus der Praxis, daß jeder Verbrecher von dem Grundsatz ausgeht: »Wenn schon, denn schon!«

ANGEKLAGTER *zögernd* Ich konnte nicht mehr nehmen –

RICHTER Ob Sie nun mehr oder weniger genommen haben – Sie haben die Kasse erbrochen, und Einbruch bleibt Einbruch. Und wenn Sie nicht verscheucht worden wären, hätten Sie wahrscheinlich mehr genommen als 1.50 M.

ANGEKLAGTER Nein, das hätte ich nicht gekonnt.

RICHTER So, das hätten Sie nicht gekonnt, aber daß Sie wegen 1.50 M Ihre ganze Ehre aufs Spiel gesetzt haben, das haben Sie gekonnt.

ANGEKLAGTER Herr Richter, ich wollte ja mehr aus der Kasse nehmen, aber es war nicht mehr drinn.

DER BADEOFEN

Nach einer wahren Begebenheit von A. v. Braun
Für den Kurzfilm bearbeitet von K. Valentin

Es läutet an der Wohnungstür.

FRAU AMANN *öffnet* Sie wünschen?

INSTALLATEUR Sie habn gestern zu meinem Meister nübertele-
foniert, zum Installateur Wegleitner, an Ihrem Badeofen
tropft der Wechsel. Mein Meister hat aber gsagt, daß der
Hausbesitzer gsagt hat, Sie kriagn an ganz neuen Badeofen,
weil der alte gar nix mehr taugt.

FRAU AMANN Herrlich! Endlich geht mein langersehnter Wunsch
in Erfüllung! Es gibt doch noch Engel unter den Hausherrn!

INSTALLATEUR Wo ist denn das Badezimmer? *Einige Schritte.*

FRAU AMANN *Man hört Öffnen der Türe* Hier ist das Badezimmer!

INSTALLATEUR Ja, Frau, i tät mi halt bedeutend leichter, wenn S'
a bisserl ausräumen täten, 's is so eng da herin!

FRAU AMANN Stellen wir halt das Tischerl heraus. *Gepolter* So
und die 2 Eimer können wir auch heraus tun – so!
Installateur arbeitet, man hört Geräusche, Klopfen usw.

FRAU AMANN Dauert das lange?

INSTALLATEUR Naa, naa. I muaß nur den oberen Hahn zudrehn,
das Wasserrohr und 's Ofenrohr rausreißen, dös ham ma glei!
– Bringen S' mir derweil a paar alte Zeitungen, daß i das Ka-
minrohr zustopfen kann.

FRAU AMANN Hier, nehmen S' die alten Lumpen zum Zustopfen!! *Geschepper: der Installateur hat das Ofenrohr heraus-
gerissen, es ist ihm aus der Hand gerutscht und mit lautem
Getöse auf den Boden gefallen.*

FRAU AMANN Um Gotteswillen!!!

INSTALLATEUR Dös is ma auskemma!

FRAU AMANN Da schaun S' nur her, alles voller Ruß! Mein ganzes Reisekostüm auf und auf voll Ruß! – Mein Dienstmädchen
hat heute Ausgang, und in einer halben Stunde muß ich auf
der Bahn sein!

INSTALLATEUR Ja mei, dös is halt mal a rußige Arbeit! – Ham

Sie an Telefon? Dann telefonier i mein Meister, was mit dem alten Ofen gschicht, ob er aufn Speicher nauf kummt oder ob er zu uns in d' Werkstatt kummt.

FRAU AMANN *zornig* Da im Wohnzimmer is das Telefon! *Schritte bis ins Wohnzimmer von Frau Amann.*

INSTALLATEUR Nummer 23221 *Man hört Wählerscheibe* Der Hans is da. Sie, Moaster, den Ofen hab i abmontiert, was gschicht jetzt mit dem alten Ofen? – der neue – Herrgott, Kruzitürken!!! – Ja, is scho recht! *hängt ein* Ja, gibts denn dös aa, die ganze Arbeit umsonst!!!

FRAU AMANN Was ist denn los?

INSTALLATEUR I hab mi in der Hausnummer g'irrt; net 40, sondern 41 soll der neue Ofen gsetzt werden!

FRAU AMANN Ja, und mein alter Ofen?

INSTALLATEUR Ja, die nächste Woch ham ma koa Zeit, aber die übernächste Woch montiern wir Ihnen den alten Ofen wieder hin. Also, san S' mir net bös, Frau! Schaun S', daß den Zug no derwischen! Adieu!!!!

VALENTIN *zu seiner Frau* Da schau mal her, was ich dir heute mitgebracht habe.

FRAU Ei! Ein Papagei! Oh ist der schön – und ganz in Feldgrau – oder ist er schon altersgrau?

VALENTIN Nein, nein, der ist noch nicht alt, aber sehr gelehrig und kann sehr viel sprechen, singen, pfeifen, er schreit eins, zwei, drei hurra. Sag mal schön wie du heißt, komm sags schön.

LORA *schweigt.*

FRAU Na, sag's schön, wie du heißt?

LORA *schweigt.*

VALENTIN Komisch – ich habe den Papagei meinem Freund Obermeier abgekauft, und da hat das Luder in einem fort geschwätzt.

FRAU Das ist schon möglich, er fühlt sich wahrscheinlich hier noch fremd.

VALENTIN Kann sein – na, Lora, du brauchst dich bei uns nicht fremd fühlen, sag mal schön: wie heißt du?

LORA *schweigt.*

VALENTIN Hoffentlich bleibt er bei uns nicht fremd, denn nur zum Anschaun wäre der Preis zu hoch.

FRAU Was hast du denn dafür bezahlt?

VALENTIN Hundert Mark.

FRAU Hundert Mark? Das ist allerdings für einen nichtsprechenden Papagei zuviel.

VALENTIN Nichtsprechend ist er ja nicht, er spricht ja – nur bei uns spricht er jetzt nicht, bei Obermeiers spricht er ja.

FRAU Ja, bei Obermeiers – wir können doch nicht jedesmal den Papagei zu Obermeiers bringen, wenn wir ihn sprechen hören wollen, da wäre es ja vernünftiger, du würdest den saudummen Vogel wieder zurückgeben.

VALENTIN Er ist nicht saudumm, er kann sprechen, wenn er will – Lora, na so sag schön, wie du heißt.

LORA *schweigt.*

FRAU Vielleicht ist er heiser?

VALENTIN Unsinn! Vor einer Stunde, als ich ihn gekauft habe, war er ja auch nicht heiser.

FRAU Oder vielleicht ist ihm der Käfig zu klein?

VALENTIN In demselben Käfig hat er doch bei Obermeiers auch gesprochen.

FRAU Es ist nur schade, um das schöne Geld – hundert Mark – um hundert Mark hättest du ein schönes Grammola bekommen, das hätte unter Garantie gesprochen und gesungen, und hätte sich sicher bei uns nicht fremd gefühlt.

VALENTIN Lora – paß auf, da schau her, da hab ich ein Zuckerl – willst du ein Zuckerl? Er redet nicht und deutet nicht, ich könnte ihn zum Fenster hinausschmeißen, diesen – diesen Mistpapagei, diesen Mistigen, willst du nun endlich dein Maul aufmachen – ich meine, um diesen Preis braucht man nicht arrogant auch noch sein.

FRAU Aber ärgere dich nicht, mit Grobheit kannst du bei so einem Tier gar nichts erreichen.

VALENTIN Ja, du hast recht, jetzt probiere ich es noch einmal, wenn du mir aber wieder keine Antwort gibst, dann fliegst du hinaus – also sag schön wie heißt du?

LORA *schweigt.*

VALENTIN Weißt du was, mein lieber Papagei, jetzt kannst du mich ...

LORA Du mich auch!

FRAU Sieh da, er spricht!

VALENTIN Jetzt ist es zu spät – nun möcht er sich wieder einschmeicheln ...

DER RADFAHRER

Personen DER RADFAHRER KARL VALENTIN
EIN SCHUTZMANN

SCHUTZMANN Halt!

Valentin blinzelt den Schutzmann an.

SCHUTZMANN Was blinzeln Sie denn so?

VALENTIN Ihre Weisheit blendet mich, da muß ich meine Schnee-
brille aufsetzen.

SCHUTZMANN Sie haben ja hier eine Hupe, ein Radfahrer muß
doch eine Glocke haben. Hupen dürfen nur die Autos haben,
weil die nicht hupen sollen.

VALENTIN *drückt auf den Gummiball* Die meine hupt nicht.

SCHUTZMANN Wenn die Hupe nicht hupt, dann hat sie doch auch
keinen Sinn.

VALENTIN Doch – ich spreche dazu! Passen Sie auf, immer wenn
ich ein Zeichen geben muß, dann sage ich Cbacht!

SCHUTZMANN Und dann haben Sie keinen weißen Strich hinten
am Rad!

VALENTIN Doch! *Zeigt seine Hose.*

SCHUTZMANN Und Rückstrahler haben Sie auch keinen.

VALENTIN Doch! *Sucht in seinen Taschen nach* Hier!

SCHUTZMANN Was heißt in der Tasche – der gehört hinten hin.

VALENTIN *hält ihn auf die Hose* Hier?

SCHUTZMANN Nein – hinten auf das Rad – wie ich sehe, ist das
ja ein Transportrad – Sie haben ja da Ziegelsteine, wollen Sie
denn bauen?

VALENTIN Bauen – ich? Nein! – warum soll ich auch noch bauen?
Wird ja so soviel gebaut.

SCHUTZMANN Warum haben Sie dann die schweren Steine an
Ihr Rad gebunden?

VALENTIN Damit ich bei Gegenwind leichter fahre, gestern in
der Frühe z. B. ist so ein starker Wind gegangen, da hab ich
die Steine nicht dabei gehabt, ich wollt nach Sendling nauf

fahren, daweil bin ich nach Schwabing nunter kommen.

SCHUTZMANN Wie heißen Sie denn?

VALENTIN Wrdlbrmpfd.

SCHUTZMANN Wie?

VALENTIN Wrdlbrmpfd – –

SCHUTZMANN Wadlstrumpf?

VALENTIN Wr – dl - brmpfd!

SCHUTZMANN Reden S' doch deutlich, brummen S' nicht immer in Ihren Bart hinein.

VALENTIN *zieht den Bart herunter* Wrdlbrmpfd.

SCHUTZMANN So ein saublöder Name! – Schaun S' jetzt, daß Sie weiterkommen.

VALENTIN *fährt weg – kehrt aber nochmal um und sagt zum Schutzmann* Sie, Herr Schutzmann – – –

SCHUTZMANN Was wollen Sie denn noch?

VALENTIN An schönen Gruß soll ich Ihnen ausrichten von meiner Schwester.

SCHUTZMANN Danke – ich kenne ja Ihre Schwester gar nicht.

VALENTIN So eine kleine stumpferte – die kennen Sie nicht? Nein, ich habe mich falsch ausgedrückt, ich mein, ob ich meiner Schwester von Ihnen einen schönen Gruß ausrichten soll?

SCHUTZMANN Aber ich kenne doch Ihre Schwester gar nicht – wie heißt denn Ihre Schwester?

VALENTIN Die heißt auch Wrdlbrmpfd – – –

A Wennst nix von der Politik verstehst, nacha redst net so saudumm daher – dös hoaßt net Komponist, sondern Kommonist.

B Kommonist?

A A Komponist is ja a soichana, der zum Beispiel an ›Tölzer
Schützenmarsch‹ komponiert hat.

B Naa! Dös is net wahr, an Tölzer Schützenmarsch hat – dös
woaß i zufälligerweis – a Gastwirt von Tölz komponiert.

A Is ja verkehrt – Du moanst ja musiziert.

B Naa! – Oana, der wo a Musi macht, is koa Komponist – dös is
a Musikant.

A Naa – der wo die Musi spielt, is a Musikant.

B Du spinnst ja – dann waar ja mei Radio dahoam aa a Musikant, der spielt aa oft a Musi.

A Du redst no grad so dumm daher wie damals im Weltkrieg
1914 – da hast aa daherpolitisiert und hast alaweil vom Bier-
verband anstatt von Vierverband dahergredt.

B Aber Du hast aa nix verstanden, weilst damals gmoant hast,
die Entente, dös waar das hintere Ende von einer Ente.

A Geh, Du alter Sprüchmacher. – Wie saudumm hast Di damals gstellt beim Wählen, wost zu mir gsagt hast, i wähl
einen Konditor statt einen Kandidaten, und wie Du zu mir
gsagt hast – für an Kaminkehrer is jetzt a harte Zeit, weil,
wenn der an Radio hört, is er a Schwarzhörer.

B Dös hab i doch nur aus Gaudi gsagt.

A A Gaudi – hast vielleicht da aa a Gaudi gmacht, wia Du gsagt
hast, Dei Schwager is Strumpfbandführer worn, statt Sturm-
bannführer?

B Da hab i mi ja nur versprochen.

A Daß Du für Dei Alter no so saudumm bist, da hab i heut noch
den Beweis. Kannst Dich noch erinnern, wia am Anfang vom
Kriag die Verdunklungsvorschriften in der Zeitung gstanden
san, da hab ich Dir gsagt, daß im Englischen Garten Plakat

angschlagn sind mit der Aufschrift: Das Herumschwirren von Glühwürmchen ist bei eintretender Dunkelheit polizeilich verboten. – Dann bist am andern Tag mit Dein'm Radl nuntergfahrn, weilst as net glaubt hast.

B Ja, weil i anstatt Glühwürmchen Glühlämpchen verstanden hab.

A Geh, geh, geh, geh, geh, geh, geh! – Glühlämpchen hast Du verstandn, als wia wann im Englischen Garten Glühlämpchen umanandaschwirrn tatn.

B Mhm. – Du brauchst koa Angst ham, daß Dir oana d' Weltmeisterschaft im Blödsei streitig macht! Kannst Dich no erinnern, wia damals auf der Insel Kreta die Fallschirmspringer gelandet san – da hast Du zu mir gsagt, obs auf dera Insel allaweil regnen tut, weil die Fallschirmspringer alle an Schirm dabei ghabt ham.

A Du hast ja aa damals an Blödsinn dahergredt, wiast gsagt hast, da Hitler hat a Glück ghabt, daß er net Adolf Kräuter ghoaßn hat, sonst hättn ma schrein . . . »müassn« Heil Kräuter!

B Aber Dei ganze politische Anschauung is ja nur a Kas gwesen, denn wenn 's nach Deiner Ansicht ganga wär, hättn mir den Kriag verlorn.

A Mir ham ihn ja verlorn.

B Dös woaß i scho! Ja, moanst Du, daß Du alloa bloß an Kas dahergredt hast?

BAHNHOFSZENE

Nach der Abfahrt des Zuges

Portier steht allein auf der Bühne und putzt sich die Brille.

FRAU *kommt schwitzend, atemlos mit vielen Koffern gelaufen*
Bitt schön, sagens mir schnell, ich hab höchste Zeit, wo muß
ich einsteign nach Italien?

PORTIER Grad is er weggfahrn.

FRAU Jeß Marand Josef !!!!

PORTIER Wärns drei Minuten früher komma, hättens ihn noch
erwischt.

FRAU So, dann geh ich nochmal heim und komm drei Minuten
früher.

PORTIER Dann kommas ja noch später.

FRAU Naa, sagns, warum ist denn der Zug grad ausgerechnet
heut drei Minuten früher weggfahrn?

PORTIER Naa, der Zug ist net drei Minuten früher weggfahrn,
Sie san drei Minuten z'spät komma.

FRAU Das kommt eben daher, wenn man nicht genau weiß,
wann der Zug abfährt.

PORTIER Hättens ins Kursbuch neigschaut, dann hätten Sie 's
g'wußt.

FRAU Da hab ich ja neigschaut, aber da stehts nicht drin.

PORTIER Freilich stehts drin.

FRAU Ja, wissens, ich hab eben kein Kursbuch daheim, jetzt hab
ich in mein Kochbuch neigschaut. Und da stehts nicht drin.

PORTIER Ja, im Kochbuch steht freilich kein italienischer Zug,
höchstens der italienische Salat.

FRAU Drum hab ich ihn auch nicht g'funden, ja, nicht einmal im
Telefonbuch ist er dringstanden.

PORTIER Sie kunnten ja glei im Katechismus nachschaun.

FRAU Meinas?

PORTIER Nein, ich mein nur.

FRAU Ja, ich mein auch nur. Aber ich kanns nicht glauben, daß
der Zug schon weggfahrn ist.

PORTIER Freilich ist er weggfahrn.

FRAU Ist der einfach weggfahrn und hat die Reisenden alle da-
gelassen?

PORTIER Nein, die sind alle mitgfahrn.

FRAU Ja, warum ham denn die den Zug nicht versäumt?

PORTIER Weil die nicht zu spät komma sind.

FRAU Wenn aber die auch zu spät kommen wärn, wär dann der
Zug auch weggfahrn?

PORTIER Ja, aber rentiert hätte er sich dann nicht.

FRAU Was hätten dann die Reisenden alle gemacht, wenn sie
alle den Zug versäumt hätten?

PORTIER Auch so dumm dreigschaut hättens wie Sie.

FRAU Kann ich jetzt gar nichts machen?

PORTIER Das müssen Sie wissen.

FRAU Ich mein, was ich jetzt tun soll? Denn wenn ich noch a Zeitlang wart, dann versäum ich ihn immer noch mehr.

PORTIER Fahrns halt mit dem nächsten Zug.

FRAU Wann geht denn der?

PORTIER Morgen früh.

FRAU Ja, das nutzt mich nichts – morgen um die Zeit bin ich ja
gar nimmer hier, da bin ich ja schon lange in Italien.

PORTIER Ja, wie könnens denn da morgen in Italien sein, wenns
heut den Zug versäumt haben?

FRAU Ja, da fahr ich ihm halt nach mit der Trambahn.

PORTIER Da geht keine Trambahn hin.

FRAU Dann lauf ich ihm zu Fuß nach, das geht auch, das hab
ich schon einmal in einem Kino gsehn.

PORTIER So schnell wie der Zug fahrt, glaub ich, können Sie
nicht laufen, außerdem Sie schicken sich recht.

FRAU Ja, ich muß nach Italien, ich freu mich schon darauf, warn
Sie schon in Italien? Da muß es doch wunderschön sein. Sie,
da ist doch der große Vatikan, der immer so speibt?

PORTIER Verschonens mich mit Ihrer Lava. – Sie sind da im Irrtum, der Vatikan kann doch unmöglich speibn, das ist ja ein
Gebäude, und ein Gebäude kann doch nicht speibn.

FRAU Nein, das ist bestimmt der Vatikan, denn mit V geht er
an, und dann hab ich ihn schon auf Ansichtskarten gesehn,
der ist so groß und oben geht der Dampf naus.

PORTIER Dann meinen Sie wahrscheinlich den Vesuv.

FRAU *geht der Koffer auf, und alles Unmögliche fällt ihr heraus*
Jessas, jessas, so ein Pech wie ich heut habe, zuerst versäum
ich den Zug und jetzt fallen mir meine ganzen Reiseutensilien
heraus, wenn das jemand sieht, Sie glauben gar net, wie ich
mich geniere.

PORTIER Ja, mit d e m Zeug derfens Ihna freili genieren.

FRAU *alles einpackend* Ich reise nämlich so selten, Sie glauben
gar nicht, wie unbeholfen ich bin.

PORTIER Dös seh ich schon, jetzt schauns, daß mit dera Brockensammlung bald zum Teufel komma.

FRAU Mein Gott, der Wecker ist, glaub ich, auch kaputt. Hor-
chens amal.
Portier horcht, wirft ihn dann am Boden.

FRAU Ja, wenn Sie's so machen, dann muß er ja hin werden
wirft ihn auch hin.

PORTIER Ja mei, Frau, je öfters daß'n nunterwerfen, desto hiher
wird er.

FRAU Ach Gott, wenn man keinen Menschen hat, ich reis nämlich ganz allein.

PORTIER Sie ham doch vier Koffern dabei.

FRAU Nein, ich mein, wenn eine Frau allein reist, ist es überhaupt nichts; wissens, ich bin eine Witwe, ich stehe jetzt 30
Jahre ganz allein am Bahnhof – ah: auf der Welt wollt ich
sagen.

PORTIER Mir waars ja gnua, wenn Sie 30 Jahre am Bahnhof
stehen würden, mir glanga schon die 3 Minuten.

FRAU Wissens, ich war auch verheiratet, aber mein Mann ist als
Bub mit 14 Jahren nach Südamerika ausgewandert und ist seit
der Zeit nie mehr zurückgekommen. Ich hab ihn nie wieder
gesehn – Verschollen, aber nicht vergessen.

PORTIER So fangas ma 's weina auch noch an, tröstens Ihna nur,
schauns, ich war auch 30 Jahre in Südamerika, bin auch wieder zurückgekommen, der kommt schon wieder, wenns a
G'scheidter ist.

FRAU Oh, das war ein braver Mann, aber ein böser Mann –
aber kommen tut er nicht mehr, mein Xaver.

PORTIER So, Xaver hat er g'hoaßen, ich heiß auch Xaver.

FRAU So – ja, mein Xaver hat immer zu mir g'sagt: Wally, ich
   komm wieder, aber gekommen ist er nicht mehr.

PORTIER Was, Sie heißen Wally?

FRAU Ja, Wally Rembremerdeng –

PORTIER Und ich heiß Xaver Rembremerdeng.

FRAU Nein, ich heiß Rembremerdeng.

PORTIER Und ich auch, und in Südamerika war ich auch.

FRAU Ja, bist Du der Xaver? Nein?

PORTIER Und Du d'Wally?

FRAU Ja, Xaver!!! *Umarmt ihn und wirft ihm den Koffer auf
   den Fuß.*

PORTIER Ja, Rindviech!!!!

FRAU 30 Jahre ham wir uns nicht mehr gsehn, hast mich denn
   nimmer kennt?

PORTIER Drum ist mir Dein Hut glei so bekannt vorkomma.

SZENEN

IM PHOTOATELIER

Die Bühne zeigt diesmal ein kleines altmodisches Photoatelier in irgendeiner Vorstadt. Verschiebbare Wolken hängen herum. Eine Tür im Hintergrund führt auf die Treppe. Man sieht die elektrische Türglocke neben der oberen Türfüllung, die auf das Treppenhaus hinausgeht. Eine seitliche Tür führt zur Dunkelkammer, durch das große Oberlicht an der Decke fällt offenbar Nordlicht vom Dach her. Gemalte Hintergründe für photographische Aufnahmen mit allen möglichen Landschaften stehen herum. Zwei Tische und abgeschabte Fauteuils vervollständigen die Einrichtung. Ein unförmiger Photoapparat mit Objektiv und Gummiballon, Kassetten, Ständer zum Verstellen und eine Bogenlampe älterer Konstruktion lassen erraten, was hier getrieben wird. Ein Schaukelpferd, Spielzeug aller Art, eine Stange mit hölzernem Vogel, der Tisch mit dem üblichen Eisbärenfell lassen auf den häufigen Besuch kleiner Kundschaft schließen. Einzelne ungerahmte Photographien, eine Glasplatte, farbige Papierbeutel, eine gläserne Fixierwanne mit Wasser und mehrere Stühle verschiedener Größe liegen und stehen herum.

Der Meister trägt weichen Hut und Samtjoppe und ein Bärtchen. Liesl Karlstadt spielt den Photolehrling Alfons in dunkler Hose und Weste mit weißem Kittel, Kragen und Krawatte – ohne den geringsten Respekt vor Heinrich, dem Gehilfen.

MEISTER *steht allein auf der Bühne und betrachtet eine Photoplatte, ruft* Heinrich, komm heraus, was ist mit dieser Platte wieder los?

HEINRICH *kommt, nimmt die Platte, betrachtet sie* Nicht ganz entwickelt, die hat der Fonse ausgewickelt – a: entwickelt.

MEISTER Fonse, da komm raus!

ALFONS Ha, was is denn?

MEISTER Was ist mit dieser Platte?

ALFONS Des geht ja mich nix an, des is ja net mei Arbeit. *Zu Heinrich* des hast ja du gmacht.

MEISTER Na, einer von euch zwei muß sie doch gemacht haben!

HEINRICH Naa, oaner von uns drei hats gmacht.

ALFONS Ah, des is ja de – de ham ma ja mitanander entwickelt. Da wars ganz schön, aber der spielt immer mit der Platten so – *wirft sie* – na is heut mittag in Kartoffelsalat neigfalln.

MEISTER Also nicht lange reden, die Platte muß nochmal gemacht werden.

HEINRICH Ja, ob uns der halt nochmal hergeht, des glaub i kaum.

ALFONS Des glaub i aa net, der war bei der Aufnahme schon so ekelhaft.

HEINRICH Ah, des is ja der Herr Ding, der braucht nimma kemma, den photographier i auswendig.

MEISTER Da muß eben hingeschrieben werden, dann kommt er schon. Also und daß ihr wißt, ich fahre nun auf zwei Tage weg, habe eine geschäftliche Angelegenheit zu erledigen, und in zwei Tagen bin ich wieder zurück.

HEINRICH Auf Wiedersehen!

MEISTER Daß ihr mir gut aufpaßt, wenn ich nicht da bin, ich hoffe, daß ich mich auf euch verlassen kann. Das Material wißt ihr ja, es ist alles draußen in der Dunkelkammer, und seid vorsichtig mit dem Sublimat.

ALFONS Ja, des hat der scho amal gsuffa statt Limonad.

HEINRICH Hat mir aber gar nix gmacht.

MEISTER Ja, Unkraut verdirbt nicht.

HEINRICH Oder solln wir die zwei Tage nicht lieber zusperrn?

MEISTER Das tät euch so passen, für was seid ihr denn da?

ALFONS Da san mir ja nimma da, wenn ma zusperrn.

MEISTER Wenn jemand kommt, dann habt ihr die Aufnahme zu machen.

HEINRICH Mir könna ja gar koane Aufnahmen machen, Sie habn uns ja nia was machen lassen, mir ham ja bloß allweil mit dem Schachterl da entwickeln könna.

MEISTER Aber gesehn habt ihrs doch von mir, ihr seid ja lange genug da, ihr habt doch immer zugeschaut!

ALFONS Ja, da ham mir aber nia Obacht gebn.

HEINRICH Ja, wenn aber recht viel Leut komma zum Photographieren?

ALFONS Zu uns kommt doch niemand!

MEISTER Warum soll da niemand kommen?

ALFONS Das müßt a Zufall sein.

HEINRICH Wenn aber a ganzer Gesangverein kommt, soll'n ma den aa aufnehmen?

MEISTER Natürlich!

ALFONS Na, er moant ja, wenn gleich recht viel kommen – a paar tausend gleich –

MEISTER Ach, ein paar tausend kommen nie!

HEINRICH Na – er meint ja nur, wenns komma taten.

MEISTER Na, wir haben doch schon oft Gruppenbilder gemacht, ihr müßt einfach die Kundschaft anständig bedienen, schöne Posen stellen, damit es auch schöne Aufnahmen werden. Und dann noch was: daß ihr mir ja nicht raucht! Also, ich gehe jetzt, in zwei Tagen bin ich wieder zurück.

HEINRICH Auf Wiedersehen!

MEISTER Pressierts Ihnen so?

ALFONS Der is manchmal gelungen.

MEISTER Ja, dir fehlt auch schon nichts. Also, daß mir alles klappt. Auf Wiedersehen.

ALFONS Ich mach schon zu, bitte. *Meister ab*. Jetzt hörn mir aber glei 's Arbeiten auf – was tean ma jetzt?

HEINRICH Nix mehr – deck ma glei d' Arbeit zu, daß mas nimma sehn. Jetzt mach ma zwoa Tag Urlaub. Anrührn tean ma nix mehr – *zündet sich eine Zigarette an und setzt sich auf den Stuhl* – so, aufmachn tean ma von jetzt an überhaupt nimmer, bis er kommt, d' Hausmoasterin war heut scho da und sonst kommt ja neamand. Der Briefträger wirft sei Sach ins Briefkastl nei. Und du gehst nunter und laßt dir an Grammaphon leihen und Lampions häng ma auf, dann mach ma a italienische Nacht. Und i telephonier meiner Henna!

ALFONS Und wenn sich wer photographieren lassen will, de solln einfach zu an andern Photographen gehn. *Es läutet.*

ALFONS Soll i aufmachen?

HEINRICH Net aufmacha! *Es läutet*. Wer wirds denn sein? S S S S S S! *Es klopft.*

HEINRICH Also, ausgschamte Leut gibts!

MEISTER *von außen* Heinrich – Alfons, warum macht ihr nicht auf? Habt ihr denn das Läuten nicht gehört?

HEINRICH Wann – heut?

MEISTER Ja, jetzt im Moment.

ALFONS Na – mir habn nix ghört, gar nix.

MEISTER So – und ich hab sechsmal hintereinander geläutet.

ALFONS Naa – dreimal wars bloß.

MEISTER Ah, da kommt ihr wieder auf. *Heinrich winkt wegen dem Tischtuch.* Was soll denn das bedeuten?

ALFONS Zudeckt hab ichs, weil wie Sie nausgangen sind, ist auf amal so a Wind gangen, hätt bald alles nuntergweht.

MEISTER Was, a Wind?

ALFONS A Sturm wars eigentlich.

MEISTER So, auf einmal geht da herin ein Wind.

ALFONS Ja, wir warn selber ganz baff. *Er schneidet Heinrich die Zigarette ab – der Stummel fällt auf den Boden und raucht weiter.*

MEISTER Was ist denn das? Da schau mal her?

ALFONS Wo?

MEISTER Da – was ist das?

ALFONS Ui, was is denn des?

HEINRICH A Glühwürmchen!

ALFONS Ja, pfeilgrad!

MEISTER Das raucht ja!

ALFONS Dann is a Rauchwürmchen.

MEISTER Wie kommt die Zigarette da her?

ALFONS Die Buben tuns immer zum Fenster reinwerfen, Schneeballn, Stoana, usw.

MEISTER Wo ist da ein Fenster?

ALFONS Wer hat denn das Fenster zugmauert?

HEINRICH Aber in unserem früheren Atelier war a Fenster.

MEISTER Das kann ja recht nett werden, die zwei Tage!

ALFONS Na, wenn wir gwußt hätten, daß 's Sie wärn, hätten mir glei aufgmacht.
      Heinrich gibt ihm einen Wurf*.

MEISTER So, und wenn es eine Kundschaft gewesen wäre?

HEINRICH 's war ja koa Kundschaft, warn ja Sie.

MEISTER Wenns aber eine gewesen wäre?

HEINRICH Es war doch koane.

* Stoß mit dem Ellenbogen

MEISTER Na, es ist gut, daß ichs weiß, zufälligerweise mußte ich
   noch einmal zurück, weil ich meine Brieftasche vergessen habe.

HEINRICH In der Dunkelkammer liegts drin.

ALFONS Ja, sieben Mark fünfzig Pfennig san drin.

MEISTER So, habt ihr da auch schon wieder hineingeschaut?

HEINRICH Ich weniger oft, aber er.

ALFONS Ja, weil ich gmeint hab, daß 's mei Brieftaschn is, aber er
   hat mir erst hernach gsagt, daß i gar koane hab.

MEISTER Da ist einer wie der andere. *Geht zur Dunkelkammer –
   schaut plötzlich um. Heinrich macht ihm ein Gesicht nach* Was
   war denn das jetzt?

HEINRICH Ich kann mich nicht mehr erinnern. *Der Meister geht
   in die Dunkelkammer.*

ALFONS *leise* Sei Brieftaschn hat er vergessn.

MEISTER Also, jetzt geh ich, ich sage euch, daß ihr mir sofort aufmacht, wenn es läutet, das Geringste wenn ich hören muß,
   wenn ich zurückkomme, dann könnt ihr was erleben.

ALFONS Kommen Sie jetzt dann nochmal zrück?

MEISTER Frag nicht so frech, sonst hau ich dir eine runter!
   Er wirft ihm seine Koffer nach, dann ab.

HEINRICH So, jetzt san mir richtig neitanzt.

ALFONS Du warst so gscheit, du hast gsagt, mir solln net aufmachen, is er glei mit oaner italienischen Nacht daherkommen, i
   dank schö.

HEINRICH Am Läuten kennt mas doch net, wers is, für eahm sollt
   halt a Extraglockn da sein – jetzt hat ers gspannt, daß mir nicht
   aufmachen.

ALFONS Ja, jetzt is scho z'spät, jetzt denk i mir nix mehr, und jetzt
   brauchst aa nimmer aufmachen, jetzt kommt er nimmer. *Es
   läutet.* Scho wieder. *Es läutet.*

HEINRICH *achselzuckend* Jetzt sollt mas halt wissen… *Es klopft
   fest.*

MEISTER *von außen* Heinrich – Alfons – was ist denn das?

ALFONS Ui – des is er wieder! *Er macht auf.*

MEISTER Ja zum Donnerwetter, was ist denn das? Warum wird
   denn da wieder nicht aufgemacht?

ALFONS Ich war jetzt grad net da, ich war jetzt draußen in der
   Dunkelkammer.

HEINRICH Ich war draußen in der Dunkelkammer.

ALFONS I war drauß, lüag net a so. *Sie wollen sich gegenseitig stoßen und treffen den Meister.*

HEINRICH Ich werd wohl wissen, wo ich grad war.

ALFONS Na, gwiß war ich draußen, es kann ja möglich sein, daß er auch draußen war, da hab ich ihn halt net gsehn, weils so finster is.

MEISTER So, und ghört habt ihr auch nichts?

HEINRICH Wenns so finster is draußen.

MEISTER Wie stellt ihr euch denn das vor, wenn das nun eine Kundschaft gewesen wäre?

HEINRICH 's war ja keine, warn ja wieder Sie.

MEISTER Wenns aber eine gewesen wäre?

HEINRICH Niemals!!

MEISTER Was heißt »Niemals« – das kann ja nett werden, es ist nur schade, daß ich unbedingt fort muß, sonst würde ich euch auf der Stelle hinauswerfen, aber am Ersten fliegt ihr alle beide. *Alfons schleicht sich leise hinaus.* Ja, schleich dich nur hinaus, scheinheiliger Tropf!

HEINRICH Auf Wiedersehen!

MEISTER Bande! *Er geht ab.*

HEINRICH *schüttet ihm Fixierwasser nach* Kommt der Zigeuner noch amal daher!

ALFONS Mir san ja glei so dumm, alle zwoa, des hätt ma uns doch denka könna, daß der no amal kommt. Der is ja so raffiniert, werst sehn, der kommt schon noch a paarmal, den kenn i doch, den Bruadern!

HEINRICH Das kann scho sein, aber da garantier i dir, daß uns der nimmer drankriegt, weil in dem Moment, wo es jetzt läut, ist die Tür auf, lieber mach i's scho vorher auf.

ALFONS Ja, ich stell mich jetzt daher bis morgn auf d' Nacht und wart, bis er kommt, und wenns läut, reiß ich auf. *Es läutet. Alfons reißt mit Wucht die Tür auf. Heinrich steht mit einer Fixierwanne aus Glas daneben, die Tür haut ihn fest an den Kopf, er läßt die Wanne fallen, – sie zerbricht, daraufhin haut er Alfons eine klatschende Ohrfeige herunter. Eine Frau mit Kind kommt herein, altmodisch ländlich gekleidet. Alfons und Heinrich lachen.*

FRAU Bin ich da recht beim Photographen?

HEINRICH Der is net da – warum, was wolln S' denn?

FRAU Mei Enkelkinderl möcht i photographieren lassen.

HEINRICH Ham Sie 's dabei?

FRAU Daaa –

HEINRICH Des is noch z' jung zum photographieren.

FRAU Ja also wolln S' des Kind photographieren?

HEINRICH Der Photograph ist net da momentan.

FRAU No ja, dann wart i halt, bis er kommt. *Sie setzt sich nieder.
Alfons und Heinrich schauen entrüstet.* Kommt er bald, der
Photograph?

HEINRICH Ja, übermorgen in der Früh.

FRAU Was übermorgen – i kann doch net bis übermorgen da warten!

ALFONS Warum ham S' Ihnen dann hingsetzt?

FRAU Ja also, wolln S' jetzt das Kind photographieren oder net?

HEINRICH Gengas doch zu an andern Photographen – der Ding
in der Amalien-Straß, der macht wunderbare Bilder.

ALFONS Der is auch viel billiger als wie wir.

FRAU Da will ich aber nicht hingehn, denn Ihr Geschäft ist mir
gerade empfohlen worden.

HEINRICH Von wem denn?

FRAU Von an guten Bekannten.

HEINRICH Der soll sei Maul halten, 's nächste Mal.

ALFONS Des derfst doch net sagn, de Frau sags unserm Alten,
dann schmeißt er uns no amal naus.

FRAU Ja also, was is jetzt?

HEINRICH Ja machs doch du, wennst so gscheit bist.

ALFONS Da is doch nix dabei, des photographieren mir jetzt, des
gibt a Gaudi . . .

HEINRICH So, de jungen Kinder san viel schwerer zum photogra-
phiern, wie die Alten.

ALFONS Du bist a so a Schuaster – des geht scho – wo soll i 's denn
hinsetzen, des Kind – am Stuhl oder am Boden?

HEINRICH Na, ins Fell legt ers immer nackert nei.

ALFONS Jessasja – stimmt. Also Frau, bitte ausziehen.

FRAU Ausziehen??

ALFONS Ja, nackert –

HEINRICH Da tua a Platten einleg'n, 13 × 17!

Alfons ab. Die Frau zieht sich aus und steht in ihrer altmodi-
schen Unterwäsche da. Alfons und Heinrich schauen ihr zu.

HEINRICH Wie ham mas denn da? Was tean S' denn da?

FRAU Ausziagn ham S' gsagt.

HEINRICH 's Kind solln S' ausziagn.

FRAU Jaso – 's Kind. *Sie zieht das Kind aus.*

HEINRICH Auf Eahna san ma net scharf. *Alfons richtet das Kind*
her, man hört es schreien.

HEINRICH Geh hör auf mit der Sirene! *Alfons zerrt das Kind am*
Fuß. Heinrich richtet das Kind mit Popo zum Publikum. Al-
fons richtet das Kind mit Popo zum Objektiv. Heinrich deckt
das Objektiv zu – geht zum Kind – haut es mit der Zeitung
Hör doch amal dei Plärrn auf, du wirst doch bloß photogra-
phiert, das tut dir doch net weh, sei doch net so kindisch ...
Er richtet mit einer Stange die Wolken, haut zum Schluß der
Frau den Hut herunter und knipst dann. Frau geht aus dem
Weg.

HEINRICH Ja solln Sie net drauf kommen?

FRAU Ja woher!

HEINRICH Ich hab aber schon geknipst, i hab gmoant, Sie san d'
Mutter.

FRAU A woher, das soll doch a Überraschung wern, i bin ja d'
Großmuatter.

HEINRICH Des is ja wurscht, wenn Sie auch größer san, deswegn
hätten S' halt weggehn solln.

FRAU Des kann doch i net wissen.

ALFONS Ja, jetzt san S' scho drauf.

FRAU Na müassn S' halt noch amal a Aufnahme machen.

HEINRICH Des könnas Ihna denken, daß mir wegen dem Schrat-
zen nochmal a Platten anpatzen.

ALFONS Mir habn Ihna gleich gsagt, Sie solln zu an richtigen Photographen gehn. Da ham S' Ihna Kind wieder, machen S', daß
S' weiterkommen.

FRAU Des is amal a saubers Gschäft, des wer ich mir aber mer-
ken, so eine Bruchbude, da hört sich doch alles auf, eine solche
Unverschämtheit ist mir auch noch net passiert, no ja, euer
Gschäft kann man ja empfehln. *Sie geht ab.*

HEINRICH Mir ham koa Eiergschäft – Sie brauchen uns net empfehln, mir san froh, wenn niemand kommt. *Alfons stellt sich
vor die Tür hin.* De war ja guat, de Frau.

DER SCHARFRICHTER, *ein großer, starker, furchtbar energischer
Mann mit lauter Stimme, in einer Maske zum Fürchten, mit
schrecklichem Seehundsbart, buschigen Augenbrauen und un-
heimlichen Augen, reißt die Tür auf und stürzt herein, wobei
er Alfons einen Stoß gibt* Guten Tag – ein Bild will ich haben –

HEINRICH Wer hat denn den da reingschmissen?

ALFONS Was wolln Sie?

SCHARFRICHTER Ein Bild!

ALFONS Ein Knie- oder Brustbild?

SCHARFRICHTER Das ist egal, schnell ein Bild. *Heinrich mischt die
Bilder wie Karten und zeigt sie ihm. Der Scharfrichter haut sie
ihm aus der Hand* Gehn Sie weg mit Ihrem Blödsinn – ein Bild
muß ich haben – Sie wissen scheinbar gar nicht, wer ich bin. –
Mein Name ist Meier – Scharfrichter.

BEIDE Uuuuuuuuuu

ALFONS Da derfst scharf einstellen, bei dem. *Heinrich fährt dem
Scharfrichter mit dem Apparat in den Bauch.*

SCHARFRICHTER Was erlauben Sie sich?

ALFONS Tu ihn amal a bisserl hinrichten.

HEINRICH *rührt ihn an* Ich möcht Sie hinrichten.

SCHARFRICHTER Hinrichten tu ich, ich bin der Scharfrichter. *Heinrich spuckt in die Hände und richtet den Bart.* Unappetitlicher
Kerl, spuckt in die Hände und greift nach meinem Bart!

ALFONS Schau, daß d' fertig wirst, daß ma 'n nausbringen.

HEINRICH Bitte, darf ich Sie freundlich ersuchen, recht freundlich
zu schauen?

ALFONS Ja, etwas lebhafter, bitte!

SCHARFRICHTER Das kann ich nicht.

HEINRICH A bisserl lächeln!

SCHARFRICHTER Ich kann nicht und will nicht lachen.

HEINRICH Bei uns müssen S' lachen, das ist ja zum Lachen.

SCHARFRICHTER Ich lache nicht.

HEINRICH Ja, das paßt auch net zu seim Beruf – aber so könna
mas net machen.

ALFONS So gehts net, so schaun S' aus wie a alter Seehund.

SCHARFRICHTER Frecher Kerl!

ALFONS Jetzt lacht er gleich – eins – zwei – drei –! Jetzt kommts Vogerl raus.

SCHARFRICHTER Weg mit dem Unsinn, fahr ab, Idiot!

ALFONS Ah, der lacht net, dann mag i auch nimmer.

HEINRICH Der reagiert net auf solchene Sachen. *Er nimmt das Glöckchen* – L a l a l a l a – *er knipst.*

ALFONS Jetzt hat er glacht – danke – fertig.

SCHARFRICHTER Bis wann kann ich die Bilder haben?

HEINRICH Bis in acht Tagen.

SCHARFRICHTER Das ist mir zu spät.

HEINRICH In sieben Tagen – in sechs – fünf – vier – drei – zwei – eins – null – gestern.

SCHARFRICHTER Also morgen!

HEINRICH Jawohl.

SCHARFRICHTER Und daß mir die Bilder gut werden, daß Sie sich Mühe geben.

HEINRICH Ja ja, bei Ihnen besonders, weil wir net wissen, ob wir Ihna net amal brauchen könna.

SCHARFRICHTER Guten Tag! *Er geht ab.*

HEINRICH *zur Tür hinaus* An schöna Gruß an die Geköpften!

ALFONS Geh, laß ihn doch stehn, sei froh, daß er draußen ist – des war fei der Scharfrichter – daß des net kennt hast?

HEINRICH Ja mei – gschäftlich hab i mit eahm no nia was z' tun ghabt.

ALFONS Aber gell, heut geht a Gschäft, weil der Alt net da is? *Es läutet draußen. Vor der Tür steht ein Brautpaar. Der Bräutigam, ein Riese von über zwei Meter Länge, mit Zylinder; zunächst ist sein Kopf durch die geöffnete Tür überhaupt nicht zu sehen; er trägt »Hochwasserhosen«, gleichfalls zu kurzen Gehrock, Gummi-Eckenkragen mit weißer Binde, Gummiröllchen und weiße Handschuhe. Die Braut ist eine sehr kleine, häßliche Frau, die auch von einem Zwerg dargestellt werden kann.*

HEINRICH Ah, der hat wahrscheinlich was vergessen. *Er macht die Tür auf – erschrickt und haut sie gleich wieder zu* Jeß Maria!

ALFONS Was is denn?

HEINRICH A Geköpfter steht draußen.

ALFONS Wia, lassn sehn. *Er schaut hinaus – Ahhh! – Er haut
wieder zu.*

HEINRICH Gell, weil wir gfrevelt habn, da steht oana ohne Kopf
draußen.

ALFONS Wia, schaun ma nomal hinaus. *Tut es* Freilich hat er an
Kopf, aber ganz drobn. *Macht die Türe auf* Bitte gehn S' rein.

BRÄUTIGAM Das geht ja nicht, die Türe ist zu klein.

ALFONS Ui, der kann net rein, weil er so lang ist.

HEINRICH Häng die Oberlichten aus! *Alfons hängt sie aus.*

BRÄUTIGAM Das geht ja noch nicht!

HEINRICH Halt, i hol d' Säg, na schneiden mir an Türstock durch.
*Er holt die Säge – sägt die Querlatte an der Tür ab. Das Braut-
paar kommt herein.* Sie wünschen, bitte?

BRÄUTIGAM Wir möchten Brautbilder haben.

ALFONS *zur Braut* Sie auch?

HEINRICH Wieviel?

BRÄUTIGAM Ein halbes Dutzend, bitte.

HEINRICH So viel wern ma gar net ham. *Er nimmt Bilder und
zeigt sie her.*

BRÄUTIGAM Von uns wollen wir doch Bilder haben, das sind wir
ja gar nicht.

HEINRICH A so, von Eahna wolln S' welche ham, ja de müßten
aber extra angefertigt werden.

BRÄUTIGAM Natürlich, das wollen wir ja!

HEINRICH Ja ja, aber de hättens halt billiger kriegt, weil die san
net abgholt worn, die flacka scho jahrelang bei uns umanander.

ALFONS Bitt schön, möchten S' Ihna aus dem Album was raussuchen.

HEINRICH Diese Firmlingsbilder wern sehr gern gekauft – oder
solls was in Uniform sein?

ALFONS *zeigt das Album her* Das wärn mehr so Massenaufnah-
men. *Er läßt es fallen.*

BRÄUTIGAM Das ist nichts für mich, wir beide wollen uns doch
bloß photographieren lassen.

ALFONS Na müaßten S' halt noch a paar Bekannte holen schließlich.

HEINRICH Sehn S', das ist ein direktes Brautbild –

BRÄUTIGAM Ja – das möchten wir haben.

HEINRICH Werden Ihnen de net z' teuer sein?

BRÄUTIGAM Warum, was kosten denn die?

HEINRICH Das weiß ich nicht – der Alt is net da, und der hat uns in die Preis net eingeweiht.

ALFONS Des steht doch hinten drauf –

HEINRICH De kosten vierzig.

BRÄUTIGAM Was vierzig?

HEINRICH Ja, des wiß ma ebn net – entweder vierzig Stück oder vierzig Mark.

ALFONS Ich glaub, vierzig Stück eine Mark – nein, das stimmt auch nicht.

HEINRICH *legt das Bild halb zusammen* Oder mach ma vielleicht die Hälfte?

BRÄUTIGAM Ja so – aber die andere Hälfte?

HEINRICH Jetzt wissen S' was, wir machen jetzt amal die Aufnahme, und an Preis können S' dann mit unsern Meister ausmachen, wenn er kommt.

ALFONS Na mach ma liaber die kleinern, weil wenns dann nix wern, is net so viel Geld hin. Bitte, stellen Sie sich amal daher.

HEINRICH *richtet den Apparat* Weiter zurück, bitte –

BRÄUTIGAM Aber schöne moderne Bilder sollns werden.

ALFONS Da können S' Ihnen verlassen, das werden Prunkbilder. *Er zieht den Arm der Braut heraus, hängt den Zylinder drauf – dann tut er den Zylinder wieder weg und läßt die Braut mit dem Zeigefinger zum Bräutigam deuten.*

HEINRICH *geht mit dem Apparat über die Bühne hinunter in den Zuschauerraum, schreit* Den bring i net auf d' Platten nauf.

BRÄUTIGAM Was ist denn los?

ALFONS Er bringt Sie net auf d' Platten drauf, Sie san z'lang, sagt er, wir haben keine so langen Platten.

HEINRICH *kommt mit dem Apparat* Muß der Kopf unbedingt drauf sein?

BRÄUTIGAM Was ist das für eine Frage? Natürlich muß der drauf sein.

ALFONS Machstn halt bis daher und dann an Kopf extra, den papp ma dann unten hin.

BRÄUTIGAM Ich glaube, Sie können überhaupt nicht photographieren.

HEINRICH Ich kann Sie schon photographieren, aber da müßten
   Sie sich niederknien – niederkniegeln.

BRÄUTIGAM Was, niederknien! – das habe ich aber noch nicht gesehn!

HEINRICH Mir ham so an Langhaxeten a no net gsehn. *Bräutigam
   kniet sich nieder.*

ALFONS So is besser, da kommt wenigstens er drauf.

HEINRICH Jetzt ist aber sie zu groß, das ist nichts! *Zur Braut*
   Knien Sie sich auch nieder! *Die Braut kniet sich nieder.*

ALFONS Das is Gschmacksache.

HEINRICH Gfällt mir nicht.

BRÄUTIGAM Mir auch nicht.

HEINRICH Warum ham S' denn gheirat?

BRÄUTIGAM Die Stellung gefällt mir nicht.

HEINRICH *zum Bräutigam* Setzen Sie sich lieber nieder.

BRÄUTIGAM *setzt sich auf den Boden; zur Braut* Setz dich auch
   hin, Herzerl! *Die Braut setzt sich auf den Boden.*

HEINRICH So ists gut. – Einen Moment bitte. *Er knipst* Danke
   schön! *Beide stehen wieder auf.* Das ist eine seltene Aufnahme geworden.

ALFONS Die ist wirklich gut geworden. *Er schaut in die Kassette*
   Du, Heinrich, mir ham kei Platte drin ghabt. *Er nimmt die
   Platte vom Tisch.*

BRÄUTIGAM Was ist denn los?

HEINRICH Nichts, wir habn nur eine Kleinigkeit vergessen. Nochmal, bitte schön!

ALFONS *bringt das Schaukelpferd* Setzen Sie sich einmal da drauf,
   das wird eine Sportaufnahme.

HEINRICH *will den Fuß vom Bräutigam in den Steigbügel stecken,
   setzt ihn dann aufs Pferd, hängt ihm die Braut um die Schultern und sagt* So, Sie hängen Ihnen hint drauf, wie bei einem
   Motorradl. Hier wird auch Kunstlicht verwendet. *Er knipst*
   Danke.

ALFONS So, das ist sicher etwas geworden, die werd ich gleich ent-
   wickeln, dann könnens Ihnen gleich anschaun!
   *Er geht in die Dunkelkammer … Pause – – – Man hört die
   Platte auf den Boden fallen. Er kommt ganz kleinlaut heraus.*

HEINRICH Depperter Depp, jetzt laßt er wieder die Platte fallen!

BRÄUTIGAM Jetzt wirds mir aber bald zu dumm – Sie können scheints wirklich nicht photographieren, jetzt machen Sie noch rasch ein Kniebild von meiner Braut und dann gehen wir. *Er setzt sich auf den Stuhl.*

HEINRICH Ein Kniebild – ist recht. *Er hebt den Rock der Braut auf.*

BRÄUTIGAM *haut ihm mit dem Zylinder auf den Kopf, daß es kracht* Was fällt Ihnen ein, den Rock meiner Frau aufzuheben, das erlaube ich nicht.

HEINRICH Wie kann ich denn ein Kniebild machen, wenn der Rock drüber ist?

BRÄUTIGAM Das ist eine Gemeinheit von Ihnen.

ALFONS Wenn er so ekelhaft ist, dann machst einfach ein Brust- bild von ihr.

HEINRICH Wie kann ich denn a Brustbild machen, wenns koa Brust hat. *Er langt hin.*

BRÄUTIGAM *schlägt ihm wieder mit dem Hut auf den Kopf* Sie unverschämter Kerl!

HEINRICH Was glaubn Sie denn eigentlich – mit Ihnen tu i jetzt nicht lang rum, stelln S' Ihnen mal da rüber, Sie wackeln auch die ganze Zeit. *Er gibt ihm den Ständer, derselbe rutscht run- ter* Auweh, da is wieder die Schraubn kaputt – geh, haltn Sie selber das Stangl. *Er gibt ihm das Stangl in die Hand. Alfons hängt den Schleier der Braut über den Ständer.*

HEINRICH Die Braut gehört doch auf die rechte Seitn nüber, stel- len S' Ihna nüber, – *er legt dem Bräutigam noch die Hand an den Kopf* – grad als ob S' sagen täten Herrgott, bin i a Rind- viech, daß i heut gheirat hab. *Er nimmt das Bukett, legt es der Braut zu Füßen, steckt es ihr dann ans Kleid, dann in den Mund* So ists gut, – einen Moment . . .

ALFONS *hat während dieser Zeit den richtigen Zylinderhut des Bräutigams vor das Objektiv gehängt. Er knipst.* Jessas, jetzt hängt der Hut wieder da – jetzt is wieder nix.

BRÄUTIGAM Ihr seid ja zwei Idioten – da hört sich doch alles auf, komm, wir gehen jetzt.

HEINRICH Sie sind einfach zu lang zum Photographieren, wegen Ihnen braucht ma a Photoatelier wia de Kegelbahn.

BRÄUTIGAM Ach Unsinn, Sie können beide nichts.

ALFONS Da können doch mir nichts dafür, daß Sie so lang san, außer wir machen eine Queraufnahme, wissen S' was, legen S' Ihnen amal hin.

BRÄUTIGAM Was, legen? *Er legt sich hin. Heinrich legt den Photoapparat auch auf den Boden und sich dazu.*

ALFONS Das wird eine Queraufnahme. *Er stellt den Fuß der Braut auf des Bräutigams Bauch, hält ihre Hand mit dem Strauß in die Höhe, die andere Hand aufs Herz* Einen Moment bitte ...

MEISTER *reißt die Türe auf und fällt gleich in Ohnmacht* Allmächtiger Gott!

Vorhang

DER THEATERBESUCH

Der Schauplatz der Handlung ist ein altmodisches kleinbürgerliches Mansardenzimmer mit vergilbter, billiger Tapete aus Großvätertagen. Über dem geschweiften Plüschkanapee zur Linken hängt in kitschigem Goldrahmen ein billiges Blumenstück im Vierfarbendruck. Die beiden Fenster im Hintergrund scheinen auf irgendeine Brandmauer hinauszugehen; jeder Flügel ist in drei Scheiben geteilt. Lange nicht gewaschene cremefarbige, helle Vorhänge ohne Übergardinen sind zu beiden Seiten der Fenster gerafft, zwischen beiden Fenstern ein altmodisches Frauenbild in ovalem Rahmen, darüber ein unförmig großer Geschäftskalender, der als Datum eine große Acht trägt, oder irgendein anderes Datum, das weit zurückliegt, so daß man erkennt, wie lange er nicht abgerissen worden ist. Rechts vom Fenster auf einem Wandbrett ein Vogelbauer, in der Ecke ein Kachelofen mit Blechrohr nach oben, an dem eine Wäscheleine mit Wäsche zum Trocknen festgemacht ist, auf der oberen Ofenkante eine Kaffeemühle, in der Durchsicht eine bauchige, runde, tönerne Kaffeekanne, in der offenbar Kaffee gewärmt wird. Eine altmodische Kommode steht zwischen den Fenstern, darauf ein Lautsprecher und mehrere Nippsachen. In der Bühnenmitte ein viereckiges Rohrtischchen, das mit einer weißen Klöppeldecke bedeckt ist, darauf ein Blumenstrauß in einer billigen Vase. Vor dem Kanapee ein runder Tisch mit Plüschdecke und leuchtender Posamentenkante. In der schrägen Seitenwand ein Dachfenster, durch das helles Licht auf den Tisch fällt. Von den Fensterstöcken verbreiten Blumentöpfe mit blühenden Pflanzen eine gewisse Gemütlichkeit.

DIE FRAU *(Liesl Karlstadt) trägt über ihrem Kleid eine blaue Schürze mit weißer Kante, später kommt sie in einem langen, altmodischen Kleid mit einem komischen Kapotthut, den sie aber schließlich gegen den weißen »Theaterschal« vertauscht.*

DER MANN *(Karl Valentin) ist gut genährt, hat einen struppigen Vollbart und eine Glatze, die nur durch wenige zur Seite ge-*

kämmte Haare gegen die Stirn abgegrenzt ist. Seine weite dunkle Hose schlägt viele Falten, die helle, oft geflickte Weste ist aufgeknöpft. Sein Chemisett hat einen niedrigen breiten Gummiumlegekragen, unter dem eine altertümliche schwarze Binde, wie sie früher die Handwerker trugen, durchgezogen ist, deren Enden sich über der Brust kreuzen und steif zur Seite stehen. Später zwängt er sich in einen alten Gehrock und eine dunkle Weste, zu der er eine gestreifte Hose trägt. Die Schnürbänder seiner unförmigen schwarzen Schuhe sind oft geknotet, ein Ungetüm von Regenschirm und ein »Goggs« mit riesengroßem Kopf und lustig rundgeschwungener Krempe schmücken ihn, wenn er sich endlich zum Ausgang fertig gemacht hat. Die Weste hat er allerdings noch nicht zugeknöpft, als er zum Schluß die Theaterkarten in der Hosentasche findet.

DIE NACHBARIN ist eine unordentlich angezogene Frau im Küchengewand mit einer Schürze von unbestimmter Scheuerlappentönung. Ihre grauen Haare sind ungepflegt und stehen unordentlich nach allen Seiten. Sie trägt eine schmierige, henkellose Tasse in der Hand.

Beim Aufgehen des Vorhangs sieht man den Mann am Tisch sitzen und Zeitung lesen.

DIE FRAU *kommt eilig herein* Du, Alter, denk dir nur, jetzt geh ich eben über die Treppen rauf, da begegnet mir unser Hausfrau und hat mir schon wieder was g'schenkt – rat amal, was s' mir g'schenkt hat?

DER MANN Sei net kindisch, sag's halt.

DIE FRAU Da schau her, zwei Theaterbilletten für'n Faust – was sagst denn du dazu?

DER MANN Dank schön! Warum geht's denn net selber nei, des alte Luada?

DIE FRAU Ja mei, sie wird halt koa Zeit ham.

DER MANN So so, sie hat keine Zeit, aber wir müssen schon Zeit habn.

DIE FRAU Aber sei doch net so undankbar.

DER MANN Da siehst doch ganz deutlich, daß die Frau irgendwas gegen uns hat, sonst tat s' doch net ausgerechnet uns die Karten schenken.

DIE FRAU Aber sie wollte uns doch nur eine Freude bereiten.

DER MANN Sie uns?! Haben wir vielleicht ihr schon mal eine Freude bereitet?! – Niemals!

DIE FRAU Also willst mitgehn? Ja oder nein?

DER MANN Wann geht denn des an?

DIE FRAU Des weiß i net – i geh nunter und frags nochamal.

DER MANN Des geht halt um halb acht Uhr an.

DIE FRAU Jetzt is ja schon dreiviertel sieben Uhr, da tät ma nimmer fertig werden! Aber die Theater gehn doch meistens erst später an – um acht Uhr.

DER MANN Naa, zwischen halb acht und acht Uhr geh'ns an.

DIE FRAU Naa, vor acht Uhr auf keinen Fall; immer gehn die Theater erst später an; weißt noch, vor vier Wochen war'n ma amal in an Frühschoppen, der ist erst um zehn Uhr angegangen.

DER MANN Ja, was mach ma denn da?

DIE FRAU Überleg dir's halt net lang, komm!

DER MANN Gegessen ham ma auch noch nicht.

DIE FRAU Das Essen ist fertig.

DER MANN Ja, i werd scho fertig, kampelt bin ich gleich.

DIE FRAU Das kannst hernach machen, jetzt eß' ma z'erst. *Sie geht ab. Der Mann nimmt einen Spiegel und stellt ihn auf den Tisch; der Spiegel fällt immer wieder um. Die Frau kommt mit Tellern und Besteck* So, jetzt schaun ma, daß wir weiterkommen. Ja gibts denn des auch – stell'n halt auf. *Der Spiegel bleibt stehen, aber nur verkehrt herum.*

DER MANN Ich kann doch net soo neinschaun.

DIE FRAU Dreh ihn halt um.

Der Mann dreht den Spiegel um, aber nun bleibt er wieder nicht stehen, sondern fällt immerzu um. Die Frau stellt ihn richtig hin. Der Mann kämmt sich Bart und Haare.

DIE FRAU Jetzt möcht ich bloß wissen, was da zu kämmen gibt – da kannst doch keinen Scheitel mehr machen, aus der Mordstrumm-Platt'n.

DER MANN Das bin ich noch so gewöhnt von früher her.

DIE FRAU Wie nur der Mensch so eitel sein kann – für wen richtst dich denn gar so schön z'samm, mir g'fallst, und wem andern brauchst net g'fallen.

DER MANN Vielleicht sitzt im Theater ein sauberes Madl neben
mir.

DIE FRAU Die wird dann grad dich anschauen, die schaut doch
den Faust an!

DER MANN I mein ja in der Pause . . . *Die Frau geht und bringt
das Essen, eine Schüssel mit Kraut und Würstchen.*

DER MANN Schon wieder Eintopf!

DIE FRAU *Bei uns hats doch noch nie was anderes geb'n. Jedes
kriegt eine Wurst, er nimmt sie, zieht sein Metermaß aus der
Hosentasche, mißt beide Würste, gibt der Frau die kleinere
und behält die längere für sich; dann fahren beide hastig mit
ihren Gabeln ins Kraut, die Gabeln verfangen sich ineinander,
sie ziehen vergeblich jeder nach seiner Seite daran. Endlich
schlägt er die Gabeln mit seinem Messer auseinander. Während des Hin- und Herziehens schaut er auf den Regulator an
der Wand.*

DIE FRAU Da, jetzt ist sie krumm, jetzt weiß ich wenigstens, wer
unsere Gabeln immer so kaputt macht. Jetzt eß ma aber
schnell.

DER MANN Schnell soll man nicht essen, das ist ungesund.

DIE FRAU Da hast a Kraut! *Sie steht auf und gibt ihm Sauer-
kraut auf seinen Teller.*

DER MANN *wirft es zornig mit der Hand zurück* Ich nimm mir
mei Sach scho selber. *Er schaut in den Spiegel hinein.*

DIE FRAU Mach doch keine Geckerl, unter'm Essen brauchst doch
nicht in den Spiegel schaun.

DER MANN Gerade da – dann hat man zwei Portionen. *Beide essen sehr geräuschvoll.* Was mach ma denn mit unserem Buben, wenn er von der Arbeit heimkommt?

DIE FRAU Da hab ich schon drandenkt. – 's Essen müß ma ihm
warmhalten, und bevor wir fortgehen, müß ma ihm an Zettel
schreiben – iß nur du weiter, den schreib ich gleich. *Sie holt
aus der Kommode Papier und Tinte* Dann schreib ich, daß wir
nicht daheim sind.

DER MANN Des brauchst ihm net schreiben, das sieht er ja selber – aber des mußt ihm schreiben, daß wir fortgangen sind.

DIE FRAU Das mein ich ja! Ich schreibe ihm, daß wir nicht da
sind, weil wir abwesend sind.

DER MANN Schreib: München, den –

DIE FRAU Nein, ich schreib: Lieber –

BEIDE Ja, wie hoaßt jetzt der?

DIE FRAU Du als Vater wirst doch wissen, wie der Bub heißt –

DER MANN Du als Mutter mußt es viel eher wissen.

DIE FRAU Weil man eben immer Bub zu ihm sagt, ja wie heißt
er denn?

DER MANN Wart – ich frag die Nachbarin.

DIE FRAU Naa – da wer'n ma doch selber drauf komma, Jeßmar-
andjoseph – ah Joseph heißt er – Also: Mein lieber Joseph –

DER MANN Das kannst net schreiben, weil er mir auch g'hört.

DIE FRAU Dann schreib ich halt unser lieber Joseph, daß d' a
Ruah gibst. – Unser lieber Joseph . . .

DER MANN Sehr geehrter Herr, unser lieber Joseph –

DIE FRAU Dein Essen steht in der Küche am Ofen, mach es dir
warm, weil es schon kalt ist . . .

DER MANN Es ist bereits Dezember –

DIE FRAU Ich meint' doch 's Essen – kalt ist und weil wir ins
Theater gehen müssen.

DER MANN Wenn ma net mögen, müß ma net . . .

DIE FRAU Dann schreib ich dürfen – können – wollen – sollen –

DER MANN – werden.

DIE FRAU Dann sind wir doch schon fort, wenn er den Zettel
liest.

DER MANN Dann schreibst: gegangen sind.

DIE FRAU Sollte das Theater aus werden, dann kommen wir
vielleicht bestimmt nach Hause. Es grüßt dich

DER MANN Hochachtungsvollst

DIE FRAU Deine fortgegangenen Eltern, nebst Mutter.

DER MANN Bei die Eltern ist doch d' Mutter schon dabei!

DIE FRAU Dann mach i halt an Punkt, sonst liest des Rindviech
weiter.

DER MANN Jetzt schreib noch hin: Solltest du aber das Essen lieber kalt mögen – dann brauchst du es nicht warm zu machen.

DIE FRAU Weil es sonst zu heiß wird. So, den legen wir jetzt am
Tisch her. Oder vielleicht sieht er ihn da net glei – er geht doch
meistens bei der Tür herein, dann legen wir den Zettel am
Boden her –

DER MANN Dann tritt er drauf mit die schmutzigen Stiefel und
kann ihn nicht mehr lesen. *Er stellt den Brief auf das Seiten-
tischerl, wo er ihn an die Blumenvase lehnt.*

DIE FRAU Das ist nichts, da, mit dem Blumenbukett, da meint er
ja, er hat Namenstag.

DER MANN Er hat aber kein' Namenstag.

DIE FRAU Aber das irritiert ihn – also das ist nichts.

DER MANN *lehnt den Brief an den Spiegel* Das ist großartig, da
schau her, jetzt wenn er kommt, stellt er sich daher, schaut in
den Spiegel hinein und denkt sich, was ist denn das für ein
Zettel? Dann sieht er ihn.

DIE FRAU Wir schauen freilich nein, weil wir wissen, daß da ein
Zettel liegt – aber er hat ja keine Ahnung, jetzt, wenn er nicht
neinschaut?

DER MANN Das ist Grundbedingung, daß er neinschaut.

DIE FRAU Wenn er aber net neischaut, dann hast den Zettel umsonst hing'stellt.

DER MANN Jaso, halt, ich hab's – jetzt schreibst nochmal an Zettel: Wenn du heimkommst, schaue sofort in den Spiegel.

DIE FRAU Also: – Wenn du heimkommst, schaue sofort in den
Spiegel hinein, dann siehst du was – schreib ich. So – jetzt ham
ma uns so lang mit der Schreiberei aufg'halten – jetzt gehts
auf sieben Uhr – is gut, daß das Theater erst um acht Uhr angeht.

DER MANN Um halb acht Uhr gehts an.

DIE FRAU Ich mein, abspülen tu ich erst morgen früh, sonst
wird's zu spät. *Sie serviert ab.*

DER MANN *sucht überall herum, zieht die Schubladen auf und
schüttelt den Kopf* Fanny, wo hast denn mei Kragenknöpferl?

DIE FRAU Jetzt geht wieder d' Suche nach dem Kragenknöpferl
an, hunderttausend Kragenknöpferl hab ich dir schon heim –

DER MANN Des is zuviel – oans brauch ich bloß.

DIE FRAU Ich möcht bloß wissen, wo du die Kragenknöpferl immer hinbringst, ich glaub, du frißt sie direkt. *Sie nimmt die
Knopfschachtel und zeigt sie ihm. – Der Mann stürzt auf sie
zu, beide stoßen mit ihren Köpfen zusammen, er wühlt gierig
in der Schachtel, endlich findet er ein Kragenknöpferl und hält
es ihr triumphierend unter die Nase.*

DIE FRAU Jetzt mach ich mich fertig – ah, in d' Küch muß ich nochmal. *Sie geht ab.*

DER MANN *ruft ihr nach* Wo is denn mein Kragen?

DIE FRAU Wo'stn gestern hing'legt hast.

DER MANN *quält sich mit dem Umbinden des Kragens ab, bringt es aber nicht fertig, das Kragenknöpferl durch das zweite Knopfloch des Bündchens zu schieben* Fanny, mach mir mein Kragen ein, bevor ich narrisch werd.

DIE FRAU *stürzt mit der Brennschere im Haar wieder herein* Du mußt mir schon mei Ruh lassen, sonst werd ich auch nicht fertig – was soll ich denn tun?

DER MANN Mein Kragen sollst mir einmachen, sonst wirf ich ihn hintern Ofen.

DIE FRAU Da, halt amal d' Scher! *Sie faßt die Lockenschere an den Holzgriffen und hält ihm das heiße Eisenteil hin.*

DER MANN Au – dumme Gans, gibts mir die heiße Scher s o in d' Hand.

DIE FRAU Ja, wie soll ich dir's denn sonst geben, ich kann dir's doch net so geben! *Sie faßt die Schere am Metallteil an und hält ihm die Holzgriffe unter die Nase, dabei brennt sie sich auch* Au!

DER MANN *läßt sein Kragenknöpferl auf den Boden fallen* Jetzt hab ich mei Knöpferl hinuntergeworfen. *Er reißt ein paarmal die elektrische Zuglampe herunter und stößt sich den Kopf an.*

DIE FRAU Jetzt hat er wieder kein Knöpferl – also wenn'st so weitermachst, dann kommen wir viel zu spät, des sag i dir glei. *Sie sucht das Knöpferl* Vielleicht ist's untern Diwan?

DER MANN Der is ja hingemal'n, da unter de Kommode is es hing'falln! *Sie bückt sich suchend, er hebt die Kommode etwas auf, das Geschirr und die Nippsachen fallen herunter.*

DIE FRAU Jessasmarandjoseph, mei schöns G'schirr! *Sie schimpft wütend weiter.*

DER MANN *lacht* Da is ja 's Knöpferl! Wo is denn mei Kragen –?

DIE FRAU Jetzt hat er wieder koan Kragen – das is er ja!

DER MANN Nein, an Kragen, da is er ja.

DIE FRAU Ich zieh mich jetzt an, dann is wenigstens eins fertig; soll ich das schwarze Kleid anziehn?

DER MANN Ja –

DIE FRAU Oder das braune?

DER MANN Ja –

DIE FRAU Ich kann doch net zwei Kleider anziehn!

DER MANN Dann frierts dich net.

DIE FRAU Wenn man nur dich um was fragt – jetzt ziag i amal
's braune an – dann sehn ma's schon, 's schwarze kann i dann
immer noch anziehn. *Sie geht ab.*
Der Mann hat inzwischen Kragen und Krawatte umgebun-
den. Er sucht seine Schuhe und findet sie. Während er den
einen anzieht, stellt er den anderen auf den Tisch. Beim Zu-
schnüren ärgert er sich über die Schuhbänder.

DIE FRAU *kommt im braunen Kleid hereingestürzt* Geh, mach
mir amal mei Kleid ein, das kann ich net allein.

DER MANN Auweh – jetzt kommen wieder die fünfhundert Ha-
kerln alle.

DIE FRAU Nein, brauchst koa Angst ham, i hab ja an Reißverschluß hinmachen lassen. *Der Mann macht den Reißver-*
schluß zu. Des war doch früher furchtbar; wenn man ein
Hakerl zugemacht hat, dann is das andere wieder aufg'hupft,
und beim Ausziehen, wenn man eins aufgmacht hat, is des
ander wieder zug'hupft.

DER MANN Jetzt red net lang, schau, daß d' fertig wirst. *Das*
Schuhband reißt ihm ab, er schimpft und flucht vor sich hin.

DIE FRAU Sei doch net so nervös! Ich weiß net, andere Leut gehn
doch auch ins Theater.

DER MANN Das sind auch keine Schuhbandl'n.

DIE FRAU Das nächstemal zieh ich dir a paar Drahtseil ein – aber
die reißt du auch noch ab. *Sie geht ab.*
Der Mann knüpft das Schuhband zusammen, steht dann auf,
stampft ein paarmal mit beiden Füßen und zieht dann Weste
und Jackett an.

DIE FRAU *kommt mit ihrem Hut in der Hand wieder herein* Ich
weiß net, der Hut, find ich, paßt net recht zu dem braunen
Kleid.

DER MANN Setz an andern auf – schick dich! *Er setzt seinen Hut*
auf und ist fertig.

DIE FRAU Und der macht mich furchtbar frech –

DER MANN Der hat mir noch nie g'falln.

DIE FRAU Ich setz das Theatertuch auf, das steht mir auch besser.

DER MANN Das tust – aber geh – mach – wir kommen zu spät. *Er trippelt nervös hin und her.*

DIE FRAU *sucht ihren Pompadour und ihren Fächer* Jetzt muß ich noch a bisserl aufräumen.

DER MANN *schimpft* Ja, d' Stieg'n tät ich noch putzen und d' Fenster putzen, langweiliges Frauenzimmer.

DIE FRAU *schimpft auch* Ja, sei nur net so grantig! Ich kann doch auch nichts dafür, daß i zwei Billetten gschenkt kriegt hab. –

DER MANN Des Mistviech soll 's nächstemal selber ins Theater gehn und andere Leut net damit belästigen. *Er blickt sie wütend von unten herauf an; die Frau wehrt ihn mit den Händen ab.*

DIE FRAU Ich darf mich nur amal auf was g'freun, bei uns is amal a so, zum Arbeiten bin i 's ganze Jahr guat g'nua, aber –

DER MANN Und i zum Verdienen.

DIE FRAU Jetzt gehts scho wieder dahin, i kenn di schon, jetzt hörts wieder nimmer auf, jetzt wird an ganzen Weg g'stritten und im Theater drin wird g'stritten und die halberte Nacht hernach wird aa noch g'stritten! Aber des sag ich dir, auf a solches Vergnügen verzicht i von vornherein. Da bleib i lieber daheim und du gehst allein ins Theater.

DER MANN Wie kann ich denn mit zwei Billetten allein ins Theater gehn?

DIE FRAU *weint und setzt sich* Ich kann doch schließlich nichts dafür, wenn mir wer zwei Billetten schenkt.

DER MANN Auf das hab ich g'wart, marsch! Vorwärts ins Theater –

DIE FRAU Ich hab mich so aufg'regt, du weißt, ich kann die Anschreierei nicht vertragen, ich will nicht mehr fortgehn und ich kann nicht mehr fortgehn; meinetwegen gehst ins Theater, mit wem du magst! Ich zieh mich jetzt aus und geh ins Bett, ich hab so viel Kopfweh kriegt, jetzt –

DER MANN Dann nimmst a Kopfwehpulver! *Er gibt ihr die Arznei.*

DIE FRAU Da brauch ich dich net dazu, geh hin, wos d' magst, i geh ins Bett. *Sie schluckt die Arznei hinunter und geht ab.*

DER MANN Halt, hast as schon runtergschluckt? Schlucks rauf!

DIE FRAU Hast mir was Falsches geb'n?

DER MANN Weilst aber auch alles nunterfrißt!

DIE FRAU Red, was hast mir denn geb'n?

DER MANN Leopillen zum Abführen.

DIE FRAU Da hast ja jetzt was Saubers angstellt. des sind ja Leo-Laxierpillen! Da stehts: Prompte Wirkung binnen einer Stunde! Jetzt is halb acht Uhr, da sitz ma dann grad im Theater um halb neun Uhr und da gehts dann los.

DER MANN Um halb acht Uhr gehts los.

DIE FRAU Ich mein ja bei mir; aber dann genga ma halt jetzt, vielleicht sind wir bis dahin wieder daheim. Ich möcht bloß wissen, ob's bei andere Leut auch so zugeht, wenns fortgehn, wie bei uns.

DER MANN Genau so!

DIE FRAU So kanns ja gar nirgends zugehn!

DER MANN De sag'ns bloß net. Also gehn ma.

DIE FRAU Und g'schlampert bist wieder anzog'n, des kann ma dir nimmer abg'wöhna, ja, was hast denn du für a Hemd an?

DER MANN A Herrnhemd.

DIE FRAU Mit dem Hemd wirst doch net ins Theater gehn woll'n, das ist ja dein ältestes, des hast ja schon vierzehn Tag an.

DER MANN Des sieht ma doch net!

DIE FRAU Nein, mit dem Hemd geh ich nicht fort, keinen Schritt, wenn dich da wer sieht, de Leut meinen ja, ich bin a Drecksau.

DER MANN Des macht ja nichts.

DIE FRAU Nein – du ziehst jetzt ein anderes Hemd an! *Sie holt eins aus dem Wäscheschrank.*

DER MANN Aber den Tag werd ich mir merken; nie mehr, nie mehr ins Theater.

DIE FRAU Komm, ich helf dir! *Er zieht sich aus bis aufs Hemd, im selben Moment kommt die Nachbarin herein. Sie hält eine Tasse in der Hand. Wie sie den ausgezogenen Mann sieht, schreit sie vor Schreck auf und läßt ihre Tasse fallen.*

DIE FRAU Warum klopfen S' denn net an, und du stehst nackat da! – Geh ins Schlafzimmer! *Er schlurft ab.* Wir haben keine Zeit, wir gehen ins Theater.

DIE NACHBARIN Ah bittschön, a kleins bisserl a Salatöl wenn S'
mir leihen könnten.

DIE FRAU Sie kommen aber immer im ungünstigsten Augenblick
daher, allaweil brauchen Sie was anders. *Sie holt die Ölflasche*
Also, wieviel woll'n S' denn?

DIE NACHBARIN A kleins Tröpferl bloß. *Die Frau gibt ihr Öl
in die Tasse. Inzwischen ist der Mann wieder hereingekommen. Er trägt seine Hose noch in der Hand und stößt seine
Frau an den Ellenbogen, während sie gerade beim Einschen-
ken ist.*

DER MANN Wo hast denn mei Hemd? *Das Öl rinnt der Frau auf
ihr Kleid.*

DIE FRAU Jessas, das auch noch, das schöne Kleid, gleich weinen
könnt ich.

DIE NACHBARIN Das ist mir aber peinlich.

DIE FRAU Da hab ja i nichts davon – das Kleid is kaputt – is guat,
daß bloß a Öl ist, des gibt wenigstens keine Flecken. Langt
Ihnen das? Da! *Sie gibt ihr die volle Tasse.*

DIE NACHBARIN Dank schön – viel Vergnügen. *Sie geht ab.*

DER MANN Wo ist denn mein Hemd?

DIE FRAU Da liegts doch auf dem Stuhl.

DER MANN *hebt das Hemd auf, faltet es auseinander und hebt es
hoch. Man sieht, daß es ein Kinderhemd ist.* Jessas, Jessas.

DIE FRAU Das is ja an Buam sei Hemd, das ist das einzige, das
in der Schublade war, du bist ein g'schlamperter Kerl, du
weißt ganz genau, daß du bloß zwei Hemden hast – und de
reißt immer raus und sagst nichts davon, zieh halt a Brust an –
da hast a frische Brust. *Sie gibt ihm ein Gummi-Chemisett.*

DER MANN Die is ja zu lang.

DIE FRAU Dann reißt du sie ab! *Sie reißt die untere Hälfte des
Chemisetts ab.*

DER MANN Schnell! Halb acht Uhr ist es! *Er zieht sich mit flie-
genden Händen an, Chemisett, Krawatte, Uhr fallen dabei
herunter, er steckt die Uhr in die Hose, da fällt sie durch das
Bein; die Frau gibt ihm Weste, Jackett, Hut, Schirm und dann
den Überzieher – er fährt ins Futter und dann mit dem Schirm
in den Ärmel; ein fürchterliches Durcheinander entsteht.*

DIE FRAU Jetzt kommen wir zu spät, jetzt müssen wir mit der

Straßenbahn fahren, dann steig'n mir aber gleich in den vorderen Wagen ein, daß wir früher hinkommen. Halt, den
Operngucker haben wir noch nicht, den trägst du. *Sie nimmt
ein Opernglas im Futteral aus einer Schublade und reicht es
ihm.*

DER MANN *läßt es fallen* Das ist kaputt.

DIE FRAU Mir wärs schön g'nug. *Sie macht das Etui auf.* Ah,
gut, daß keins drin war, das wär hin gwesen. Also, gehn ma
jetzt – hast alles, die Schlüssel, die Geldbörse, a Taschentuch,
dein Schnupftabak – hast im Schlafzimmer d' Fenster zu-
gmacht, wenn ein Gewitter kommt? *Sie schaut nach.*

DER MANN Komm, komm!

DIE FRAU Also, mach 's Licht aus und sperr zu!

DER MANN *im Finstern* Billetten hast du?

DIE FRAU Nein, die hast du!

DER MANN Nein, du – wart, mach a Licht.

DIE FRAU Das waar ja jetzt die Höhe, wenn wir jetzt keine Billetten hätten. *Sie schaut in ihre Tasche hinein.* Ich hab doch
mei Tascherl gar net aufg'macht. Da drüben bist g'sessen, und
da hab ich dir die Billetten in die Hand geben.

DER MANN Vielleicht hast du's darüber. *Er geht an die Kommode und legt seine Hand hin.*

DIE FRAU Nein – ich weiß es ganz bestimmt. *Sie haut die Schublade zu und zwickt ihm dabei die Finger ein.*

DER MANN Au – Au –. *Er weint und lehnt sich an seine
Frau.*

DIE FRAU Ich kann dir nur sagen, daß mir vor dem Theatergehn
schon bald graust! Wenn wir nur die Billetten hätten, denn
ohne Billetten lassens uns ja nicht hinein.

DER MANN Halt! *Er zieht die Theaterkarten aus der Hosentasche.*

DIE FRAU Da sinds ja; jetzt tu ich's aber gleich in mei Tascherl
nei, sonst verlierst sie noch einmal, da schau, da hätt ma
gleich draufschaun können, da stehts ja, wanns angeht: Anfang acht Uhr – wer hat jetzt wieder amal recht g'habt – ich –
die Frau hat immer recht – da stehts schwarz auf weiß – Anfang acht Uhr.

DER MANN Ja stimmt, Anfang acht Uhr. Freitag, den 17. Juli.

DIE FRAU Wieso Freitag? Heut ist ja erst Donnerstag! *Beide schauen sich entgeistert an; es fällt der*

Vorhang

TINGELTANGEL

In diesem Stück gibt es keine Dekorationen, und das Orchester, von welchem unser Spiel auch einen seiner Titel: ›Vorstadtorchester‹ bekommen hat, sitzt mit seinem Original von Musiker, den KARL VALENTIN spielt, auf den gleichen Stühlen vor dem Podium, wie die kleine Kapelle auch sonst Tag für Tag immer. Und wie sieht er aus! »Er hat eine spaßige Nase aufgeklebt, die Backen karminrot gefärbt, und widerspenstig springt das zu kurze, schmierige Vorhemd aus dem Rahmen der Weste. Wie er da auf seinen zwei Groteskbeinen steht, sehen wir tief in die arme Seele und riechen die muffige Stube, in der er haust.« (Alfred Polgar) »Alles an ihm ist dürftig, spitz, lang, dürr. Seine Beine sind Besenstiele, in enge schwarze Zugröhren gezwängt, aus denen die Knie gefährlich herausstechen. Seine Finger sind Gartenscheren, sein Kinn ist ein spitzes Kap. Ein langer Hals hebt aus dem Kragen einen Kopf, der selbst mit Zinnoberbacken noch farblos wirkt. Dünn das blonde Haar. Auf der langgeklebten Nase eine Hornbrille ohne Gläser. Pallenberg ist von Rabelais gedichtet, dieser Valentin von Jean Paul.« (Monty Jacobs)

DEN KAPELLMEISTER spielt Liesl Karlstadt im Spitzbart und mit einem kleinen Schmerbäuchlein. Wirr steht ihr die schwarze Künstlermähne um das Haupt. Der abgeschabte Frack mit seinen glänzenden Ellenbogen scheint vom Trödler zu stammen. Die Gummiröllchen rutschen im Feuer des Dirigierens immerzu aus den Ärmeln, dabei bimmelt die riesige Uhrkette über der schäbigen Weste hin und her, und das schwarze Lötschlipsl rutscht am viel zu weiten Gummibandl fortwährend herunter aufs Gummichemisett. »Dieser Kapellmeister ist unbeschreiblich echt in jedem Zug, in jeder Einzelheit des Gehabens: dem Über-die-Brille-Weg-schauen, der Art, die linke Hand auf dem Rücken unter den speckigen Rock zu schieben, dem phlegmatisch-selbstbewußten Dirigieren und der ganzen griesgrämig-groben Tonart seiner Orchestertyrannis.« (Rudolf Bach)

DIE SÄNGERIN ist eine recht üppige Erscheinung. Sie trägt ihr

Abendkleid aus brüchiger Seide mit Würde und außerdem einen »falschen Wilhelm« um den Kopf gewickelt, der die Neigung hat, sich selbständig zu machen.

DIE SOUBRETTE *läßt öfters ihren dunkelweißen Spitzenunterrock hervorblitzen, auch sie hat etwas »vui Holz vor der Hüttn«, ihren Schuhen sieht man es an, daß sie lang nicht beim Schuster waren.*

Selbst aus den weiteren Nebenfiguren verstand Karl Valentin immer neue groteske Erscheinungen hervorzuzaubern: den KUNSTRADFAHRER, *unendlich lang und dürr im eng anliegenden Trikot sein Dreirad einherschiebend, den* TÜRKISCHEN ZAUBERER *im weiten Kaftan, der mit kabbalistischen Zeichen benäht ist, – einst von dem unvergeßlichen Wenninger oder dem dicken Rückert gespielt, – seinen* GEHILFEN, *ein echtes Giesinger Lausbubengesicht, den* HUNGERKÜNSTLER *im Konfektionsanzug, den* THEATERMEISTER *im weißen Kittel, den hemdsärmeligen* TAPEZIERER *mit der grünen Schürze, die* FRAU KAPELLMEISTER, *eine richtige »Bißgurn« im Kapotthütchen, und die Musikanten der Hauskapelle, die sich selbst spielen.*

Wenn der Vorhang der Vorderbühne aufgeht, sieht man – bei geschlossenem Vorhang der Hinterbühne – nur den Stehgeiger und zwei weitere Musiker damit beschäftigt, ihre Blechnotenpulte auseinanderzuklappen und aufzustellen und sich Stühle zu holen, auf die sie sich pomadig hinsetzen. Der Stehgeiger schaut auf die Uhr. In diesem Moment kommt der vierte Musiker auf die Bühne.

STEHGEIGER Los! Los! Warum kommen Sie so spät?

DER VIERTE MUSIKER Weil es so heiß ist!

Er wischt sich den Schweiß von der Stirne, setzt seinen Strohhut ab, legt seine Joppe, die er unterm Arm getragen hatte, auf den Stuhl und setzt sich. In diesem Moment kommt der fünfte Musiker herein, der vollständig durchnäßt ist.

STEHGEIGER Nanu – was ist denn los? Sie sind ja ganz naß! Regnet es denn?

DER FÜNFTE MUSIKER Es wolkenbrüchelt.

Als sich der fünfte Musiker auch ausgezogen und gesetzt hat, kommt Karl Valentin herein im Pelzmantel, steifen Hut, Handschuhen, über und über mit Schnee bedeckt.

STEHGEIGER Um Gotteswillen! Was soll denn das heißen! Schneit es denn?

KARL VALENTIN Furchtbar! Eminent!

STEHGEIGER Der eine schwitzt, der zweite sagt, es regnet, und Sie kommen mit Schnee!

KARL VALENTIN Wer sagt, daß es regnet?

STEHGEIGER Der Herr Müller hat soeben gesagt, daß es furchtbar regnet.

KARL VALENTIN *zu Herrn Müller* Ja, wo sind denn Sie hergekommen?

DER FÜNFTE MUSIKER Von der Theresienstraße.

KARL VALENTIN Ja, i bin von der Schwanthalerhöh hergekommen.

STEHGEIGER *zu Valentin* Also Schluß mit dem Unsinn! Ziehn Sie sich aus.

KARL VALENTIN Ganz?

STEHGEIGER Nein, nur Hut und Mantel sollen Sie ablegen *Valentin legt alle seine Sachen auf das Klavier* Halt! Halt! Nehmen Sie die Sachen hier weg! Es wird ja alles naß von dem Schnee.

KARL VALENTIN Der zerrinnt nicht, ist ja nur Christbaumschnee.

STEHGEIGER Richten Sie lieber Ihre Noten her, daß alles fertig ist, wenn der Herr Kapellmeister kommt!
Valentin setzt sich. Ein letzter Musiker kommt.

DER LETZTE MUSIKER Ist unser Kapellmeister noch nicht da?

KARL VALENTIN Nein, bis jetzt noch nicht, vielleicht kommt er später?

DER LETZTE MUSIKER Bei uns schimpft er gleich, wenn einer mal zu spät kommt, aber er darf sichs ja erlauben, der alte Aff.

KARL VALENTIN Der sitzt höchstens wieder drüben in der Wirtschaft und sauft eine Maß nach der andern, der besoffene Uhu –

DER LETZTE MUSIKER Könna tut er auch nichts, der alte Depp, der kennt ja nicht einmal die Noten, ich kann überhaupt nicht verstehen, wie der da herein in das Theater als Kapellmeister gekommen ist.

KARL VALENTIN Durch Projektion – sonst haben sie ihn nirgends brauchen können, den alten Grantlhauer, weil er von der Musik ja gar nichts versteht.

Der Kapellmeister tritt unbemerkt auf, er hört ruhig zu.

DER LETZTE MUSIKER Ja, mir wenns amal zu dumm wird, dann
kann er etwas erleben, der spinnate Kerl. Der ist ja sowieso
schon sechs Jahre narrisch.

KARL VALENTIN Nein, das reicht nicht mehr, der ist schon sechzig
Jahr narrisch.

DER LETZTE MUSIKER *dreht sich um, sieht den Kapellmeister, grüßt
ihn leise* Guten Abend – *zu Valentin, schnell* Komm, richt
endlich deine Noten her und red nicht immer so viel, sonst
wenn der Herr Kapellmeister kommt, bist wieder nicht fertig, dann muß er sich gleich wieder ärgern.

KARL VALENTIN Seit wann sagst du: Herr Kapellmeister?

DER LETZTE MUSIKER Ich habe noch nie anders gesagt wie Herr
Kapellmeister –

KARL VALENTIN Jetzt schau einen solchen Konditor an, Herr Kapellmeister sagt er auf einmal, und sonst schimpft er die ganze
Zeit über ihn!

DER LETZTE MUSIKER Das ist nicht wahr, ich hab noch nie über
unsern Herrn Kapellmeister etwas gesagt, du hast grad gsagt,
daß er sechs Jahre narrisch ist.

KARL VALENTIN Ich hab gsagt sechzig Jahr –

Der letzte Musiker hustet verlegen.

KARL VALENTIN Was hast denn auf einmal, warum sprichst denn
nichts mehr? *Zu den andern* Was schaut ihr denn so blöd?
Habt ihr mir wieder was naufghängt? *Er dreht sich um und
sieht den Kapellmeister.*

DER KAPELLMEISTER Jetzt horch ich Ihnen bereits fünf Minuten
lang zu –

KARL VALENTIN So lang schon?

DER KAPELLMEISTER Wen haben Sie denn da gemeint mit dem
alten Aff?

KARL VALENTIN Meinen Bruder.

DER KAPELLMEISTER So, Ihren Bruder – – Sie haben doch einmal
zu mir gesagt, Sie haben gar keinen Bruder –

KARL VALENTIN Nein –

DER KAPELLMEISTER Wen haben Sie dann gemeint?

KARL VALENTIN Meine Schwester.

DER KAPELLMEISTER Erst den Bruder und dann die Schwester?

KARL VALENTIN Jawohl –

DER KAPELLMEISTER Und ich bin so dumm und glaub das gleich –

KARL VALENTIN Jawohl –

DER KAPELLMEISTER Nein, absolut nicht – Sie, da wenn ich Ihnen drauf komme, wen Sie da gemeint haben, aber dann spukts!

KARL VALENTIN Da kommen S' nicht drauf.

DER KAPELLMEISTER Das wird auch gut sein – da hört sich doch alles auf! – Guten Abend, meine Herrn –

ALLE MUSIKER Guten Abend, Herr Kapellmeister.

DER KAPELLMEISTER Es ist ganz gut, wenn man auf eine solche Art und Weise seine Leute richtig kennenlernt, da tut er mir immer so schön ins Gesicht, und wenn ich nicht da bin, dann schimpft er über mich. Der falsche Kerl – – !

KARL VALENTIN Das kann ich doch nicht wissen, daß Sie hinter mir stehen.

DER KAPELLMEISTER Sie habens notwendig, Sie sind der Aller-schlechteste unter allen.

KARL VALENTIN Die andern auch –

DER KAPELLMEISTER Sind die Noten schon aufgeschlagen? Der erste Marsch kommt –

KARL VALENTIN M – – – arsch – – –!

DER KAPELLMEISTER Was sagen Sie?

KARL VALENTIN Wissen Sie einen Reim auf Marsch?

DER KAPELLMEISTER Nein.

KARL VALENTIN WWWarsch – – WWarschau – abgekürzt –

DER KAPELLMEISTER Unterlassen Sie die Witze – sind S' nicht un-gezogen – jetzt fangen wir an. – Also, heut muß amal ganz genauso gspielt werden, wie ich dirigiere!

KARL VALENTIN So kenna ma net spieln, da kriegn ma fünf Jahr wegn groben Unfug!

DER KAPELLMEISTER Ruhig! – Heut muß amal so gspielt werdn, wie ich dirigiere – und wem das nicht paßt, der soll machen, daß er heim kommt! *Alle gehen.* Wo laufen S' denn hin?

KARL VALENTIN Uns paßts nicht!

DER KAPELLMEISTER Ihr paßts mir schon lang nimmer! – Setzen S' Ihnen hin!

KARL VALENTIN Beim ›Flaucher‹ hat doch die Musik auch immer klappt, – grad Sie masseln immer!

DER KAPELLMEISTER Ja – Sie werden doch nicht die Flauchermu-
sik mit diesem Orchester vergleichen? – Warum sind S' denn
da nicht droben bliebn, wenns Ihnen da gar so gut gfalln hat
beim Flaucher?

KARL VALENTIN O mei, gfalln tuats mir gar nirgends, wo i ar-
beitn muaß – und dann bin ich ja in den Chinesischen im Englischen abikemma.

DER KAPELLMEISTER Wo is denn dees?

KARL VALENTIN Im englischen Turm im chinesischen Garten!

DER KAPELLMEISTER So? Wieviel Mann warn S' denn da?

KARL VALENTIN Ja – zehn Mann, – fast elf!

DER KAPELLMEISTER Entweder warns zehn o d e r elf!

KARL VALENTIN Elf warns auf keinen Fall! –

DER KAPELLMEISTER Na also, dann warns eben zehn!

KARL VALENTIN Nein, acht Stück!

DER KAPELLMEISTER Was?

KARL VALENTIN A Stuckera achte!

DER KAPELLMEISTER Acht Stück Mann – das hab ich noch nie gehört! – Ich weiß was von acht Stück Zigarren, – oder von acht
Stück Weißwürst –!

KARL VALENTIN Ah – ah!

DER KAPELLMEISTER Ja, wenn man nur vom Essen was spricht, –
da wird er lebendig! Was habn denn Sie für a Instrument
blasn bei dene acht Mann?

KARL VALENTIN Da hab ich net blasn, da hab ich gsammelt!

DER KAPELLMEISTER Also, jetzt fang ma an und probierns amal –
und wenns nix is, dann hörn ma wieder auf!

KARL VALENTIN Hörn ma glei auf!

DER KAPELLMEISTER Das tät Ihna passn! Obacht geben, jetzt
fangen wir überhaupts erst richtig an!

KARL VALENTIN Pause –?

DER KAPELLMEISTER Was Pause – Wie kommen denn Sie jetzt auf
Pause – Wer hat denn jetzt ein Wort von einer Pause gesagt?

KARL VALENTIN Haben nicht Sie grad Pause gesagt?

DER KAPELLMEISTER Ich – – Ich hab ja gar nicht dran gedacht an
eine Pause – Sie haben grad gsagt Pause –

KARL VALENTIN Ich habs gsagt?

DER KAPELLMEISTER Jawohl, grad im Moment haben Sie's gsagt!

KARL VALENTIN Drum, ich habs ja ghört!!

DER KAPELLMEISTER Das würde Ihnen so passen, gleich am Anfang eine Pause machen, da wird nichts draus, jetzt gehts los.
Er klopft ab.

KARL VALENTIN Halt – husten muß ich zuerst noch –

DER KAPELLMEISTER Jetzt hätten Sie so lange Zeit gehabt, zum
Husten, im letzten Moment fällt es ihm ein, also husten Sie
noch schnell, dann warte ich – vorwärts – was ist denn? *Alle
warten und sehen ihn an.*

KARL VALENTIN Jetzt muß ich nicht –

DER KAPELLMEISTER *klopft ab* Folies-Bergères-Marsch wird ge-
spielt. *Valentin bläst einmal falsch, deutet auf den anderen
Trompeter und bläst zum Schluß einen Takt nach.* Was blasen
S' denn da noch nach, wir sind doch schon fertig!

KARL VALENTIN Ich hab ja später angfangt auch.

DER KAPELLMEISTER Wo steht denn das, was Sie da nachblasn
habn?

KARL VALENTIN Wer hat nachblasn?

DER KAPELLMEISTER Sie haben doch einen Ton nachgeblasen!

KARL VALENTIN Ich?

DER KAPELLMEISTER Natürlich Sie!

KARL VALENTIN An Dreck!

DER KAPELLMEISTER Sind Sie nicht so frech – Sie haben eben
einen Ton nachgeblasen!

KARL VALENTIN Ich hab do net nachblasn! – Ah – das war höchstens das Echo!

DER KAPELLMEISTER Da gibts doch kein Echo!

KARL VALENTIN Natürlich! Wenn man nach der Musik plötzlich
aufhört, dann klingts doch drüben nach – das ist genau so,
wenn man ein Lied singt und man hört plötzlich auf, – dann
gibts ein Echo! – Passen S' auf! *Er singt* Kommt ein Vogerl
geflogen, setzt sich nieder auf mein Fuß. – *Pause – man hört
hinter der Szene:* »Fuß«. Haben Sie's ghört? – Echo!

DER KAPELLMEISTER Schmarrn! – Ja, wenn S' das Lied in einen
Wald neisingen, dann gibts ein Echo! Aber hier nicht! Folge-
dessen haben Sie nachgeblasen und damit basta!!

KARL VALENTIN Ja, da brauchen wir nicht lang streiten – hab ich
nachblasen oder war das ein Echo??

DER KAPELLMEISTER Das war kein Echo, Sie haben nachgeblasen!

KARL VALENTIN Dann hör ich auf!

DER KAPELLMEISTER Gut, dann hörn Sie auf!

KARL VALENTIN Fragen Sie den Alfons, ob ich nachblasn hab!

DER KAPELLMEISTER Alfons, sagen Sie, der hat doch nachgeblasen?!

ALFONS Da laß ich mich überhaupt nicht ausfragen! – Denn
wenn der aufhört, dann mag ich auch nimmer dableibn!

KARL VALENTIN So – und wenn der aufhört, dann hörn die andern auch alle auf, und dann kannst dir an Grammophon
kaufen!

DER KAPELLMEISTER Ja, da bin ich besser dran, da brauch ich mich
wenigstens nicht ärgern.

KARL VALENTIN Wennst es aber überdrehst und d'Feder abreißt,
dann hast gar nix – und anzeigen tun wir Ihnen auch, weil S'
uns immer in d' Invalidenkarte lauter braune Rabattmarken
neipappn! Sie Schwindler!

DER KAPELLMEISTER Also da hört sich doch alles auf! *Zu einem
grauhaarigen Musiker* Sie sind der Älteste. Sagen Sie, hat
der nachgeblasen oder wars ein Echo?

DER GRAUHAARIGE MUSIKER Das war ein Echo!

DER KAPELLMEISTER Schaun S' daß nauskommen, Sie! *Zum
Publikum* Verzeihen die Herrschaften, es handelt sich hier um
eine musikalische Streitfrage. Hat er nachgeblasen oder war
es ein Echo?

PUBLIKUM Das war ein Echo!

DER KAPELLMEISTER *resigniert* Da bin ich halt überstimmt. –
Also jetzt kommt die Sängerin dran. Die Dame müssen Sie
mit Streichmusik begleiten, die Trompete ist zu laut.
*Alle Musiker nehmen Streichinstrumente zur Hand. Karl Va-
lentin nimmt die Trompete und die Violine in die Hand.*

DER KAPELLMEISTER Streichmusik hab ich gesagt. Schaun Sie sich
doch an. *Valentin richtet sein Vorhemd, versucht, sich ein
Loch von der Hose wegzuwischen.* Was wischen S' denn da
rum? – Das ist doch ein Loch!

KARL VALENTIN Mit Benzin gehts schon raus! *Dann nimmt er
die Trompete und den Geigenbogen, endlich die Geige und
den Bogen, hält ihn aber verkehrt.*

DER KAPELLMEISTER Wieder verkehrt! Ich glaub, Sie sind heut besoffen?

KARL VALENTIN Jetzt noch nicht.

DER KAPELLMEISTER Also fertig, die Sängerin will doch singen!

KARL VALENTIN Wegen uns brauchts nicht singen.

DER KAPELLMEISTER Wegen Ihnen singts auch nicht, sondern wegen dem Publikum!

Man hört Glockenzeichen und einen Tusch. Der Vorhang der Hinterbühne bewegt sich ein wenig, geht aber nicht auf.

DER THEATERMEISTER *kommt auf die Bühne* Herr Kapellmeister, ich bring den Vorhang nicht auf, der ist kaput!

DER KAPELLMEISTER Warum richten Sie dann denn den Vorhang nicht?

DER THEATERMEISTER Ich kann ihn nicht richten.

DER KAPELLMEISTER Auf der ganzen Welt wird sich doch einer finden, der den Vorhang richten kann.

KARL VALENTIN Ein Richter!

DER KAPELLMEISTER Da muß man eben einen Tapezierer haben. Gehen Sie einmal zum Tapezierer und holen Sie ihn.

DER THEATERMEISTER Ich weiß nicht, wo der Tapezierer wohnt.

KARL VALENTIN Das ist doch gleich, wo der wohnt.

DER KAPELLMEISTER Das ist nicht gleich, wo der wohnt. Das muß man doch wissen.

KARL VALENTIN Der Tapezierer wirds doch selber wissen, wo er wohnt. Den braucht er doch nur fragen.

DER KAPELLMEISTER Wie kann er denn das, wenn er nicht weiß, wo er ihn finden kann.

KARL VALENTIN Den wird er schon einmal treffen auf der Straße.

DER KAPELLMEISTER Unsinn! Wer weiß, wo der Tapezierer wohnt?

KARL VALENTIN Einen weiß ich schon, der wohnt Ecke Theresienwiese und Kaufinger Straße.

DER KAPELLMEISTER Also, da gehen Sie hin! Sagen Sie eine Empfehlung von mir, unser Vorhang hat sich verhängt, wenn er einmal Zeit hat, soll er rüberkommen bei Gelegenheit.

Der Theatermeister geht ab. Auf eine entsprechende Geste des Kapellmeisters ziehen zwei Musiker den Vorhang in der Mitte etwas auseinander. In dem Ausschnitt wird die Sängerin sichtbar.

DER KAPELLMEISTER Aha, die Sängerin ist auch schon da, die hab
ich noch gar nicht bemerkt.

DIE SÄNGERIN Ein Lied: Das verlorene Glück.

KARL VALENTIN Was hats verlorn?

DER KAPELLMEISTER Ihr Glück hats verlorn.

KARL VALENTIN Inserieren lassen!

DIE SÄNGERIN *singt*

> So oft der Frühling durch das offne Fenster
> Am Sonntagmorgen uns hat angelacht,
> Da zogen wir durch Hain und grüne Felder.
> Sag, Liebchen, hat dein Herz daran gedacht?

*Karl Valentin spielt ganz falsch auf der Geige dazu. Der Ka-
pellmeister schimpft darüber. Darauf stimmt er die Geige. Der
Kapellmeister schimpft wieder. Die Sängerin immer weiter-
singend*

> Wenn abends wir die Schritte heimwärts lenkten,
> Dein Händchen ruht in meinem Arm,
> So oft der Weiden Rauschen dich erschreckte,
> Da hielt ich dich so fest, so innig warm.

*Der Theatermeister und ein Tapezierer kommen mit Leiter
und Werkzeug durch den Zuschauerraum auf die Bühne ge-
poltert. Die Sängerin*

> Zu jener Zeit, wie lieb ich dich, mein Leben,
> Ich hätt geküßt die Spur von deinem Tritt,
> Hätt gerne alles für dich hingegeben
> Und dennoch du – du hast mich nie geliebt!

*Inzwischen hat der Tapezierer mit der Reparatur begonnen.
Der Theatermeister zeigt ihm alles, man hört das Gemurmel
der beiden, ihr lautes Klopfen und Schlagen stört den Gesang. Die Sängerin singt unbekümmert weiter*

> Stets sorgenlos, mit wenigem zufrieden,
> Begabt mit leichtem Mut und frohem Sinn,
> So saßen wir am kalten Winterabend
> Und wärmten uns am traulichen Kamin –.
> Wir schwärmten nur von Liebeslust und Wonne,
> Dein Haupt, es ruhte sanft auf meinem Knie,
> Dein Auge über mir war meine Sonne,
> Des Feuers Knistern süße Harmonie.

> Zu jener Zeit, wie liebt ich dich, mein Leben,
> Ich hätt geküßt die Spur von deinem Tritt,
> Hätt gerne alles für dich hingegeben,
> Und dennoch du – du hast mich nie geliebt.

Währenddem ist Karl Valentin nicht zu halten. Was gibt es da? Was mag da sein? Ihn plagt die Neugier der kleinen Leute. Immer geigend, – denn das ist seine bezahlte Pflicht, – richtet er sich hoch, steigt auf den Stuhl, reckt zwei Hälse, den seinen und den seiner Geige, klettert wieder herunter, schreitet durch das Orchester nach oben auf die Bühne, steigt da dem Tapezierer auf seiner Leiter nach, geigt und schaut, schwitzt und guckt, was es da Interessantes gibt. Erbost steigt ihm der Kapellmeister hinterher und bedeutet ihm durch heftige Gebärden, daß er sofort auf seinen Platz zurückgehen soll. Valentin schert sich nicht drum, weicht ihm aus, gerät dabei der Sängerin mit dem Fiedelbogen in die Frisur, bleibt darin hängen und angelt ihr damit unwillkürlich – ganz und gar vom Zuschauen auf den Tapezierer in Anspruch genommen – den falschen Zopf vom Kopfe, ohne es zu bemerken. Dabei geigt er unentwegt mechanisch weiter. Indessen hat der Tapezierer seine Arbeit beendet, den Vorhang durch öfteres Auf- und Zuziehen ausprobiert und packt nun geräuschvoll sein klapperndes Handwerkszeug zusammen. Dann verläßt er die Bühne. Wieder pirscht sich der Kapellmeister an Valentin heran, um ihn von der Bühne herunterzudrängen, Valentin entwischt abermals, tritt dabei dem Souffleur auf die Hand und bleibt darauf stehen. Aus dem Souffleurkasten kommt ein jämmerliches Geschrei

Au, – au, – au!

DER KAPELLMEISTER Wer schreit denn da so? *Er bemerkt den Souffleur* Sie, Sie stehen ja dem Souffleur auf der Hand, gehen S' doch runter! *Karl Valentin ist ganz erstaunt, hebt seinen Fuß auf und schaut den Souffleur an.* Gehen S' auf Ihren Platz hinunter! Das kann ich nicht verstehn, steigt er dem Souffleur auf die Hand. Ja, ham denn Sie das nicht gspürt?

KARL VALENTIN Ja woher! – *Er hats gspürt! Der Souffleur schreit immer weiter.* Jammert er recht?

DER KAPELLMEISTER Natürlich muß er jammern, wenn Sie ihm

auf d' Finger hinaufsteigen! Meinen S', das tut so wohl? Lassen Sie sich einmal auf die Finger hinauftreten, dann werden Sie's schon sehen. Wenn S' an Anstand hätten, würden Sie sich entschuldigen.

KARL VALENTIN Hab keinen. *Der Souffleur schreit immer noch.* So lange bin ich gar nicht droben gestanden, als der schreit!

DER KAPELLMEISTER *steigt wieder auf die Vorbühne hinunter* Aber die Sängerin ist gut, meine Herrn.

KARL VALENTIN *steigt gleichfalls hinunter* Die hat eine Genie.

DER KAPELLMEISTER Man sagt nicht, die hat ein Genie, sondern die Dame i s t ein Genie!

KARL VALENTIN Nein, ich mein, die hat e i n e Genie – eine schenie Stimme.

DER KAPELLMEISTER Das ist doch etwas ganz anderes. Übrigens fällt mir gerade noch etwas ein. Gell, wenn Sie mich wieder einmal sehn auf der Straße, dann sind Sie auch so freundlich und grüßen Sie mich. Das gehört sich, das erfordert Ihr Anstand.

DER LETZTE MUSIKER Warum, ham Sie ihn wo gsehn?

KARL VALENTIN Gestern auf der Post, da hat er sich angstellt.

DER KAPELLMEISTER Gell, Sie haben mich gsehn, warum haben Sie mich dann nicht gegrüßt?

KARL VALENTIN Weil Sie so weit hinten gestanden sind – ich kann doch nicht so hinter grüßen! Da warn viel Leut dort, Menschen, Publikum, Passanten, Volk – alles durcheinander –. Sie – der Frau, die vor Ihnen gestanden ist, der hams das Handtascherl gstohlen.

DER KAPELLMEISTER Ja, wie meinen Sie das? Ha? Sie bringen das ja fast so heraus, als ob i c h der Frau das Handtascherl gestohlen hätte!

KARL VALENTIN Ja, gewiß weiß ichs nicht.

DER KAPELLMEISTER Behaupten wollen Sie's auch noch! Das verbitte ich mir. Das kann schon sein, daß einer Frau eine Handtasche gestohlen worden ist, das war höchstens ein Taschendieb.

KARL VALENTIN Freilich kein Kellerdieb.

DER KAPELLMEISTER Die Frau hätte eben besser Obacht geben sollen auf ihr Täscherl, dann wärs ihr nicht gestohlen worden.

KARL VALENTIN Da wars aber schon zu spät, weils da schon weg war.

DER KAPELLMEISTER Ja, hernach hats freilich keinen Wert mehr, vorher hätte sie Obacht geben sollen.

KARL VALENTIN Vorher hat sies doch nicht gewußt, daß 's ihr gestohlen wird.

DER KAPELLMEISTER Wenn sie Obacht gegeben hätte, wärs ihr doch nicht gestohlen worden, wenn sie immer aufs Täscherl geschaut hätte.

KARL VALENTIN Die Frau kann doch nicht immer auf ihr Täscherl Obacht geben.

DER KAPELLMEISTER Ach – lassen S' mir meine Ruhe, was geht denn mich die Frau an, wenn die Frau so dumm ist, daß sie nicht einmal auf ihr Täscherl Obacht geben kann, dann soll sie zu Haus bleiben und nicht hingehen aufs Postamt.

KARL VALENTIN Dann kriegts keine Briefmarken.

DER KAPELLMEISTER Ach was – ich mein doch so im allgemeinen, wenn man sich in einem Gedränge befindet, dann muß man eben auf seine Sachen Obacht geben, daß einem nichts wegkommt.

KARL VALENTIN Ja, mir ists auch einmal so gangen beim Oktoberfest, da bin ich auch mitten im Gedränge gestanden, direkt bei der ›Siebener-Bahn‹. *Er macht mit der Hand eine Bewegung.*

DER KAPELLMEISTER Was ›Siebner-Bahn‹? Die heißt doch Achterbahn.

KARL VALENTIN Das weiß ich schon, da wars ja noch nicht ganz fertig. Ja, da wärs mir auch bald so gegangen. Da bin ich an der Kasse ins Gedränge hineingekommen, und da hättens mir beinah meine schöne goldene Uhr gestohlen. Die schöne Uhr mit dem Hupfdeckel.

DER KAPELLMEISTER A – A – A – A –! Da werden Sie aber erschrocken sein?

KARL VALENTIN Ja, das können Sie sich denken, – gut, daß ichs daheim lassen hab an dem Tag.

DER KAPELLMEISTER Erzählen S' mir heut nichts mehr, ich will nichts wissen. Einen Tusch in C! *Man hört den Tusch, der Vorhang der Hinterbühne geht auf. Er steigt auf die Hinter-*

bühne Hochgeschätztes Auditorium! Ich erlaube mir, Ihnen
hier den weltberühmten Kunstradfahrer, Mister Hamptn-
quempftn vorzustellen! *Der Kunstradfahrer erscheint auf der
Bühne.* Er ist geboren im Jahre neunzehnhundertsoundsoviel,
absolvierte die Volksschule in Chicago und wandte sich, nachdem er zwei Jahre beim hiesigen Straßenbauamt als Teerein-
gießer tätig war, dem Artistentum zu. Durch seine bereits ab-
solvierten Gastspiele in Nordwestindien, Gleisental im All-
gäu, Stuttgart, Kempten, Berlin, Ostern, Pfingsten und Meran
etc. etc. wird es ihm ein Leichtes sein, sich auch die Gunst des
hiesigen Publikums zu erringen. – Herr Mister Hamptn-
quempftn teilt seine Nummer in fünf Abteilungen ein, und
zwar:

Erstens   Eine Kreisfahrt auf seinem Originaldreirad ohne
            Freilauf und Rücktrittbremse.

Zweitens Eine Kreisfahrt auf demselben Rade mit Glocken-
            geläute.

Drittens   Ausblasen einer brennenden Flamme während der
            Fahrt.

Viertens   Eine Kreisfahrt auf der Bühne mit verbundenen
            Augen.

Und zum Schluß: Die grauenerregende Todesfahrt durch
Nacht und Nebel! *Die Kapelle spielt einen Tusch.* In seiner
ersten Abteilung: Eine Kreisfahrt auf seinem Originaldreirad
ohne Freilauf und Rücktrittbremse. *Die Musik spielt dazu
den Donauwellenwalzer.*

KARL VALENTIN Der is gut, der is gut, der is nur gut – zu gut –
der is glänzend, wenn d' Sunna draufscheint!

DER KAPELLMEISTER In seiner zweiten Abteilung: Ausblasen einer brennenden Flamme während der Fahrt. *Er zündet eine
Kerze an.*

*Der Kunstradfahrer fährt das erste Mal daran vorbei. Der Ka-
pellmeister hält die Kerze so hoch, daß er sie nicht auslöschen
kann. Der Kunstradfahrer fährt nochmals im Kreise herum.
Der Kapellmeister hält ihm die Kerze ganz nahe hin, der Radfahrer bläst sie aus. Das Orchester intoniert einen Tusch.*

DER ZWEITE MUSIKER Was wird denn der Kunstradfahrer Gage
haben, wissen Sie das?

KARL VALENTIN Der hat hundert Mark Gage!

DER ZWEITE MUSIKER Im Tag?

KARL VALENTIN A woher – im Jahr!

DER ZWEITE MUSIKER Das ist aber auch nicht viel.

KARL VALENTIN Einteilen muß er sichs halt –

DER KAPELLMEISTER In seiner dritten Abteilung eine Kreisfahrt
auf der Bühne mit Glockengeläute. *Er gibt dem Radfahrer
eine Glocke in die Hand, dieser fährt und läutet dazu. Die Kapelle spielt einen Tusch.*

KARL VALENTIN Wie alt wird denn der Kunstradfahrer sein?

DER DRITTE MUSIKER Ich denke, zwanzig Jahr.

KARL VALENTIN Samt dem Rad?

DER DRITTE MUSIKER A woher, das ist viel älter wie er!

DER KAPELLMEISTER In der vierten Abteilung eine Fahrt mit verbundenen Augen! *Er bindet dem Radfahrer mit einem ganz
schmalen Tuch die Augen zu, so daß derselbe heraussieht.*

KARL VALENTIN Der lurt!

DER KAPELLMEISTER Der kann doch nicht sehen! *Zum Radfahrer* Oder sehen Sie was?

DER RADFAHRER Nein.

DER KAPELLMEISTER Also, er sagts doch selbst, daß er nichts sieht.
*Der Radfahrer fährt, stößt an die Wand an und fällt mit dem
Rad absichtlich hin.*

KARL VALENTIN *und* ALLE MUSIKER *stellen sich auf die Stühle und
schreien* Jetzt ist er gestürzt! *Dabei spielen sie ruhig weiter.*

DER KAPELLMEISTER Schreien Sie doch nicht so, kein Mensch hat
gemerkt, daß er heruntergefallen ist.

KARL VALENTIN *auf dem Stuhl stehend und weiterspielend* Ist
am Rad was passiert?

DER KAPELLMEISTER Am Rad, das wäre das Wenigste! Die Hauptsache ist, daß ihm nichts passiert ist. *Zum Radfahrer* Oder
haben Sie sich weh getan?

DER RADFAHRER Nein, im Gegenteil!

KARL VALENTIN *auf dem Stuhl stehend und weiterspielend* Wo?
Im Hinterteil?

DER KAPELLMEISTER Nein, im Gegenteil, hat er gesagt.

KARL VALENTIN Am Gegenteil?

DER KAPELLMEISTER Nein, am Hinterteil. Ach, ich werde selber

noch ganz blöd. *Er bemerkt, daß die Musiker auf den Stüh-*
len stehen Gehen S' doch herunter – da bleiben sie jetzt alle
am Stuhl oben – heruntergehn solln S'!
Alle bleiben auf den Stühlen droben und spielen weiter.

KARL VALENTIN Der muß ja stürzen! Er sieht ja nichts, weil Sie
ihm die Augen verbunden haben!

DER KAPELLMEISTER Das ist eben die Kunst!

KARL VALENTIN Das Augenverbinden?

DER KAPELLMEISTER Nein, mit verbundenen Augen zu fahren!

KARL VALENTIN Dann sieht er aber nichts!

DER KAPELLMEISTER Er soll doch auch nichts sehen!

KARL VALENTIN Na, dann stürzt er wieder!

DER KAPELLMEISTER Er soll aber nicht stürzen!

KARL VALENTIN Er muß aber stürzen!

DER KAPELLMEISTER Warum?

KARL VALENTIN Ja, weil er d' Augen verbunden hat!

DER KAPELLMEISTER Das ist eben die Kunst!!

KARL VALENTIN Was? – 's Augenverbinden?

DER KAPELLMEISTER Ach hören S' doch auf, da werden wir ja gar
nimmer fertig.

KARL VALENTIN Das ist überhaupt eine gefährliche Nummer –
es ist eine Todesnummer, – weil der nie weiß, ob der nicht einmal erschlagen wird.

DER KAPELLMEISTER *zu den immer noch auf den Stühlen im Ste-*
hen spielenden Musikern Jetzt gehn S' aber endlich runter!
Die Musiker steigen von den Stühlen und beenden ihr Spiel.

KARL VALENTIN *im Hinuntersteigen* Ja, wenn er aber wieder
stürzt?!

DER KAPELLMEISTER Dann können S' immer wieder naufsteigen!
Zum Publikum In seiner fünften Abteilung zum Schluß die
grauenerregende Todesfahrt durch Nacht und Nebel! Er holt
einen großen Reifen, in dessen Rahmen weißes Papier ge-
klebt ist mit der Aufschrift: ›Durch Nacht und Nebel‹. *Ein*
Trommelwirbel setzt ein, der Radfahrer fährt beim Höhe-
punkt desselben mit Gewalt durch das Papier, die Musiker
spielen einen Tusch und wiederholen ihn immer wieder. Der
Theatermeister bringt einen alten, verwelkten Lorbeerkranz
und hängt ihn dem Radfahrer um den Hals. Der Radfahrer

*verbeugt sich und geht ab. Der Vorhang der Hinterbühne
fällt. Die Musiker wiederholen ihren Tusch unentwegt weiter.*

DER KAPELLMEISTER Ja wie oft denn noch.?!

KARL VALENTIN Der hats aber auch verdient!

DER KAPELLMEISTER Ja, der Kunstradfahrer ist gut. Da versprech
ich mir sehr viel von dem, für dem seine Zukunft ist gesorgt!

KARL VALENTIN Der wird erst noch gut, wenn er noch zwanzig
bis dreißig Jahre fährt. Das kann man nicht lernen, das ist an-
geboren, das liegt bei diesen Artisten schon so im Blut, im Ar-
tistenblut, in der Familie, im Familienblut, im Artistenfami-
lienblut. Im artistischen Familienblut.

DER KAPELLMEISTER Na ja, das ist eben das Künstlertum, das
steckt in diesen Leuten so drin.

KARL VALENTIN Dem sein Vater war sicher auch so etwas Ähnliches.

DER KAPELLMEISTER Das kann schon sein, auch ein Rennfahrer
oder ein großer Artist.

KARL VALENTIN Oder ein Roter Radler.

DER KAPELLMEISTER So leicht ist das nicht, wie das aussieht –
diese artistischen Darbietungen sind immer mit Gefahr verbunden. – Sie haben schon gesehen, wie er beinah unterm
Fallen gestürzt wäre. Ich behaupte, daß das eine direkte Todesnummer ist.

KARL VALENTIN Ja, das stimmt auch, weil der nie weiß, ob er
nicht v o m P u b l i k u m einmal e r s c h l a g e n wird.

DER KAPELLMEISTER Jetzt sprechen wir von was anderem. Jetzt
machen wir das neue Stück, das ich gestern instrumentiert
habe. Schlagen Sie gleich die Noten auf!

KARL VALENTIN Was für Noten? Hoffmannstropfen – Hoff-
mannserzählungen, das haben wir ja noch nie probiert, das
können wir ohne Probe nicht spielen!

DER KAPELLMEISTER Das muß gehen ohne Probe! Die Herren
sind lauter Berufsmusiker – das wird einfach vom Blatt gespielt!

KARL VALENTIN Wenn aber ein Fehler in den Notn is?

DER KAPELLMEISTER Da ist kein Fehler drin – kümmern Sie sich
nicht – die Noten habe ich selbst geschrieben!

KARL VALENTIN Ja, – deshalb mein ich ja!

DER KAPELLMEISTER Sie! – erlauben S' Ihnen nicht so viel!

KARL VALENTIN Ja – uns is's ja gleich, – wir spielen halt des, was dasteht!

DER KAPELLMEISTER Jawohl, Sie brauchen nicht weniger spielen und nicht mehr!

KARL VALENTIN Ja – mehr auf keinen Fall!

DER KAPELLMEISTER *klopft ab. Die Musiker spielen nun immer die gleichen vier Takte bis zum Wiederholungszeichen, so lange, bis der Kapellmeister wütend abklopft und schreit* Ja – was is denn das für eine Schlamperei, warum wird denn da nicht weitergespielt?

ALLE MUSIKER Geht nicht, is ja ein Wiederholungszeichen beim vierten Takt!

KARL VALENTIN Des geht tausend Jahr im Kreis rum!

DER KAPELLMEISTER *reißt Valentin das Blatt aus der Hand* Wo ist da ein Wiederholungszeichen?

KARL VALENTIN Da! *Deutet mit dem Fiedelbogen auf die Noten.*

DER KAPELLMEISTER Gehn S' doch mit Ihrem dummen Fiedelbogen weg, – ich such mirs schon selber! Wo ist das?

KARL VALENTIN Da! *Er deutet wieder mit dem Bogen.*

DER KAPELLMEISTER Sie sollen nicht immer daher deuten! *Er schlägt nun mit seinem Taktstock Valentin auf den Fiedelbogen. Karl Valentin schlägt zurück auf den Taktstock, allmählich in Fechterstellung übergehend. Der Kapellmeister geht nach einem kräftigen Stoß weit zurück, kommt wieder vor und schreit wütend zu Karl Valentin* Noch einmal! *Karl Valentin stößt noch einmal nach dem Bauch des Kapellmeisters, wie ihm befohlen. Dann grüßt er vorschriftsmäßig mit dem »Degen« (Fiedelbogen), winkelt den linken Arm etwas an, als ob er eine Säbelscheide damit hielte, und steckt den Fiedelbogen elegant in einen von Daumen und Zeigefinger der linken Hand gebildeten Ring.*

DER KAPELLMEISTER Da hört sich doch alles auf, schämen Sie sich.

KARL VALENTIN Ich hab ja gsagt, wir spieln das, was dasteht.

DER KAPELLMEISTER Eine solche Blamage vor dem Publikum, was glauben denn Sie, was sich da das Publikum denkt.

KARL VALENTIN Das ist mir wurst.

DER KAPELLMEISTER Das ist ja das Traurige, daß Sie keinen Funken Ehrgeiz besitzen.

KARL VALENTIN Die andern auch nicht.

DER KAPELLMEISTER Zu euch sagt auch kein Mensch was, an mir geht es hinaus.

KARL VALENTIN Gemerkt hats ja niemand.

DER KAPELLMEISTER Glaubn S', die Leut sitzen auf den Ohren?

KARL VALENTIN Im Gegenteil!

DER KAPELLMEISTER Also los, die ›Türkische Scharwache‹. *Die Auftrittsmusik setzt ein, nach wenigen Takten geht der Vorhang der Hinterbühne auf.*

DER ZAUBERER *geht langsam über die Bühne – die Musik hört auf – und spricht* Guten Abend, meine liebe Publikum! Guten Abend! – Gestatten, daß ich mich vorstelle als eine orientalische Zauberer, indem ich Ihnen werde vormacken versiedene Sauerei – ah – Saubereien! Wie Sie wissen, meine lieben Publikum, sein Saubrei keine Hexerei, sondern nur eine Geschwindigkeit meiner Hände. Sauen Sie mir auf meine Hände, so werd' ick Sie betrügen mit meiner Mund –! – Sauen Sie auf meiner Mund, werd' ick Sie betrügen mit meiner Hände! – Ick beginne sofort mit meine Saubrei und zeige Ihnen als ersten Dreck – ... Trick – eine serr gute Kartenkunststück. Habe hier eine ganzer Kartenspiel – wollen Herrsaften ansehen, daß es eine gewöhnliche Kartenspiel ist. Bitte! – *Er läßt es im Publikum sehen* Wollen nun eine Herr oder Dame sein so gut und eine Karte ziehen *Er läßt eine ziehen* So – wollen Sie diese Karte genau ansehen und sich merken! – Sein Sie so gut und seigen Sie der Karte der Publikum. Bitte, stecken Sie dieser Karte wieder zurück in meine ganzes Kartenspiel! – Danke! – Ick werde nun Kartenspiel mischen! *Er tut es* Sie glauben nun, Ihre Karte sein in der Kartenspiel – o nein – Ihre Karte sein längst verschwunden in meine inneres Rocktaschel. Bitte! – *Er zieht aus dem Rock eine Karte heraus, welche vorher schon in der Tasche gesteckt, und zeigt sie dem Publikum mit der Bildseite nach rückwärts. Selbstverständlich ist es eine andere Karte.* Ick danke vielmals!

KARL VALENTIN Sie – der hat mich gfragt, ob Sie der türkische Honigmann sind von der Dult??

DER ZAUBERER Honigmann?!? – Bin ick nicht!! – Der ist meine
   Schwester!! *Zum Publikum* Als zweiten Dreck – Trick –
   einer großartigen Sauberei! – Haben hier einer roten Rose.
   Werde dieser roten Rose in einer andern Rose versaubern –
   in anderes Farbe, in weißer Rose, in rosa Rose, grüner Rose,
   in allen Farben! – Nun meiner liebes Publikum, welcher Farbe
   soll ick Rose macken?
KARL VALENTIN Braune Rose!
DER ZAUBERER Brauner Rose gibt es nicht!
KARL VALENTIN Wenn aber a weiße Rosn in an Haufn – braune
   – Ölfarb neifallt? –!
DER ZAUBERER Was für Farbe soll ick macken? *Verschiedene Zu-*
   rufe, zum Schluß »rosa Rose«. Gut, werde ick macken rosa
   Rose! Nehme nun Rose in linker Hand und mit rechter Hand
   nehme ick mit beider Fringerspritzel – Springerfitzel – Sprit-
   zelfinger – – – Fingerspitzel diese Taschentuch, welche vollständig leer, lege es über rote Rose – macke eins – zwei –
   drei – *er nimmt das Taschentuch mit roter Hülse weg* – und
   aus roter Rose ist rosa Rose geworden! – – Ich danke!! *Er*
   verbeugt sich und läßt die rote Hülse unter dem Taschentuch
   fallen.
KARL VALENTIN Sie – da haben Sie was verloren!!
DER ZAUBERER Sind Sie ruhig – braucht niemand wissen!!
KARL VALENTIN Können S' des mit einer Gesichtsrose a machen??
DER ZAUBERER Nun, meine liebe Publikum, werd ick Ihnen
   größte Sauerei – Sauberei – zeigen, die jemals von Sauber-
   künstler gezeigt wurde! Habe hier eine Sylinderhut – eine
   gewöhnliche Sylinderhut – – ohne doppelte Boden – nix
   drinn – vollständig leer! Ick werde diese Sylinderhut hier auf
   meine Saubertisch stellen und werde alle möglichen Sachen
   heraussaubern!! – Ick nehme meine Sauberstab, macke eins –
   zwei – drei – *er greift in den Hut, welcher im Boden ein gro-*
   ßes Loch hat, und läßt sich von dem unterm Tisch sitzenden
   Jungen einen Blumenstock heraufreichen – ah, eine Blumenstock aus meine Hut, welcher vollständig leer! – Ick macke
   ein – zwei – drei – – ah!! Kann auch größere Sachen heraussaubern!! – Was soll ick heraussaubern??
KARL VALENTIN Einen Kleiderkasten!

DER ZAUBERER Kleiderkasten ist etwas zu groß!

KARL VALENTIN A Halbe Bier!

DER ZAUBERER Bier – oh, Bier kann ick heraussaubern!! Hab so
großes Durst! – Ick macke eins – zwei – drei – *er greift wieder in den Hut* – ein Glas Bier! Prosit, meine liebe Publikum! – Prost! *Unterdessen langt der unter dem Tisch Befindliche wieder etwas durch den Hut, so, daß dies oben herausschaut. –*

KARL VALENTIN *macht den Zauberer durch Gesten darauf aufmerksam* Sie – da schaugn S' hin, da kommt no was raus!!

DER ZAUBERER *stürzt ganz entsetzt zum Tisch hin, schimpft
durch den Hut hinunter* Hundsbua – miserablicher! Hab i dir
ogschafft, du sollst no was rauslanga?? *Der Junge schaut aus
dem Tisch und kriecht heraus – beide laufen herum – der Zauberer schimpft, der Junge streckt die Zunge heraus und geht
dann ab* Wart nur, Krüppel, mistiger – –!

KARL VALENTIN Krüppel, mistiger?? – Des war aber net tür-
kisch!!

Der Vorhang der Hinterbühne schließt sich.

DER KAPELLMEISTER *klopft ab* Los, die Soubrette kommt dran.
Schlagen Sie die Noten auf.

*Karl Valentin nimmt eine Posaune zur Hand. Der Kapellmei-
ster hebt den Taktstock, der Marsch beginnt, man hört jedoch
nur den ersten Ton.*

KARL VALENTIN *schreit* Halt, 's Wasser muß ich erst noch raus-
lassen!

DER KAPELLMEISTER D d d d d d d d d d d – *Karl Valentin
leert das Wasser aus der Posaune, in die vorher ein halbes
Glas hineingekommen ist.* Nun, wirds bald?

KARL VALENTIN Na ja, das ist net so einfach. Da muß ich zu gleicher Zeit mit die zwei Rohre in die zwei Löcher da hineinfahren. *Er versucht es* Das nützt mich gar nichts, wenn ich in
einem drin bin, da wär ich lieber gar nicht drin.

DER KAPELLMEISTER Man kann gar nimmer zuschaun.

KARL VALENTIN Dann schauen S' weg. Das ist halt des Dumme,
bei die Blechinstrumente, daß ma da immer 's Wasser raus-
lassen muß. Bei die Geiger is das was anderes. Sie wern nie
sehn, daß ein Geiger eine Geige auseinanderzieht, weil eine

Geige nicht naß wird. Außerdem es geigt einer im Freien draußen, und wer geigt schon im Freien drauß, dafür hat man ja die
Blechinstrumente. Sie werdn nie sehn, wenn ein Umzug auf
der Straße daherkommt, daß die Streichmusik machen, denn
da müßtn d' Leit ja alle drei Meter weit auseinandergehen,
weil sonst einer den andern mit dem Geigenbogn an Hut run-
terstoßn tät. Und mit der Baßgeign wär das ja eine furchtbare
Sache. Wenn der Baßgeiger auf der Straße unterm Marschieren baßgeigen müßte, weil man eine Baßgeign nur im Stehn
spieln kann, aber mit der Baßgeign kann er net im Gehn geign.
Außerdem er macht unter de Baßgeign a Rolln unten hin,
dann kann er schon fahrn, aber da kann er mit der Baßgeign
an eim Kanaldeckel hängenbleibn und kann nimmer weiter
und dann kann der ganze Umzug nimmer weiter, weil alle
hinter ihm stehn bleiben müssen.

DER KAPELLMEISTER Das ist ja furchtbar, wem erzählen Sie denn
den Mist? Das interessiert doch die Leute gar nicht.

KARL VALENTIN Grad das interessiert die Leute, weil die Leute
immer noch nicht den Unterschied zwischen Blech- und Streichmusik wissen. Die sollen einmal aufgeklärt werden, die lech-
zen direkt nach Aufklärung. *Nach einer Pause* — Und war
so schön drin —

DER KAPELLMEISTER Jetzt werd ich Ihnen aber gleich helfen.

KARL VALENTIN Ach, zu zweit geht des gar net. *Er versucht, wieder hineinzukommen und sagt plötzlich* Da gehts hier genauso wie beim Winterfenster-Einhängen. Wenn man oben drin
ist, rutscht ma unten wieder raus.

DER KAPELLMEISTER Jetzt fangen wir ohne Sie an.

*Das Vorspiel beginnt, der Vorhang der Hinterbühne öffnet
sich —*

DIE SOUBRETTE *tritt auf und singt*
Potz Blitz und Element, so tönt es rings im Saal,
Und lauter Jubel schallt durchs Haus,
Ein jeder ruft, die ist doch wirklich kolossal,
Ja, diese Kleine, die hats raus.
In meinen Adern rollt ganz heiß Theaterblut
Und schnell und schneller schlägt das Herz.
Ich hab ja immer frohen, frischen, freien Mut

Und schwärme für Gesang und Scherz.
Ein jeder ruft hipp, hipp, hurra,
Die fesche Mizzi, sie ist da!
Und Jubel schallt durchs ganze Haus,
Ein jeder spendet mir Applaus,
Ein jeder ruft hipp, hipp, hurra,
Die fesche Mizzi, sie ist da,
Und Jubel schallt durchs ganze Haus,
Ein jeder spendet mir Applaus.

DIE SOUBRETTE *marschiert während des Refrains über die Bühne. Das Orchester intoniert das Zwischenspiel – sie beginnt wieder zu singen* Ich liebe ... *Sie singt nur diese zwei Worte als Anfang der zweiten Strophe und bleibt stecken.*

DER KAPELLMEISTER *Singen S' doch weiter –*

DIE SOUBRETTE Ich kann nicht weiter.

DER KAPELLMEISTER *klopft ab Die Musik hört auf, bis auf Karl Valentin, der allein mit der Posaune die ganze Strophe zu Ende bläst und dann ganz verwundert auf den Kapellmeister schaut.* Haben Sie denn gar nicht bemerkt, daß wir schon längst aufgehört haben?

KARL VALENTIN Ich habe ja noch ein ganzes Stück zu blasen.

DER KAPELLMEISTER Da sieht man wieder, wie gedankenlos Sie dahinblasen, vollkommen zerstreut.

KARL VALENTIN Warum, was ist denn los?

DER KAPELLMEISTER Was wird denn sein? Die Soubrette ist stekken geblieben, sie weiß keinen Text mehr. Ja, Fräulein, wie ham mas denn da, warum lernen Sie denn Ihren Text nicht?

DIE SOUBRETTE Ich hab ihn ja gelernt.

DER KAPELLMEISTER Das kann schon sein, dann haben Sie ihn halt wieder vergessen.

DIE SOUBRETTE Das kann jedem einmal passieren.

DER KAPELLMEISTER Halten S' Ihr Maul, wenns mit mir sprechen, da schau her, nichts können und frech sein, das ist die Hauptsache heutzutage.

KARL VALENTIN Die ist mies beinander, die Schuah von der schauen S' an.

DIE SOUBRETTE Bitte, das sind meine Bühnenschuhe.

KARL VALENTIN Da möchte ich erst Ihre Hausschuhe sehn.

DER KAPELLMEISTER Ja, Fräulein, und wie sieht denn Ihr Kostüm aus, da hängen Ihnen hint und vorne die Fetzen runter, so geht man doch nicht auf die Bühne.

DIE SOUBRETTE Wenn Ihnen mein Kostüm nicht gefällt, können Sie mir ruhig ein neues kaufen.

DER KAPELLMEISTER Ich werde mich beherrschen können, da können Sie sich schon einen Dümmeren suchen wie ich bin.

KARL VALENTIN Noch dümmer? – – – Die kommt mir überhaupt sehr bekannt vor.

DIE SOUBRETTE Sie werden mich kaum kennen.

KARL VALENTIN Freilich ists die – der haben wir doch erst vorige Woche Bananen abgekauft.

DIE SOUBRETTE A so eine Gemeinheit, ich kenne Sie doch gar nicht. *Sie besinnt sich* Ja, jetzt fällts mir ein, natürlich kennen wir uns vom Ding – wie heißts denn gleich –, von Stadelheim, da haben wir uns doch öfters im Garten gesehen.

DER KAPELLMEISTER Ist das wirklich wahr, waren Sie schon in Stadelheim?

KARL VALENTIN Ich war Wärter dort, aber sie war eingenäht.

DIE SOUBRETTE Herr Kapellmeister, ich lasse mich nicht von Ihren Musikanten beleidigen.

DER KAPELLMEISTER Das sind keine Musikanten, meine Herren, das sind Tonkünstler.

DIE SOUBRETTE Und ich bin eine erstklassige Soubrette.

KARL VALENTIN Ja, das sieht man.

DIE SOUBRETTE Herr Kapellmeister, ich bin jetzt so aufgeregt, mir fällt die zweite Strophe nicht mehr ein, wissen Sie vielleicht den Anfang davon?

DER KAPELLMEISTER Ich hab gar kein Interesse an Ihrem Text.

KARL VALENTIN An Text könnten wir nie mitspielen.

DIE SOUBRETTE Kann ich vielleicht etwas anderes singen?

DER KAPELLMEISTER Können S' noch was anderes?

DIE SOUBRETTE Natürlich, vielleicht gleich das nächste, Nummer zwei in meinem Buch.

DER KAPELLMEISTER Sie haben ja nur zwei Sachen – und das ist doch kein Buch – das sind ja Fetzen. Also, meine Herren, Nummer zwei – – – Aber wenn Sie mir da wieder steckenbleiben, dann schmeiße ich Sie hinaus.

Das Vorspiel beginnt, DIE SOUBRETTE *singt*

Ich kenne einen schönen Mann,
Den ich nicht mehr vergessen kann;
Doch hat er, Herrjemine,
Von mir noch gar keine Idee.
Und darum will ichs nicht verhehln
Und Ihnen alles klar erzähln:
Er ist dahier in unsrer Mitt –
Für den mein Herz erglüht.
Ach du lieber – süßer – guter – braver Mann,
Hast mir solche Liebesschmerzen angetan.
Schenk mir Liebe – Treue – und noch einen Kuß,
Weil ich sonst vor lauter Sehnsucht sterben muß.

Sie umarmt dabei den Kapellmeister.

DIE FRAU KAPELLMEISTER *kommt in den Saal und schreit auf die Bühne* So, hab ich dich jetzt endlich einmal erwischt, du scheinheiliger Tropf! Daheim tut er immer, als wenn er nicht bis Fünfe zählen könnt, und hier poussiert er mit der Soubrettn umeinander.

DER KAPELLMEISTER Ruhe im Zuschauerraum! Was ist das für ein Lärm?

KARL VALENTIN Ihre Frau ist da – Grüß Gott, Frau Kapellmeister.

DER KAPELLMEISTER Was, meine Frau – ja tatsächlich – Grüß dich Gott!

DIE SOUBRETTE Ja, Herr Kapellmeister, haben Sie denn eine Frau?

DER KAPELLMEISTER Nein, meine Zimmerfrau –

DIE FRAU KAPELLMEISTER Dir geb ich dann gleich eine Zimmerfrau.

DIE SOUBRETTE Das hab ich ja gar nicht gewußt, daß Sie verheiratet sind; gestern, wie Sie mich nach Grünwald hinaufgeführt haben, da haben Sie zu mir gesagt, Sie sind noch ledig.

DIE FRAU KAPELLMEISTER So, in Grünwald warst du gestern, zu mir hast du gesagt, du hast Probe.

DER KAPELLMEISTER Ja, da haben wir Probe gehabt, der Wirt hat in seinem Nebenzimmer ein Klavier drin stehn, und da hab ich dem Fräulein etwas einstudiert, nicht wahr, Fräulein?

DIE SOUBRETTE Natürlich haben wir Probe gehabt – Gott sei
Dank!!

DIE FRAU KAPELLMEISTER Sind Sie ruhig, Sie freches Frauenzimmer, schämen Sie sich, mit an alten verheirateten Mann pous-
sieren, finden Sie denn keinen andern mehr, Sie Flitscherl, Sie?

DIE SOUBRETTE Sie, ich lasse mich nicht von Ihnen beleidigen, ich
werde mich bei der Direktion beschweren, Sie alte Schachtel,
Sie.

DIE FRAU KAPELLMEISTER Ja, was glauben denn Sie eigentlich,
schaun Sie sich doch an, wie Sie ausschaun, Sie angemalnes
Theaterflitscherl, Sie, gute Lust hab ich und geh nauf und hol
Sie runter – und du – du alter Hanswurst – du kommst jetzt
sofort heraus, ich hab dir etwas zu sagen. Das kann ich dir
vor den Leuten hier nicht sagen – aber sofort.

KARL VALENTIN Aber sind Sie doch vernünftig, Frau Rohrnudel,
oder wie heißts?

DIE FRAU KAPELLMEISTER Mit Ihnen spreche ich nicht, Sie ausge-
hungerter Musikant.

KARL VALENTIN Sie, das wenn ich gehört hätte!

DIE FRAU KAPELLMEISTER Mischen Sie sich nicht da rein, ich spreche mit meinem Mann. Und du machst jetzt sofort, daß du
herauskommst.

DER KAPELLMEISTER Ja – ja – ich komme schon. Lauft die da herein, das verstehe ich nicht – aber Sie sind schuld – hätten S'
einen andern angesungen und mir meine Ruhe gelassen.

DIE FRAU KAPELLMEISTER Wirds jetzt bald!! *Sie schreit immer
zur Ausgangstür herein.*

DER KAPELLMEISTER Ja, ich komme schon – was meinen denn
Sie, meine Herrn, soll ich rausgehn?

KARL VALENTIN Ratsam ists nicht.

DIE FRAU KAPELLMEISTER Jetzt wart ich aber nicht mehr lange.

DER KAPELLMEISTER Ja, ich komme schon – jetzt geh ich aber
naus –, was ich sagen will: Vielleicht sind die Herrn so liebens-
würdig und kommen a kleins bisserl mit raus – gehn S' mit?

KARL VALENTIN Wir haben kein Interesse dran.

DIE FRAU KAPELLMEISTER Jetzt wirds mir aber zu dumm – meinst,
ich warte noch lange, jetzt hol ich dich – du kommst mir grad
recht.

DER KAPELLMEISTER Ich komm doch schon, bleib nur grad drau-
     ßen, da bin ich ja. Jetzt geh ich aber naus – die glaubt viel-
     leicht, ich fürcht mich vor ihr – der werd ich einmal meine
     Meinung sagen. Also, was ist los, was willst denn von mir,
     jetzt bin ich da. *Er geht hinaus – man hört von draußen Ra-
     dau, Streiten und Ohrfeigen.*

KARL VALENTIN Also, bei uns gehts zua –

DER KAPELLMEISTER *kommt weinend herein, die Wange mit dem
     Taschentuch haltend, und sagt triumphierend zu den Musi-
     kern* Der hab ich aber jetzt ein paar hineingehaut.

KARL VALENTIN Dann halten S' aber das verkehrte Gesicht.

DER KAPELLMEISTER Lassen S' mir mei Ruh – singen S' zu!
     Die Musik setzt ein.

DIE SOUBRETTE *singt*

     Ach du lieber – süßer – guter – braver Mann,
     Hast mir solche Liebesschmerzen angetan.
     Schenk mir Liebe – Treue – und noch einer Kuß,
     Weil ich sonst vor lauter Sehnsucht sterben muß.
     Sie geht ab – der Vorhang der Hinterbühne schließt sich.

DER KAPELLMEISTER *fühlt seine Zähne, sie wackeln. Wütend* Mit
     der Musik bin ich gar nicht mehr zufrieden, meine Herren,
     von euch spielt jeder dahin wie er grad will.

KARL VALENTIN Auweh, jetzt müssens wir büßen –

DER KAPELLMEISTER Keiner paßt auf, keiner richtet sich nach mir,
     für was bin denn ich überhaupt da?

KARL VALENTIN Das haben wir uns auch schon oft gedacht.

DER KAPELLMEISTER Wenn auch ein Marsch nicht mehr recht mo-
     dern ist, das macht gar nichts, man kann in die ältesten Noten
     etwas hineinmachen – etwas hineinlegen. Man muß halt einen
     gewissen Ding hineinbringen, wie heißt er denn gleich – der
     Rhythmus gehört hinein, das ist die Hauptsache, der fehlt
     euch.

KARL VALENTIN Den kennen wir nicht, der war noch nie bei
     uns.

DER KAPELLMEISTER Ich spreche doch vom Rhythmus.

KARL VALENTIN Kennst du an Rhythmus, Anderl? – Nein, der
     kennt ihn auch nicht. Seinen Bruder kenn ich schon.

DER KAPELLMEISTER So ists recht, der kennt an Rhythmus sein

Bruder. – Wie sieht denn der aus, den möchte ich auch kennenlernen.

KARL VALENTIN So ein kleiner Dicker mit einem Spitzbart.

DER KAPELLMEISTER Der Rhythmus??

KARL VALENTIN Nein, Reisberger heißt er – jetzt fällts mir ein.

DER KAPELLMEISTER Da haben Sie sich wieder einmal richtig blamiert, nicht einmal die einfachsten musikalischen Ausdrücke wissen Sie. Woher kommt das? Weil Sie nicht auf der Musikschule waren, Sie sind ja bloß in die Suppenschule gegangen.

KARL VALENTIN Da hab ich auch blasen müssen. – – – Sie, 's Krawattl ist Ihnen heruntergerutscht –

DER KAPELLMEISTER Wo ist ein Krawattl heruntergerutscht?

KARL VALENTIN Ihnen.

DER KAPELLMEISTER Wo innen?

KARL VALENTIN Ihnnnen – außen – da.

DER KAPELLMEISTER Ach so, außen – da sagt er innen, der Depp – ich weiß schon, das ist mir heut schon ein paarmal heruntergerutscht, weil mir das Kragenknöpferl abgebrochen ist, die ganze Mechanik ist kaputt, deshalb stehts immer auf.

KARL VALENTIN In der Früah?

DER KAPELLMEISTER Ach was – ich bräuchte bloß ein anderes Kragenknöpferl, dann wär gleich a Ruh – hat niemand von den Herrn ein Kragenknöpferl da, bitte schaun S' amal nach! *Alle Musiker schauen nach.*

KARL VALENTIN Der Sedlmeier, der hat immer eins dabei.

DER KAPELLMEISTER Sedlmeier, bitte schön – wo ist denn der?

KARL VALENTIN Der ist heut nicht da!

DER KAPELLMEISTER Dann nützt es mich doch nichts.

KARL VALENTIN Aber der tät eins haben.

DER KAPELLMEISTER Das hat doch für mich keinen Wert, wenn er nicht da ist.

KARL VALENTIN Ja, ich hätte schon eins, wenn Ihnen das genügt?

DER KAPELLMEISTER Sie haben eins? Dann leihen Sie mirs bitte, Sie kriegens hernach.

KARL VALENTIN Ach, wegen dem Kriegen – aber, wenn ich das raus tu, dann rutscht halt mir der Kragen raus.

DER KAPELLMEISTER Das verlangt doch kein Mensch von Ihnen, ich hab gemeint, ob nicht einer ein Reserveknöpferl hat.

KARL VALENTIN Ja, woher denn –

DER KAPELLMEISTER Na ja, es wird so auch gehen, jetzt hält es schon.

KARL VALENTIN Ist schon wieder herausgegangen.

DER KAPELLMEISTER Ich weiß es schon, hören S' nur einmal auf, ich kann mich doch nicht aufhängen deshalb.

KARL VALENTIN Warum nicht?

DER KAPELLMEISTER Hier sind Ihre Noten. *Er legt ihm die Noten waagerecht auf das Pult.*

KARL VALENTIN Also, jetzt blasen wir genauso, wie er dirigiert, das gibt a Gaudi.
Er legt sich quer über den Stuhl.

DER KAPELLMEISTER *klopft ab – der Marsch ›Wien bleibt Wien‹ wird gespielt. Er unterbricht* Was ist denn das für eine Stellage da – wollen Sie sich gleich anständig hinsetzen wie die anderen Herrn!

KARL VALENTIN Ja, Sie haben meine Noten so hergelegt.

DER KAPELLMEISTER *beginnt noch einmal den Marsch – Karl Valentin pfeift –* Wie können Sie denn da unterbrechen – was fällt Ihnen ein?

KARL VALENTIN Pst – pst –

DER KAPELLMEISTER Was ist denn los?

KARL VALENTIN Sind S' doch einen Moment still – *er horcht –* Naa, hab mich getäuscht.

DER KAPELLMEISTER Schrecklich ist das! *Er fängt wieder mit dem Marsch an. Karl Valentin pfeift und winkt wieder ab.* Was ist denn los?

KARL VALENTIN Gell, daß ich mich nicht getäuscht hab – der Hosenträger ist mir abgerissen.

DER KAPELLMEISTER Wegen seim alten Hosenträger unterbricht er schon zweimal das Konzert – da hört sich doch alles auf.
Die Musik setzt wieder ein – zuerst trommelt einer nach.

KARL VALENTIN So was Leichtsinniges hab ich noch net gsehn.

DER KAPELLMEISTER Das geht Sie gar nichts an –, passen nur Sie auf, daß Sie nicht hineinpatzen, das kann Ihnen auch passieren.

KARL VALENTIN Ihnen auch – aber bei Ihnen hört man nichts. – So was Narrisches hab ich noch nie gsehn.

Die Musik spielt weiter. Bei der nächsten Pause murmelt Valentin in die Trompete unverständliche Worte hinein.

DER KAPELLMEISTER Was wollen Sie – ich verstehe Sie nicht – *Valentin murmelt.* – Ich verstehe kein Wort – *Valentin murmelt* – Tun S' doch das Ding da weg –

KARL VALENTIN 's Krawattl ist Ihnen wieder heruntergerutscht.

DER KAPELLMEISTER Das ist doch gleich. *Er dirigiert weiter.*

KARL VALENTIN *schreit* A u u u u u u!!

DER KAPELLMEISTER Was ist denn schon wieder?

KARL VALENTIN Angestoßen hab ich mich ans Mundstück, weil S' immer so reißen.

DER KAPELLMEISTER Dann geben S' Obacht. *Er dirigiert weiter bis zum Schluß – Der Vorhang der Hinterbühne öffnet sich.*

DER KAPELLMEISTER *steigt auf die Bühne* Sehr verehrte Damen und Herren! Sie alle haben noch den berühmten Hungerkünstler Succi in Erinnerung. Dieser Mann, der nebenbei ein großes Vermögen besaß, also nicht hungern bräuchte, führte seine Hungerproduktion eigentlich mehr aus, um der Wissenschaft zu dienen, indem er sich in fast allen Großstädten des In- und Auslandes in irgendeinem Varieté in ein Glashaus vierzig Tage lang ohne jede Nahrung einsperren ließ. Der Hungerkünstler Succi hat aber jetzt eine gewaltige Konkurrenz bekommen in dem neuen Hungerkünstler Baptist Pliventrans. Dieser ist imstande, den Hungerrekord des Herrn Succi weit in den Schatten zu stellen, indem er nicht nur vierzig, sondern eine Hungertour bis einundvierzig Tage ausführen will. Ich werde Herrn Pliventrans einige Fragen stellen, die Sie sicher interessieren werden. – Sagen Sie, Herr Pliventrans: wie sind Sie auf die Idee gekommen, sich so einen eigenartigen Beruf zu wählen?

PLIVENTRANS Ich bin der Sohn steinreicher Eltern, welche in nicht allzu glänzenden Verhältnissen leben und dennoch keine Kosten gescheut haben, mich, ihren einzigen Sohn Baptist, als Künstler ausbilden zu lassen, und zwar als Hungerkünstler.

DER KAPELLMEISTER Haben Sie gleich mit längeren Hungertouren begonnen, wenn ich fragen darf?

PLIVENTRANS Nein – auch in diesem Beruf fängt man im kleinen an. Während zum Beispiel meine Eltern zu den Mahlzeiten

Schweinsbraten und Kartoffelknödel pfundweis verschlangen, durfte ich nur zuschauen; nicht daß sie mir das Mittagessen nicht vergönnt hätten, nein, nur um mich für meinen Beruf zu trainieren.

DER KAPELLMEISTER Wie alt sind Sie eigentlich schon, Herr Pliventrans, wenn ich fragen darf?

PLIVENTRANS Ich bin noch nicht alt; ich bin auch nicht jung. Ich bin ungefähr mittelalt.

DER KAPELLMEISTER Also im Mittelalter geboren. – Wir haben also heute die Ehre, daß Sie bei uns hier im ›Tingeltangel‹ Ihre eigenartige Kunst zeigen. Denn ein Hungerkünstler hat sich bei uns noch nie produziert und wir freuen uns, unseren Gästen einmal etwas Neues bieten zu können.

PLIVENTRANS Mein verehrter Herr Musikdirektor! Ich will Ihnen und den Leuten natürlich Ihren Wunsch nicht abschlagen und meine eigenartige Kunst ganz gern zeigen.

DER KAPELLMEISTER Meine Damen und Herren! Sie werden staunen, mit welcher Geschwindigkeit Herr Baptist Pliventrans zweiundvierzig Tage lang keine Nahrung zu sich nehmen wird. Herr Baptist Pliventrans beginnt auf ein Glockenzeichen seine zweiundvierzigtägige Hungerkur. – Herr Baptist Pliventrans! Sind Sie für den Rekord bereit?

PLIVENTRANS Jawohl.

DER KAPELLMEISTER *gibt ein Glockenzeichen* Das ist der Beginn der zweiundvierzigtägigen Hungerkur! *Er schaut auf seine Taschenuhr* In zweiundvierzig Tagen, abends zehn Uhr, findet in diesem Lokal an derselben Stelle wieder die erste Nahrungsaufnahme statt. – Es würde uns sehr freuen, wenn sich die heute hier versammelten Herrschaften zu diesem sensationellen Ereignis wieder hier einfinden würden. – Der Hungerkünstler Pliventrans verabschiedet sich nun von Ihnen.

PLIVENTRANS Auf Wiedersehen! *Er verbeugt sich vor dem Publikum – beide gehen ab – der Vorhang der Hinterbühne schließt sich.*

DER KAPELLMEISTER Zum Schluß kommt jetzt die Ouvertüre dran – ›Dichter und Bauer‹ –.

KARL VALENTIN Die können wir heut nicht machen, weil der Trommler nicht da ist.

DER KAPELLMEISTER Das seh ich auch, daß der nicht da ist.

KARL VALENTIN Nein, der ist nicht da.

DER KAPELLMEISTER Das seh ich doch selbst, daß er nicht da ist.

KARL VALENTIN Wie kann man denn einen sehen, wenn er nicht da ist?

DER KAPELLMEISTER Wer sieht ihn denn?

KARL VALENTIN Sie!!

DER KAPELLMEISTER Nein, ich hab gsagt, ich seh, daß er nicht da ist. Ich kann ihn doch nicht sehn, wenn er nicht da ist.

KARL VALENTIN No ja, das mein ich ja.

DER KAPELLMEISTER No also – – oder sehn ihn Sie?

KARL VALENTIN Ahhhh –

DER KAPELLMEISTER Der kommt auch heute nicht, der hat heute Ausgang, drum müssen Sie jetzt trommeln.

KARL VALENTIN Ich kann ja nicht, weil ich die Trompete in der Hand habe.

DER KAPELLMEISTER Dann legen Sie s' weg. Jetzt weiß er nicht wo ers hinlegen soll – solls ich Ihnen vielleicht halten?

KARL VALENTIN Ja, da –

DER KAPELLMEISTER Das können Sie sich denken – jetzt marsch – holen Sie sich rasch die Pauke herüber –

KARL VALENTIN Die kann ich aber nicht allein tragen.

DER KAPELLMEISTER Lassen Sie sich helfen, ersuchen Sie einen Kollegen, da hilft Ihnen schon einer.

KARL VALENTIN Anderl, helfen!

DER KAPELLMEISTER Nur recht ungebildet sein – Anderl, Sie müssen helfen.

ANDERL *geht hin zu ihm* Um was handelt sichs denn?

KARL VALENTIN Der Zuber soll da hinüber kommen.

ANDERL Wann denn?

KARL VALENTIN Der Anderl läßt fragen, wann?

DER KAPELLMEISTER Augenblicklich –

KARL VALENTIN Magst lieber da tragen? *Sie wechseln den Platz.*

ANDERL Lieber wärs mir aber schon dort gewesen, weil ich da besser tragen könnte, weil ich links bin.

KARL VALENTIN Du bist links? – Machst du alles links – Essen – Trinken – Schlafen – Husten –?

Anderl sagt zu allem ja.

DER KAPELLMEISTER Was ist denn das für eine Privatunterhaltung?

KARL VALENTIN Der Anderl erzählt mir grad, daß er links ist, der macht alles links.

DER KAPELLMEISTER Ach der – der spinnt ja.

KARL VALENTIN Auch links?

DER KAPELLMEISTER Das interessiert doch keinen Menschen, was der für Untugenden hat.

KARL VALENTIN Nein, mir hat ers eben erzählt und ich war ganz überrascht davon.

DER KAPELLMEISTER Das ist ja zu interessant.

KARL VALENTIN Also, dann gehst hinüber. *Sie wechseln den Platz.*

DER KAPELLMEISTER Ja, hört jetzt die Rumtanzerei noch nicht bald auf?

KARL VALENTIN Ja, der Anderl möcht eben lieber drenten tragen.

DER KAPELLMEISTER Das ist doch gleich, wo man hier trägt – die Pauke ist doch rund.

KARL VALENTIN Es ist eben sein sehnlichster Wunsch.

DER KAPELLMEISTER Dann soll er machen, daß er nüber kommt.

KARL VALENTIN Er will aber drenten tragen.

DER KAPELLMEISTER Ist ja recht – kommen Sie rüber auf diese Seite und er soll hinübergehen. Vorwärts – keine Widerrede mehr.
Die beiden wechseln unwillig und zögernd den Platz.

KARL VALENTIN Jetzt haben Sie uns doch mißverstanden – er will nämlich drenten tragen.

DER KAPELLMEISTER Da war er ja grad – warum ist er denn dann hinübergelaufen?

KARL VALENTIN Weil Sie ihn nübergeschickt haben.

DER KAPELLMEISTER Sie haben gesagt, er will drenten tragen – und drenten ist meiner Ansicht nach drüben auf der andern Seite.

KARL VALENTIN Ja, von Ihnen aus ist drenten drüben – aber vom Anderl aus ist drenten herüben, außer er steht herenten, dann ist es umgekehrt.

DER KAPELLMEISTER Das kann kein Mensch verstehen, drenten

und herenten – sprechen Sie deutsch, daß man sich auskennt.

KARL VALENTIN Das ist ganz einfach – sagen wir zum Beispiel – –

DER KAPELLMEISTER Ich will gar nichts mehr wissen von Ihnen.
Beide heben die Pauke langsam vom Boden.

DER KAPELLMEISTER Was ist denn jetzt wieder?

KARL VALENTIN Weil Sie sagen, Sie wollen helfen.

DER KAPELLMEISTER Ich helfe euch dann hernach, wenn wir fertig
sind. Vorwärts – schneller –!

KARL VALENTIN Der Anderl sieht nicht, wo er hingeht.

DER KAPELLMEISTER Der soll seine Augen aufmachen, dann sieht
er schon.

KARL VALENTIN Hint hat er doch keine Augen – geh nur zu, Anderl, ich sag dirs schon, wennst wo anstoßt. *Sie stoßen an.*
Jetzt – *Beide gehen wieder ein Stück zurück* – Valentin dreht
sich um und sagt Jetzt laß sie nunter – halt – jetzt bist mir in
den Schuh neikommen – *sie stellen die Pauke auf den Boden
– dann leise* Jetzt ham mirs wieder.

DER KAPELLMEISTER Ich verstehe Sie nicht – sprechen S' lauter.

KARL VALENTIN Ich sag, jetzt ham mas wieder.

DER KAPELLMEISTER Anderl, sind Sie fertig – gehn S' doch auf
Ihren Platz – der schläft mir direkt im Stehen ein.

KARL VALENTIN Das ist ein langweiliger Tropf.

DER KAPELLMEISTER Ist nur gut, daß Sie so flink sind – sonst
wärs überhaupt nichts. So, jetzt rasch die Pauke stimmen –
halt, was hat denn die für einen Ton ??

KARL VALENTIN Einen gräuslichen –

DER KAPELLMEISTER Wie kommt denn das?

KARL VALENTIN Vielleicht machts das aus, weil die Tschinelle
drauf liegt?

DER KAPELLMEISTER Ja, natürlich, das ist doch ganz klar.
Karl Valentin stimmt und horcht jetzt am Schlegel.

DER KAPELLMEISTER *muß auch horchen und sagt* Jetzt ists besser. So, da sind Ihre Noten, zählen Sie gut mit und haun Sie
ja nicht zu früh hinein, am Anfang haben Sie acht Takt Pause.

KARL VALENTIN Acht Tag ??

DER KAPELLMEISTER Acht Takt hab ich gesagt – der möchte gleich
acht Tag Pause machen. Übrigens, was seh ich denn da, Sie
haben ja gar keine Gläser in Ihre Augengläser drin.

KARL VALENTIN Seit fünf Jahren schon nimmer; die sind mir einmal zerbrochen, weil ich draufgetreten bin; und seit der Zeit hab ichs nicht mehr, weil ichs da ganz herausgeschlagen hab.

DER KAPELLMEISTER Was setzen Sie dann das leere Gestell auf, das hat doch gar keinen Zweck?

KARL VALENTIN Besser ists doch wie gar nichts.

DER KAPELLMEISTER Sie haben immer eine gute Ausrede – so, jetzt fangen wir an.

KARL VALENTIN Hats Ihnen der Anderl schon erzählt?

DER KAPELLMEISTER Warum, was will er denn noch?

KARL VALENTIN Denken S' Ihnen nur, wir haben gestern einen Zufall erlebt. Ich und der Anderl gehen gestern in der Kaufinger Straße und reden grad so von einem Radfahrer – im selben Moment, wo wir von dem Radfahrer sprechen – kommt zufälligerweise grad einer daher.

DER KAPELLMEISTER Ja – weiter?

KARL VALENTIN Was weiter ??

DER KAPELLMEISTER Wo ist denn da der Zufall?

KARL VALENTIN Ich sag, mir haben von einem Radfahrer gesprochen – und im selben Moment, wo mir von dem Radfahrer gredt habn, is grad einer daherkomma!

DER KAPELLMEISTER Ja – und was war dann mit dem Radfahrer? Was hat denn der getan?

KARL VALENTIN Nichts! – Weitergfahrn is er wieder.

DER KAPELLMEISTER Wo ist denn da der Zufall?

KARL VALENTIN D a s is ja der Zufall!

DER KAPELLMEISTER Also, das ist doch kein Zufall mit dem Radfahrer da! – Das ist überhaupt nix! – Gar nichts!

KARL VALENTIN Nicht amal der Radfahrer?

DER KAPELLMEISTER Nein – ich mein, das ist doch kein Zufall, wenn da in der Kaufinger Straßn a Radfahrer daherkommt! – Da fahrn ja im Tag a paar tausend Radfahrer umanander!

KARL VALENTIN Nein, einer is bloß komma!

DER KAPELLMEISTER Ich meine, da kommt fast alle Meter wieder a anderer Radfahrer daher!

KARL VALENTIN Ja, aber net, wenn man davon redt!

DER KAPELLMEISTER Ach, da hätten Sie schon von was ganz anderem reden sollen.

KARL VALENTIN Wir haben aber von nix anderm gredt!

DER KAPELLMEISTER Das weiß ich schon – ich mein nur, wenn
Sie zum Beispiel von einem Flieger gesprochen hätten –

KARL VALENTIN Ham ma net! – Mir ham von einem Radfahrer
gredt!

DER KAPELLMEISTER Das weiß ich ja – ich mein, w e n n Sie von
einem Flieger gesprochen hätten! – Und im selben Moment
wär da oben einer dahergekommen, dann wärs eher ein Zufall gwesn!

KARL VALENTIN Ja, – naufgschaut ham ja mir net!

DER KAPELLMEISTER Aber ich mein doch nur – wenn Sie statt von
dem Radfahrer von einem Flieger gsprochn hätten!

KARL VALENTIN Wieso? – Wie kann ich denn von einem Flieger
sprechen, wenn ich von einem Radfahrer sprech?

DER KAPELLMEISTER Ich mein eben, – grad so gut, wie Sie von einem Radfahrer gredt habn, hätten S' auch von einem Flieger
sprechen können!

KARL VALENTIN Ausgeschlossen!

DER KAPELLMEISTER Ja haben Sie denn noch nie in Ihrem Leben
von einem Flieger gesprochen?

KARL VALENTIN Schon oft – aber da nicht – d a habn mir nur von
einem Radfahrer gredt!

DER KAPELLMEISTER Jetzt lassen S' mir mei Ruh, ich will nichts
mehr hören von Ihnen!

KARL VALENTIN Also morgen gehn wir wieder spazieren – dann
reden wir von einem Flieger – aber wehe! – wenn dann a Radfahrer daherkommt!

*Nun hebt ein unglaubliches Musizieren an: das Vorstadtor-
chester spielt die Ouvertüre zu ›Dichter und Bauer‹. Der Kapellmeister dirigiert mit Leidenschaft. Sein Lötkrawattl rutscht
ihm auf den Rücken. Die beiden Gummiröllchen fliegen nacheinander im hohen Bogen durch die Luft und landen im Orchester. Karl Valentin verpaßt an seiner großen Trommel natürlich alle Einsätze und donnert immer im falschen Moment,
was jedesmal mit wütenden Blicken und Gesten seitens des
Kapellmeisters quittiert wird und alsdann neue Entschuldi-
gungsgebärden und -verrenkungen des unglückseligen Aus-
hilfspaukers auslöst. Was sich bei dieser Ouvertüre, die den*

Schluß unseres Stegreifspiels krönt, an komischen Einfällen und grotesken Gags alles abspielt, ist unbeschreiblich. Jedenfalls zeigen die acht Musiker und ihr Kapellmeister in zunehmendem Maße alle Zeichen der völligen Erschöpfung, wenn sich endlich der Vorhang schließt.

Sonntag-Morgen-Stimmung, noch dunkel, allmählich heller werdend. 4 MUSIKANTEN *kommen nacheinander schwer schnaufend die Treppe herauf und betreten die Galerie des Turmes. Vogelgezwitscher.* DER ERSTE MUSIKER *kommt mit Laterne und Musikinstrument.*

1. MUSIKER Ich glaub, da bin i no z'früh komma, weil no koaner da is, no, is gscheiter, als wenn i z'spät komma wär. – Jetzt wart i auf die andern 3 und wenn dö net kemma, na geh ich auch wieder, na is vielleicht gar koaner mehr da. *Schnupft.*

2. MUSIKER *kommt* So, da wärn ma, bist aa scho da?

1. MUSIKER Dös siehgst ja.

2. MUSIKER Was siehgst?

1. MUSIKER I moa, dös siehgst ja, daß i da bin.

2. MUSIKER Bin neugierig, wo die andern bleiben?

1. MUSIKER Dö lassen sich Zeit.

2. MUSIKER Aba, da kimmt scho wieder oana dahergschnauft.

3. MUSIKER *kommt* Herrschaft sapprament, is dös a Steigerei bis da rauf, mit dö 2676 Staffeln, waar scho bald Zeit, daß uns der Magistrat an Lift reibaun lasset.

2. MUSIKER Dö brauchas zu was andern, dö müassn zsammsparn, daß im Jahr 2000 endlich amal die Lichtreklame einführn könna, wie sichs für a fortschrittliche Stadt gehört.

1. MUSIKER Also, fang ma an.

2. MUSIKER Was willst denn anfangen, mir könna doch net zu dritt a Quartett blasn, zu an Quartett ghörn doch viere.

3. MUSIKER Was, viere is erst? Na san ma ja a Stünd z'früh dran.

1. MUSIKER Naa, i moan viere san ma – 4 Stuck Mann.

2. MUSIKER Woher – mir san doch erst zu dritt.

1. MUSIKER Naa, 3 san ma – viere wern ma erst, wenn der andere da ist.

3. MUSIKER *zählt* 1, 2, 3, ja, ja, da fehlt ja no oaner.

2. MUSIKER Ja, der is ja no net da.

1. MUSIKER No ja, drum müss ma no warten.

2. MUSIKER Also, dann wart ma halt auf eahm.

3. MUSIKER Auf wem?

2. MUSIKER No ja, aufn vierten.

1. MUSIKER Dös is 's gscheitere was ma toa kenna.

4. MUSIKER *kommt* Jetzt waar i bald z'spät kemma.

1. MUSIKER Du bist scho z'spät kemma.

2. MUSIKER Dös is er halt no von der Schul her gwohnt.

3. MUSIKER Bist in d' Schul aa scho mitn Bombardon ganga?

4. MUSIKER Na, mit der Schiefertafel.

3. MUSIKER Da hast ja net blasen könna damit.

4. MUSIKER Aber schreiben. Verschlafen hab i, weils ma mein Wecker pfändt ham, und auf mei Alte kann i mi net verlassen.

3. MUSIKER Warum net?

4. MUSIKER Weil s' selber no schlaft um halb 5 Uhr, und unterm Schlafen kann s' mi net aufwecken.

Turmuhr schlägt 5 Uhr.

1. MUSIKER Also, fang ma an – *haben während der Gespräche die Instrumente ausgepackt und Noten verteilt. Quartett. 1. und 2. Trompete, Althorn, Bombardon, spielen sehr schön* ›Tag des Herrn‹.
Nach Schluß des Liedes schaut einer nunter und sagt Da schauts nunter am Marienplatz, steht koa Mensch mehr drunt. Vor 10 Jahren hat no alles gewimmelt vor lauter Leut und grad zuaghorcht ham s' und die Ohrwascheln ham 's gspitzt, wenn mir blasen ham – grad a Freud war's, wia s' so andächtig zughört ham.

2. MUSIKER Ja, die Zeiten ändern sich. Wie lang werds no dauern, na kündigt uns der Magistrat, denn an die schönen alten Volksbräuch hat koaner mehr ein Interesse.

3. MUSIKER Mir könna doch net da heroben Fußball spieln – oder uns mit dö Boxerfäustling anander 's Gsicht dahaun.

4. MUSIKER Naa, dös brauchts net, aber unser Repetoar wern mir halt noch ändern müssen, die schönen alten Lieder wolln s' nimmer hörn, na spieln ma halt die neuen Schlager ›Was macht der Meier am Himalaja?‹.

2. MUSIKER Da ham mir ja koane Notn dazua?

3. MUSIKER Zu dem Glump brauch ma doch koane Noten, dös könn ma im Schlaf auswendig blasen.
Alle blasen ›Was macht der Meier ...‹

2. MUSIKER Da schau nunter, dö Haufen Leut, dö drunten zsammglaffa sind, und tanzen teans mittn am Marienplatz, dö narrischen Gwachser – da blas ma halt no oans.
Alle blasen ›Valencia‹.

3. MUSIKER Siehgst, bei dem müss ma bleiben, dös gfallt eahna, und unsere alten schönen Volkslieder könn ma uns einsalzen.

1. MUSIKER *singt traurig*

O, Du alter Petersturm,
o Du grüner Isarstrand,
is denn dös mei Münchner Stadt,
dort, wo meine Wiege stand?

Von der Gmüatlichkeit koa Spur,
wo man hinschaut, sieht ma nur
andre Gsichter, andere Leut,

Pfüat Di Gott – Du alte Zeit.

DIE MONDRAKETE

*Das Bühnenbild zeigt ein Raketenflugzeug, das Schwanzende
dem Publikum verächtlich zugewandt, wogegen der Propeller
sehnsüchtig auf den Mond schaut. Als einzige Kulisse erscheint
das Publikum. Der Wind geht.* LIESL KARLSTADT, *im hellen Fliegerdreß, kommt mit großer Ölkanne und beginnt einzufüllen.*
KARL VALENTIN, *ebenfalls im Fliegerdreß, aber im schwarzen, ab-
geschabten, schmiert Propeller, Seitensteuer, Fernrohr, Globus,
Fähnchen und sein Zigarettenetui.* LIESL KARLSTADT *fängt einstweilen an, einzupacken.*

KARL VALENTIN Horch nur grad, der Wind. Ausgerechnet weil
wir starten wollen, muß ein solchener Wind gehen.

LIESL KARLSTADT Geh, du wirst dich doch vom Wind nicht abhalten lassen.

KARL VALENTIN Müssen wir morgen fliegen.

LIESL KARLSTADT Geh, red kein Schmarrn, morgen kann auch ein
Wind gehn.

KARL VALENTIN Dann fliegen wir halt übermorgen.

LIESL KARLSTADT Weißt du das so gewiß, daß übermorgen kein
Wind geht?

KARL VALENTIN Übermorgen geht selten ein Wind.

LIESL KARLSTADT Jetzt mach und hilf mir einpacken, ich weiß
nicht, du druckst immer so rum. Du tust grad, als ob wir bloß
nach Grünwald nauf fliegen täten. Wir fliegen doch direkt ins
Ungewisse.

KARL VALENTIN Wohin?

LIESL KARLSTADT Ins Ungewisse.

KARL VALENTIN Die ganze Zeit hast gsagt, wir fliegen zum Mond.
Jetzt fliegt er auf einmal woanders hin.

*Karl Valentin und Liesl Karlstadt packen miteinander ein:
Zwei Worte – Rauscher – Schlicht – Trinke Spaten – Grammo-
phonplatten von Hieber – Schinken – Odol – Maggi – Eckel-
Weine – usw.*

KARL VALENTIN Tu net alles hint nein, sonst schnackeln wir um. *Sie packen immer schneller ein.*

LIESL KARLSTADT Ja wieviel willst denn noch mitnehmen! Es geht ja schon nichts mehr nei.

VALENTIN *legt noch ein Paket hin* Des muß noch nei.

LIESL KARLSTADT So, jetzt is aber Schluß. Für meine Füße brauch ich doch auch an Platz.

KARL VALENTIN Geht gar nix mehr nei?

LIESL KARLSTADT Naa.

KARL VALENTIN Saxendi, auf des Packl gehts jetzt z'samm. *Er bringt ein ganz kleines Päckchen zum Vorschein.*

LIESL KARLSTADT Wenn ich dir sag, es geht nimmer nei, des nehmen wir halt das nächstemal mit. *Sie (bzw. er) geht mit einer Kiste ab. – Valentin geht zum Fernrohr und schaut durch. – Liesl Karlstadt kommt zurück.*

KARL VALENTIN Ja was ist denn des, ich seh keinen Mond. Mit freiem Aug seh ich ihn schon, aber im Rohr drin net. Nicht einmal verschwommen.

LIESL KARLSTADT Dann hast halt nicht richtig eingestellt. Wennst richtig einstellst, brauchst bloß neinschaun.

KARL VALENTIN Dann siehst nix.

LIESL KARLSTADT Wirklich! Hast es kaputt gemacht?

KARL VALENTIN Naa. *Er schaut wieder in das Fernrohr, während Liesl Karlstadt am anderen Ende herumschraubt und schließlich den Verschluß runtertut.*

LIESL KARLSTADT Der laßt an Deckel drauf, da glaub ich freilich, daß d' nix siehst. Wenn du herunt scho so dappi bist, möcht ich dich erst droben sehn.

KARL VALENTIN Der ghört ja drauf. Wie wirs kauft haben, war er drauf, der ghört zum Schutz für das Glas.

LIESL KARLSTADT Ja, aber wenn d' neischaust doch net. Vergessen hast ihn halt.

KARL VALENTIN Siehst, so was ähnliches ist mir schon passiert, das ist genauso wie das, nur wieder anders. Da bin ich im Hofbräuhaus gwesn und hab mir Weißwürscht kauft. Moanst ich hätts essen können? Ich habs net nunterbracht.

LIESL KARLSTADT Warum nicht? Warens z' hoaß?

KARL VALENTIN Naa, aber ich hab vergessen, daß ichs Maul auf-

mach. *Liesl Karlstadt nimmt das Dekorationstuch vom Flugzeug fort und räumt es auf. Er hat mittlerweile das Fernrohr
umgedreht und schaut verkehrt hinein* Wie weit meinst du,
daß der Mond weg ist?

LIESL KARLSTADT Das weiß ich schon. 383 000 Kilometer.

KARL VALENTIN An Schmarrn. Wenn wir in der Sekunde eintau-
send Kilometer fliegen, dann sind wir in zehntausend Jahr
noch net droben, so weit ist der weg. Schaug nei, wennst es
nicht glaubst.

LIESL KARLSTADT *schaut hinein* Du schaugst ja verkehrt nei.

KARL VALENTIN Meinst, daß das was ausmacht?

LIESL KARLSTADT Freilich. *Dreht es herum* Jetzt mußt neinschaun!

KARL VALENTIN Ja, jetzt brauch ma nimmer nauffliegen, jetzt is
er sowieso schon da. *Er geht hinters Fernrohr und zeigt mit
der Hand, wo der Mond sich befindet. Der Wind geht.*

LIESL KARLSTADT Ja horch nur grad, der Wind.

KARL VALENTIN Nach die Winde dürfen wir uns nie richten. Was
hätt denn da der Globus getan, wie er nach Amerika nüber ist
und hat Amerika entdeckt. Wie ihm seine dreizehn Brieftau-
ben auskommen sind.

LIESL KARLSTADT Wer?

KARL VALENTIN No, der Christian Globus, der Amerika erfunden hat.

LIESL KARLSTADT Du spinnst ja, du meinst an Kolumbus.

KARL VALENTIN Naa, der hat Globus gheißen, habn wir in der
Schul gelernt.

LIESL KARLSTADT Ja, wo du in d' Schul gangen bist. Da schau hin.
Sie deutet auf den Globus Diese runde Pappendeckelkugel
ist der Globus, und der wo Amerika entdeckt hat, war der Kolumbus.

KARL VALENTIN *deutet auf den Globus* Des ist der Kolumbus.
Liesl Karlstadt holt Raketen herbei.

KARL VALENTIN Gib fein Obacht, der Feuerwerker Burg hat gsagt,
die sind mit dem stärksten Pulver gefüllt. Da wenns eine
zreißt, sind von uns nicht einmal mehr Fäserl da, viel weniger
Antome. Und dann hat er gsagt, wir dürfen keine Zigarre oder
Zigarette hinbringen, also überhaupt kein Feuer, nicht reiben,
stoßen, nicht fallen lassen und nicht berühren.

LIESL KARLSTADT Ja, berühren muß mans ja, wie willst du sie denn sonst einsetzen?

KARL VALENTIN Das ists ja eben.

LIESL KARLSTADT Berühren darf mans schon, müßn mir halt vorsichtig sein, da ziehn wir halt die Handschuh dazu an. *Beide ziehen Handschuhe an.* Setzt du sie ein?

KARL VALENTIN Ja. *Dabei fällt ihm die Zigarette in die Raketenkiste* Jessas! *Beide werfen die Raketen raus und suchen die Zigarette.*

LIESL KARLSTADT Da liegens jetzt.

KARL VALENTIN Und wir wären auch bald daglegen. Da wären wir aber weiter kommen wie zum Mond, da wären wir direkt ins Jenseits hinüber.

LIESL KARLSTADT Mir halt er die ganze Zeit einen Vortrag und dabei laßt er die brennende Zigarette neinfallen.

KARL VALENTIN Wennst mich du so saudumm fragst, und da ists mir halt rausgfallen ausm Mäu.

LIESL KARLSTADT *wirft mit Wucht eine Rakete in die Kiste* 's ist ja wahr auch, mich warnst immer und er laßt die Zigarettn hineinfallen.

KARL VALENTIN *wirft ebenfalls eine Rakete in die Kiste* Dewegen brauchst auch net glei so umeinander z' werfen. *Beide legen in Zeitlupentempo die Raketen in die Kiste.* Neun Stück sind schon drin, wir brauchen nur noch drei.

LIESL KARLSTADT Was willst mit drei? Da kommst höchstens nach Rosenheim.

KARL VALENTIN Hast du eine Ahnung vom Mondflug. Über Rosenheim kommen wir gar nicht. *Er legt die erste Rakete ein* Noch eine. *Liesl Karlstadt stößt die dritte fest auf den Boden.* So, so, hau nur fest hin, das machst net lang.

LIESL KARLSTADT Horch, da ist ja kein Pulver drin.

KARL VALENTIN Die hat höchstens der Lehrbub gmacht. *Er wirft sie weg. Liesl Karlstadt gibt ihm noch eine. Alle drei schmiert Valentin. Liesl Karlstadt trägt die Kiste fort und kommt gleich wieder. Dann Valentin* Weißt du, was mich wundert, ist dir noch nichts aufgefallen?

LIESL KARLSTADT Daß keine Leut da sind?

KARL VALENTIN Ja, bei so einem wissenschaftlichen Werk kommt keine alte Sau, bei einem Mondflug. Ein Maskenzug wenn ist, da stehen die Leut schon um fünf Uhr früh am Marienplatz. Wir, wo unser ganzes Können eingesetzt haben und unser ganzes Vermögen, sechshundert Mark, neigschustert haben, da kommt kei Mensch. Mei Braut ist auch nicht da.

LIESL KARLSTADT Vielleicht habens d' Leut net gwußt.

KARL VALENTIN Freilich, es ist ja überall angeschlagen.

LIESL KARLSTADT Das ist jetzt nur so dumm, wenn wir wegfliegen und wir kommen nimmer, weiß kein Mensch, wo wir sind.

KARL VALENTIN Nacha kommen wir halt net in d' Illustrierte.

LIESL KARLSTADT Weißt was, jetzt ist noch kein Mensch da, jetzt könnten wir einen Probeschuß abgeben, damit wir sehen, obs funktioniert.

KARL VALENTIN Tat ich nicht! Tat ich nicht! Bedenk einmal, wir haben zwölf Raketen, davon schießen wir jetzt eine ab, dann haben wir noch, zwölf weniger eins ist elf, elf Raketen. Jetzt sind wir vielleicht so weit vom Mond weg – *er zeigt, wie weit –* und wir haben die elf schon abgeschossen, jetzt bräuchten wir die zwölfte, – schon flackn ma herunt.

LIESL KARLSTADT Ach geh, die eine darf nichts ausmachen. Weißt, ich mein, wenns den Apparat zreißt, dann könnten wir noch gschwind davonlaufen.

KARL VALENTIN Ja, wenn du unbedingt meinst, so kannst ja einen Probeschuß abgeben. Ich muß sowieso noch was besorgen. *Er will weggehen.*

LIESL KARLSTADT So ein Feigling bist du. Zuerst hast gsagt, willst allein fliegen, und jetzt traut er sich kein Probeschuß abgeben.

KARL VALENTIN Weißt, mir ists ja nur wegen dem Zreißen.

LIESL KARLSTADT Das bin ich auch noch net gwohnt. Wir müssen halt vor allen Dingen das Flugzeug festhalten.

KARL VALENTIN Ja, das wirst du derhalten können, wenn die Raketen naussaust.

LIESL KARLSTADT Wir müssen halt d' Brems auch noch neintun. So und jetzt laß krachen.

KARL VALENTIN Ich hab schon mehr Probeschiß als Probeschuß.

LIESL KARLSTADT Jetzt halt dir die Ohren zu –

KARL VALENTIN Wie kann ich die Ohren zuhalten, wenn ich einschalten muß?

LIESL KARLSTADT Na machst halt d' Augen zu! *Sie geben einen Schuß ab und laufen dabei nach vorwärts, als ob das Flugzeug schon starten wollte. Während Karl Valentin schimpft und beide das Flugzeug an den alten Platz schieben, reitet der Schutzmann herein.*

DER SCHUTZMANN Himmelsabrament, was ist da los? Wer hat da geschossen?

LIESL KARLSTADT *und* KARL VALENTIN Mir.

DER SCHUTZMANN Ja, san denn Sie d' Mondflieger und wollen da herint starten, wos doch gheißen hat, der Start ist auf dem Flugplatz Schleißheim v o r m Fliegerschuppen. No dazu warten Behörden und hunderttausend Menschen schon drei bis vier Stund lang.

KARL VALENTIN *hat sich dem Pappgaul genähert und streichelt ihn* Ja, wo is er denn? *Er nimmt auch noch den Vorderfuß.*

LIESL KARLSTADT Ja, v o r dem Schuppen können wir nicht starten.

DER SCHUTZMANN Warum denn nicht, erklären S' mir das amal.

KARL VALENTIN Vorm Fliegerschuppen gehts nicht. Bedenken S' amal, wenn da eine Rakete in den Schuppen saust, wo hundert Benzinfaßl drinstehn. Da täts uns alle dabreseln.

DER SCHUTZMANN Ja so gscheit bin ich schon selber. Aber des ko doch koa Mensch net schmecka, daß Sie dahinten wegfliegen wollen. I derf halt sofort nüberreiten auf die andere Seiten und Meldung machen, daß alles da rüberkommt. Wann wollen S' denn starten?

KARL VALENTIN *unterbricht ihn* Is mei Braut auch drüben?

DER SCHUTZMANN Was kümmert mich Ihre Braut. Ich möchte wissen, wann Sie eigentlich starten wollen.

LIESL KARLSTADT In zehn Minuten.

DER SCHUTZMANN Da darf i schaun, daß i nüberkomm.
Karl Valentin und Liesl Karlstadt schauen sich an.

LIESL KARLSTADT Daß doch bei uns gar nix klappt.

KARL VALENTIN Ich kauf mir derweil a Mondhalbe, bis d' Leut kommen. *Sie wollen beide gehen. Geschrei. Die Mauer des Publikums schiebt sich über die Bühne – der Schutzmann, Karl Valentin und Liesl Karlstadt drängen die Leute zurück und schimpfen.*

DER ERSTE PHOTOGRAPH Verzeihen Sie, sind Sie die Piloten?

KARL VALENTIN Ja. Mondpiloten – Vollmondpiloten.

DER ERSTE PHOTOGRAPH Könnte ich Sie vielleicht filmen?

LIESL KARLSTADT Aber schnell muß 's gehn. Wir haben nimmer lang Zeit. *Der zweite Photograph stellt sich vor den ersten. Beide streiten um den Platz.*

DER SCHUTZMANN Halt, streits net lang, stellts euch nebeneinander hin.

DER ERSTE PHOTOGRAPH So, jetzt bewegen Sie sich. Rauchen Sie eine Zigarette oder tun Sie sonst was. Nur nicht ruhig halten.

DER ZWEITE PHOTOGRAPH So, jetzt machen Sie eine schöne Pose und bitte ganz ruhig stehenbleiben.

DER ERSTE PHOTOGRAPH Sie sind wohl verrückt! Kann ich nicht brauchen. Bewegen.

DER ZWEITE PHOTOGRAPH Ruhig halten.

DER ERSTE PHOTOGRAPH Bewegen.

DER ZWEITE PHOTOGRAPH Ruhig halten.

KARL VALENTIN Ja, was sollen wir jetzt tun? Wir können uns doch nicht während dem Ruhighalten bewegen. Machen S' halt Sie z'erst und dann Sie!

DER ERSTE PHOTOGRAPH Achtung! Aufnahme *Karl Valentin und Liesl Karlstadt verrenken sich die Glieder.* Danke!

DER ZWEITE PHOTOGRAPH So, und jetzt eine schöne Pose. *Karl Valentin hält mit der Hand Liesl Karlstadt das Gesicht zu.* Nicht so. Jetzt ists hübsch. Eins – zwei – drei. Dankeschön. *Von hinten hört man ein Auto hupen, Hurra rufen. Musik und Behörden marschieren auf. Der Schutzmann drängt wieder die Menschenmauer zurück – die Musik spielt weiter – der Schutzmann reitet wieder vorbei. Das Pferd scheut, rennt die Leute um und wirft den Kino-Apparat um. – Es gibt Scherben, die Musik setzt aus.*

DER HERR OBERBÜRGERMEISTER Gestatten Sie: Oberbürgermeister, Herr Oberregierungsrat, Herr Vorderregierungsrat, Herr Hinterregierungsrat. Einen Moment bitte. *Er betritt das Rednerpult.*

Meine Herren Stadträte! Meine hochwohlgeborenen Flieger und sehr geehrte Zuschauermassen! Und so beschließe ich meine Rede mit den Worten: Den beiden tollkühnen Fliegern ein dreifaches Mond-Heil! *Ein Tusch wird geblasen. Der Schutzmann reitet verkehrt vorbei und verliert Pferdeäpfel.*

DER ZWEITE PHOTOGRAPH *nimmt die Pferdeäpfel auf* Man kann nie genug Bilder für die Illustrierte haben.

DER HERR OBERBÜRGERMEISTER Bitte, Herr Oberregierungsrat, nehmen Sie Besen und Schaufel und entfernen Sie hier diese störende Kleinigkeit. *Der Herr Oberregierungsrat kehrt zusammen und will gehen.*

KARL VALENTIN Hä, Sie, da haben S' oa vergessen. *Er nimmt mit der Zange einen auf und legt ihn auf die Schaufel. Der Oberregierungsrat legt den Besen weg und tut einen mit der Hand auf die Schaufel.*

DER HERR OBERBÜRGERMEISTER Bitte, meine Herren, wenn Sie so freundlich wären und uns einige Details über den geplanten Flug selbst zum Besten geben wollten.

KARL VALENTIN Ja, da wollen wir nichts sagen drüber, das ist ja sozusagen ein Geheimnis.

DER HERR OBERBÜRGERMEISTER Glauben Sie, daß der Flug gelingt?

LIESL KARLSTADT Natürlich. Die Voraussetzungen sind ja alle da. Mir sind da – das Flugzeug ist da – der Mond ist da.

KARL VALENTIN Das einzige Hindernis ist die Entfernung von der Erde zum Mond.

DER HERR OBERBÜRGERMEISTER Und haben Sie die Hoffnung, daß Sie wiederkommen?

LIESL KARLSTADT Ja, die Hoffnung, die müssen wir ja haben.

KARL VALENTIN Die Hoffnung ist das Wichtigste. Wichtiger wie die Raketen und das Flugzeug. Wir haben halt zwölf Raketen und ein Stück Hoffnung.

DER HERR OBERBÜRGERMEISTER Sie glauben also mit Bestimmtheit, daß Sie hinaufkommen?

KARL VALENTIN Na ja, ganz nauf will ich grad net sagen – runter kommen wir bestimmt, wenn wir naufkommen.

DER HERR OBERBÜRGERMEISTER Und dennoch möchte ich Sie gebeten haben, uns wenigstens einige Äußerlichkeiten vom Flugzeug zu erklären. *Valentin zögert.*

LIESL KARLSTADT Erklärs ihm nur, der verstehts ja doch nicht.

DER HERR OBERBÜRGERMEISTER Wie bitte?

KARL VALENTIN Er hat gmeint, es wird schwer zum verstehen sein. Also, das ist ein Ölkandl. Das ist die Seitensteuer – das ist die Einkommensteuer – – naa, das Höhensteuer. Das ist das Steuerrad. Also Sie sehen, wo man hinschaut, nix wie Steuern. Das ist der hintere Führersitz, das ist der vordere Führersitz. Der hintere Führer sitzt immer hinterm vordern Führer, außer, das Flugzeug ist verkehrt, dann sitzt der hintere Führer – *Er besinnt sich* – – auch hint. Das sind die verschiedenen Manometer, – das is der oa, – das is der ander, des is der dritte und der, des wissen wir selber noch net, zu was der ghört. Da müssen wir erst d' Gebrauchsanweisung lesen. Das ist die Antenne, mit der wir die Nachrichten von der Erde empfangen, und das ist das Mikrophon. Mittels diesem können Sie alles hören, was uns im Äther begegnet. Wir sprechen alles hinein und auf jedem Flugzeugschuppen der ganzen Welt stehen große Lautsprecher, da können Sie alles hören.

LIESL KARLSTADT Wart, ich führs ihm vor. Also ich schalte – *jetzt spricht ein Lautsprecher mit* – ein. Ich spreche Ihnen jetzt eine kleine Probe vor. Sehr geehrter Herr Bürgermeister. Wir werden jetzt zum Mond fliegen. Schluß.

DER LAUTSPRECHER *allein* Gute Reise!

Allgemeines Erstaunen.

KARL VALENTIN Jetzt das is gut. Der redt ja mehr, als ma neiredt – – Ah, jetzt weiß ich, da wird von gestern noch a Trumm Gespräch dringwesen sein und das ist mit rausgrutscht.

ALLE *miteinander* Das ist ja großartig, das ist fein – *usw.*

KARL VALENTIN Und dann sind wir noch ganz raffiniert ausgestattet. Sehen Sie, hier haben wir die Raketen. Funktionieren die Raketen nicht, dann fliegen wir mit dem Benzinmotor weiter. Funktioniert der Benzinmotor nicht, so fliegen wir mit den Raketen weiter. Gehn der Motor und die Raketen nicht, dann fliegen wir sowieso.

DER HERR OBERBÜRGERMEISTER Das ist ja ganz fein ausgedacht.

KARL VALENTIN Sie sehen also, wir haben alles, was andere Mondflieger nicht haben.

DER HERR OBERBÜRGERMEISTER Andere Mondflieger?

KARL VALENTIN Jaso, wir sind ja die ersten.

DER HERR OBERBÜRGERMEISTER *setzt sich in Positur* Die Stadt hat mich beauftragt, Ihnen für die Verdienste im Flugwesen den Mondraketenflugzeugverdienstorden anzuheften.

KARL VALENTIN Das ist noch zu früh, lassen S' uns erst naufkommen.

DER HERR OBERBÜRGERMEISTER Bitte, verderben Sie uns die Freude nicht. Wir sind ja froh, wenn wir ihn losbringen. Also bitte. *Die Musik spielt einen Tusch.*

KARL VALENTIN Nacha is was anders. *Er läßt sich photographieren.*

DER HERR OBERBÜRGERMEISTER *zu Liesl Karlstadt* Auch Ihnen ist ein solcher Orden zugedacht. – *Die Musik spielt wieder einen Tusch.* Und meinen herzlichsten Glückwunsch!

KARL VALENTIN Also jetzt müssen wirs packen. Jetzt dürfen wir nicht mehr lang rumdreckeln. *Er verabschiedet sich von allen Honoratioren, von den Photographen, von Liesl Karlstadt.*

LIESL KARLSTADT Ich flieg ja mit.

Karl Valentin verabschiedet sich noch vom Schutzmann und vom Souffleur, dann fängt er an zu weinen. Liesl Karlstadt tröstet ihn.

DER HERR OBERBÜRGERMEISTER Gestatten Sie eine Frage. Warum ist Ihr Freund auf einmal so bedrückt?

LIESL KARLSTADT Er wartet schon den ganzen Tag auf seine Braut, und die ist immer noch nicht da. *Zu Valentin* Schau, vielleicht ist sie unter den Leuten.

KARL VALENTIN *sucht unter der Menschenmauer und ruft* Braut, Braut, Marie! *Weinend kommt er zurück und steigt ins Flugzeug.*

DER HERR OBERBÜRGERMEISTER Gute Reise!

KARL VALENTIN Was sagen S'?

DER HERR OBERBÜRGERMEISTER Gute Reise!

KARL VALENTIN Ich versteh Ihna net.

DER HERR OBERBÜRGERMEISTER Gute Reise!

KARL VALENTIN Ah! so – – ja! ja. – *Er läßt den Motor anlaufen.*

DER HERR OBERBÜRGERMEISTER Halt! Halt! Sie können doch unmöglich in die Menschenmenge hineinfahren. Da sind hundert Personen tot.

KARL VALENTIN Ah, übertreibens nur net. Zehn oder fünfzehn kanns ja derschlagn, aber net mehr. *Während die Menschen-*

menge *zurückgedrängt wird, kommt die Braut. Er macht ihr*
Vorwürfe. Sie herzt ihn und weint, er auch.

DIE BRAUT Schatzi, geh nicht fort von mir!

KARL VALENTIN Ich geh ja nicht, ich flieg ja.

DIE BRAUT Denk doch an unsere Kinder! *Sie weint.*

KARL VALENTIN Bitte, Herr Oberregierungsrat, nehmen S' Ihnen
um meine Braut an. *Die Braut fällt Liesl Karlstadt um den*
Hals und heult laut auf. Marie, Marie, sei vernünftig – – sei
ein Mann.

DER HERR OBERBÜRGERMEISTER Und jetzt, meine verehrten Zuschauer, wenn Sie die Flugplatzsirenen zum drittenmal heulen
hören, werden die beiden Tollkirschen, ah, tollkühnen Flieger
schußartig den Erdball verlassen. Also los! *Man hört das erste*
Zeichen – der Propeller läuft an – wird plötzlich wieder abge-
stellt.
Karl Valentin steigt aus dem Flugzeug.

ALLE Was ist denn los – ist was passiert?

KARL VALENTIN Ich muß mich noch rasieren lassen. *Das zweite*
Zeichen ertönt. Die Braut fällt in Ohnmacht, Liesl Karlstadt
erfrischt sie mit dem Ölkandl.

EIN ZEITUNGSMANN Das Neueste vom Neuen. Der S. S. P. Eine
totale Mondfinsternis! *Der Propeller wird abgestellt.*

DER HERR OBERBÜRGERMEISTER *liest* Heute, den *(Tag der Auf-*
führung) eine totale Mondfinsternis. – Der Mond verfinstert
sich tatsächlich.
Allgemeiner Tumult. Man hört rufen »Sie können nicht fliegen!«
Die Braut tanzt vor Freude.

KARL VALENTIN Wir fliegen doch!
Der Mond verfinstert sich – Raketen krachen – die Blechmusik
spielt: »Muß i denn, muß i denn zum Städtle hinaus.« Der Vor-
hang schließt sich schnell, geht jedoch gleich wieder auf und
zeigt das Bühnenbild ohne das Raketenflugzeug. Die Zuschauer
werden nach beiden Seiten hinausgeschoben. Man hört sie ru-
fen: »Mondheil« – »Auf Wiedersehen«. Der Vorhang schließt
sich abermals. Eine Filmleinwand rollt von oben herab. Man
sieht den Raketenflug im Film, die Erde wird immer kleiner,
der Mond rückt näher, seine Kraterlandschaft öffnet sich im-

mer gewaltiger, das Raketenflugzeug stößt an und stürzt ab.
Noch im Krachen der Katastrophe rollt die Filmleinwand wieder nach oben auf, der Vorhang öffnet sich und zeigt das zertrümmerte Raketenflugzeug auf der Bühne. Karl Valentin und
Liesl Karlstadt kriechen unter den Trümmern hervor und reiben sich die Glieder. Liesl Karlstadt nimmt den Schinken an
sich. Der Oberbürgermeister kommt von rechts, nimmt ihnen
die Orden wieder ab und geht nach links wieder ab.

Vorhang

Straßenlärm – Trambahngeräusch usw.

STIMMEN Obacht, obacht! Jessas! Jessas! Au. Auh! *Schrei*

VALENTIN Jessas, jessas, lauft mir des saudumme Frauenzimmer
direkt ins Radl nei – i ko nix dafür – ja, hörn denn Sie net,
wenn i scho a halbe Stund läut, Sie narrisch Gwachs, Sie!

KARLSTADT Geh, reden S' doch net so unverschämt daher, Sie
ham ja überhaupt nicht g'litten, was wolln S' denn, Sie sind
mir direkt mit Ihrm Radl zwischen d' Füaß neigfahrn.

VALENTIN Ich hab schon g'litten, ich hab schon g'litten, Sie ham
mich nicht ghört – dös ist nicht wahr, wer hat net g'litten, ich
hab schon g'litten, ich hätt net g'litten, für was hab ich denn
an meim Radl a Glockn dran – Herr Nachbar, Sie san Zeuge,
hab ich an meim Radl a Glockn dran oder nicht?

ZEUGE Das stimmt, da muß ich dem Herrn Radfahrer recht geben. Der Herr hat an seim Rad a Glockn dran.

KARLSTADT Das glaub ich schon, daß er a Glockn dran hat, aber
g'litten hat er net mit der Glockn.

ZEUGE Geh, Frau, reden S' doch net so dumm daher, was hätt
denn dö Glockn an dem Herrn sein Radl für an Zweck, wenn
er net läuten tät damit?

VALENTIN Ja, dös glaub i aa.

KARLSTADT Ach, Unsinn, was verstehn denn Sie? Da, schaun S'
her, wie ich ausschau, den ganzen Rock hat er mir zerrissen.

VALENTIN So, hätten S' halt kein Rock anzogn.

KARLSTADT Das tät Ihnen so passen, gell?

VALENTIN Ja, mir schon, mir schon.

KARLSTADT Sie, Herr Schutzmann, wo sind S' denn – Herr
Schutzmann, sind S' so gut, komma S' amal her da, bitte, da
komma S' amal her, Herr Schutzmann.

VALENTIN Ja, da braucha S' dann an Schutzmann dazua – da
komma S' glei immer mitn Schutzmann daher.

SCHUTZMANN Ja, was ist denn hier los?

VALENTIN Dö Frau is mir direkt...

KARLSTADT Schaun S' amal her, ist nicht wahr, lassen S' mich
zuerst reden.

VALENTIN Lassen S' mich reden, die Frau ist mir...

KARLSTADT Dieser Herr ist mir soeben mit seiner Glocken in
mein Rock neigfahrn.

VALENTIN Ah, ist gar nicht wahr, schaun S', Herr Schutzmann,
ich bin mit meim Radl auf der Straßn gfahrn und hab mit der
Glockn g'litten, die Frau hat mich nicht ghört und mei Glockn
auch nicht und ist mir direkt in d' Füaß nei... dö Herrn ham's
alle gsehn.

KARLSTADT Ah – ja wia ma nur so lüagn kann, das ist ja alles gar
nicht wahr, was der sagt, das ist nicht wahr, Herr Schutzmann
– Sie sind ja ein Schwindler.

VALENTIN Ich bin kein Schwindler, ich bin ein Radfahrer.

KARLSTADT Ist nicht wahr. Ich bitte Sie, Herr Schutzmann,
schaun S', schaun S', lassen S' mich doch auch reden, ich bin
gewiß eine anständige Frau, nicht wahr...

VALENTIN Ja, dös sieht man, Sie wern a anständige Frau sei'.

KARLSTADT Ich bin grad im Moment so allein auf der Straß'
ganga.

VALENTIN Da ham mas ja.

SCHUTZMANN Na, na, wenn Sie schon einmal allein auf der Straße gehn, dann sind Sie keine ganz anständige Frau.

VALENTIN Ja, dös denk i mir eben aa.

KARLSTADT Bitte, so lassen Sie mich doch zuerst ausreden, nicht
wahr. Ich bin grad auf der Straß gegangen, auf einmal kommt
der Depp mit seim Radl dahergsaust und fahrt mir mit 40 km
Geschwindigkeit direkt zwischen d' Füß nei, schaun S' mich
doch an, wie ich ausseh, mein ganzer Rock ist dafetzt.

VALENTIN Ich gib Ihna nacha an Depp – ah – ich bin ganz langsam gfahrn.

KARLSTADT Ich verlang von dem Herrn ein Schmerzensgeld.

VALENTIN So – ham Sie vielleicht an Eahnan Rock Schmerzen?

KARLSTADT Ah, Schmarrn – aber Sie als Schutzmann – ich bitte
Sie, Sie haben doch die Pflicht, daß Sie diesen saubern Herrn
Radfahrer sofort aufschreiben, das kann ich von Ihnen ver-
langen, jawohl!

VALENTIN Ja, mich natürlich, weil Sie mir neiglaffa sind.

SCHUTZMANN Ja, ja, das mach ich sowieso – aber zuerst Ihre
Personalien – Sie heißen?

KARLSTADT Maria.

SCHUTZMANN Wie noch?

KARLSTADT Huber.

SCHUTZMANN Geboren?

KARLSTADT Den 23.

SCHUTZMANN Was 23.?

KARLSTADT No ja, November.

SCHUTZMANN Ah ja, weiter, weiter, was für ein Jahr? Diktieren
Sie doch schneller, ich hab nicht so viel Zeit, ich muß heute
noch mehr Radler aufschreiben, schneller, also los!

KARLSTADT Was schneller? So schnell könna Sie nicht schreiben
wie ich reden kann.

SCHUTZMANN Kümmern Sie sich nicht um mich – also schneller,
los, los!

KARLSTADT Ja also, bitte, dann schreiben Sie: Ich heiße Maria
Huber, geboren den 23. November 1892 zu Ingolstadt an der
Elbe als Tochter eines verheirateten Kehrrichttonnenabfuhr-
chauffeurs, meine Mutter war eine geborene Karolina Dünn-
dipfeldick aus Wallersdorf bei Rosenheim, Bezirksamt Ober-
bayern.

SCHUTZMANN Halt, halt! Da komm ich ja nicht mehr mit. Etwas
langsamer doch! *Alles lacht.*

KARLSTADT Gell, gell, ich habs ja gwußt, ich habs Ihnen ja gleich
gsagt, daß Sie nicht nachkommen, ich habs Ihnen doch gsagt,
daß Sie nicht so schnell schreiben können wie ich reden kann.

SCHUTZMANN Na ja, bei dem Mundwerk ...

ALLE *lachen* Jetzt kommt er nimmer nach ... jetzt kommt er
nimmer nach ...

IM SENDERAUM

Ein hellgrauer Vorhang bildet den Bühnenhintergrund, der durch eine sichtbare Deckenbeleuchtung mehrerer großer, zum Publikum hin abgeschirmter Tiefstrahler an der Bühnendecke hell beleuchtet wird. Auf einem großen Schild mit schwarzer Umrahmung steht überdeutlich zu lesen:

Achtung! Wenn rote Lampe brennt, größte Ruhe!

In der Bühnenmitte steht ein großer Tisch mit zahlreichen Apparaturen und Schaltern. Man erkennt ferner einen Maßkrug, einen Teller mit Blechstückchen und eine in der Mitte des Tisches aufmontierte pilzförmige Sirene. An der rechten Schmalseite ist ein hölzerner Galgen befestigt, von dem eine große Glocke herabhängt, an deren Schwengel wie bei der Feuerwehr ein langer, schwarzer Riemen befestigt ist. Neben dem Tisch im Hintergrund das Gestell mit dem großen Trommelzylinder der Windmaschine, weiter rechts ein Gestell mit dem Donnerblech und dem dazugehörigen Schlegel. Auf der anderen Seite des Tisches drei verbeulte Zinkblecheimer, ein Stuhl, ein Kleiderständer und das Mikrophon mit Leitungsdrähten.

LIESL KARLSTADT trägt über ihrem dunklen Nachmittagskleid einen hochgeschlossenen, weißen Arbeitskittel mit Umlegekragen, der jedoch nicht zugeknöpft wird.

KARL VALENTIN kommt mit einem altmodischen Strohhut, einer »Kreissäge«, herein. Er hat eine struppige, rote Perücke auf und auf seiner unglaublichen Entennase eine schwarze Hornbrille mit kreisrunden Gläsern. Sein schwarzer Anzug ist an Ellenbogen und Knien abgewetzt und glänzt, das Jackett, altmodisch und bäurisch, bauscht sich hinten unter der Taille schoßartig. Unter der überaus engen und etwas zu kurzen Hose schauen graue Wollsocken und riesige Gummizugstiefel hervor.

DER SPRECHER trägt ein dunkles Jackett zu einer gestreiften grauen Hose und eine bunte, auffallende Schmetterlingskrawatte. Er macht einen sehr eleganten Eindruck. Aus seiner Brusttasche flattert kokett ein Tuch.

Beim Aufgehen des Vorhanges ist die vollbeleuchtete Bühne leer; nur eine rote Lampe brennt.

LIESL KARLSTADT *tritt auf, geht ans Mikrophon und spricht* Meine sehr verehrten Hörerinnen und Hörer! Nach dem wissenschaftlichen Vortrag über die Vermehrung der Maikäfer lassen wir nun eine kleine Pause eintreten. Auf Wiederhören in drei Minuten. *Sie schaltet die rote Lampe aus* So, nun kommt unser Staatsschauspieler dran. Ich möchte nur wissen, wo der Inspizient so lange bleibt; er soll doch schon längst da sein. *Sie ruft in die Kulisse* Fräulein Annerl, bitte, rufen Sie doch den Abhörraum an, der Inspizient möchte sofort in den Senderaum kommen! *Zum Publikum* Ich kann doch nicht allein die ganzen Geräusche machen. *Sie überprüft die Requisiten und rückt sie zurecht* Ist nun alles in Ordnung? Nachher können wir ja den nächsten Vortrag schneiden. *Sie ruft in die Kulisse wie vorhin* Was ist los? Der Inspizient ist nicht unten? Na, dann werde ich selbst mal nachsehen. *Sie geht ab.*
Karl Valentin tritt auf, geht in die Mitte der Bühne und bleibt am Tisch stehen. Liesl Karlstadt kommt von links und sieht Karl Valentin.

KARL VALENTIN Guten Tag!

LIESL KARLSTADT Guten Tag! Sie wünschen?

KARL VALENTIN Ich möcht fünfundzwanzig Meter länglichen Antennendraht.

LIESL KARLSTADT Wie bitte?

KARL VALENTIN Fünfundzwanzig Meter Antennendraht brauch ich.

LIESL KARLSTADT Ja, erlauben Sie amal, wie kommen Sie denn in diesen Aufnahmeraum herein?

KARL VALENTIN Bei der Tür da draußen.

LIESL KARLSTADT Ja, das glaube ich Ihnen schon. Aber wir haben hier nichts zu verkaufen.

KARL VALENTIN Ein bekannter Freund von mir will sich einen Radio bauen und schickt mich her wegen dem Antennendraht.

LIESL KARLSTADT Der wird Sie bestimmt woanders hingeschickt haben. Hier sind Sie falsch. Hier ist der Senderaum vom Rundfunkhaus, bei uns gibt es keine fünfundzwanzig Meter Antennendraht.

KARL VALENTIN Zwanzig Meter auch nicht?

LIESL KARLSTADT Nein, wir haben nichts zu verkaufen, hier wird nur gesendet.

KARL VALENTIN Ja, dann senden Sie meinem Freund halt den Draht.

LIESL KARLSTADT Nein, wir haben nichts zu verkaufen.

KARL VALENTIN Aber ich habe ja das Geld dabei. *Er nimmt eine Drahtrolle, die auf dem Tisch liegt* Das wär der richtige.

LIESL KARLSTADT *nimmt ihm den Draht wieder weg* Nein, sage ich, der Draht gehört für andere Zwecke!

KARL VALENTIN So?! Brauchen Sie da einen Draht dazu?

LIESL KARLSTADT Schaun S' lieber, daß Sie weiterkommen!

KARL VALENTIN Haben Sie vielleicht dann Schräuferln, so junge Schrauben . . .

LIESL KARLSTADT Nein, bei uns wird nur Theater gespielt.

KARL VALENTIN Haben Sie Hörer?

LIESL KARLSTADT Wie?!

KARL VALENTIN Ob Sie vielleicht Hörer haben?

LIESL KARLSTADT Sie haben aber eine komische Aussprache. Ja natürlich, Hörer haben wir nach vielen Tausenden.

KARL VALENTIN *deutet an seinem Kopf an, was er meint* Nein, einen brauch ich nur.

LIESL KARLSTADT Ach so, Sie meinen einen Kopfhörer.

KARL VALENTIN Nein, einen schwarzen.

LIESL KARLSTADT Sind Sie ein Schwarzhörer?

KARL VALENTIN Nein, einen schwarzen Kopfhörer mit zwei so Schachterln.

LIESL KARLSTADT Also doch einen Kopfhörer, das sind doch alles Radioartikel.

KARL VALENTIN Ja, wir bauen uns einen Radio aufs Hausdach nauf.

LIESL KARLSTADT Das können Sie alles bei uns nicht haben, da müssen Sie in ein Radioartikelgeschäft gehen.

KARL VALENTIN Könnten Sie mir vielleicht ein Radiogeschäft besorgen?

LIESL KARLSTADT Es gibt doch hier genug Radiogeschäfte, gleich vorn an der Ecke ist eines, da bekommen Sie alles, was Sie brauchen.

KARL VALENTIN Warum?

LIESL KARLSTADT Weil es ein Spezialgeschäft für Radioartikel ist. Aber meinetwegen können Sie auch woanders hingehen.

KARL VALENTIN Ja, das wäre mir schon lieber.

LIESL KARLSTADT Aber nun schauen S' endlich, daß Sie hinauskommen. Wir müssen jetzt weiterarbeiten. Sie können gleich dort drüben hinausgehen.

KARL VALENTIN Ja, ist schon recht. Also den verkaufen S' auf keinen Fall. *Er nimmt noch einmal die Rolle Antennendraht in die Hand.*

LIESL KARLSTADT Nein, auf gar keinen Fall.

KARL VALENTIN Sous les toits de Paris – quelque fleur – Monsieur d'Allemagne – Eau de Lavande – bel ami – lavasse.

LIESL KARLSTADT Wie meinen Sie?

KARL VALENTIN La-vas-se.

LIESL KARLSTADT Sprechen Sie französisch? Wie heißt denn das?

KARL VALENTIN Lavasse – leihweise.

LIESL KARLSTADT Nein, nein, jetzt schaun S' aber, daß S' nauskommen! Aber sofort! Gleich da drüben! *Sie geht eilig ab.*

KARL VALENTIN *bleibt nach ein paar Schritten stehen, geht noch einmal an den Tisch und schaut den Antennendraht an* Jetzt schaun S' no grad die g'scherte Molln an, die hat einen Draht und gibt ihn nicht her. Grad das wär der richtige, den mein Freund braucht. Dann behaltst eben dei Glump! *Er besieht sich die Apparate am Tisch* Ja, was ist denn das alles für ein Zeug! Was die Menschen heutzutage nicht alles erfinden! Nur für'n Schnupfen hams halt noch nichts erfunden! Ah, das ist ein Senderaum-Motor! *Er greift an einen Schalter. Plötzlich geht die Sturmmaschine los, man hört das Heulen des Windes.*

LIESL KARLSTADT *kommt entsetzt hereingestürzt* Ja, was ist denn hier los!

KARL VALENTIN *deutet auf den Schalter* Das da.

LIESL KARLSTADT Aber das kann doch nicht von selbst losgehen! *Sie stürzt zum Schalter und schaltet die Sturmmaschine aus.*

KARL VALENTIN Doch.

LIESL KARLSTADT Aber das gibt es doch nicht!

KARL VALENTIN Freilich is 's von selbst losgangen. Ich war ja dagstanden, und auf einmal hats angfangt.

LIESL KARLSTADT Da haben Sie halt irgendwo hingegriffen.

KARL VALENTIN Nein, ich hab nirgends hingegriffen, ich müßt's ja gsehn ham, wenn i hinglangt hätt.

LIESL KARLSTADT Sie haben also nirgends hingegriffen?

KARL VALENTIN Nein.

LIESL KARLSTADT So – und ich soll so dumm sein und das glauben?

KARL VALENTIN Jawohl – nein –

LIESL KARLSTADT Natürlich haben Sie hingegriffen, ich sehe es ja.

KARL VALENTIN Da schon gleich gar nicht.

LIESL KARLSTADT Also, Sie haben hier nichts berührt?

KARL VALENTIN Nein, aber nur ganz wenig.

LIESL KARLSTADT Sie lügen mir ja direkt ins Gesicht.

KARL VALENTIN Ja.

LIESL KARLSTADT Das ist unsere Sturmmaschine, damit müssen wir unseren Wind machen.

KARL VALENTIN Brauchen Sie da extra eine Maschine zum Windmachen?

LIESL KARLSTADT Natürlich! Was glauben Sie denn eigentlich! Wenn das Mikrophon eingeschaltet gewesen wäre, hätte man das in der ganzen Welt gehört, daß Sie hier Wind machen.

KARL VALENTIN So weit?

LIESL KARLSTADT Selbstverständlich. Hier steht doch unser Mikrophon *Sie zeigt es ihm.*

KARL VALENTIN Sehr angenehm. *Er verbeugt sich.*

LIESL KARLSTADT Sie können da noch von einem großen Glück sagen, daß Ihnen nichts passiert ist! Was denken Sie denn! Die ganzen Apparate hier stehen unter einer Spannung von fünfhunderttausend Volt.

KARL VALENTIN So teuer!

LIESL KARLSTADT Tot könnten Sie jetzt sein!

KARL VALENTIN Um Gotteswillen! So jung und schon tot!

LIESL KARLSTADT Wo nur der Inspizient so lange bleibt? Ich bin schon ganz nervös! *Sie ruft in die Seitenkulisse* Fräulein Annerl, was ist denn eigentlich los mit dem Inspizienten? *Sie horcht hinaus* Wie? Der kann heute nicht kommen? Das ist ja gut. Ja, was soll ich denn da machen? *Karl Valentin geht langsam nach der anderen Seite ab. Liesl Karlstadt hat plötz-*

*lich eine Idee und ruft ihm nach, wie er gerade in der Kulisse
verschwinden will* Halt! Haben Sie jetzt etwas vor?

KARL VALENTIN Einen Draht möcht ich mir besorgen.

LIESL KARLSTADT Haben Sie momentan sonst nichts Wichtiges zu
tun? Ich besorge Ihnen nachher schon einen Antennendraht,
wenn Sie mir jetzt aushelfen. Sie können sich sogar damit
schnell fünf Mark bei mir verdienen.

KARL VALENTIN *schaut sie groß an* Ja, wie meinen Sie jetzt das?

LIESL KARLSTADT Also passen Sie auf. Es handelt sich um folgendes: Der Inspizient, der jetzt momentan so dringend benötigt
wird, ist nicht da, er ist einfach nicht gekommen, und da hätte
ich Sie nun gebeten, ob Sie nicht für ihn einspringen möchten und hier am Tisch eine Kleinigkeit machen können. Ist
Ihnen das möglich?

KARL VALENTIN Nein! Ausgeschlossen! Momentan jedenfalls
nicht. *Er wendet sich wieder zum Gehen.*

LIESL KARLSTADT Bleiben S' nur da, das können Sie schon. *Karl
Valentin kommt fragend näher.* Also, nun passen Sie auf: Es
handelt sich darum, unser Sprecher kommt jetzt gleich herein
und spricht in das Mikrophon einen Monolog und dazu müssen wir immer die Geräusche machen. Das tut sonst der Inspizient. Weil er aber heute nicht gekommen ist, müssen Sie
mir aushelfen. Legen Sie erst mal Ihren Hut weg! *Sie nimmt
ihren Akt zur Hand.*
*Karl Valentin weiß nicht, was er mit dem Hut machen soll,
legt ihn auf den Tischrand, wo er herunterfällt, dann nimmt
er ihn unter den Arm, sieht aber, daß er dann die Hand nicht
bewegen kann, hierauf klemmt er ihn unters Kinn.*

LIESL KARLSTADT *reißt ihm den Hut weg und pfeffert ihn auf
den Fußboden* Legen Sie doch den alten Hut endlich weg!
Also, nun passen Sie auf . . .
Karl Valentin blickt traurig auf seinen Hut.

LIESL KARLSTADT *fährt fort* Also, unser Sprecher . . .
Karl Valentin blickt wieder auf seinen Hut.

LIESL KARLSTADT Aber Sie passen ja gar nicht auf. Was ist denn
los?

KARL VALENTIN Mein Hut!

LIESL KARLSTADT Der kommt doch nicht weg.

KARL VALENTIN Ja, aber, wenn jemand drauftritt?

LIESL KARLSTADT Wer soll denn drauftreten?

KARL VALENTIN Ich.

LIESL KARLSTADT Aber Sie wissen doch, daß er hier liegt.

KARL VALENTIN Wenn ich es aber vergeß?

LIESL KARLSTADT Ja dann holen Sie sich einfach Ihren Hut! Das
ist ja furchtbar mit Ihnen!

Karl Valentin holt sich sofort schnellstens seinen Hut.

LIESL KARLSTADT Also nun legen Sie den Hut endlich einmal weg!

*Karl Valentin versucht fieberhaft, seinen Hut irgendwo aufzu-
hängen. Er stülpt ihn über die Glocke, der Hut rutscht herunter. Er nimmt ihn unter allen möglichen Körperverrenkun-
gen und -stellungen in die Hand, zum Schluß stützt er sich mit
dem rechten Ellenbogen auf den darunter von der linken Hand
gehaltenen Hut und balanciert auf einem Bein, um das er das
andere, darübergeschlagene herumgeschlungen hat.*

Liesl Karlstadt sprüht vor Wut und reißt ihm den Hut weg.

Karl Valentin stolpert, fängt sich aber sofort wieder.

LIESL KARLSTADT *pfeffert den Hut wuchtig auf den Tisch. Der
Hut platzt. Sie schreit* Ja wolln S' den Hut jetzt endlich weg-
legen?

*Karl Valentin nimmt seinen Hut mit Duldermiene vom Tisch
und zeigt Liesl Karlstadt stumm und mit vorwurfsvollem Blick
seinen aufgeplatzten Kopf.*

LIESL KARLSTADT Tut mir sehr leid, aber Sie sind selbst schuld
daran, Sie sollen dafür einen neuen bekommen. Aber nun
passen Sie endlich auf: Also, unser Sprecher kommt herein
und stellt sich vor das Mikrophon . . .

Karl Valentin blickt ratlos rings um sich herum auf den Boden.

LIESL KARLSTADT Aber was ist denn nun schon wieder los?

KARL VALENTIN Mein Hut!

LIESL KARLSTADT Aber der liegt doch gar nicht mehr hier, der
liegt doch nun da. *Sie zeigt auf den am Tisch liegenden Hut.*
Also hören Sie: Der Schauspieler stellt sich vor das Mikrophon hin und spricht seinen Monolog hinein und dazu müssen
wir immer die Geräusche machen. Sie haben kein Wort zu
sagen, aber alles das, was hier in meinem Manuskript rot angestrichen ist, müssen Sie ausführen.

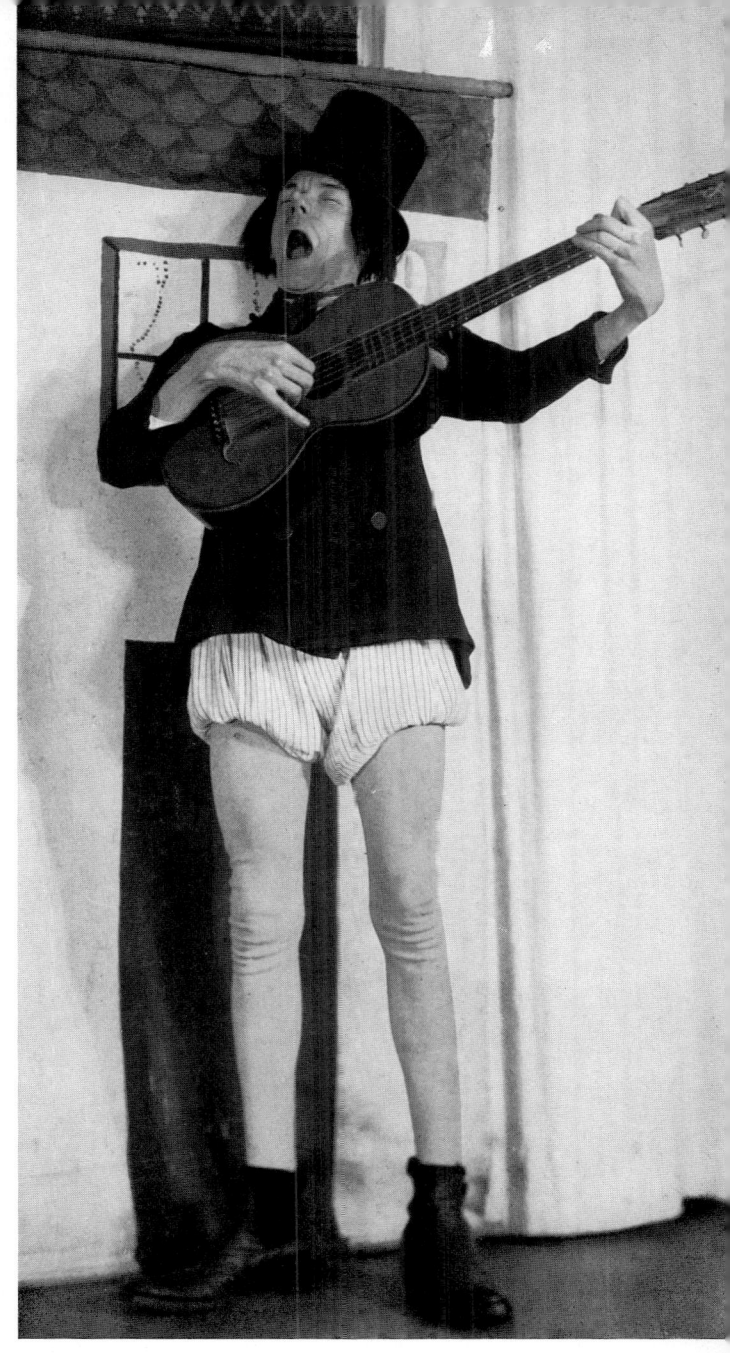

Mitternachtsständchen

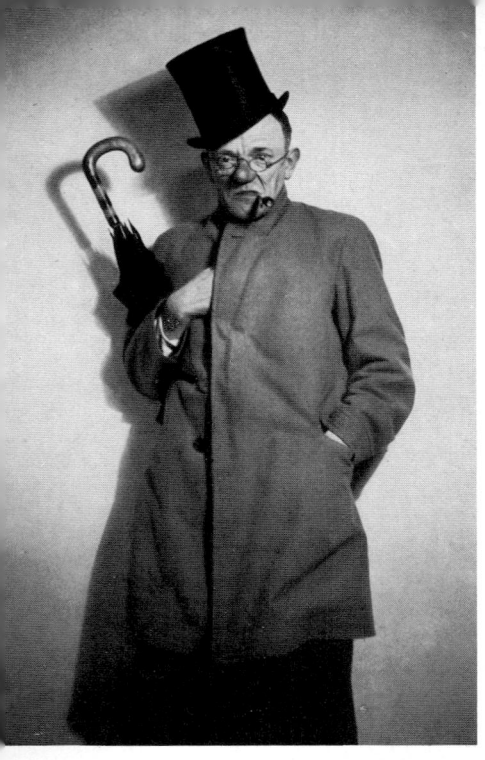

Solovortrag

Die Raubritter
vor München
(unten)

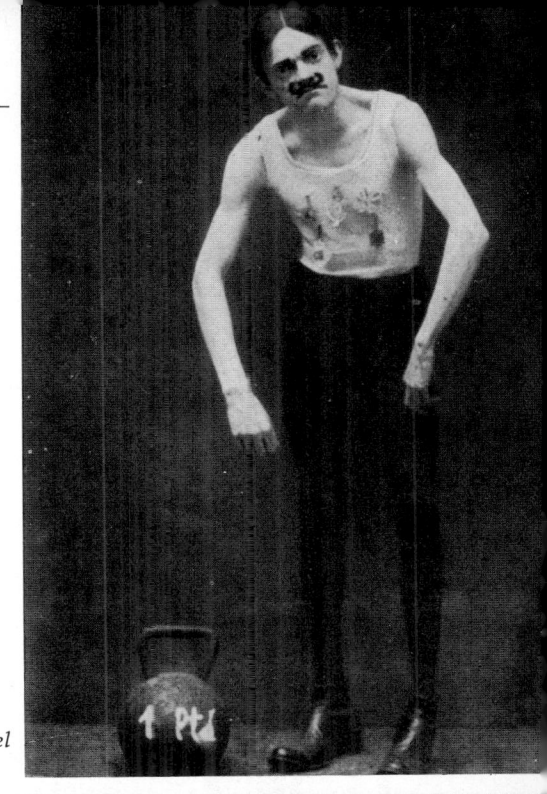

*Schwerathletik –
der Weg zu
Kraft und
Schönheit*

*Vor dem Spiegel
(unten)*

Die Loreley

In der Werkstatt
(unten)

Im Photoatelier (Karlstadt / Valentin)

Im Schallplattenladen (Valentin / Karlstadt)

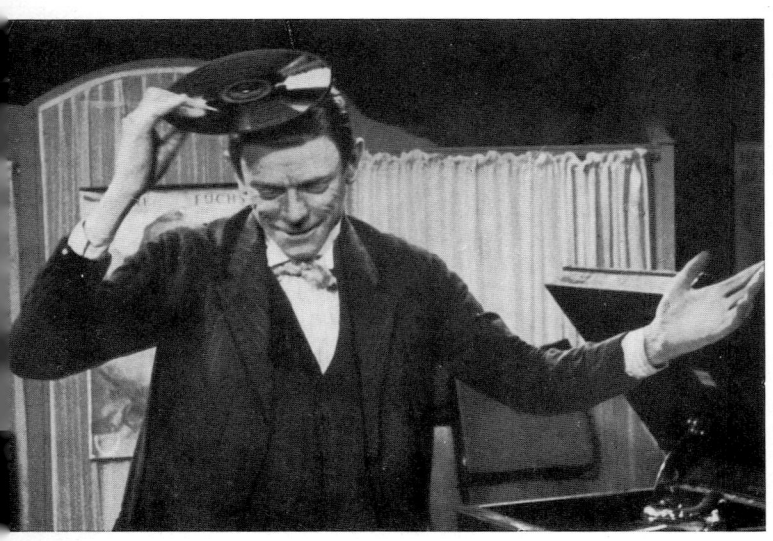

Das Brillantfeuerwerk (Valentin / Karlstadt)

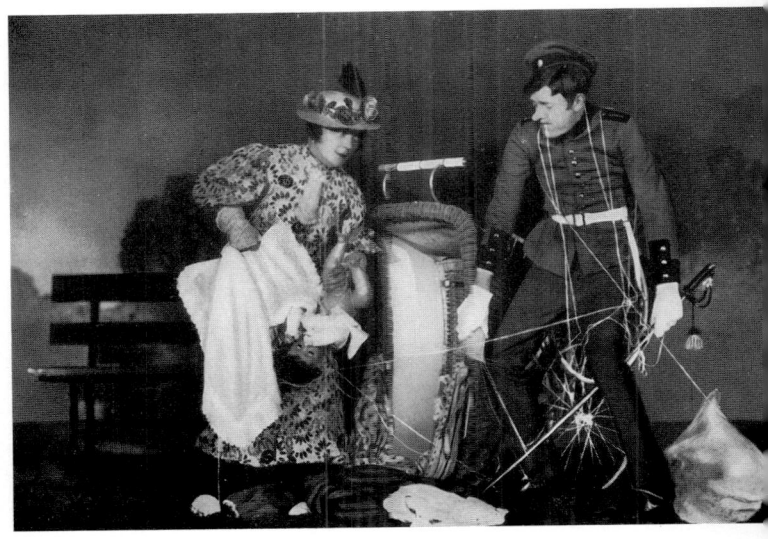

Der Umzug (Valentin / Karlstadt)

K. Valentin und P. Weichand in dem Kurzfilm ›Ewig Dein‹

IM SENDERAUM. »Ja da sehn's, der h a t an Draht und verkauft'n nicht
– andere möchten gern an Draht verkaufn und haben kein'...«

Achtung!
...n rote lampe
...brennt dann
...grösste Ruhe!

Karl Valentin fragt den Sprecher durch Gebärden, welche Gage
er bekommt...

»...darum, wenn die rote Lampe brennt, dann dürfen Sie nicht
husten, nicht schnupfen...«

»...Hoch im Bogen
        Spritzen Quellen Wasserwogen...«
Karl Valentin illustriert die Funkgeräusche

Großfeuer (Valentin / Karlstadt)

Die verhexten Notenständer (Karlstadt / Valentin)

Der Firmling (Karlstadt / Valentin)

»Bitte tief atmen!« (Karlstadt / Valentin)

Die Raubritter vor München (Valentin / Karlstadt)

*Auf dem Oktoberfest
(Zweiter von links
Bertolt Brecht,
Mitte Valentin,
zweite von rechts
Liesl Karlstadt)*

KARL VALENTIN Wann?

LIESL KARLSTADT Das sag ich Ihnen schon. Wenn zum Beispiel
der Sprecher sagt: Es donnert – da haben wir diesen Apparat
hier. *Sie zeigt ihm das Donnerblech* Damit müssen Sie den
Donner machen. Oder wenn er sagt: Der Sturmwind heult –

KARL VALENTIN Dann muß ich heulen?

LIESL KARLSTADT Nein, da haben wir zwei Sturmmaschinen hier,
die große *sie deutet auf die Handwindmaschine* für den großen Wind. *Karl Valentin dreht sie einige Male herum, ein
fürchterlicher Taifun ist zu hören. Liesl Karlstadt zieht ihn
von der Windmaschine weg* Und hier die kleine für den kleinen Wind. *Sie zeigt ihm den entsprechenden Schalter.*

KARL VALENTIN Die ham mir schon probiert. *Er tritt näher an die
Apparate und faßt sie an* Und was ist das alles? *Er läutet mit
der Glocke* Das gehört für die Brotzeit!

LIESL KARLSTADT Nein. Lassen Sie doch die Apparate in Ruhe!
Ich erkläre Ihnen alles! Ich bleibe ja selbst im Raum hier bei
Ihnen.

KARL VALENTIN *schaut in das Manuskript* A so is des. Wenn er
sagt: Wohltätig ist des Feuers Macht – nacha muaß i a Feuer
anmacha!

LIESL KARLSTADT Aber nein. Ich habe Ihnen doch gesagt, Sie
sollen sich nur an das halten, was rot angestrichen ist! Weiter
brauchen Sie garnichts zu machen. Es ist doch ganz einfach!
Es ist genau wie beim Theater.

KARL VALENTIN I versteh scho. Da war ich einmal bei einem Ge-
sellenverein, da is ein Wasserfall vorgekommen, den ham mir
mit Schmirgelpapier gemacht.

LIESL KARLSTADT Wie hat denn das Stück geheißen?

KARL VALENTIN Schneewittchen und die sechs Geißlein.

LIESL KARLSTADT Ja, ja, so wird im Theater ein Wasserfall gemacht, das stimmt schon. Aber das Stück haben Sie verwechselt. Das ist ja ein Märchen und außerdem heißt es nicht
Schneewittchen und die sechs Geißlein, sondern Schneewittchen und die sieben Zwerge.

KARL VALENTIN Nein, Schneewittchen und die sechs Geißlein.

LIESL KARLSTADT Aber das ist ja ganz unwichtig, es heißt übrigens doch Schneewittchen und die sieben Zwerge.

KARL VALENTIN Früher hats vielleicht so g'heißen, aber jetzt ist eins g'storben.

LIESL KARLSTADT Jetzt ist es aber höchste Zeit! Wir müssen nun anfangen! Noch etwas! Das Wichtigste hätt ich beinahe vergessen.

KARL VALENTIN Die fünf Mark für mich!

LIESL KARLSTADT Nein, da schauen Sie: wenn die rote Lampe brennt...

KARL VALENTIN Das weiß ich schon, da wohnt irgendwo eine Hebamme.

LIESL KARLSTADT Nein! Nein! Dann läuft das Mikrophon.

KARL VALENTIN Wohin?

LIESL KARLSTADT Dann ist das Mikrophon eingeschaltet, und von diesem Augenblick an hört man alles, was in diesem Raum vor sich geht, in der ganzen Welt.

KARL VALENTIN Ja, was ist das!

LIESL KARLSTADT Darum, wenn die rote Lampe brennt, dann dürfen Sie nicht husten, nicht schnupfen, überhaupt keinen Laut von sich geben, also große Ruhe bewahren, wie hier das Plakat besagt. *Sie zeigt es ihm.* Also, jetzt geht's los, jetzt hol ich den Sprecher, er wartet schon lange draußen. *Sie geht ab.*

KARL VALENTIN *bleibt auf der Bühne und meint traurig* Da wird's mich schön derbröseln.

LIESL KARLSTADT *kommt mit dem Sprecher wieder herein* Darf ich bitten?

DER SPRECHER Sagen Sie, wie lange soll ich denn noch warten, ich habe Eile, ich muß ja noch ins Theater! Ich spiele heute den Marquis Posa.

LIESL KARLSTADT Einen Augenblick! Legen Sie bitte einstweilen ab. *Zu Karl Valentin* Das hier ist der Sprecher. Also nun aufpassen, wir fangen an!

Karl Valentin zieht die leere Hand aus der Hosentasche und hält sie, seine fünf Mark heischend, Liesl Karlstadt hin, macht die Gebärde des Geldzählens, malt eine große Fünf in die Luft und hält seine Hand wieder auf.

Liesl Karlstadt schaltet die rote Lampe ein, legt ihren Finger an die Lippen und zeigt auf das brennende rote Licht.

KARL VALENTIN Ah! Jetzt brennt's scho! *Er stolpert auf das Mikrophon zu, stößt dabei einen Eimer um und macht einen Riesenradau.*
Liesl Karlstadt reißt ihn wütend am Arm zurück, deutet auf das Plakat und legt nochmals gebieterisch den Zeigefinger an die Lippen. Sie stellt sich vor das Mikrophon.
Karl Valentin stellt sich vor den Sprecher und frägt ihn durch stumme Gebärden, welche Gage er bekommt, wobei er ihm ebenfalls durch Gesten klarzumachen sucht, daß er – Valentin selbst – nur fünf Mark erhält.

LIESL KARLSTADT *schaut nochmals mit beschwörend auf die Lippen gelegtem Finger rings umher* Achtung Achtung! Hier Bayerischer Rundfunk. Meine Hörerinnen und Hörer! Sie hören jetzt Monologe unserer großen deutschen Klassiker, gesprochen von Herrn Staatsschauspieler Heperdepernepi.

DER SPRECHER *tritt ans Mikrophon und verbeugt sich* Meine lieben Hörerinnen und Hörer! Ich bringe Ihnen heute einige Fragmente von unseren großen deutschen Klassikern und beginne mit der Rede des Altgesellen aus Schillers ›Lied von der Glocke‹.
Karl Valentin läutet eifrig mit der Glocke, die ein hohes Klingeling hören läßt. Liesl Karlstadt reißt ihn entsetzt am Arm zurück.

DER SPRECHER
  Wohltätig ist des Feuers Macht,
  Wenn sie der Mensch bezähmt, bewacht,
  Und was er bildet, was er schafft,
  Das dankt er dieser Himmelskraft;
  Doch furchtbar wird die Himmelskraft,
  Wenn sie der Fessel sich entrafft,
  Einhertritt auf der eignen Spur,
  Die freie Tochter der Natur.
  Wehe, wenn sie losgelassen,
Karl Valentin gibt Hupsignale mit der Autohupe. Der Sprecher und Liesl Karlstadt schauen ihn wütend an und winken ab.

DER SPRECHER
  Wachsend ohne Widerstand,
  Durch die volkbelebten Gassen –

*Karl Valentin läßt Volksgemurmel ertönen, man hört Rha-
barberrrhabarber usw. Der Sprecher und Liesl Karlstadt winken wieder entgeistert ab.*

DER SPRECHER

Wälzt den ungeheuren Brand!

Denn die Elemente hassen

Das Gebild der Menschenhand.

Aus der Wolke

Quillt der Segen,

Strömt der Regen;

*Karl Valentin schüttelt aus einem Maßkrug Wasser in einen
Eimer. Es klingt hohl und blechern.*

DER SPRECHER

Aus der Wolke, ohne Wahl,

Zuckt der Strahl.

*Karl Valentin macht mit dem Trommelschlegel der großen
Trommel am Donnerblech einen gewaltigen Donner. Liesl
Karlstadt winkt ab. Karl Valentin läßt sich aber nicht beirren
und schlägt weiter immer stärker zu, bis Liesl Karlstadt auf
ihn zuspringt und ihm den Schlegel aus der Hand reißt. Sie
zieht Karl Valentin mit Gewalt vom Donnerblech, dabei stößt
er sich mit dem Kopf an die Glocke, die dadurch wieder aus-
gelöst wird und zu bimmeln beginnt.*

DER SPRECHER

Hört ihrs wimmern hoch vom Turm?

*Karl Valentin läßt auf der Vogelpfeife Lerchengezwitscher er-
tönen.*

DER SPRECHER

Das ist Sturm!

Karl Valentin schaltet die kleine Windmaschine ein.

DER SPRECHER

Rot, wie Blut,

Ist der Himmel;

Das ist nicht des Tages Glut!

Welch Getümmel

Straßenauf!

Dampf wallt auf!

Flackernd steigt die Feuersäule,

Durch der Straßen lange Zeile
Wächst es fort mit Windeseile –
Karl Valentin dreht die große Windmaschine.

DER SPRECHER

Kochend wie aus Ofens Rachen,
Glühn die Lüfte, Balken krachen,
Karl Valentin zerbricht über dem Knie Holzlatten.

DER SPRECHER

Pfosten stürzen
Karl Valentin wirft einen Balken auf den Boden.

DER SPRECHER

Fenster klirren
Karl Valentin wirft Teller mit Schepperblechen zu Boden.

DER SPRECHER

Kinder jammern
KARL VALENTIN *schreit im Falsett* Mammaaa – Mammaaa –

DER SPRECHER

Mütter irren
Karl Valentin läßt das Drehbüchserl an der Schnur schwirren.

DER SPRECHER

Tiere wimmern
Unter Trümmern
Karl Valentin heult wie ein Hund.

DER SPRECHER

Alles rennet, rettet, flüchtet,
Taghell ist die Nacht gelichtet;
Durch der Hände lange Kette
Um die Wette
Fliegt der Eimer –
*Karl Valentin wirft drei Blecheimer von vorn in den Bühnen-
hintergrund. Liesl Karlstadt wehrt entsetzt ab, stürzt wie-
der auf ihn zu, erwischt ihn aber erst beim dritten Eimer am
Arm und hält ihn auf.*

DER SPRECHER

Hoch im Bogen
Spritzen Quellen Wasserwogen
*Karl Valentin nimmt aus einem Glas einen Mund voll Wasser
und spritzt den Sprecher an.*

DER SPRECHER
    Heulend kommt der Sturm geflogen,
Karl Valentin schaltet die Sirene ein. Den Sprecher sieht man schreien, ohne ihn zu hören. Er will die Sirene ausschalten, findet aber den Schalter nicht. Karl Valentin sucht gleichfalls fieberhaft danach, der Sprecher rauft sich verzweifelt die Haare. Liesl Karlstadt ringt ratlos die Hände, der Sprecher wirft Karl Valentin das Manuskript an den Kopf und stürzt jammernd hinaus. Liesl Karlstadt dreht fieberhaft vergeblich an allen Schaltern. Endlich springt Karl Valentin auf den Tisch und setzt sich auf den Tellerpilz der Sirene, welche sofort verstummt. Er verbeugt sich zum Publikum, worauf die Sirene sofort wieder losgeht, er setzt sich schnell zum zweiten Male drauf, sie verstummt. Liesl Karlstadt hat endlich den Schalter gefunden und knackt ihn hörbar aus. Der Vorhang fällt schnell, geht aber sofort wieder auf, Karl Valentin verbeugt sich, nimmt triumphierend die Rolle Antennendraht vom Tisch und geht ab. Langsam fällt zum zweiten Male der

    Vorhang

Mit Tierimitationen: Löwengebrüll, Wolfsgeheul usw.

BILLETTEUR Bitte die Herrschaften Billetten vorzeigen!

VALENTIN Was heißt: Billetten vorzeigen! Haben Sie noch kein Billett gesehn vom Zoologischen Garten?

BILLETTEUR Schon viele, aber die Ihren noch nicht.

VALENTIN Die sind doch alle gleich.

KARLSTADT Dös is doch weg'n der Kontrolle.

VALENTIN I brauch koa Kontrolle, i bin koa Schwindler, oder glaub'n Sie ...

KARLSTADT Geh zua, werst wohl net streiten weg'n dene 2 Billetten! – Ah, da schau nüber, da is schon ein Riesenelefant.

VALENTIN Wo?

KARLSTADT Da drüben.

VALENTIN Dös is doch kein Elefant, dös is doch ein Nilpferd.

KARLSTADT Ja ja, ich weiß schon, ich hab mich nur versprochen.

VALENTIN Da schau her, Kunigunde, der wunderbare Tintenfisch da oben!

KARLSTADT Wo oben?

VALENTIN Da oben!

KARLSTADT Dös is doch kein Tintenfisch, dös is ja a Steinadler.

VALENTIN Ja ja, Steinadler wollt ich sagen, ich hab mich auch nur versprochen.

KARLSTADT Ah, da schau her, sibirische Wölfe, und wie die unheimlich heulen.

VALENTIN Ja ja, dös sind auch unheimliche Raubtiere, die müssen auch unheimlich heulen, das würde sich dumm anhören, wenn die Wölfe zwitschern würden.

KARLSTADT Na ja, genauso blöd wäre es, wenn a Schwalbe heulen würde. – Käfig Nr. 5 ›Das Nashorn‹. Warum heißt das Nashorn?

VALENTIN Weil's auf der Nase ein Horn hat.

KARLSTADT Ja, wia is denn dös dann beim Elefant?

VALENTIN Na ja, der hat eine Ele am Fant.

KARLSTADT Nein, der hat einen Rüssel am Kopf, der müßte eigentlich Rüsselkopf heißen!

VALENTIN Sag's ihm!

KARLSTADT Wem, dem Elefant?

VALENTIN Nein, dem Zoologischen Besitzer. – Du, da schau her, die netten kleinen Affen, da sagen die Leut immer, wir gleichen den Affen, *Schreien* dös find' i net, mir san doch viel größer!

KARLSTADT Da schau her, das ist eine Gemeinheit, da zahlt man 1 Mark Eintritt *Zwitschern* und da sieht man einen gewöhnlichen Spatz!

VALENTIN Stimmt, das ist ein Spatz, vielleicht is der in Zoologischen Garten hereing'flog'n. Wenn er nicht im Katalog steht, gehört er nicht herein. – Schau, Nr. 22 ›Pelikane‹.

KARLSTADT Und was sind das für kleine weiße Dreckhäufchen, die auf dem Beton liegen?

VALENTIN Das ist der Abfall von de Pelikane, das Pelikanol, das wird in Tuben gefüllt und kostet dann 30 Pfennige.

KARLSTADT Hier ist ein Orang-Utan, ein Menschenaffe.

VALENTIN Der schaut aber wirklich blöd. Alte, stell Dich net so nah an das Gitter hin, sonst weiß der Aff net, bist Du im Käfig oder er. *Gebrüll.*

KARLSTADT Horch, was is denn das für ein Gebrüll?

VALENTIN Das sind wahrscheinlich die Brillenschlangen. – Käfig Nr. 24 ›Der Fuchs‹! – Moanst, Alte, daß dös der Fuchs is?

KARLSTADT Was für a Fuchs?

VALENTIN No ja, der wo damals die Gans g'stohl'n hat.

KARLSTADT Du fad's Mannsbild, mit Deine blöden Witz'! – Ja, was is denn dös, dös is ja a Storch! Du, Alter, moanst, dös is der Storch?

VALENTIN Was denn für a Storch?

KARLSTADT No ja, der wo die kleinen Kinder bringt.

VALENTIN Du fad's Frau'nzimmer Du, mit Deine blöden Witz'! *Raubtiergebrüll.*

KARLSTADT Du, jetzt müass ma ins Raubtierhaus – um 4 Uhr ist Fütterung sämtlicher Raubtiere! – Komm!

VALENTIN Nein, das mag ich nicht sehn.

KARLSTADT Warum nicht?

VALENTIN Ich kann's auch nicht leiden, wenn mir wer beim Essen
zuschaut.

In den hellen Hintergrund des Himmels ragen die Giebel der Bauernhäuser um einen Dorfplatz herein, links ein Fachwerkbau, daneben das niedrige Dach des alten Spritzenhauses mit seinen Schindeln und dem großen Tor sowie einem seitlichen Fenster an der rechten vorderen Ecke. Daneben ragt wuchtig das Haus der Huberbäuerin ins Bild, rechts überschattet von Kastanien, zwischen deren Zweigen andere Ziegel- und Schindeldächer hervorlugen. Rechts vorne schiebt sich eine hellgetünchte Hauswand mit Fenstern und buntbemalten Fensterläden auf die Bühne. Das Haus der Huberbäuerin hat eine auf halber Höhe waagerecht geteilte Tür, deren Oberteil geöffnet ist. Auch das nebenliegende Fenster steht offen. Die Läden sind an allen Fenstern zurückgeschlagen und geben den Blick auf die Scheiben frei. Dampfspritze und Leiterwagen, die von der Feuerwehr auf die Bühne gezogen werden, schauen recht farbenfreudig und grotesk aus. So verdeckt zum Beispiel eine große, weiße Leinwand, die in den bayerischen Landesfarben blau gewürfelt ist, das Fahrgestell der Dampfspritze, aus ihrem mit kugligem Drahtnetz gekrönten Schornstein quillt heftig der Rauch. Thermometer, Feuerloch, Feuerglocke und Dampfpfeife blitzen zwar funkelnagelneu, verraten aber älteste Bauart. Die vorsintflutliche Hebel-Gumpspritze, die im alten Spritzenhaus verrostet, ist durch das Fenster dieses Schuppens nur in ganz groben Umrissen sichtbar.

DER FEUERWEHRHAUPTMANN *(Karl Valentin)* trägt hohe Stiefel mit abgeschrägtem Rand, enge Röhrlhosen, zweireihige Uniform mit Koppel und einen blinkenden Messinghelm mit einem wippenden roten Federbusch. Er hat einen Seehundsschnauzbart angeklebt und schaut unter buschigen Brauen recht pfiffig und bauernschlau durch die Nickelbrille drein. Um den Hals hängt ihm das Signalhorn, auf der Brust prangen zwei Medaillen, die Feuerwehraxt baumelt an seiner Hüfte.

DER FEUERWEHRLEHRBUB WIGGERL *(Liesl Karlstadt)* hat gleichfalls hohe Stiefel angezogen, aber sein Rock ist ihm viel zu lang

und zu weit, die Joppe wirkt wie ein Gehrock an dem kleinen
Kerl, über das Bäuchlein ist der doppelte Riemen des Feuerwehr-
koppels geschnallt, eine mächtige Feuerwehraxt im schwarzen
Lederfutteral baumelt ihm beim Gehen zwischen den flinken
Beinen, ohne daß er darüberstolpert, dazu ist er viel zu behend
und wendig.

Die übrige FEUERWEHRMANNSCHAFT trägt lange Hosen. Die berühmte Sammlung grotesker Erscheinungen, die sich in Karl Valentins Ensembles ein Stelldichein zu geben pflegten, fehlt auch
hier nicht: lange dürre und kurze dicke Feuerwehrmänner stehen
nebeneinander. Der Trompeter hat ungeheure Schwalbennester
an seinen Schultern. Nur eines zeichnet alle Mitglieder des Feuer-
wehrkorps aus – die würdigen, geruhsamen Bewegungen, deren
Tempo sich nur beschleunigt, wenn es ans Maßkrug-Heben geht.

DIE HUBERBÄUERIN (gleichfalls von Liesl Karlstadt gespielt) erscheint in ihrem Alltagsgewand, aber doch recht stattlich heraus-
geputzt, denn die Bauern sind reich geworden in der Inflationszeit nach dem Ersten Weltkriege, in der man sich das »Großfeuer«
zu denken hat.

DER NACHBAR kommt hemdsärmelig mit Weste und gestreifter
Hose auf die Szene.

Dem HERRN BÜRGERMEISTER im bäuerlichen Besuchshabit aus
schwarzem Tuch mit niedrigem, rundem Dachauerhütchen und
einer gewaltigen Uhrkette schaut gelegentlich das rote Sacktuch
aus der Hosentasche. Daß er unterwegs ist, erkennt man an seiner unförmigen, altmodischen bestickten Reisetasche.

DER PRESSEPHOTOGRAPH trägt in das ländliche Idyll die Betrieb-
samkeit und Unruhe der Großstadt. Seinen flatternden Staub-
mantel wirft er kurz nach dem Auftritt von sich und steht dann
auf der Bühne im eleganten dunklen Anzug, aus dem kokett das
Taschentücherl herausschaut. Er hat einen feschen weichen Hut
aufgesetzt und bringt einen altmodischen Stativapparat mit
schwarzem Tuch, Gummischlauch und Gummiball zum Auslösen
der Aufnahme über der Schulter auf die Bühne getragen.

Während der Vorhang aufgeht, hört man ein heftiges, unheim-
liches Gewitter. Alsbald schlägt ein gewaltiger Blitz in das
Hausdach der Huberbäuerin, dem ein furchtbarer Donner-

*schlag folgt. Es hat eingeschlagen. Das Haus beginnt zu bren-
nen. Gleichwohl sieht man die Huberbäuerin seelenruhig am
Fenster darunter sitzen, als ob nichts geschehen wäre.*

DIE HUBERBÄUERIN Herein, herein, wer ist denn da? Hat es denn
jetzt net grad klopft? Ich hab gmoant, es hat wer pumpert. Bin
neugierig, wia heute der Dollar steht. Entweder ist er droben
oder herunten – oder er is gleich gar wieder naufgangen. *Sie
liest in der Zeitung.*

EIN NACHBAR *tritt auf und geht ans Fenster* Grüß di Gott, Huberbäuerin.

DIE HUBERBÄUERIN Ja, der Ferdinand, was willst denn du bei mir?

DER NACHBAR Huberbäuerin, ich hab dir ein Geheimnis zu sagen.

DIE HUBERBÄUERIN Was, ein Geheimnis? Ja wennst mir's sagst,
dann is ja kein Geheimnis mehr. *Sie kommt zur Haustür heraus und hält ihr Ohr dem Nachbarn hin.*

DER NACHBAR Des muaß i dir sagn, des ist sehr wichtig für dich.

DIE HUBERBÄUERIN Mein Gott, erschreck mi net, is am End gar
der Butter billiger word'n?

DER NACHBAR Na, na, so gefährlich is net, gib mir d' Hand, daß
du niemand was sagst.

DIE HUBERBÄUERIN Da hast mei Hand. I bin verschwiegen wie a
Millifrau.

DER NACHBAR Also, dei Häusl brennt.

DIE HUBERBÄUERIN Jessas Maria, ja was is des, das hätt i mir net
denkt, des is aber aa traurig. Hat soviel Geld kost, des arma
Häusl.

DER NACHBAR I habs gsehn von mei'm Fenster aus, dann bin i
glei' rüber und hab dir's gsagt.

DIE HUBERBÄUERIN I dank dir schön für die Mitteilung und wegen der Kleinigkeit bist du extra zehn Meter weit bis zu mir
herg'laufen, da könnt i glei' woana vor lauter Freud'.

DER NACHBAR I muaß glei' wieder gehn, nix für unguat. Pfüat di
Gott!

DIE HUBERBÄUERIN Und soll amal dei Haus brenna, dann sag i
dir's aa glei, also pfüat di Gott. *Der Nachbar geht ab.* Mein
Gott, mei Häusl brennt. I bin ganz resultatlos, oder sollt er mi
anglog'n ham – naa, des tuat er net, der Ferdinand. I kenn ihn
ja über vierzehn Tag, des is a aufrichtiger Mensch, aber ein

falscher Kerl. No ja, i kann ja nachschaun, ob's wirklich so is,
i hab ja net weit. *Sie dreht sich um und betrachtet ihr Haus
genau von allen Seiten. Dabei sieht sie die Flammen aus dem
Dach schlagen. Man hört und sieht es gemächlich weiterbren-
nen, bis der Vorhang fällt.* Ja, was is denn des, hat er doch
recht g'habt! Da derf i glei meine Augenglasln aufsetzen. Resi!
Glang mir an brennenden Kerzenleuchter raus! O heiliger
Florian, schau nur grad mei Häusl an, ja des wenn noch a Zeitlang so weiterbrennt, na werds immer größer. I bin ganz ratlos, i kauf mir doch no a Radl, da geh ich sofort zum Feuerwehrkommandant und sag, er soll glei zu mir komma in einer
dringenden Angelegenheit, der gibt mir dann an Rat, was ma
da macha kann. Resi! Glang mir mein Huat und mein Cape
raus, i muaß schnell wohin gehn. Und wenn wer nach mir fragt
oder telephoniert, na sagst ganz einfach, mir ham koa Tele-
phon.
Der Herr Feuerwehrkommandant tritt auf die Bühne.

DIE HUBERBÄUERIN Ja, da is er ja. Grüaß di Gott, Kommandant!
Grad hätt i zu dir gehn wolln, in einer dringenden Angelegenheit.

DER HERR KOMMANDANT So? Wie geht's dir denn allaweil?

DIE HUBERBÄUERIN Net guat, woaßt scho, der Verdruß und die
Arbeit, die man allaweil hat mit'n Geld, a paar Säck voll Tausender ham mir schon wieder die Mäus zammg'fressn, jetzt
hab i lauter Goldstückl abiglegt, des wissn d' Mäus net, dann
beißn sie sich de Zähn aus. Ja und wie gehts denn dir allaweil?

DER HERR KOMMANDANT Schlecht! Ärgern muaß i mi halt so viel
imma mit de Leut, weil, wenn wir Feuerwehrleut imma in Uniform auf der Straß genga, fragt imma glei a jeder: »Sie bitt
schön, wo brennts denn?« Des is doch zu blöd, da muaß ma
doch an Gendarm auch frag'n: »Sie, wo werd denn was g'stohln?«

DIE HUBERBÄUERIN Ja, da hast recht, da müaßt ma an Gendarm
auch frag'n: »Wo werd denn was g'stohln?« Ganz richtig. Du,
Kommandant, wie is denn beim Maibräu z' Gögging no ganga? Habts no was retten könna?

DER HERR KOMMANDANT Ach nix, alles is verbrennt.

DIE HUBERBÄUERIN Geh, was d' net sagst, wie is denn des zuaganga?

DER HERR KOMMANDANT Ach, mei Trompeter war schuld an der
ganzn Gschicht. Du woaßt doch, wir haben bei der Feuerwehr
zwei Signale, zum Angriff, des hoaßt: Tä tä – tä, tä, und Gefahr vorüber hoaßt: tä – tä – tä – tä. Und wia ma 's Löschen
anfanga wolln, blast der Gefahr vorüber, weil er 's Signal verwechselt hat, natürlich is die ganze Feuerwehr wieder davon
und ham alles brennen lassen.

DIE HUBERBÄUERIN A so a Rindviech!

DER HERR KOMMANDANT No ja, deswegn brauchst'n net glei a
Rindviech hoaßn, du woaßt doch, daß der Trompeter mei Bruader is.

DIE HUBERBÄUERIN Jessas ja, des is ja dei Bruader, entschuldigst
vielmals, i hab's net so g'moant.

DER HERR KOMMANDANT Ja, ja, des is net so einfach bei der Feuerwehr, des muaß alles glernt sei.

DIE HUBERBÄUERIN Ja, da hast recht, des muaß alles glernt sei.

DER HERR KOMMANDANT Mir graust's heut no, wenn i an mei
Feuerwehrlehr denk, wia ich no Feuerwehrlehrbub war, glernt
hab i zwar nix, i hab aa nix lerna könna.

DIE HUBERBÄUERIN Warum net?

DER HERR KOMMANDANT Weil's grad die drei Jahr, wo ich in d'
Lehr ganga bin, nirgends brennt hat.

DIE HUBERBÄUERIN Wia bist denn eigentlich dazua kemma zur
Feuerwehr?

DER HERR KOMMANDANT Des war a so. Mei Vater war dreißig Jahr
bei der Feuerwehr, dann is er pensioniert word'n, des woaßt
ja a so, d' Uniform, der Helm, alles war da, dann hab i mir
denkt, wirst auch a Feuerwehrmann, passen tuat mir alles.

DIE HUBERBÄUERIN Bis auf den Halsriemen, der is dir z'weit.

DER HERR KOMMANDANT Des woaß i scho, aba des kommt davon
her, weil mei Vater so an großen Kropf ghabt hat. I hätt man
scho enger macha lassn, aber schließlich krieg i aa so an Kropf,
dann muaß i ihn wieder weiter macha lassn.

DIE HUBERBÄUERIN Ja, dann müßt 'n wieder weiter macha lassen,
ganz richtig.

DER HERR KOMMANDANT Ja, ja, jawohl, heut vor fuchzehn Jahr is
Unterhaching abbrennt. Ja, morgen Nachmittag um dreiviertel
vier Uhr sans grad fuchzehn Jahr, daß Unterhaching abbrennt

is, des hoaßt, angfangt hats im Dezember und aufg'hört hats
im Winter. Herrschaft, war des a Feuer, a Großfeuer, das Feuer
wird groß g'wen sei, vierzig Meter lang und sechzehn Meter
hoch, siebzehn Meter derf ma eigentlich sag'n, denn ganz genau ham mir 's net abmessen könna, weils immer so hinauf-
g'schwanzelt is. Des Feuer waar aber nicht so groß wor'n, wenn
wir's gleich gemerkt hätten, aber erstens is bei der Nacht auskemma und unser Dorf is so schlecht beleucht, daß ma net
amal des Feuer g'sehng ham, zweitens hat der Nachtwächter
grad an dem Tag Ausgang g'habt, draufkomma san ma erst
am dritt'n Tag, derweil hat das ganze Dorf scho lochterli, ah!
lichterloh brennt. Wia mir 's Spritzn anfanga wolln, ham wir
koa Wasser g'habt, bei dreißig Grad Kälte war des ganze Wasser gfrorn, jetzt ham sämtliche Bäuerinnen von der ganzen
Gmoa zuerst den Schnee kochen müssn, daß wir a Wasser
kriegt ham zum Löschen. Der Apotheker von unserm Dorf hat
hundert Flaschen Fachinger g'stift, auf einmal hat sich der Wind
dreht und 's Feuer hat aufg'hört am Abend, und seit der Zeit
habn mir zur Erinnerung alle Tag auf d' Nacht um sechs Uhr
Feierabend.

DIE HUBERBÄUERIN Auf d' Nacht um sechs Uhr Feierabend. Ganz
richtig. *Sie greift mit den Fingern an das Kinn* Saxn di, was
hab jetzt i dir heut sagn wolln? Mir fallts nimma ei.

DER HERR KOMMANDANT *schnuffelt mit der Nase* I woaß net, da
muffelt's.
Es riecht nach Brand.

DIE HUBERBÄUERIN Hast an Katarrh?

DER HERR KOMMANDANT Da brandelt's!

DIE HUBERBÄUERIN Jessas, jetzt fallt's mir ein, was i dir sagn
hab wolln, bei mir brennts ja! Möchst net amal nachschaun,
was da zu macha is?

DER HERR KOMMANDANT Selbstverständlich, des is ja mei Pflicht,
schaun ma's halt amal an, des Feier. Wo hast es denn?

DIE HUBERBÄUERIN Da! *Sie zeigt auf das Haus.*

DER HERR KOMMANDANT Jetzt muaß i 's halt amal genau unter-
suchen, was des für a Brand is, obs a Kellerbrand oder a Dach-
stuhlbrand is. Ja, ja, des is meiner Ansicht nach a Dachstuhl-
brand.

DIE HUBERBÄUERIN Ja, des muaßt du wissn! I will dir da nix
  dreinred'n.

DER HERR KOMMANDANT Sag mir nur grad, Huberbäuerin, wia
  bist denn eigentlich zu dem Brand komma?

DIE HUBERBÄUERIN Ja mei, des is a Zufall. I steh vor mei'm
  Häusl, auf amal kommt mei Nachbar rüber und sagt: Du, Huberbäuerin, bei dir brennt's. I schaug auf's Hausdach nauf,
  und wirklich war's a so.

DER HERR KOMMANDANT Ja woaßt, i will dir da absolut kein
  Schrecken einjagen, aba soviel i seh, handelt es sich bei dir
  um ein Großfeuer.

DIE HUBERBÄUERIN Des is mei Ansicht aa.

DER HERR KOMMANDANT De G'schicht kriagn ma scho. I schreib
  jetzt amal alles auf. Was hast denn für a Hausnummer?

DIE HUBERBÄUERIN Nummer dreizehn.

DER HERR KOMMANDANT Na also, da san mir ja glei da mit der
  Spritz'n. Stell dir vor, wennst Hausnummer dreißg ghabt
  hätt'st, da hätt ma scho weiter hin g'habt. I geh jetzt ummi
  ins Feuerhaus und laß die Sturmglockn läutn und armalier die
  ganze Feuerwehr.

DIE HUBERBÄUERIN Dann könnt ihr an mei'm Häusl glei die
  neue Dampfspritzn ausprobiern.

DER HERR KOMMANDANT Ja, de werd heut eing'weiht. Also stell
  di net lang rum, tu aus deim Häusl das Wichtigste raus, net
  daß dir alles verbrennt. *Die Huberbäuerin geht wieder ins
  Haus. Er ruft ihr nach* Schau nur, daß d'zuerst die leicht ver-
  brennbaren Sachen rausbringst, die hölzernen, an Abtritt-
  deckel, *die Huberbäuerin reicht ihm denselben zum Fenster
  heraus, er nimmt ihn ab und lehnt ihn an die Hauswand,*
  Zahnstocher, *die Huberbäuerin wirft ein Packerl Zahnstocher
  heraus* Zündhölzer, *er fängt ein Paket wie einen Ball auf und
  läßt es fallen, schon steckt die Huberbäuerin einen Besenstiel
  zum Fenster heraus;* und des Zeug. De andern Sachn wirfst
  auf'n Misthaufn hint außi. *Die Huberbäuerin zieht den Besen
  wieder zurück.* Ich muaß jetzt gehn, Bäuerin, ich hol die andern und komm dann vielleicht bestimmt wieder. *Wie er eilig
  abgehen will, trifft er unversehens mit dem Bürgermeister der
  Nachbargemeinde Untergiging zusammen, der ihn sofort an*

einem Knopf der blinkenden Feuerwehrhauptmannsuniform festhält.

DER HERR BÜRGERMEISTER Ja, Kommandant, des is guat, daß i di treff. I kimm grad, weilst du inserna Gmoa enkere oide Gumpspritzn zum verkaufa otragn hast. Könn' ma's net amol o'schaugn?

DER HERR KOMMANDANT Des scho, da derfast nur glei mit mir amal ins alte Spritzenhaus einischaug'n. Geh nur her, Bürgermoasta. *Er zieht seinen Schlüsselbund aus der Tasche* Sakra, sakra, des san doch de Schlüssel vom Spritzenhaus, is denn des Schloß eing'rost, is des a zwidane G'schicht, da bleibt nix anders übrig, Bürgermeister, als daß ma alle zwoa beim Fenster einisteig'n. *Sie steigen alle beide mit viel Umständlichkeit in das Fenster des alten Feuerwehrschuppens hinein. Durch das Fenster hört man ihren Disput* So, Bürgermoasta, da war de söll Spritz'n.

DER HERR BÜRGERMEISTER Sakra, wo han i denn jetzt mei Regendachl hindo, des han i auf da Straß drauß'd ans Spritzenhaus hingloant, wenn a Handwerksbursch vorbeikommt, kunnt er's leicht mitnehma, ist scho g'scheita, i hol's eina, muaß i no amal außisteig'n. Kommandant, tuast ma derweil die Spritzn herrichten. *Man hört ihn hinter der Szene auf die Tür zugehen und dann zum Kommandanten sagen* Woaßt, Kommandant, bist doch a recht's Rindviech, probiert er drauß am G'schloß mindestens a fuchzehn Schlüsseln, daweil hätt er bloß innen den Riegel füraschieb'n braucha. *Er macht die Türe auf und tritt heraus.*

DER HERR KOMMANDANT Jessas, san mir zwoa dumme Luada, daß mir des net g'sehn hab'n.

DER HERR BÜRGERMEISTER Ja, des machst du scho guat, des ham mir doch von drauß'd net sehng kinna, daß innen der Riegel zuag'falln is.

DER HERR KOMMANDANT Ja, wia hast denn dann du des g'sehng, Bürgermoasta?

DER HERR BÜRGERMEISTER Ja, i war doch drin.

DER HERR KOMMANDANT Wann?

DER HERR BÜRGERMEISTER Wie mir zwei einig'stiegn san, weil mir die Tür net aufbracht ham.

DER HERR KOMMANDANT Aso, stimmt. *Beide treten an die Spritze,*
die man nun durch die geöffnete Spritzenhaustüre sieht Also
da war jetzt d' Spritzn, wennst es kaufn willst für eucha Gmoa,
d' Spritzn is tadellos, mir ham a neue Dampfspritzn, des woaßt
ja sowieso, b'sinn di net lang, Bürgermoasta, koa solchene
kriagst nimmer.

DER HERR BÜRGERMEISTER Hm! *Er zwickt das Kinn mit den Fin-*
gern zusammen und schnauft auf Teuer is halt. Z'vui Göld
auf amoi, unser Gmoa hat momentan koan Diridari. *Er reibt*
die Fingerspitzen aneinander.

DER HERR KOMMANDANT Na, des is doch koa Geld für so a Spritzn.

DER HERR BÜRGERMEISTER Sparen muaß ma halt, woaßt as scho.

DER HERR KOMMANDANT Ja, billiger kannt mas auf koan Fall her-
geb'n.

DER HERR BÜRGERMEISTER Ebbas konnst scho no nachlassen.

DER HERR KOMMANDANT Koan Pfennig, Bürgermoasta.

DER HERR BÜRGERMEISTER Na, dann könna ma leider nix macha.

DER HERR KOMMANDANT Dann ko i dir net helfa, herschenka
konn is aa net.

DER HERR BÜRGERMEISTER Also!

DER HERR KOMMANDANT 's geht net, Bürgermoasta, mit'm besten
Willen net.

DER HERR BÜRGERMEISTER G'falln tut's ma schon.

DER HERR KOMMANDANT Des glaub i scho, na derfst a koa Geld
oschaug'n.

DER HERR BÜRGERMEISTER Also Kommandant, laß di net lumpen.

DER HERR KOMMANDANT I sag da des oana, Bürgermoasta, jetzt
muaßt di bald entschließen, es kemma heut oder morgen no
aus Minka vom Deutschen Museum oa außa, de möchten's a
kaffa.

DER HERR BÜRGERMEISTER Aber an Vorschlag mach i da, Kommandant, wenn mas net auf oamol zahl'n brauchat'n, gangs
vielleicht.

DER HERR KOMMANDANT *zuckt die Achseln* Na ja! Da könnt ma
no drüber red'n über den Punkt.

DER HERR BÜRGERMEISTER Woaßt, i moan, a guate Anzahlung
und des andere auf monatliche Raten.

DER HERR KOMMANDANT Einverstanden! *Geben sich die Hände.*

DER HERR BÜRGERMEISTER Jetzt kimmt d'Hauptsach – was kost's denn?

DER HERR KOMMANDANT Achtzig Mark.

DER HERR BÜRGERMEISTER *schaut einige Sekunden vollkommen entgeistert, dann findet er die Sprache wieder* Is scho recht, des hab i mir net denkt, daß de so billig is, i moan, da lass'n mir die ganze G'schicht mit der Anzahlung und de Raten weg, i gib dir bar die achtzig Mark und die Spritzn ist in den Besitz der Gemeinde Untergiging übergegangen – Eing'schlag'n! *Er zahlt aus einem Leder-Zug-Geldbeutel achtzig Mark dem Kommandanten auf die Hand* So, Kommandant, jetzt brauchst mir nur mehr sag'n, wann i mit'm Roß kommen soll, daß ma die Spritzn holen ko.

DER HERR KOMMANDANT Des hast g'moant. *Er setzt sich auf die alte Bank, die vor dem Spritzenhaus an der Wand steht und schluchzt tief auf* Holn ko, tuast du moana?

DER HERR BÜRGERMEISTER *ihm bleibt abermals die Sprache weg. Endlich faßt er sich und sagt* Was hast denn?

DER HERR KOMMANDANT Da hock di her, na verzähl i dir was. De Spritzn ko koana hol'n, da is da Fluach drauf, Bürgermoasta.

DER HERR BÜRGERMEISTER Wia kimmt des?

DER HERR KOMMANDANT Es is ungefähr a fünfundzwanzig bis dreißig Jahrln her, da is über Giging a schreckliche Hoamsuchung komma. D' Schwoag'n, da Kegelbräu und da ganze damalige Pfarrhof san in da Peter-und-Pauli-Nacht niederbrennt bis auf'n Erdboden, a Sturm is deselbe Nacht ganga, daß si die schwarsten Baam bog'n ham wia Goaßlstecken, und 's Feuerglöckerl war bald dasprunga vor lauter Sturmläuten, es war a schreckliche, a grausige Nacht. I war selmals no a junger Feuerwehrbursch, und der damalige Kommandant, also mei Vorgänger, was mei Vater gwes'n is und no fuchzehn Mann, mir ham g'löscht die ganze Nacht durch bis an andern Tag mittag um a oans und da hat's an Pfarrhof packt. Der ganze Dachstuhl is brennad inananda neig'stürzt und mir pumpt und pumpt, was ma grad rausbracht ham. Patsch, bricht da Hebel von der Spritz'n. Mir steh'n vor dem Riesenfeuer mit da dabrochan Spritz'n, der Kommandant ist aus dem Häusl. »Kruzifixsakramentstürken umanand«, schreit er,

»wenn nur glei die ganze Gumpspritzn da Teufi holn tat.« Das
Wort hat er aber no net ganz heraus g'habt, schreit scho alles
ringsum: »Da Giebi stürzt ei!« und im nächsten Moment –
wum! *Man hört einen großen Trommelschlag aus dem Orchester* – war's Unglück g'schehng. –

DER HERR BÜRGERMEISTER A so natürlich hast des iatza du erzählt, daß i's glei wirklich kracha hab hörn.

DER HERR KOMMANDANT De ganze Giebelmauer vom Pfarrhof is
auf d' Spritz'n naufg'falln, auf de Spritz'n, und mir san grad
no guat wegkemma.

DER HERR BÜRGERMEISTER So so! So war des!

DER HERR KOMMANDANT Ja, des is no net gar, am andern Tag
ham mir de Spritz'n aus de Trümmer rauszog'n, da eina-
g'fahrn und an Ort und Stell da herin in unsern oiden Spritz'n-
häusl hat's da Wagna Sepp und da Schlosser Franzl wieder
vollständig z'sammg'richt. In acht Tag war's wieder fix und
fertig, und bei dera Arbat war da Teifi wieder dabei und hat
eahna 's Maß verzog'n, denn wia's d' Spritz'n rausfahrn wolln
bei da Tür, geht's net außi, is um zwoa Händ z'broat. *Er
zeigt es dem Bürgermeister genau mit seinen Händen.*

DER HERR BÜRGERMEISTER Ja, da steht de oide Gumpspritzn scho
dreißig Jahr da herin?

DER HERR KOMMANDANT Natürlich, de is no direkt neu, fast un-
gebraucht – alt is halt wor'n und verrost, des is ja klar, des
geht uns genau so.

DER HERR BÜRGERMEISTER Naa, verrost'n wer'n ma na doch net.
Ja, da muaß i jetzt dumm frag'n, wenn de Spritz'n net zum
Türl nausgeht – i hab achtzig Mark dafür zahlt, dann gibst
ma mei Geld wieder z'rück.

DER HERR KOMMANDANT Naa naa, Bürgermoasta, mach koan
Schuft, kaft is kaft.

DER HERR BÜRGERMEISTER Ja, aber i hob doch nix davo!

DER HERR KOMMANDANT Du net – aber i, i hab achtzig Mark!

DER HERR BÜRGERMEISTER Bin i a Rindviech!

DER HERR KOMMANDANT Freilich bist a Rindviech, weil ma nia d'
Katz im Sack kaft – Katz im Sack oder Gumpspritz'n im Feuerhaus, des is des gleiche. Aber jetzt geh zua, i muaß jetzt um
insane neue Dampfspritz'n schaun, die müssen wir aus dem

neuen Schuppen hint außifahrn, denn mir ham ja heut a Großfeuer bei insana Huberbäuerin. Tuast es no net schmecka? *Er
geht ab, der Bürgermeister kopfschüttelnd hinter ihm her.*

DER NACHTWÄCHTER *kommt und singt* Hört, ihr Herrn, und laßt
euch sagen, die Glocke am Kirchturm hat vier Uhr geschlagen,
bewahrt das Feuer und auch das Licht, daß in unsrer Stadt koa
Brand ausbricht – koa Brand ausbricht – *Er spricht* Es is koa
Fuchs, es is koa Has, i täusch mi net, da brandlt was. Naa, des
täuscht mi vielleicht bloß, bin i a alts Rhinozeros, vom Bäk-
kermeister ganz genau da druckts an Rauch raus gelb und
grau, dem Himmel Hermann Sapprament san d' Loab'n wieda
all verbrennt. Er schürt a ei, als wia a Narr, aba brandln tuats
so sonderbar. Ma sieht nix, na, 's is nix zum sehn, es is halt
doch a Täuschung g'wen, so is a, ja, es kunnt ja sein, was siech
i da, an Feuerschein? I glaub glei' gar beim Färberlenz, mein
Gott, bei der Huberbäuerin brennt's! Leut, aufstehn! *Er tu-
tet, schreit und geht ab. Plötzlich hört man von weitem die
Sturmglocken läuten, die Feuerwehr marschiert an, wobei ein
Signalmarsch erklingt. Donnernd wird die Dampfspritze auf-
gefahren.*

DER HERR KOMMANDANT Ganze Kompanie – halt! Vor den Ge-
räten sammeln! Front! – Abzählen!

ALLE Eins – zwei – drei – vier – fünf – sechs – sieben – acht.

DER HERR KOMMANDANT Halt! Wieviel san denn heut da? Ku-
stermann hier! Seidel hier! Metzler hier! Konsumverein hier!
Also jetzt kommt die Ansprache. Wiggerl, du soufflierst mir.
Liebe freiwillige Feuerwehr, teure Kameraden und Freunde!
Indem heute die große Freude über uns hereingebrochen ist,
daß unsere Gemeinde eine Dampfspritze gekriegt hat, sehe
ich mich veranlaßt, liebe freiwillige Feuerwehr-Männer, an
Euch einige Worte des Trostes zu richten. Achtundzwanzig
Jahre sind an uns vorbeigeflossen, daß wir keine Dampf-
spritze nicht gehabt haben, nur eine einfache Gumpspritze.
Aber das sehnsüchtige Verlangen nach einer Dampfspritze
war ein allgemeines, und so ist es heute der Tag, wo uns diese
Freude, uns eine Dampfspritze zu überreichen, gelungen ist.
Möge es in unserer Gemeinde recht oft brennen, damit wir mit
vollem Eifer und Aufopferung die Spritze in Funktionierung

bringen können, und so übergebe ich heute unter feierlichem Glockengeläute und Böllerschüssen im Namen unseres heißgeliebten Herrn Bürgermeisters die neue Dampfspritze.

EIN FEUERWEHRMANN Kameraden! Die neue Dampfspritze und der Herr Bürgermeister sollen leben hoch! Hoch! Hoch!

DER HERR KOMMANDANT An die Geräte! – Rechts um – marsch! Ihr geht's mit'n Schlauch an Bach nunter und hängt's an Schlauch in Mühlbach nei' – und wenn grad Bachauskehr is, na hängt's 'n in d' Mistlacka nei, na spritz ma einfach mit 'n Odlwasser. Wiggerl und mir hoazn derweil ein in der Dampfspritz'n. *Die Mannschaft kommt gemächlich herbei und beginnt zu arbeiten.*

WIGGERL Du, Kommandant, kennst du dich aus mit dera Dampfspritz'n?

DER HERR KOMMANDANT Natürlich, ich brauch mich bloß nach der Gebrauchsanweisung richt'n, da steht alles drin, wie ma's mach'n muaß.

WIGGERL Du, in der Stadt drin hab'ns auch so a ähnliche Maschin' zum Abtritt räumen.

DER HERR KOMMANDANT Ja ja, aber de hat an andern G'ruch. – Also bevor wir einhoazn, müssen wir wissen, aus was für Teilen die Dampfmaschine besteht. Also jetzt paß auf, Wiggerl, jetzt werd' ich's dir erklären. *Er liest laut*

Gebrauchsanweisung
Zuerst Wasser einfüllen

a Der Dampfkessel,	g Die Alarmglocke,
b Der Zylinder,	h Der Dampfregulator,
c Der Kamin,	i Die Dampfpfeife,
d Das Sicherheitsventil,	k Der Antriebswechsel,
e Der Wasserstandsbarometer,	l Das Heizloch,
f Die Atmosphärenuhr,	m Das Aschloch.

WIGGERL Wo is denn des?

DER HERR KOMMANDANT I find's aa net!

WIGGERL Ah, des is vielleicht hinten.

DER HERR KOMMANDANT Ja, des hab i mir aa denkt. *Beide schauen der Dampfspritze hinten hin.* Da is's ja. Oben is das Heizloch, da wird eing'heizt und da fallt dann die Asche hinunter in das

untere, das heißt Aschloch – nicht zu verwechseln mit – Heizloch –

WIGGERL Aber jetzt hoaz i glei ein. Jetzt is wieder kein Papier da.

DER HERR KOMMANDANT Zu was brauchst denn jetzt a Papier?

WIGGERL Zum einhoaz'n.

DER HERR KOMMANDANT Jaso!

WIGGERL *nimmt dem Herrn Kommandanten die Gebrauchsanweisung aus der Hand und heizt damit ein* Jetzt hab i wieder
koane Zündhölzer – hat denn neamands a Feuer?

DER HERR KOMMANDANT *deutet auf das Dach* Da is a Feuer!

WIGGERL Jetzt hab i scho oans – jetzt brennts scho –

DER HERR KOMMANDANT *schließt den Schlauch an, macht Feuer
im Kamin und schreit, indem er den Kessel anfaßt* Er wird
schon hoaß! – Also jetzt kommt die Hauptsach! Wia jetzt der
Kessel hoaß wird, also wenn sich der Dampf entwickelt, muß
sofort der Wechsel aufgerieben werden, sonst z'reißt's an Kessel und mir san alle beim Teifi!

WIGGERL Jessas Maria! Wo is denn der Wechsel?

DER HERR KOMMANDANT Ja, des woaß i aa net. Das steht alles
ganz genau in der Gebrauchsanweisung drinna.

WIGGERL Also schnell! Gebrauchsanweisung her – wer hat denn
d' Gebrauchsanweisung? *Aufgeregt* I hab's net!

DER HERR KOMMANDANT I aa net! *Zornig* Kreuz Teifi nei, ich
hab 'n doch grad dag'habt, den weißen Zettel da.

WIGGERL Den hab i zum Feuermach'n herg'nomma.

DER HERR KOMMANDANT Jessas Maria! G'fehlt is! Hoazt der mit
der Gebrauchsanweisung ein! Jetzt is 's Unglück fertig. *Sie
schlagen beide die Hände über dem Kopf zusammen.*

WIGGERL Laßt's halt a neue Gebrauchsanweisung druck'n. Oder
holt's an Hochwürden Herrn Pfarrer.

DER HERR KOMMANDANT Was versteht denn a Pfarrer von ara
Dampfspritz'n, wenn scho' des Unglück nimmer zum Aufhalten is, dann müssen wir auf unserem Posten bleiben, wia a
Schiffskapitän auf sein Schiff, wenns untergeht. Mir san doch
alle Männer – jetzt reib i halt amal an Wechsel auf – gehts
weg! Jessas Maria, steh uns bei – Pfüat di Gott, Wiggerl!
*Alles spritzt auseinander und nimmt hinter den Hausecken
volle Deckung.*

WIGGERL Daß d' fei net an falschen Wechsel aufreibst, sonst werst wegen Wechselfälschung no ei'g'sperrt aa.

DER HERR KOMMANDANT Halt's Mäu! Nur die Ruhe kanns machen, also das ist die Dampfuhr!

WIGGERL Wieviel is denn?

DER HERR KOMMANDANT Halt doch 's Maul, Lehrbua saudummer, das ist das Dampfpfeiferl. *Er läßt das Pfeiferl ertönen.*

WIGGERL Ah fein – wia a Lokomotiv!

DER HERR KOMMANDANT Dann is des der Dampfwechsel, da gibt's koan Zweifel! Jetzt reib i amal auf! *Er reibt auf, die Maschine beginnt zu laufen.*

WIGGERL Ah fein! Wunderbar –

DER HERR KOMMANDANT Und der Haufa Dampf wo scho drin is! *Er macht den Deckel auf.*

WIGGERL Jetzt läut i der Mannschaft, daß mit'n Schlauch kemma. *Er läutet; die Mannschaft kommt gemächlich herbei.*

DER HERR KOMMANDANT Freistehende Leiter aufstellen! *Er geht ins Haus und schaut flammenumzingelt aus den Fenstern* Herrgott is da hoaß herin, wia im Fegfeuer! Jetzt wär halt a frische Maß Bier recht. *Er geht wieder aus dem Haus und sagt zum Wiggerl* Wer hat denn die freistehende Leiter ans Haus gloahnt, na is doch koa freistehende Leiter mehr, a so a Leiter nimmt ma, zieht's nur ausananda. *Wiggerl läßt die Leiter aus.* Au! Au! Du hast mir d' Finger ei'zwickt. *Er läuft dem Wiggerl nach, Wiggerl steigt auf die Leiter, der Kommandant will auch hinaufsteigen, da tritt ihm Wiggerl auf die Hand. Der Herr Kommandant* Au, au, Wiggerl, geh runter, du stehst auf dem Ding droben.

WIGGERL Auf der Leiter?

DER HERR KOMMANDANT Na, auf den –

WIGGERL Sprossen?

DER HERR KOMMANDANT Na, auf meiner – mir fallt der Name nie ein, au, au, auf meiner Pratzen.

WIGGERL Jessas, des hab i net g'wußt.

DER HERR KOMMANDANT Ja, hast du denn des net g'spürt?

WIGGERL Naa, woher? Du hast es g'spürt! *Der Kommandant geht stöhnend ein paar Schritte rückwärts, wobei er mit dem gerade auftretenden Photographen zusammenstößt.*

DER PHOTOGRAPH Guten Tag, meine Herrschaften! Verzeihen Sie, wenn ich störe. Ich bin Spezialphotograph der Illustrierten Zeitung. Ich mache speziell Spezialaufnahmen von aktuellen Ereignissen wie Eisenbahnunglücken, Schiffszusammenstößen, Fliegerabstürzen, Feuersbrünsten, Hochzeitsfeierlichkeiten und sonstigen Unglücksfällen. Ich komme nirgends zu spät. Ich habe schon die größten Explosionskatastrophen drei Tage vorher aufgenommen. Gestatten Sie, daß ich von dem Feuer schnell eine Aufnahme mache. *Zu Wiggerl* Verzeihen Sie, sind Sie der Herr Kommandant?

WIGGERL Nein, ich bin der Feuerwehrlehrbub. Ich bin nur der junge Spritzer! Das ist der Kommandant – lach doch net so, der will mit dir reden, sag' doch, daß du der Kommandant bist.

DER HERR KOMMANDANT Sie wünschen?

DER PHOTOGRAPH Ich möchte den Herrn Kommandant nur fragen, ob ich von diesem Großfeuer eine Aufnahme machen darf.

DER HERR KOMMANDANT Ja natürlich! Was woll'n S'?

DER PHOTOGRAPH Ich mein, ob ich das Feuer abnehmen kann?

DER HERR KOMMANDANT Ja, das können wir leider nicht verkaufen, das g'hört der Huberbäuerin.

DER PHOTOGRAPH Also, ich mach schnell eine Aufnahme – vielleicht möchten sich die Herren gruppieren?

DER HERR KOMMANDANT Ah, habt's es g'hört, die Herren solln alle krepieren!

DER PHOTOGRAPH Nehmen Sie bitte einmal alle eine Stellung ein – so Sie daher – Sie dorthin – der Herr Kommandant lehnt sich vielleicht an die Dampfspritze an, das wird sich gut machen.

DER HERR KOMMANDANT Au! Au!

DER PHOTOGRAPH Haben Sie sich verbrannt?

DER HERR KOMMANDANT Verkühlt habe ich mich am Dampfkessel!

DER PHOTOGRAPH Vielleicht lehnen Sie sich hier an.

DER HERR KOMMANDANT Sakra, das draht sich.

DER PHOTOGRAPH *rückt ihn in eine Pose zurecht* Also bitte, recht freundlich – eins – zwei –

WIGGERL Halt, ich muß mich zuerst noch schneuzen.

DER PHOTOGRAPH Also jetzt – eins –zwei –

DER HERR KOMMANDANT Schneuzen muß sich der Lausbub unterm Photographieren!

DER PHOTOGRAPH Ach, jetzt haben Sie wieder gewackelt.

DER HERR KOMMANDANT Ja, 's Feuer wackelt ja auch.

DER PHOTOGRAPH Ja, kann man denn das Feuer nicht einen Moment aufhalten?

WIGGERL Natürlich, da brauch i bloß an Ventilator ausschalten. *Er läuft hinter die Bühne, man hört den Schalter knacken. Die durch den Ventilatorluftzug angetriebenen hin und her züngelnden Flammen aus roten und gelben Bändern bleiben mit einem Ruck stehen.*

DER PHOTOGRAPH Ja, so ist's gut, also bitte, jetzt ganz ruhig.

DER HERR KOMMANDANT Naa, i mag nimma! *Er geht vor zur Rampe, wendet sich dann zurück zu Wiggerl und sagt ihm leise etwas ins Ohr.*

WIGGERL Ah, deswegen!

DER PHOTOGRAPH Warum will er denn nicht?

WIGGERL Er mag nicht, daß man ihm beim Photographieren zuschaut, jetzt geniert er sich, weil ihm die Leut im Parkett alle zuschau'n.

DER PHOTOGRAPH Was für Leut?

WIGGERL Das Theater-Publikum!

DER PHOTOGRAPH Das ist doch sehr einfach – da laß ma halt den Vorhang runter.

DER HERR KOMMANDANT Ja, dann mag ich! *Schnell fällt der*

Vorhang

DIE ERBSCHAFT

Komödie für Bühne und Film

Personen: DER MANN, LORENZ GEIER   Karl Valentin
            DIE FRAU, BABETTE GEIER   Liesl Karlstadt
            DER HAUSMEISTER JUNIOR
            DER HAUSMEISTER SENIOR
            EIN ZWERG
            EIN GERICHTSBOTE

*Das erste Bild spielt im etwas primitiv eingerichteten Wohn-
zimmer (alte häßliche Möbel) der Familie Geier.*

HERR GEIER *sitzt mit seiner Gattin beim Morgenkaffee, schimpft
und tobt, weil er sich gestern abend am Stammtisch über seinen besten Freund fürchterlich geärgert hat.* Zur Frau Dem
schreib ich aber jetzt einen Brief! – Haben wir Briefbögen zuhause? – Hole einen – auch die Tinte und Federhalter!

FRAU GEIER Also, was soll ich schreiben?

MANN Datum: den so und so vielten .....

FRAU Also, ich schreib: ›Sehr geehrter Herr‹

MANN Nix geehrter Herr, geehrter weglassen ...

FRAU Na hoaßt's ja bloß ›Sehr Herr‹

MANN Dös is wurscht – Schreib jetzt: ›Es ist schon kaum unglaublich, daß Sie sich erdreisteten, einen Freund, wie wir zu
Ihnen sind, vielmehr waren, in so einer unverschä.....‹ naa,
so können wir net schreib'n – nimm an neuen Briefbogen!

FRAU Dieselbe Überschrift?

MANN Ja – schreib: ›Wenn Sie mir binnen – wenn Sie mir binnen –‹, hast Du's g'schrieb'n?

FRAU Ja –

MANN Naa – so können wir auch net schreib'n, ›binnen‹ ist eine
ganz alte Schreibart. – Nimm an neuen Briefbogen! – Hast'n?
Schreib: Nix, gar keine Überschrift. – ›Hinsichtlich Ihres gegen
uns erzeugten Benehmens Ihrerseits, wo es sich um Familien-
einmischungsdifferenzen handelte, – handelten, werden Sie

zukünftigerseits gegenseitiges Erachtens – Intriguen igno-
riert –, keinesfalls –‹, naa, da kennt er sich net aus – nimm an
neuen Briefbogen!

FRAU Ja mei, mir ham fei bloß mehr a paar Dutzend Briefbogen
daheim.

MANN Die reichen schon – schreib! ›Glauben denn Sie, Sie
hundsgemeiner Sauhund, daß Sie.....‹

FRAU Um Himmelswillen, Lorenz, so dürfen wir ihm net schrei-
b'n, der verklagt Dich ja sofort wegen Beleidigung!

MANN Stimmt – ja – dös is etwas zu derb – nimm an neuen
Briefbogen!

FRAU Dös is jetzt schon der 5. Briefbogen, den mir wegen dem
Dreckkerl verpatzt ham –

MANN No no no, Babette, tu Dich etwas mäßigen in Deinen Ausdrücken, schließlich sind wir ja bessere Leute! – Wir müssen
ihm so schreiben, daß er sich sagt: nach dem Brief nach zu
schließen, können das keine gewöhnlichen Menschen sein.

FRAU Ja – ganz richtig! Schöne Zeilen sollen wir ihm servieren,
denn schließlich war er ja doch Dein ehemaliger Freund und
Du hast schon schöne Stunden mit ihm verlebt.

MANN *in weinerlichem Ton* Ja, o mei, da derf i gar net dranden-
ken, da könnt i glei weinen ...

FRAU Na na, Lorenz, vergiß Dich nicht!!!

MANN Schreib: ›Mein lieber, guter, alter Freund! Die Wunde,
die mir das so jäh zerrissene Freundschaftsband, welches sich
einst um uns geschlungen hat, verursacht hat, blutet heute
noch. Auch Du, lieber alter Freund, wirst es nie vergessen, als
wir in lauer Sommernacht im Hofbräuhauskeller unter duften-
den Kastanienbäumen unsere Maßen schlürften und wir
dann in der Sternennacht schwer beladen, aber selig, heimtor-
kelten. Ein Strauß himmelblauer Vergißmeinnicht sollen das
Zeichen unserer Freundschaft wieder.....‹ Halt, halt, halt, naa
naa nix, ja dös war ja der reinste Liebesbrief!

FRAU Ja dös hab ich mir auch grad denkt!

MANN Zerreiß sofort den Schmarrn!

FRAU *zerreißt den Brief* Jetzt wird's aber bald Zeit, daß Du Dich
entschließt, was wir ihm eigentlich schreib'n. Ich hab ja noch a
andere Arbeit auch.

MANN Jetzt weiß ich, was ich ihm schreib: – kurz und bündig!
Nimm an neuen Briefbogen und schreib: ›Geehrter Herr! Ich
beschließe nun mein Schreiben und erachte die ganze Angelegenheit für erledigt. Hochachtungsvoll! Lorenz und Babette
Geier.‹

Nach dem Briefschreiben läutet es – die Frau öffnet.

DER BOTE *gibt einen Brief ab vom Nachlaßgericht und bittet um
Empfangsbestätigung. – Geht wieder ab.*

FRAU Da schau her, Lorenz – ein Brief vom Nachlaßamt! – Was
wird denn das sein!!! *öffnet den Brief und liest ihrem Mann
vor* Der Nachlaß der vor längerer Zeit verstorbenen Eheleute
Anton und Johanna Heizer, bestehend aus einer Schlafzimmereinrichtung, trifft die gerichtlich festgestellten Erben. Das
Mobiliar muß heute noch vom Lagerplatz Bahnhofstr. 25 abgeholt werden.‹ – A Schlafzimmer ham mir geerbt, juchhu! –
ausgerechnet a Schlafzimmer!

MANN Was?! I hab a Nas'n! Kannst Dich noch erinnern? Vor
8 Tagen hab ich zu Dir g'sagt: Unser Schlafzimmer kann ich
nicht mehr anschau'n; kaufen wir uns doch ein neues Schlafzimmer! – Und jetzt erben wir eins – das ist ein Schlafzim-
mer-Zufall!!!

FRAU Ein seltener Zufall – und dös alte verkaufen wir sofort!

MANN So schnell kannst Du die Möbel nicht verkaufen; die
müssen ja heut noch aus dem Zimmer, denn die geerbten Möbel müssen heute nachmittag schon geholt werden –

FRAU Vielleicht kaufts der Hausmeister?

MANN Der wird sich hüten – dös alte Glump mag der nicht einmal g'schenkt! – Geh hinunter zu ihm, hol ihn rauf und sag,
wir schenken ihm die ganze Schlafzimmereinrichtung, aber er
muß uns dafür vom Lagerhaus die geerbten Möbel herfahren
und rauftragen.

FRAU *schreit zum Fenster hinunter* Herr Hausmeister, kommens
doch zu uns rauf!

HAUSMEISTER JUN. *von der Ferne* Komm glei!

FRAU Er kommt gleich rauf. *Spricht eine Minute mit ihrem
Mann. – Der Hausmeister kommt herein.*

HAUSMEISTER Was is los, Frau Geier?

Frau und Herr Geier erklären nun zusammen in der umständ-

lichsten Art dem Hausmeister, wo die alten und neuen Möbel hinkommen, bis der Herr Geier ins Geschäft geht und Frau Geier alles allein erklärt. Endlich versteht der junge Hausmeister, daß er Möbel holen soll, und als Lohn bekommt er dafür die alten Schlafzimmermöbel.

HAUSMEISTER Dös alte Glump? Da geben Sie mir 2 Liter Bier, das ist mir lieber; – nehmen kann ich das Zeug schon, dös soll der Vater heut nachmittag zusammensägen als Brennholz für'n Winter.

FRAU Dös könnens machen, wir brauchens nimmer, weil wir heut nachmittag schon unsere neue Einrichtung kriegen. Wissen's, ich möcht halt mit der ganzen Arbeit bis am Abend 6 Uhr fertig sein, damit mein Mann a rechte Freud hat, wenn er vom Geschäft heimkommt.

HAUSMEISTER Ist schon gut, ich komm gleich mit meinem Vater rauf, dann tragen wir die alten Möbel in den Hof nunter, der Vater schlagt dieselben gleich zu Brennholz zusammen und ich hol mit meinem Freund Toni die Möbel, die Sie geerbt haben. Wo muß ich die holen?

Die Frau gibt ihm den Zettel vom Amtsgericht.

HAUSMEISTER Ah, Bahnhofstraße 25, Lagerhaus. *zur Frau* Und Sie tun, bis wir die Möbel bringen, 's Zimmer putzen.

FRAU Jawohl, so wird's g'macht! *Sie beschäftigt sich mit dem Abnehmen der Bilder von der Wand usw.*

Inzwischen sieht man, wie Herr Geier in irgendeiner Fabrik (Schachtelfabrik oder dergleichen) mit seinen Kameraden von dieser Erbschaft spricht. Herr Geier ist durch die Freude so verwirrt, daß er allerlei verkehrt macht an seiner Arbeitsstätte.

Hierauf erscheinen Hausmeister junior und senior und tragen das ganze alte Mobilar in den Hof hinunter, und der alte Hausmeister beginnt sofort mit der Zerkleinerung der Möbel. Einstweilen hat der junge Hausmeister den Zweiräderkarren geholt und einen Freund dazu und fährt in die Bahnhofstraße 25, um die neuen Möbel zu holen. – Die Frau putzt inzwischen ihre Wohnung und in zwei Stunden kommt der Hausmeister jun. mit lachender Miene zur Frau und sagt Sind schon da!

FRAU Die Möbel?

HAUSMEISTER Ja, die Möbel, wir bringens gleich, – schöne Möbel, da werden's schau'n!

FRAU I bin neugierig, ich freu mich schon wie ein Kind! *läuft vor Freude händereibend in der Wohnung auf und ab; gleich darauf kommen die beiden Möbeltransporteure mit den Möbeln und stellen dieselben mitten in das Zimmer und lachen aus Leibeskräften.* Um Gotteswillen, was sind denn das für Möbel?

BEIDE Liliputaner-Möbel!

FRAU *ist einer Ohnmacht nahe und sagt dann zu den beiden* Raus mit dem Kinderspielzeug! Sofort unsere alten Möbel wieder rauftragen!

HAUSMEISTER Ja, die sind nimmer da, die hat der Vater schon alle zu Brennholz zerhackt.
Zwischenbild: im Hofe an der Mauer liegt Brennholz aufgestapelt.

FRAU Ja um Gotteswillen, was wird da mein Mann sagen, wenn der um 6 Uhr heimkommt! Ja, ich bin unschuldig, er hat selber zu mir g'sagt: schenkst gleich die alte Einrichtung her! – So, so, der wird schaun!
Um 6 Uhr kommt der Mann heim. Als er in das Zimmer tritt und seine neue Einrichtung sieht (siehe Bild von Greiner), glaubt er, er ist verzaubert, er kennt sich nicht mehr aus. Bis seine Frau ihm aber erklärt hat, daß die alte Einrichtung nicht mehr existiert, werden ergebnislose Versuche mit dem kleinen Mobiliar gemacht, und als sich der Mann in das winzige Bett hineinlegt, welches nur einen Meter lang ist, hängen seine Beine einen Meter über das Bett hinaus – eine furchtbar komische Situation!!! Da läutet es draußen und herein kommt der rechtmäßige Erbe, ein LILIPUTANER, *der dann unter Aufregung erklärt, daß da ein Irrtum vorgefallen sei: er heiße Anton Geier, und auf dem Lagerzettel steht: A l f o n s G e i e r. Die Möbel werden wieder abgeholt und das Ehepaar steht im leeren Zimmer.*

MANN Siehst Du, Babette, hier ist wieder das alte Sprichwort zutreffend: »Man soll nie etwas wegschmeißen, nur – beiseite stellen! –«

Ein Stück alte Stadtmauer vor Morgengrauen zeigt Altmünchen beim Isartor, wie es früher war. Über eine ziegelgedeckte Mauer im Hintergrund rankt sich in der Mitte ein friedlich blühender Fliederbusch. Vor zwei Schießscharten schauen ein paar alte Spielzeugkanonen arglos ins Weite. Einsam brennt in der Mitte eine Straßenlaterne, die der gemütliche Nachtwächter »ausspuckt«. Die hölzernen Lafetten tragen die Aufschrift: I. Batterie und II. Batterie. Zur Linken erhebt sich ein kleiner Turm mit Zinnen, zur Rechten ein Fachwerkhaus mit dem bayerischen Wappen und der Aufschrift ›Wache‹, davor baumelt an einer Wäscheleine trocknende Wäsche. Neben den Kanonen sind Pyramiden von Kugeln aufgebaut. Unter dem Fliederbusch sieht man in einer Mauernische einen Maßkrug stehen und darunter einen Radi liegen. Ein Bänkchen steht davor hinter einem Rasenfleck, der durch einen der bühnenüblichen Rasenteppiche dargestellt wird. In dem Biedermeieridyll des aufdämmernden Morgens erkennt man ein Schilderhäusl beim linken Turm. Darin schlummert der »Wächter Münchens«: Karl Valentin, der in unserem Stück den WACHTPOSTEN BENE *gibt. Er ist im Zivilberuf Bader und im Dienst Trompeter der Bürgerwehr, ein unbeholfener Mensch, angetan mit Waffenrock, weißer Hose, Säbel und Bandelier, geknöpften schwarzen Gamaschen, Tabakspfeife und einem Tschako oder Zweimaster mit Federbusch. Ein verblichener Duft von Bänkelsang und Leierkasten, von Wander- und Kasperlbühne, von Karussell und Panoptikum, von Bilder- und Märchenbuch, Struwwelpeter und Hans-Guck-in-die-Luft ist um ihn und seine Partnerin Liesl Karlstadt, die in dieser Komödie den* TROMMLERBUA MICHL *spielt: Frisch und natürlich mit seinen sechzehn Jahren, listig und frech, im Waffenrock, einer Hose mit hellem Trommelgurt und einer altmodischen hohen Trommel.*

JOSEF KRATZER, *der Hauptmann der Bürgerwehr und Malermeister, ist ungefähr fünfzig Jahre alt. In seinem roten Schnurrbart und roten Vollbart, mit Epauletten, Zweimaster und Feder-*

busch, großem Schleppsäbel, Feuersteinpistole und Ordensschnalle auf der Brust, schaut er ebenso gemütlich wie martialisch drein.

GEORG BERGMEISTER *heißt sein Korporal der Bürgerwehr. Dumm und gutmütig, wie ein richtiger Schuhmachermeister, der er ist. Er trägt schwarze Koteletten, gleichfalls einen Waffenrock und weiße Hose, einen Säbel am Gurt und den Tambourmajorstab mit Silberquasten.*

AKTUAR HINTERBERGER, *ein feiner Beamter in mittleren Jahren, prangt im langen Rock und einer kurzen Samthose, einer roten Weste, einem Dreispitz sowie weißen Strümpfen und Handschuhen.*

DER NACHTWÄCHTER *wirkt uralt, seine Stimme dröhnt im tiefsten Baß, er kommt im Havelock mit Pelzmütze, Lanze, Laterne und Horn.*

DER POLIZEIDIENER *ist ein grantiger Geselle mittleren Alters in schwarze Hose, hoher Ballonmütze, langschößigem Rock, Säbel am Bandelier, Brille und einer Urkunde mit Amtssiegel und großer Handglocke, die er mit komischer Würde schwingt.*

DER METZGERLEHRBUB *im weißen Hemd, weißer Schürze und karierter Hose trägt eine Fleischermulde mit Würsten, und an der Seite ein großes Fleischermesser und den Wetzstein.*

DER FUHRMANN *ist ein alter Bauer im blauen Kittel mit Schlapphut, Fäustlingen und Peitsche.*

DIE MANNSCHAFT *besteht aus vier Mann Musikern, die eine große Trommel mit Tschinellen, Trompete, Oboe und das Bombardon spielen, sowie fünf Mann Soldaten, alle im Biedermeierkostüm der Bürgerwehrzeit.*

Wenn sich der Vorhang öffnet, liegt die Bühne im Halbdunkel des Morgengrauens, nur die Laterne brennt. Man hört das Morgenläuten von verschiedenen Kirchtürmen, bis der Vorhang sich ganz geöffnet hat, dann schlägt die Kirchenuhr sechsmal.

I. AKT

1. SZENE

DER NACHTWÄCHTER

»Hört Ihr Leut und laßts euch sagn,
Die Glocken vom Turm hat sechse gschlagn,
Stehts auf, gehts in d' Arbat,
's is sechse vorbei,
Denn Morgenstund hat Gold im Mäu,
Hat Gold im Mäu!«

Er kommt zur brennenden Laterne Da habns wieder a Latern brennen lassen, di muß i glei auslöschen. *Er bläst zweimal hin, beim drittenmal spuckt er zum Licht hin, das sofort verlöscht. Er geht singend ab.*

2. SZENE

Die Wache, bestehend aus dem Korporal, Trommelbuben und zwei Soldaten, zieht auf.

KORPORAL Wache halt, Ablösung vor! *Er geht zum Schilderhaus. Michl trommelt. Korporal sieht ins Schilderhaus hinein* Ja i glaub glei gar, der Bene schlaft. Wieviel Uhr is denn eigentlich?

MICHL Jetzt is sechs Uhr.

KORPORAL Der Bene wird doch erst um sieben abgelöst.

MICHL Freilich wird er erst um sieben Uhr abgelöst, das hab ich schon gwußt, daß ma um a Stund zfrüh rausgsaust san!

KORPORAL Warum hast denn dann nichts gsagt?

MICHL Ja ich hab glaubt, du wirst scho selber draufkommen.

KORPORAL Dummer Bua, gel, das laßt aber fei 's nächstemal bleibn, sonst nimm ich dich bei deine Löffel, sprengt uns der a Stund zfrüh raus!

Wache geht schimpfend ab.

3. SZENE

MICHL *schaut ins Schilderhaus* Ja, der schlaft wirklich, der Bene.
Du Bene – he – ja gibts denn des aa – *er klopft ans Häusl.*

BENE Herein!

MICHL Was herein, was willst denn, hast du allein kein Platz in
der Hundshüttn. Mach, geh raus. *Er zieht ihn heraus.*

BENE *im Stehen weiterschlafend* Wer da?

MICHL Ja i bin da – sechs Uhr is!

BENE Was – sechs Uhr is – i werd ja erst um sieben Uhr abgelöst. *Er will wieder ins Schilderhaus zurück.*

MICHL Ja bleib nur da, sei froh, daß ich dich aufgweckt hab.

BENE Ja, ich hab jetzt grad einen Traum ghabt, einen ganz exo-
tischen Traum. Mir hat nämlich träumt, i bin a Entn gwesn
und bin in an Weiher umeinand gschwommen, und wie ich so
umeinandaschwimm, seh ich am Rand draußen einen ganz
langen, gelben Wurm, der war mindestens so gelb, i bin glei
auf ihn hingschwommen, und grad wie i an Schnabel aufrei-
ßen will und will den Wurm fressn, im selben Moment hast
du mich aufgweckt.

MICHL Das is aber schad. Wenn ich da eine Ahnung ghabt hätt,
dann hätt ich dir den Wurm zuerst fressen lassen, aber das
kann ich doch net schmecken, daß du um sechs Uhr noch
träumst.

BENE Ja und ich kann doch net zu dir sagn: Weck mi net auf, weil
i träum!

MICHL Nun ja, es ist ja gleich, ein schöner Traum wars doch net.

BENE Ja, für a Entn scho –

MICHL Ja, für a Entn, aber du bist ja koa Entn!

BENE Ja, aber im Traum war ich eine Entn: überhaupt: für solche Träume bist du noch z'jung.

MICHL Du derfst mir ja dankbar sein, daß ich dich aufgweckt
hab, denn wenn i dir den Wurm fressn hätt lassen, dann wär
dir jetzt höchstens recht schlecht.

BENE Einer Entn wird doch net schlecht von einem Wurm, verstehst du denn das nicht? Das weiß überhaupt kein Mensch,
ob eine Entn wirklich träumt, das weiß niemand, das wäre
eine zoologische Berechnung, und wenns einer Entn wirklich

träumt, dann kann sie's nicht sagen, weils net reden kann! Bei einem Papagei wär das was anders, weil der reden kann.

MICHL Du mußt dir doch denken, das war doch nur ein Traum, und Träume sind Schäume.

BENE Das war kein Schaum, das war ein Wurm, und jetzt holst an Kaffee, da hast fuchzehn Kreuzer, Pfennig hats seinerzeit noch keine gebn, also oan Kaffee, oan für mi und oan für di und oan für uns zwoa – im ganzen fünf Kaffee.

MICHL Soll i mei Trommel mitnehma oder soll i's dalassn?

BENE Entweder du nimmst es mit, oder du läßt es da, keinen goldenen Mittelweg gibts da net.

MICHL Soll ichs na mitnehma?

BENE Ja –

MICHL Oder soll ichs dalassen?

BENE Des is doch wurscht, jetzt nimmst as z'erst mit, und dann läßt as da.

MICHL Aaaa, dann laß ichs schon lieber glei da, dann brauch ichs überhaupt nicht mitnehmen. *Er geht ab.*

4. SZENE

Der Metzgerbursche GIRGL *kommt pfeifend daher und trägt auf der Schulter eine Fleischmulde mit Würsten, einige hängen sichtbar herunter. Er geht – ohne Bene zu sehen – sofort zum Fliederstrauch und riecht daran.* Ah, der schöne Holler, da werd i mir oan runterreißen.

BENE Dir werd ich dann glei ein runterreißen, weißt denn du net, daß ma in der Früh net stehlen darf? *Er hat dem Girgl die Würste von der Fleischmulde heruntergezogen und versteckt sie hinter seinem Rücken.*

GIRGL So, dann pfeif i dir drauf, wennst mir keinen schenkst, dann reiß i halt von da drentn ein runter. Unser Herrgott hat ja Gottseidank noch mehr Hollerbäum wachsen lassen.

BENE Gut, dann reißt du ihn vom Herrgott sein Baum runter, den mein laß stehn.

GIRGL Du kannst mi gern habn, du Neidhammel, du neidiga. *Im Abgehen stößt er mit dem auftretenden Michl zusammen, der mit zwei Milchhaferln und Broten zurückkommt.*

5. SZENE

MICHL No, Aff, kannst net Obacht geben?

GIRGL Schau halt auf, dummer Bua! *Er geht ab.*

MICHL Tua ja net frech werdn, sonst hau i dir a paar runter!

BENE Geh laß ihn doch stehn, reg dich net auf.

MICHL So, jetzt bin ich wieder da. Kaffee gibts heut noch keinen,
weil d'Wirtin später aufgstandn is. Jetzt hab ich einfach a
Milch gnommen. Das macht doch nichts, das ist doch wurscht.

BENE Wieso Wurscht? Hast du gsehn, daß i a Wurscht gstohln
hab?

MICHL Hast du Würscht gstohln?

BENE Der Metzger war grad da und hätt mir an Flieder runter-
reißn wolln, und da hab ich ihm dann aus Dankbarkeit die
Würscht gstohln.

MICHL Wieviel hastn gstohln?

BENE Ja, eine hätt i stehln wolln, und da san die andern dann alle
dran hängen bliebn.

MICHL Wo hast's denn hingetan? Hast as schon gessen? Nein?

BENE Ja! So was hebt man doch net auf!

MICHL Ich glaub, du lügst mich an! Tu amal deine Hand vor! Die
andere auch! Jetzt alle zwei! Jetzt hebst alle zwei Füß in
d'Höh!

BENE Ja freilich! Daß ich am Arsch hinfall. *Er hat die Würste
zwischen den Beinen eingeklemmt.*

MICHL So dumm bin ich net, jetzt dreh dich amal um, dann
werden wirs gleich sehen! *Er packt Bene, dreht ihn um und
sieht hinten die herunterhängenden Würste* Ah, die vielen
Würscht! *Er nimmt sie an sich* Die essen wir jetzt! Wenn du
mir die Hälfte davon schenkst, dann sag i niemand was, daß
du's gstohlen hast.

BENE Ja, die Hälfte kannst haben. *Er nimmt den Säbel und will
von einer Wurst die Hälfte abschneiden.*

MICHL Naa naa, net von einer Wurst, sondern die Hälfte von alle
Würst!

BENE Also gut, teilen wir! *Von ferne hört man Pferdegetrappel
und Peitschenknallen.* Jetzt kommt einer.

MICHL Versteck schnell die Würst! *Er will die Würste an allen möglichen Plätzen verstecken und schiebt sie schließlich in das Kanonenrohr hinein. Beide nehmen schnell ihre Milchhaferln und fangen zu essen an.*

6. SZENE

FUHRMANN Ja, ich kann Euch gar nicht verstehen, Ihr trinkt da in aller Gemütsruhe an Kaffee, und eine Stunde außerhalb München ist alles in größter Aufregung. D'Raubritter stehn vor der Stadt in Berg am Laim.

BENE Und?

FUHRMANN Was – und?

BENE Ja – und?

FUHRMANN Und wolln heut no die Stadt überfalln!

BENE Was für a Stadt?

MICHL Ja unser Stadt halt!

BENE Die ghört ja gar net uns!

MICHL Dir allein freilich net!

FUHRMANN Ja, redts doch net gar so saudumm daher. Ich mein, du als Posten mußt jetzt sofort die nötigen Maßregeln ergreifen. Ihr habts ja gar keine Ahnung, wies da draußen in Berg am Laim ausschaut.

BENE Ja, wir warn auch net draußen.

FUHRMANN Also Leut, ich sag Euch, zugehn tuts da draußen, net zum beschreiben. Wie ich heut in der Früh um halb vier Uhr in Ramersdorf meine Roß einspann, seh ich schon, daß alle Häuser brennen und d'Felder und d'Wälder in Flammen stehn. Menschen sind umeinanderglaufen und schreien mir zu: – »in Berg am Laim sind Raubritter, die stehlen, morden, rauben, plündern, bringen alle Leut um«, und wie ich in Berg am Laim neinfahre, hab ich die Raubritter selber gsehn. Das sind ganz unheimliche Gselln, alle haben so blecherne Gwander und an blechern Hut auf und so große Bärt hams und d'Augen stehen ihnen so weit raus, also direkt zum Fürchten. Ja und das Vieh lauft frei umanand, das kennt sich gar nimmer aus.

BENE Aah –

FUHRMANN Und an Bürgermeister von Berg am Laim sollns scho aufghängt ham.

BENE Aah –

FUHRMANN Also, ich sag Euch, Ihr dürft mir glauben, ich bin halt grad noch mitn nackaten Leben davonkommen.

MICHL Ja, warst du nackat in Berg am Laim?

FUHRMANN Nein, aber erwischt hättens mich bald. Wie mich d' Raubritter gsehgn habn, da wärn s' auf meine Roß zua, ich hab aber sofort mei Peitschn gnomma, hab auszogn, hab neighaut – – *er läßt die Peitsche knallen, wobei er den Michl trifft. Michl stößt den Bene, der dabei seine Milch verschüttet* Also, Posten – *er haut ihm mit der Hand auf das Milchhaferl.*

MICHL Der war schuld.

FUHRMANN In der Aufregung kommt so was schon vor. Also Posten, tu gleich Alarm blasen, trommel die ganzen Soldaten heraus, sperr die Stadttore zu; kümmer dich um alles, gsagt hab ichs dir!

BENE Ja, des is alles ganz recht, aber ich darf in der Angelegenheit gar nichts unternehmen.

FUHRMANN Wieso?

MICHL Der Bene meint, ohne daß der Hauptmann etwas anschafft, darf er nichts unternehmen.

FUHRMANN Das ist ja ein Schmarrn, wer solls denn sonst zusperrn, du hast doch den Schlüssel als Posten!

MICHL Ja, zusperrn tut er scho, aber erst um neun Uhr abends.

FUHRMANN Ja, da ist es aber schon zu spät, bis dahin sind ja die Raubritter schon da!

MICHL De solln halt langsamer gehn.

FUHRMANN Ja, seids denn ihr narrisch!

BENE Das wissen wir nicht!

FUHRMANN Für was stehst denn du auf Wachtposten?

BENE Ich geh halt mit mein Säbel auf und ab, wenns regnet, gehe ich ins Schilderhäusl nein, und auf d'Nacht um neun Uhr sperr i zua – und was muaß ich noch toa?

MICHL Und wenns schön ist, geht er wieder raus aus'm Häusl!

DER FUHRMANN *fragt Michl* Was tust denn nachher du?

MICHL Ja, ich muß dem Bene das Sach holn! Und manchmal muß ich auch trommeln, wanns brennt!

BENE Wenns brennt, des sieht der Turmwächter, der schreits uns runter mitn Sprachrohr, dann trommelt der Michl, dann

komma d'Leut und fragn, wos brennt, und dann sagns eahna
mir und dann löschens – – – wenns no brennt!

MICHL Ja, und ich muaß aber no was toa, i muaß immer schauen,
wenn eine Hofequipage kommt oder ein General vorbeigeht,
dann muß ich es dem Bene sagn, damit der Bene die Wach
rausläutet, weil er meistens schlaft.

BENE Ja, das ist das einzige, was in meiner Macht steht, die Wach
rausläuten, das kann ich dir zeigen. *Er geht zur Glocke und
zieht daran – a tempo kommt die Wache heraus mit der Musik.*

KORPORAL *kommandiert* »Stillgestanden« – »Präsentiert das Gewehr!« *Die Musik spielt dazu den Präsentiermarsch. Er kommandiert* »Gewehr bei Fuß! – Ab Tritt!« *Die Wache zieht
wieder ab.*

FUHRMANN Ja, das ist ja ganz recht und schön. Du mußt doch
eine militärische Aktion treffen. Das hat doch gar keinen
Wert, wenn da die Musik rauskommt und spielt da Täterätätä.

MICHL Ah! D'Musik – hast du d'Soldaten gar net gsehgn? Geh,
zieh nochmal an! *Bene zieht wieder an der Glocke, die Wache
tritt zum zweiten Mal heraus. – Bei »Wache« trommelt Michl
jedesmal mit. Einer der Wachsoldaten trägt eine Fahne mit
heraus.*

FUHRMANN Ja, was nützt denn des, wenn de da rauslaufen, da
muß doch jetzt was unternommen werden.

MICHL Ja, das hat der Bene nur gmacht, weil du gmeint hast,
der Bene hat sonst koa Macht. An der Glocken darf nur der
Bene anziehn.

BENE Natürlich, da kann ich läuten, so oft ich will, die Wach
muß raus, und wenn ich hundertmal anziehe. Paß auf! *Er
zieht noch einmal an der Glocke – die Wache zieht zum dritten
Mal auf.*

FUHRMANN Ihr seid doch die zwei größten Rindviecher, die ich
gsehn hab. Von mir aus fressen euch die Raubritter mit Haut
und Haar. Ich hab meine Pflicht getan, jetzt gehts mich nichts
mehr an.

BENE Und ich hab auch mein Möglichstes getan und mehr wie
da anziehn kann ich net. *Er zieht wieder an – die Wache
kommt zum vierten Male. Der Korporal stößt den Fuhrmann
beiseite, der Fuhrmann entfernt sich schimpfend unter Peit-*

schenknall und Pferdegetrappel. – Die Wache geht ebenfalls
schimpfend ab, der Korporal bleibt stehen.

KORPORAL Was is denn des für a damische Läuterei, da is ja
gscheiter, wir bleibn glei heraus. Wer war denn da?

BENE Der Milchmann war da!

KORPORAL So – und wegen dem läutst uns du raus? Da hört sich
doch alles auf! Noch einmal wenn mir das vorkommt –!

BENE Ich kann anziehn so oft ich mag, und wenn ich anziehe,
dann müßt ihr rauskommen.

KORPORAL Ja, aber nur wenn eine Obrigkeit kommt, sonst nicht.
So eine Frechheit! Wenns wieder vorkommt, sag ichs dem
Hauptmann. So a Lauferei in aller Früh, in nüchtern Magn nei,
is aso ungesund. *Er geht verärgert ab.*

7. SZENE

Bene und Michl setzen sich auf die Bank.

MICHL Du, Bene, glaubst jetzt du des, was der Fuhrmann gsagt
hat von die Raubritter?

BENE Ah woher, der möcht uns bloß Angst machen. Raubritter
gibts ja gar keine mehr. Keine Raubritter gibts, kein Osterhasen, kein Christkindl und kein Storch.

MICHL Ja, des weiß ich auch!

BENE Naa, Raubritter gibts net und noch dazu solche, wie der
Fuhrmann gsagt hat, mit an eisern Gwand und solche Bärt
schon glei gar net. Ja, im Nationalmuseum gibts solche, aber
die san innen hohl! Ja, böse Menschen gibts, die wo andere
überfallen, des san d' Raubritter.

MICHL Ja, dann gibts ja Raubritter?

BENE Freilich gibts Raubritter, aber keine solchen, wie der Fuhrmann gsagt hat.

MICHL Aber bestimmt kann mans doch net sagen, vielleicht sind
no a paar übrigbliebn, von früher her.

BENE No ja, gewiß weiß mans net.

MICHL Bene, sag amal, wenns solchene Raubritter geben tät,
tatst du dich dann fürchten?

BENE Ich – fürchten? Ich net – ausgeschlossen! Außerdem sie
täten kommen, dann schon!

MICHL Ja, da tät ich mich auch fürchten, wenns kommen täten. Da tät ich einfach davonlaufen, mi tätens auch net erwischen, weil i gleich so sausen kann. − − Aber unserm Korporal gings schlecht, der kann net laufen, wegen sein dicken Bauch.

BENE Heut hat er sich scho g'ärgert, weil er scho viermal rauslaufen hat müssen, jetzt ziehg i extra nochmal an, daß er sich recht ärgert. *Er läutet − die Wache kommt − zieht dann schimpfend ab.*

DER KORPORAL *bleibt da* Wer war denn schon wieder da?

MICHL Der Milchmann!

KORPORAL Der war doch vorher schon da?!

MICHL Ja, das ist ihm jetzt nochmal eingefallen.

KORPORAL Jetzt wirds mir aber zu dumm! So eine Gemeinheit, uns andauernd umsonst rauszuläuten. *Bene greift zur Glocke.* Bene, ich warn dich, tu die Finger weg! So a Frechheit! So, jetzt sag ichs dem Hauptmann. Einmal nei, einmal raus, da werd ma ja narrisch. Sapprament! Sapprament! *Er geht wütend ab. Michl und Bene lachen.*

MICHL Ah − − jetzt stinkt er ihm! Gestern hab ich ihn auch g'ärgert, weißt, da hab ich ihm bei uns daheim in der Schusterwerkstatt aufs Butterbrot einen Schusterpapp naufgschmiert, und dann hab ich ihm d' Augengläser versteckt, daß ers net gsehen hat. Und wie er dann ins Butterbrot neibissen hat, ist ihm das Maul zusammenpappt.

BENE *lacht* Weißt Michl, du mußt ihm einmal auf den Schusterstuhl an Schusterpapp hinschmiern. *Während dieses Gesprächs ist von beiden unbemerkt der Aktuar aufgetreten. Michl bemerkt ihn (beim letzten Satz) plötzlich und stößt Bene, der ihn nun auch sieht, aufsteht, seinen Säbel zieht und auf und ab patrouilliert.*

8. SZENE

AKTUAR Schönen guten Morgen, meine Lieben.

BEIDE Guten Morgen, Herr Aktuar!

AKTUAR Ei der Teufel, was ist denn heute in aller Frühe schon los? Trommel, Musik, Radau? Was hat denn das zu bedeuten?

MICHL Uih − − − Ja wissen Sie denn noch gar nix, Herr Aktuar?

Der Fuhrmann war grad da und hat uns erzählt, daß d' Raubritter d' Stadt überfalln wolln.

BENE Die Raubritter sind draußen in Berg am Laim und bringen alles um.

AKTUAR Das ist ja furchtbar, erzählt mir gleich!

MICHL Also, der Fuhrmann fahrt alle Tag in der Früh nach Berg
am Laim, und wie er heut nauskommen ist, hat er gsehn, daß
alles ganz schwarz war in Berg am Laim.

BENE Ja, und der Sturmwind hat gheult vor lauter Schmerzen,
hat er gsagt, und das Feuer hat gebrunst und der Himmel war
blutgrün und der König Herodes war draußen mit den sieben
Geißlein.

MICHL Wie der Fuhrmann das gsehn hat, dann hat er Angst
kriegt und wollt davon, aber d' Räuber sind ihm dann nachglaufen und ham eahm sei Gwand auszogn, und auf einmal
war er ganz nackig.

AKTUAR Weiter! weiter!

MICHL Dann haben ihm die Raubritter seine ganze Milch aus-
trunkn und hätten ihn umbringen wolln, aber er hat sich dann
hinter einen Baum versteckt, und da is er dann eingschlafn, und
auf einmal hat ihm träumt, daß er eine Ente war und daß er
einen so langen Wurm gfressen hat.

BENE Das von der Entn und dem Wurm hat ja mir träumt.

MICHL Ach ja, bin ich dumm, das hab ich jetzt verwechselt, d e r
hat an Wurm gfressen.

AKTUAR Was hat denn das mit den Raubrittern zu tun?

BENE Ah, nichts. Das ist ja eine ganz andere Abteilung.

AKTUAR Also, erzähl weiter.

MICHL Ja also, wie der Fuhrmann nochmal umgschaut hat, hat
er gsehn, daß scho alle Häuser brennt habn, und die ganzen
Ochsen und Rindviecher von Berg am Laim laufen im Freien
umeinander und kennen sich gar nicht mehr aus!

AKTUAR Schrecklich, weiter!

MICHL Und niemand traut sich mehr auf die Straßen naus, weils
schon alle tot sind.

AKTUAR Genug, genug, das ist ja furchtbar! Sperrt nur gleich alle
Stadttore zu, alarmiert die Bürgerwehr und geht sofort an
Eure Arbeit!

BENE Ja, Herr Aktuar, in dem Fall dürfen wir eigentlich gar nichts unternehmen, das haben wir dem Fuhrmann schon erklärt.

AKTUAR Aber Er kann doch zum Hauptmann gehen und kann ihm die Sache unterbreiten.

BENE Ja, ich darf doch nicht weggehen von meinem Posten. Da kann um mich vorkommen, was will, ich darf meinen Posten nicht verlassen, net amal bei an Hochwasser, außer es schwoabt mi weg.

AKTUAR Dann schick Er doch den Kleinen zum Hauptmann!

BENE Der muß mir doch 's Sach holn.

AKTUAR Wann kommt denn der Hauptmann?

BENE Da kanns halb elf oder elf werden, bis der kommt.

AKTUAR Bis dahin kann es aber zu spät werden.

BENE Es kommt halt drauf an, wer z'erst kommt, die Raubritter oder der Hauptmann.

AKTUAR Aber das hat doch gar keinen Wert, da muß doch etwas unternommen werden, die Raubritter können ja in einer Stunde schon da sein!

BENE Leicht!

AKTUAR Ja, aber wenn unserer Vaterstadt eine solche Gefahr droht! Die Raubritter können doch jeden Augenblick kommen!

MICHL Ja, die kommen sicher, weil sie's dem Fuhrmann versprochen haben.

BENE Ja, das einzige, was wir tun können, das ist die Wach rausläuten, das haben wir dem Fuhrmann schon gezeigt.
Er läutet.
Die Wache zieht auf und geht wieder ab – alle schimpfen, sehen den Aktuar und schweigen plötzlich still.

AKTUAR Ihr seid doch die zwei größten Rindviecher, daß Ihrs wißt.

MICHL Das hat der Fuhrmann auch gsagt zu uns.

AKTUAR Stellt Euch doch einmal vor – – *Michl und Bene machen zwei Schritte vorwärts.* Ihr sollt Euch vorstellen – – *Michl und Bene treten wieder vor* – im Geiste sollt Ihr Euch vorstellen – –

BENE *und* MICHL Haben wir keinen!

AKTUAR Wenn die Räuber kommen, die werden rauben, plündern, stehlen!

BENE Ja, uns is ja selber unangenehm!

AKTUAR Folglich muß doch was unternommen werden, die Raubritter nehmen keine Rücksicht, die schrecken vor gar nichts
zurück, die nehmen sogar Weib und Kind mit.

BENE Ah, das wär das wenigste!

AKTUAR Wo ist denn zur Zeit der Hauptmann?

BENE Im Faberbräu drüben, da muß er an Hausgang ausweißen.

AKTUAR Wißt ihr was, dann gehe ich persönlich zum Hauptmann
und melde ihm die Sache. *Er geht ab.*

*Man vernimmt von ferne Volksgemurmel (Lautsprecher) und
die Handglocke des Polizeidieners.*

9. SZENE

*Polizeidiener, umringt von einer Volksmenge, erscheint – die
Wache zieht auf – man hört ein Gemurmel: »Was ist los?«*

POLIZEIDIENER Das werds jetzt glei hörn! *Er schwingt seine
Glocke und ruft aus:*

Bekanntmachung

Der hochwohllöbliche Magistrat gibt kund und zu wissen, daß
eine Raubritterbande von Ramersdorf her im Anzuge ist. Des-
senthalben gibt der Stadtrat, der wie immer um das leibliche
Wohl seiner Mitbürger besorgt ist, folgende Maßregeln kund –
er läutet mit seiner Glocke –

I. Gemäß Paragraph 333^1/$_3$ des herzoglichen Bürgerschutz-
gesetzes sind von heute ab die Stadttore um den Glocken-
schlag halb neun Uhr auf der Nacht zu schließen. *Er läutet mit
seiner Glocke.*

II. Ein jeder Bürger soll, was er an Wehr und Waffen hat, für
alle Fälle bereithalten. *Er läutet mit seiner Glocke.*

III. Bürger, die wo Posten stehen, sollen fest nach dem Feinde
auslugen.

Eigenhändig vorgelesen und publiziert, Joseph Winterhuber,
Polizeidiener im Namen des hochlöblichen Magistrats zu
München. *Volk und Wache gehen links und rechts mit Ge-
murmel ab.*

POLIZEIDIENER Trommelbua, du gehst jetzt gleich mit mir zum
    Sendlingertor und tust trommeln.

BENE Der bleibt da, den brauch ich!

POLIZEIDIENER Nein, den muß ich haben, der geht mit mir!
    *Beide gehen ab. Bene und der Korporal bleiben allein auf der
    Szene.*

BENE Glaubst as jetzt, Korporal, daß das wahr ist mit die Raub-
    ritter! Was da Polizeidiener einmal amtlich vorliest, das ist
    kein Spaß, das ist Ernst! *Ein Kanonenschlag hinter der Szene
    läßt beide erschrecken.*

KORPORAL Was war jetzt das?

BENE Ein Kanonenschuß. So, jetzt war seit dem Dreißigjährigen
    Krieg a Ruh, und jetzt müssens wieder anfangen, jetzt, weil
    ich jung verheirat bin und an Kramerladn gründt hab. *Der
    Hintergrund leuchtet rot auf.*

KORPORAL Ja, und i kann dir aa net helfen, weil i jetzt hoam
    muaß zum Stiefeldoppeln.

MICHL *kommt zurück* Uih, i woaß was, schaugts amal um!

KORPORAL *und* BENE Was ist denn los? Sind s' schon da?

MICHL Ja, schaugts doch amal um, da hint is alles ganz feuerrot,
    i glaub, da brennts schon. *Der Korporal und Bene drehen sich
    um.*

BENE Auweh, auweh, das Morgenrot! Weißt du, was das Mor-
    genrot für uns Soldaten bedeutet?

KORPORAL Nein!

BENE Du bist a trauriga Soldat. Morgenrot bedeutet: »Heute
    tot, morgen rot.«

KORPORAL Ich muß jetzt geh, i muß Abschied nehmen von mei-
    ner Familie. Bene, pfüat di Gott, bleib gsund, wann dir was
    passiert. *Er geht schluchzend ab.*
    *Bene und Michl sind allein auf der Bühne. Bene holt aus dem
    Schilderhäusl seine Ziehharmonika, und beide setzen sich auf
    die Bank.*

MICHL So, jetzt mag i mei Milch auch nimmer.

BENE Morgenrot, pfüat di Gott. *Er schickt sich an, mit der
    Ziehharmonika zu spielen; er beginnt mit einigen Akkorden
    – – dann fällt ein Schuß. Beide fahren erschreckt hoch. Dann
    singen sie:*

Morgenrot, Morgenrot
Leuchtest mir zum frühen Tod.
Bald wird die Trompete blasen,
Dann muß ich mein Leben lassen.
Ich und mancher Kamerad.

Ach wie bald, ach wie bald
Schwindet Schönheit und Gestalt.
Heute noch auf stolzen Rossen
Morgen durch die Brust geschossen
Übermorgen in das kühle – – –
gesprochen Grab.

Vorhang. Eine Minute Zwischenpause

II. AKT

1. SZENE

*Die Bühne ist ganz hell. Bene steht vor dem Schilderhäusl.
Der Vorhang öffnet sich rasch unter den Klängen des bayerischen Defiliermarsches, und sofort zieht die ganze Truppe auf,
voran der Hauptmann, dann der Trommelbua, dahinter die
Musik, dann der Korporal und zuletzt der Fahnenträger und
die übrige Wachmannschaft. Alle ziehen an Bene vorbei, der
dem Hauptmann beim Vorübergehen die Hand reicht, und
marschieren einmal um die Bühne herum, bis zum Kommando des Korporals.*

KORPORAL *auf den Hauptmann zugehend* Grüß dich Gott,
Hauptmann. Wie gehts dir denn immer?

HAUPTMANN Grüß dich Gott, Korporal, no ja, es muß schon tun.
A bißl viel Arbeit gibts halt. Zuhaus ist auch immer was los.
Mei Alte hat sich gestern an Zahn reißen lassen, jetzt ist sie
heut saugrantig.

KORPORAL Übrigens, Hauptmann, was sagst denn zu meine Leut,
schaug dirs einmal an!

HAUPTMANN Bravo, bravo, stramm sans beinander, das läßt sich

hören. Das ist ja a wahre Freid, wenn mans so anschaut. Wie
gehts euch denn, Leut?

SOLDATEN Gut, Herr Hauptmann!

HAUPTMANN *geht zu einem Soldaten hin* Nun, Meier, meine
Gratulation zum freudigen Familienereignis, habs scho ghört.
Was is denn? A Madl oder ein Bub?

SOLDAT MEIER Ein Bub, Herr Hauptmann!

HAUPTMANN Das läßt sich hören. Der fünfte Bub, gell, Meier?

SOLDAT MEIER Der neunte, Herr Hauptmann!

HAUPTMANN Bravo! Das läßt sich hören, ja ich sags ja, der Meier
laßt nicht aus. – Was ich sagen will, wer steht denn heut auf
Posten?

KORPORAL Der Bene. *Bene und Michl haben sich die ganze Zeit
unterhalten und hören nicht auf den Korporal. Korporal lauter* Der Bene! *Schließlich schreit er* Der Bene! *Bene bemerkt
endlich, daß es sich um ihn handelt – er geht schnell am Schilderhaus auf und ab mit grotesker Komik.*

HAUPTMANN *nachdem er eine Zeitlang zugesehen* No, hör nur a-
mal wieder auf. Rennst denn du den ganzen Tag so auf und ab?

BENE Nein, nur wenn du kommst!

HAUPTMANN Hör nur amal wieder auf! Grüß dich Gott! *Er gibt
ihm die Hand.*

BENE Grüß Gott, Hauptmann! *Statt der Hand streckt er ihm
den Säbel hin.*

HAUPTMANN Au, au, da schneidt man sich ja, paß doch auf! Hast
mir was zum sagen?

BENE Ja, wegen einem kleinen Öferl hätt ich dich amal fragen
wollen. Weißt, weils im Schildwachhäusl immer so kalt ist,
wenn schlecht Wetter ist, und da hätt i halt fragen wolln, obst
net a so a kleins Öferl ins Häusl reinmachen lassen möchtst,
weißt, so ein kleins Öferl.

HAUPTMANN Ja, ja, ich versteh dich schon, a kleins Öferl meinst
halt. Muß man halt schaugn, daß man eins kriegt.

KORPORAL Ich hab eins am Speicher drobn, das kann man ihm
reinmachen.

HAUPTMANN Ja, Korporal, schau einmal nach. Ah, was ich sagen
will, wie macht sich eigentlich der Kleine, der Trommelbub?

BENE Recht frech ist er immer.

MICHL Ja, heut in der Früh um sechs Uhr hab i an Bene aufgweckt, weil er gschlafn hat. *Bene stößt den Michl, während
der Korporal auffallend laut zu lachen beginnt* Der war heute
schon eine Ente, um sechs Uhr in der Früh.

HAUPTMANN No, was habts denn narrisch, was ist denn eigentlich?

BENE Nein, ich mein, a ganz kloans Öferl wenns waar!

HAUPTMANN Jetzt hör mir einmal auf mit deinem Öferl, das
wird einem ja ganz fad! Der redt andauernd vom Öferl und
d' Raubritter san in der Näh. Das erste ist jetzt gleich, daß
einer auf den Turm naufsteigt und nach dem Feind ausschaugt. *Alle wechseln den Platz und der Trompeter geht ab.*

KORPORAL Bene, geh du gleich nauf am Turm!

BENE Des kannst dir denken! Der Vinzenz soll naufgehen.

HAUPTMANN Also, Vinzenz, nachher gehst du nauf, und wennst
was Verdächtiges siehst, dann gibst gleich ein Signal!

VINZENZ Ja, is scho recht, wenn i aber nichts siech?

BENE Des siehgst dann scho, obs d' nichts siehgst.

VINZENZ Am Turm oben brauch i aber koa Gwehr. *Er lehnt
es an Bene hin und geht in die Tür zum Turm ab. Bene lehnt
das Gewehr an den Korporal an. Der Korporal lehnt das Gewehr an den Hauptmann an. Der Hauptmann lehnt es zurück
an den Korporal. Der Korporal lehnt es wieder zurück an Bene. Bene lehnt es an den Hauptmann an.*

HAUPTMANN Was lehnst denn das Gewehr alleweil an mich hin?
Er lehnt es wieder an Bene an.

BENE Ja, i kanns doch net in d' Luft hinlehnen, da fallts ja um.
Er stellt das Gewehr frei hin – es fällt um.

HAUPTMANN Tragt jetzt einmal einer das Gewehr naus!

KORPORAL Geh, trags do gleich selber naus.

HAUPTMANN, *das Gewehr aufhebend und wegtragend* Das is
zum Kotzen mit dene Brüda. So, jetzt kümmerts euch um eure
Kanonen, daß net wieder alle eingrost sind, und schauts, daß
auch sonst alles ordentlich imstand ist.
*Vinzenz ist währenddessen oben auf dem Turm sichtbar ge-
worden, späht aus und gibt ein Signal auf der Trompete.*

ALLE *hinaufschauend* Was ist denn los?

VINZENZ Ganz draußen am Gasteigberg seh ich sie schon daherkommen. Es ist ein ganz großer schwarzer Haufen, ich glaub, das sind d' Raubritter!

MICHL Gell, dann gibts doch Raubritter, weil der Bene gsagt hat, es gibt keine Raubritter mehr, dann gibts auch einen Osterhasen und a Christkindl und alles.

HAUPTMANN Jetzt fangt der dumme Bub mit dem Osterhasen an, wenn d' Raubritter kommen. Also, alle Männer an die Schießscharten und Kanonen auswischen!

BENE Ja, die können wir nicht auswischen, weil wir keinen Wischer haben; der Korporal hat ihn dem Kaminkehrer gliehn.

MICHL Ja, i hab alleweil gsagt, den darf man nicht herleihn, aber er, der alte Aff, hat ihn hergebn.

HAUPTMANN Ah, das ist eine Schlamperei. Aber es sind doch soviel ich weiß z w e i Wischer da! Wo ist denn der zweite?

BENE Ja, der steckt in der Kanone drin, da wird dir keiner nübersteign, wo die schon herbledern.

HAUPTMANN Da wird sich doch einer finden, der nübersteigt?! Korporal, zeig du die Leut, daß du a Schneid hast, steig du nüber!

KORPORAL Gell, jetzt derfat ich wieder einen Deppen machen. *Er schickt sich an, auf die Bank zu steigen, kehrt dann nach einer kleinen Pause wieder um* Hauptmann, geh, schick doch lieber einen andern nüber, i mein, des is besser.

BENE Ah, jetzt hat er keine Schneid.

MICHL Ah, jetzt traut er sich net nübersteign, der Hosenscheißer, jetzt hat er schon Angst.

HAUPTMANN Korporal, jetzt geb ich dir einen dienstlichen Befehl, du steigst jetzt nüber!

KORPORAL Ausgerechnet ich muß da nübersteign. *Von Bene und Michl unterstützt, steigt er auf die Bank. In dem Augenblick, in dem sein Kopf auf der Mauerkante sichtbar ist, fällt ein Schuß. Er schreit* Au, au! *Er steigt wieder herunter und läßt eine schwere eiserne Kanonenkugel auf den Boden fallen.*

MICHL Direkt aufs Hirn nauf, da muaßt jetzt ganz damisch sein!

KORPORAL Das war ich vorher schon.

BENE Du, das ist eine Raubritterkugel. Die is no ganz warm.

MICHL Die heben wir uns auf, die tun wir in eine Schachtel nein. Die geben wir nimmer her.

BENE Nein, damit gründen wir einen Kegelklub. *Er schiebt die Kugel hinaus* Juchhe! Alle Neune!!!

HAUPTMANN Ich geb dir gleich alle Neune! Was ists jetzt eigentlich mit dem Kanonenwischer?

BENE Ich hab eine Idee, wir ziehen einfach die Kanone aus dem Loch raus, dann haben wir den Wischer.

MICHL Ja, das machen wir. *Beide ziehen die Kanone umständlich aus der Mauer. Bene gerät mit dem Fuß unter die Räder und schimpft den Michl fürchterlich zusammen – sie stellen die Kanone in Richtung auf das Publikum auf.*

HAUPTMANN So – – – laßt euch nur recht Zeit. Also, du, Korporal, stellst dich jetzt vor das Loch hin, wo die Kanone drin war, damit bei dem Mauerloch kein Wind rein kann.

KORPORAL So, jetzt kann keiner mehr rein. *In diesem Moment fällt wieder ein Schuß. Au! Au! Aus seinen nach hinten gehaltenen Händen läßt er eine schwere, eiserne Kugel fallen Au! Au! Er weint und schreit jämmerlich. Dann will er sich auf die Bank setzen – stöhnt* Jetzt kann ich mich nicht mehr hinsetzen auch! *Er stöhnt und jammert weiter.*

MICHL Tuat des so weh?

KORPORAL Nein, wohl tuts, dummer Bub!

BENE Ah, der is schon recht wehleidig auch!

HAUPTMANN Also, was ists jetzt mit dem Kanonenloch auswischen? Michl, geh weiter, schick dich a bisserl! *Michl wischt umständlich langsam das Kanonenloch aus. Was ist? – Schick di besser – Michl!*

MICHL Ja, i kann mi a net derrenna wegn de damischen Ritter!

2. SZENE

GIRGL *kommt mit dem Polizeidiener* Da ist er ja, der Bene.

POLIZEIDIENER Du, Bene, der Girgl da behauptet, du hättest ihm heute in der Früh einen ganzen Haufen Knackwürst gstohln – beruht jetzt das auf Wahrheit oder beruht das auf keiner Wahrheit?

BENE Ja.

POLIZEIDIENER Was ja?

BENE Das beruht auf keiner Wahrheit.

POLIZEIDIENER Wenn aber der Girgl behaupt, du hast die Würst gstohln, dann hast es entweder gstohln – oder der Girgl lügt.

BENE Ja, der lügt, – und wer lügt, der stiehlt.

GIRGL Was, ich kann doch nicht meine eigenen Würst stehlen. Du hast es gstohln! *Er will auf Bene losgehen – der Polizeidiener hält ihn zurück. Bene zieht den Kanonenwischer heraus und will sich damit gegen Girgl verteidigen, trifft aber dabei den hinter ihm stehenden Korporal am Kopf.*

KORPORAL Laßts mir jetzt meine Ruhe!
Bene fährt mit dem Kanonenwischer ins Kanonenloch und stößt die darin befindlichen Würste heraus – alles lacht.

GIRGL *stürzt auf die Würste zu und nimmt sie an sich, sie dem Polizeidiener zeigend* Da schau her, Polizeidiener, da sind ja die Würst!

POLIZEIDIENER *zu Bene, der verblüfft dasteht* Du, Bene, wie können denn da vorne Würst rauskommen?

BENE Wenn man hinten neinfahrt.

POLIZEIDIENER Nein, ich möcht wissen, wie die Würst da hinten reinkommen können?

GIRGL Wies neinkommen sind, das kann ich Dir sagen! Wie ich heut in der Früh da vorbeigangen bin, da hab ich den Holler angschaut –

BENE Angschaut – – stehln hättst du ihn wollen. Weißt, Polizeidiener, das war so: heut in der Früh ist doch ein starker Westwind gangen, und wie da der Girgl mit seiner Mulden so vorbeigeht, hat der Wind auf einmal die Würst runtergweht, und da war grad der Schuber von der Kanon auf, und da hat der Wind die Würst pfeilgrad da neingweht. Der Michl hats gsehn, der war dabei, gell, Michl!

MICHL Ja, so wars, ganz genauso, weil ichs selber gsehn hab und weil er noch gsagt hat auch, wenn ich nichts sag, krieg ich auch die Hälfte.

POLIZEIDIENER Von was kriegst die Hälfte?

BENE Vom Wind.

POLIZEIDIENER Da müßt ich ja auf diese Weise an Wind verhaften.

BENE Den wirst aber du net erwischen.

Vinzenz bläst wieder ein Signal, alle schauen auf den Turm.

ALLE Was ist denn los?

VINZENZ Die Raubritter kommen immer näher und näher und einen ganzen Haufen Kanonen hams dabei.

POLIZEIDIENER Was, d' Raubritter kommen? Da muß ich aber gleich schauen, daß ich heimkomm. *Er läuft mit langen Schritten über die Bühne ab.*

GIRGL Und ich geh auch, sonst fressen mir die Raubritter meine Würst zsamm. *Er läuft auch ab. Michl und der Korporal schieben mit vereinten Kräften die Kanone wieder in das Mauerloch hinein.*

3. SZENE

HAUPTMANN Also, Kinder, seids tapfer, der Feind naht. Jetzt schießen wir unsere Kanonen ein, damit beim Überfall der Raubritter alles richtig funktioniert.

ALLE *singen*
Ach, es ist doch wirklich schwer
Bei der Münchner Bürgerwehr.
Unser Dienst ist nicht beliebt,
Weils da keine Würstln gibt.
Besonders bei der Artillerie
's ist die größte Ironie.
Wegn der gringsten Kleinigkeit
Sind wir schon salutbereit.

Refrain
Tararara b u m halloh,
Die Artillerie ist da!
Tararara bum halloh,
Die Artillerie ist da!

Michl ladet die Kanone und schießt bei jedem Refrain. Bei jedem ersten bum des Refrains erfolgt ein starker Kanonenschuß mit aufsteigenden Rauchwolken.
Ist wo eine Fahnenweih,
Ist d' Kanone auch dabei,
Sogar beim Oktoberfest
San ma jeds Jahr draußen gwest.

Ist das Pferderennen gwen,
Taten wir am Berg drobn stehn.
Wie die Kanone bum hat to,
Ging das Pferderennats o.

Tararara b u m halloh,
Die Artillerie ist da!
Tararara bum halloh,
Die Artillerie ist da!

Wenn der König kriegt ein Kind,
Schießen wir Salut geschwind.
Auch bei jeder Prozession
Schießen wir mit der Kanon.
Kurz, bei jeder Viecherei
Ist d' Kanone auch dabei.
De Kanone ist famos,
Bloß im Krieg, da gehts net los.

Tararara b u m halloh,
Die Artillerie ist da!
Tararara bum halloh,
Die Artillerie ist da!

Nach Schluß der dritten Strophe ertönt ein Signal von Vinzenz.
ALLE Was ist denn das?
BENE Das Echo.
VINZENZ Nein, das ist kein Echo, das war schon ich. Höchste
    Gefahr ist! D' Raubritter kommen immer näher und näher
    und immer mehr Kanonen hams dabei. Allerhöchste Gefahr!
    Alles läuft aufgeregt durcheinander – die Musik geht ab.
MICHL *nimmt Trommel und Wiesenteppich und schreit* I hab
    scho alles!
BENE Du hast ja d' Wiesen mitgnommen!
MICHL De hab i in der Angst ausgrissn.
HAUPTMANN Seid doch nicht gar so aufgregt, Leut! Nur den Kopf
    nicht verlieren, immer die Ruhe bewahren. Du, Korporal,
    übernimmst die erste Batterie, du, Michl, die zweite. Du, Be-
    ne, übernimmst den Sanitäterdienst, im Fall, daß grad einem

schlecht wird, und ihr tuts bei der Schießschartn nausfeuern, was nur grad 's Zeug halt.

Michl bedient die beiden Kanonen, schiebt Kugeln ein und zieht bei jedem Kommando: »erstes oder zweites Geschütz: bum« ab. Bei »bum« erfolgt jedesmal ein Kanonenschlag mit aufsteigenden Rauchwolken. Man hört nun auch von fern, noch etwas schwach, Lärm und Abschüsse.

Der Korporal gibt mit Michl abwechslungsweise das Kommando zum Abschuß – bald bei der einen, bald bei der anderen Kanone, bis zum Schluß, unterbrochen nur bei den jeweiligen Sprechdialogen zwischen Bene und dem Hauptmann. Dem Michl fallen aus der zweiten Kanone dauernd alle Kugeln wieder nach vorne heraus.

Bene sieht einen verwundeten Soldaten am Laternenpfahl lehnen, nimmt aus seiner Sanitätstasche, die er sich inzwischen umgehängt hat, eine breite Binde heraus und verbindet den Kopf des Soldaten, aber so, daß nicht nur der Laternenpfahl mitumwickelt wird, sondern auch Helm und Gewehr mit in die Bandage geraten.

Der Hauptmann schießt von Zeit zu Zeit mit seiner Pistole über die Mauer, dazwischen gibt er Kommandos.

Die übrigen Soldaten schießen durch die Schießscharten – der Riese schießt über die Mauer, das Gewehr auf derselben aufgelegt.

Ein Soldat fällt um, von einer Kanonenkugel getroffen, die in seinem Uniformrock steckt. Bene und Michl holen eine Tragbahre herbei samt einer Decke und beginnen, den am Boden liegenden Soldaten auf die Bahre zu legen. Michl nimmt die Kanonenkugel aus dem Uniformrock des Verwundeten. Sie heben die Bahre, die keinen Boden hat, hoch und gehen mit der leeren Bahre ab, da der Soldat dazwischen durchgerutscht und am Boden liegen geblieben ist.

Bene und Michl kommen zurück.

DER HAUPTMANN *bemerkt den noch auf dem Boden liegenden Verwundeten und sagt zu Bene* Was ists denn eigentlich mit dem Mann da? Wollt ihr jetzt den gleich hinaustragen!

BENE Den haben wir grad naustragen!

HAUPTMANN Des gibts ja gar nicht, der liegt ja noch da!

BENE Recht eigensinnig is er!

Bene und Michl holen eine andere – diesmal eine richtige – Bahre herein und legen den verwundeten Soldaten hinauf. Es ergeben sich ziemliche Umständlichkeiten, bald steht Bene, bald Michl verkehrt an der Bahre, dann wieder rutscht der Verwundete seitlich, oder vorn, oder hinten, von der Bahre herunter. Endlich wird es Bene zu dumm, er legt den Mann so auf die Bahre, daß er zwischen Bene und der Tragbahre zu Fuß von der Szene geht. – Der Lärm wird nun immer größer, die Schüsse stärker. Plötzlich wird der Zuschauerraum hell. Stoffballons fliegen als feindliche Kanonenkugeln über die Mauer herüber ins Publikum und die Raubritter erscheinen mit Geschrei und heftigem Lärm auf der Mauer. Ein Raubritter in Rüstung springt auf die Bühne herunter und bohrt dem dicken Korporal seinen Spieß in den Bauch, daß die Spitze am Rücken herausschaut. Bene kommt mit einem weißen Fähnlein aus dem Schilderhaus heraus. Michl wirft Kanonenkugeln ins Publikum.

Vorhang

DER BILLIGE JAKOB

Verkaufsstand mit großem Schirm.
Melodie: Ich bin eine Witwe, eine kleine Witwe.

As G'schäft geht heut flau da heraus auf der Dult. Wenn dös
lang so furt geht, dann wer i no wuid. Beim billigen Jakob,
da steh'ns alle rum, aber kaffa teans nix'n, bloß schaung recht
saudumm? *zeigend* A Wetzstoa, a Sofa, a feins Briefpapier, a
Goldbronz, an Huatlack, a prima Stiefelschmier, dös alles a
Mark heut – wer kriagt's jetzt noamal? *lang warten* naa –
so a schlechter G'schäftsgang! Dös is wirkli a Skandal!
    Naa – i tua's enk glei schenka –
    Dös – dös könnt's Euch denka! –
    I muaß's ja aa kaffa, i hab aa mei War net g'stohl'n!
    D'Leut san grad wia Affen,
    Kaffa nix, nur gaffen!
    's ganze G'schäft dös soll von mir aus glei der Teufi hol'n.
Naa naa, d'Leut ham wirkli gar koan Charakter mehr im Geldbeutel drin! – A so an Haufa Sach um a Markl!!!? – Wenn
Euch dös aa no z'teuer is? – Ja – a Schlafzimmereinrichtung
mit an goldenen Himmelbett kann i Euch net geb'n um a
Markl! – Aber Leut, i kann's Euch net für Übel nehmen –
alles is so teuer, jetzt geht's amal her – jetzt wer i Euch zoag'n,
daß i aa was für meine Mitmenschen tua! – Paßt's auf, Leut,
was i Euch alles mitbracht hab! –
Kinder, druckt's Euch net so her – geht's auf d'Seit'n, daß die
großen Leut auch was seh'n! –
Leut, schaut's her, – da hab ich das Universalwaschpulver ›Fix
– Fix‹! Die Hausmuatta hat große Wasch dahoam, sie ziagt
sich an, geht zum Kramer oder in eine Drogerie und kauft um
5 Mark a Kernsoafa, a Persil, a Wasserglas, an Borax – geht
mit dem G'lump hoam, fangt's Waschen an und siehe da – die
ganzen Waschmittel san viel z'wenig – hint' und vorn g'langt's
net! Die Hausmuatta tuat aus der Schatull'n no amal zwei

Mark 'raus und fangt no amal 's Einkauf'n an! – Das teure
Geld und die ganze Lauferei hätt' sich die Hausmutter erspart,
wenn sie sich bei mir a Packl Universalwaschpulver ›Fix‹ um
eine Mark mitg'nomma hätt'. Es ist konstatiert und von Sach-
verständigen nachg'wiesen wor'n, daß man mit einem einzigen Packerl Universalwaschpulver ›Fix-Fix‹ sämtliche Sack-
tücher vom ganzen Deutschen Reich waschen kann. Damit Sie
aber nicht meinen, ich mach Ihnen da ein Larifari vor, werde
ich Ihnen eine kleine Probe von der frappanten Wirkung des
Universalwaschpulvers F.F. vor Augen führen. Vielleicht ist
einer von den Herrschaften so freundlich und gibt mir ein
recht dreckates Taschentuch *Bekannter gibt eines her* – dös
is recht – so oans hab i woll'n. Seht's, Leute, man nimmt das
Taschentuch, woacht es ein, fügt dem Wasser etwas von dem
Universalpulver ›Fix-Fix‹ zu, rüppelt das Taschentuch mit zwei
Fingerspitzen hin und her – und das Taschentuch ist gereinigt.
– So, schöna Herr, da hab'ns Eahna Taschentuch wieder
z'ruck.

Dös war ja nur ein kleines Beispiel, meine Herrschaften! – Sie
können aber mit dem Universalpulver ›Fix-Fix‹ nicht bloß
Taschentücher, sondern alles Erdenkliche reinigen, wie z. B.
die Betten, die Vorhänge, das Geschirr, den Fußboden, den
Hof, das Klosett, den Keller, den Speicher usw. Wenn man in
das Innere eines Menschen hineinkönnte, könnten Sie sich
damit sogar Ihre schmutzige Seele reinigen. – Also greifen
Sie zu, meine Herrschaften – für dieses Waschpulver ›Fix-Fix‹,
für das Sie in jedem Bamberlgeschäft 8–10 Mark hinlegen
müssen, zahlen Sie bei mir heute – sage und schreibe – den
kindischen Preis von 1 Mark. Wer will's jetzt noch amal haben?? Dazu bekommen Sie noch den preisgekrönten F a m i -
l i e n z a h n s t o c h e r aus Aluminium-Stahl. Jahrelang haben
Sie die unpraktischen Holzzahnstocher um's teure Geld gekauft – oder in einer Wirtschaft mitgehen lassen! – Das haben
Sie aber alles nicht mehr nötig, wenn Sie im Besitze eines
Aluminiumzahnstochers sind – denn dieser Zahnstocher ist
zu gebrauchen von Mann, Weib und Kind. – Er paßt für alle
Zähne – er paßt für alt und jung. – Er paßt für jede Speise! –
Und Sie haben damit nur eine e i n m a l i g e Ausgabe, denn

dieser Aluminiumzahnstocher nützt sich im Gebrauch überhaupts nie ab, und selbst wenn er von einer zwölfköpfi-
gen Familie tagtäglich benützt wird. Dann hab ich aber gleich
wieder was anders! – das patentierte Wunderpapier ›Perplex‹.
Die vielseitige Verwendbarkeit des ›W. P.‹ ist epochemachend
und hat seit kurzer Zeit die Welt in Staunen versetzt. Ich
werde Euch jetzt die praktischen Vorzüge des ›W. P.‹ darlegen,
net, daß, wenn Ihr Euch das Papier kauft's und wenn's ös dahoam auspackt's, kennt Ihr Euch net aus – oder wia ma sagt,
ös steht's dann da wia's Kind vorm Dreck. Nicht, daß Ihr das
›W. P.‹ nur allein zum Schreiben verwenden könnt's, nein, das
›W. P.‹ dient Euch auch als Hausmittel – und ebenso als Heil-
mittel.
Sagen wir, der Großvater dahoam tuat Holz hacken und haut
sich, weil er a Rindviech ist, mit'n Hackl auf'n Finger 'nauf
und 's Unglück ist ferti; die Wunde klafft, der Schmerz tut
weh, der Großvater nimmt sein ›W. P.‹, reißt ein Stück herunter, streckt die Zunge raus, schleckt es ab und pappt es auf
die Unglücksstelle – und siehe – die Wunden sind verschwunden.
Oder die Mutter hat sich beim Milchholen erkältet, sie hat
einen rauhen Hals bekommen, sie nimmt das ›W. P.‹, macht
sich davon ein paar Kügelchen, gurgelt sich damit, und in einigen Monaten ist das Leiden verschwunden. Oder sagen wir,
die Tochter hat im Antlitz direkt unter der Nase einen kleinen Schönheitsfehler zu verzeichnen – ein sogenanntes Wim-
merl, nicht zu verwechseln mit Wammerl, des möcht a jeder
gern unter der Nase hab'n. Sie nimmt ein Stückchen ›W. P.‹,
klebt sich dasselbe auf die betreffende Stelle, und das Wim-
merl ist im Nu verdeckt.
Oder sagen wir, dem Vater ist der Hut zu groß geworden, er
nimmt ein paar Blätter vom ›W. P.‹, rollt dieselben kunstge-
recht zusammen, draht sie in den Hut hinein, und der Hut sitzt
wieder wie ein neuer.
Oder Sie machen einen Ausflug. Die Sonne brennt herunter,
man hat keinen Sonnenschirm dabei und die Augen tun weh.
Man greift in die Tasche, nimmt ein Blatt ›W. P.‹, macht sich
einen provisorischen Augenschirm, und die Wirkung der Son-

nenstrahlen ist gebrochen und ist zugleich auch das Auftauchen von Sommersprossen aus der Welt geschafft.

Oder Sie sind gezwungen, mittags um 11 Uhr über den Marienplatz zu gehen, Sie machen sich aus dem ›W. P.‹ zwei Papierstopseln – stecken den einen rechts, den andern in's linke Ohr – und Sie hören das Glockenspiel am Rathausturm nicht.

Oder bei naßkalter Witterung ist ein Katarrh unausbleiblich. Das Taschentuch ist patschnaß überfüllt – man hat sein ›W.P.‹ in der Tasche – dreht sich einige Pfropfen – und verstopft sich damit die tröpfelnden Nasenlöcher. – *Schutzmann kommt.* – Ein anderer hat eine böse Schwiegermutter zuhause, die schimpft den ganzen Tag, die schimpft die ganze Nacht. – Er weiß sich nicht mehr zu helfen, er kennt sich nicht mehr aus – er nimmt das Wunderpapier ›Perplex‹, macht davon einen Knaul, stopft ihn der bösen Schwiegermutter ins Maul – die kann nichts mehr sagen! – weil's nicht mehr reden kann!!! – Ah – der Herr Schutzmann kommt – also nehmen S' Ihnen nur gleich was mit – Ihre Frau hat die größte Freud damit.

SCHUTZMANN Wer hat Ihnen erlaubt, daß Sie da verkaufen dürfen, Sie wissen doch ganz genau, daß Sie hier Ihren Stand nicht aufstellen dürfen, – dös können S' drauß' auf der Dult machen, aber nicht hier.

FRAU Was woll'n S' denn?? Mir leid's ja kein Warenhaus, ich bin auf das Standl da angewiesen, tean S' ma fei' ja net mei' G'schäft vermasseln.

SCHUTZMANN Also räumen Sie sofort Ihren Stand hier weg, oder ich schreib Sie auf.

FRAU Das ist mir gleich, jetzt bin ich schon so oft aufgeschrieben worden, jetzt geht's auf das Einemal auch nicht drauf z'samm, aber weggehen tu ich nicht.

SCHUTZMANN Sie heißen??

FRAU Fanny!

SCHUTZMANN Wie noch??

FRAU Hichinger!

SCHUTZMANN Geboren?

FRAU Natürlich!

SCHUTZMANN Wo Sie geboren sind?

FRAU In der Bettstatt!

SCHUTZMANN Also vorwärts, wo sind Sie geboren?

FRAU In Haidhausen!

SCHUTZMANN Straße?

FRAU Landsberger Straße!

SCHUTZMANN Nummero? – Ja, schneller – meinen Sie, ich hab so lang Zeit, ich muß heut noch mehr aufschreiben! – Also diktieren Sie mir schneller!

FRAU Was? Schneller? – So schnell könna ja Sie gar net schreiben wie ich reden kann!

SCHUTZMANN Das wär traurig! – Also schneller! – Sie heißen??

FRAU Ich heiße Fanny Hichinger, geboren den 22. Januar 1898 zu München, Landsberger Straße 17/4 Rückgebäude II. Aufgang, bei Frau Katharina Reitmoser, Taglöhnersgattin aus Geiselgasteig.

SCHUTZMANN Halt, halt, nicht so schnell, da komm ich ja nicht mehr mit.

FRAU Ich hab's Ihnen doch gleich g'sagt, daß Sie net so schnell schreiben können, wie ich reden kann, – überhaupt, meinen Sie, von Ihnen laß ich mir mei' Geschäft vermasseln, wenn ich schon nichts verkaufen darf, dann nimmst as, das ganze Graffl, – da hast as!!! *wirft ihm alle Schachteln 'nauf* – und das alles zusammen a u c h eine Mark!!!

DER FIRMLING

Die Bühne gehört – durch ein Plakat mit der Aufschrift ›Wein-
terrasse‹ gekennzeichnet – zum Zuschauerraum. Sie ist rosa ta-
peziert und zeigt im Hintergrund gemaltes Publikum, das an
kleinen Tischen sitzt. Im Vordergrund sind drei Tische weiß ge-
deckt, darauf stehen Zahnstocher in Ständern, die Spitzen nach
oben, und als Tafelschmuck Tannenzweige in Vasen. Eine An-
richte trägt Sektkübel, Zigarettenschachteln, Teller, Salzstreuer,
Gläser, Strohhalme, Bestecke und bunte Zigarrenkisten.
Zur Einleitung geht die Musik in ›Schön ist die Jugend bei fro-
hen Zeiten‹ über. Karl Valentin spielt den Vater.

> *Beide kommen vom Publikumseingang her durchs Lokal und*
> *suchen einen Platz, finden ihn aber nach vielem Anstoßen*
> *unter Assistenz des dicken, beschürzten Oberkellners in wei-*
> *ßem Sakko erst auf der als Weinterrasse hergerichteten Bühne.*
> *Pepperl (Liesl Karlstadt) hat viel zu große weiße Handschuhe*
> *an den Händen und trägt darin eine lange Kommunionkerze*
> *mit einer riesigen weißen Seidenschleife. Damit bleibt er auf*
> *dem Podium gleich am ersten Stuhl hängen, der krachend um-*
> *fällt.*

VATER *No, Depp .. Pepperl rennt den zweiten Sessel um und*
lacht. Vater wirft Tisch und Stuhl um, verwickelt sich mit
Schirm, Stuhl und Tisch, ein fürchterliches Durcheinander ent-
steht. Pepperl lacht Lach net so saudumm, dummer Bua. *Bei-*
de setzen sich nieder, schauen sich nach dem Kellner um und
pfeifen. He, Kellnerin, zwei Halbe!

KELLNER *kommt auf die Bühne* Was wünschen die Herrschaften?

VATER Zwoa Halbe Bier und etliche Brot.

KELLNER Bedaure, Bier wird bei uns nicht verschenkt.

VATER Mir wollns ja net gschenkt, mir zahlen ja.

KELLNER Ich meine, wir führen kein Bier, hier gibts nur Wein –
wir haben Weinzwang.

VATER Na bringst halt zwoa Halbe Weinzwang.

KELLNER Ich bringe Ihnen die Weinkarte. *Pepperl lacht und schaut immer auf seine Uhr.* Bitte, hier ist die Wein- und die Speisekarte *Er geht ab.*

VATER Was magstn Pepperl, weilst dich heute so schön firmen hast lassen, derfst du dir heut was Feines raussuchen. Was magst denn? Red – oder red' – was magst denn?

PEPPERL An Emmentaler –

VATER Ja hast du Hunger?

PEPPERL Ja.

VATER An Emmentaler werns da herin net ham. *Er schaut in die Weinkarte* Ja, hams scho oan, aber da hoaßt er anders, da hoaßt er Affenthaler. *Er pfeift.*

KELLNER Bitte, haben die Herrschaften schon gewählt?

VATER Bringst an Pepperl a Stück Affenthaler und Pfeffer und Salz.

PEPPERL Ja, und zwoa Bretzn.

KELLNER Sie meinen eine Flasche Affenthaler?

PEPPERL Na, a Trumm Affenthaler.

KELLNER Es gibt doch nur eine Flasche Affenthaler.

VATER Wieso? Habts denn Ihr an Kas in der Flaschn drin?

KELLNER Affenthaler ist immer in der Flasche.

VATER Seit wann denn?

KELLNER Seit es einen Affenthaler gibt.

VATER Ja, wia bringa mir denn den raus? Mir können doch net an Kas mitm Stopselzieher rausziehen! *Pepperl lacht.* Jetzt hörst amal dei saudumms Gelächter auf! – *Er haut ihm erbost eine runter. Pepperl weint.* So macht er mirs heut scho den ganzn Tag, in einer Tour grinst er, der dumme Bua. *Pepperl lacht wieder.*

KELLNER Mein Gott, er freut sich halt, weil er jung ist!

VATER Ich war doch aa amal jung, vielleicht jünger wie der.

KELLNER Also wollen Sie dann einen Affenthaler trinken?

VATER Wieso trinken?

KELLNER Affenthaler ist nur zu trinken.

VATER So weich ist der?

KELLNER Will der Kleine vielleicht eine Limonade?

PEPPERL Ja.

VATER Eine rote – a recht süße bringst ihm.

KELLNER Und Sie auch eine Limonade?

VATER Mir wars ja gnua, mir bringst an Schnaps!

KELLNER Was für einen darf ich bringen? *Er liest die Likörkarte ab* Allasch, Kirschwasser, Zwetschgenwasser, Rum, Kognak, Magenbitter, Kräuter . . .

VATER Net so viel, einen nur!

KELLNER Goldwasser, Macholl, St. Emmeram . . .

VATER An Macholl habts aa, ja, den mag i.

KELLNER Also eine Limonade und ein Gläschen Macholl.

VATER Was, a Gläschen? A Flaschn möcht i, a Glasl is bei mir scho leer, wenn i's anschaug. Bring a Flaschn.

KELLNER Eine ganze Flasche wird Ihnen wahrscheinlich zu teuer sein.

VATER Dös geht Ihna an Dreck o.

KELLNER Und was speisen die Herrschaften? *Er liest die Speisekarte ab* Makkaroni mit Schinken ist noch da.

VATER Magst solche – *zum Kellner* – na bringst oa.

KELLNER Bitte sehr – also zweimal Makkaroni mit Schinken.

VATER Naa, oamal.

KELLNER So, nur einmal.

PEPPERL Ja, für an jeden – eine –

KELLNER Also dann doch zwei Portionen.

VATER Nein, nein – eine – aber für zwei.

KELLNER Ja, wollen Sie jetzt eine oder zwei?

PEPPERL Nein, ich möcht nur eine.

KELLNER Ja, dann wollen Sie doch zwei?

VATER Nein, eine für uns zwei.

KELLNER Sie meinen eine Doppelportion.

VATER Ja, eine einfache Doppelportion.

KELLNER Zum Donnerwetter, soll ich jetzt eine oder zwei Portionen bringen?

VATER Jetzt bringst oane und schwingst dich, sonst kann sein . . .

KELLNER Ich bringe Ihnen jetzt eine Portion. *Geht schimpfend ab* Das ist eine nette Bagage, die wissen nicht, was sie wollen, die sollen doch woanders hingehen, in eine Bauernwirtschaft, das ist ja furchtbar.

VATER Nur net nachbrumma dahinten. Tua fei ja net launen-

haft sei, sonst ziag i di raus aus deim Cheviot. – Ja mei, Pepperl, was sagst denn, habn die an Kas in der Flaschn drin,
drum soll ma so wo net reingehn, in eine Tiele. Tiele hoaßn
sies jetzt, früher hat ma Weinbeizen gsagt. – Lauter so moderne Krampf hams da. *Er will schnupfen Pepperl stößt ihm
den Tabak herunter* Net steßn – Aff – überall bauns jetzt eine
Tiele hinein, i bin nur neugierig, wie in zehn Jahren 's Hofbräuhaus ausschaugt. *Er will wieder schnupfen.*

PEPPERL Jetzt wird er glei wieda reinkomma! *Er stößt den Vater wieder.*

VATER Jetzt haut er mir schon die zwoate Pyramidn runter, glei
schlag i di aa runter. *Er schnupft sehr laut.*

KELLNER Hier bitte die Limonade für den Kleinen, hier Ihr Li-
kör, wohl bekomms.

VATER Bist da, Herzerl! *Er haut den Kellner hinten hinauf.*

KELLNER Was erlauben Sie sich?

VATER Oha, jetzt hab i glaubt, i bin im Hofbräuhaus bei der
Marie – *Kellner ab.* So, Pepperl, jetzt laß dirs recht schmek-
ken, heut ham mir so schon so viel herumgsoffn.

PEPPERL Prost, Vata – ah, heut is zünfti – da schau her, Vata –
ah, des is a Gaudi.

VATER Ja was tuast denn!

PEPPERL Seifenblasen.

VATER Dir tua i dann glei Seifenblasen mit der teuren Limonad
– des Steckerl ghört doch zum Umrührn. *Er rührt um, bricht
aber das Röhrl ab.*

PEPPERL So, jetzt hast es brochen, uh, der wenn reinkommt!

VATER Lauter Glump hams scho a da herin, mir sagn einfach,
des war scho.

PEPPERL Ja, des sagn ma, na spannt ers net. Prost Vata, ah,
heut is zünfti.

VATER Prost Pepperl – so, jetzt derfst dei erste Zigarrn rauchen.
Er pfeift.

KELLNER *kommt* Bitte sehr?

VATER A Zigarrn fürn Buam, a ganz leichte – weil er noch nie
graucht hat.

KELLNER Bitte sofort. *Geht ab.*

VATER Die Mutter wenn uns jetzt seng kannt, dö hätt a Freud.

Hats allwei gsagt, den Tag möcht i noch erleben, aber leider
is sie heimgegangen in den großen Heimgarten.

KELLNER *bringt eine Zigarre* Bitte sehr.

VATER Zünds an Buam glei o! So, Pepperl, ziag nur fest – *zum
Ober* Moanst net, daßn zreißt?

KELLNER Na, wir werden ja sehen.

VATER Ja, wenn mirs scho amal seng, na is 's schon zspät. *Kellner ab.* Inhalier nur fest, daßd a guate Farb kriagst. Du mußt
dir denken: Heut ist der schönste Tag in deinem Leben – die
Jugendzeit kommt nur einmal, des derfst mir glaubn – *er
singt*
»Schön ist die Jugend, bei frohen Zeiten, schön ist die Jugend,
sie kommt nicht mehr.«

PEPPERL Ja, des kenn ich auch, den alten Schmarrn. *Er singt mit*
Prost, Vata, heut is 's zünfti.

VATER Das mußt du dir merken, die Jugendzeit kommt nur einmal im Leben...

PEPPERL *singt* »Drum sag ichs noch einmal...«

VATER Was sagst, Pepperl?

PEPPERL Naa, i hab bloß gsunga, »Drum sag ichs noch einmal...«

VATER Da hast du recht, des kann ma net oft gnua sagn. *Er
stößt mit der Nase in die Zahnstocher* Au – au. *Pepperl zieht
sie ihm heraus* Wie kannst denn du die Zahnstocher da her-
stelln; wenn i Bluatvergiftung kriag und wird mir die Nasn
weggschnittn, mit was schneuz i mi dann?

PEPPERL Da kann i nix dafür, für was muaßt du dei Nasn überall drin habn.

VATER *reibt die Nase mit Schnaps ein* Jessas, brennt dös.

PEPPERL Ja eben – drum sag i 's noch einmal...

VATER *wirft ihn über den Stuhl hinunter* Fangt er immer wieder an mit seiner saudummen Jugendzeit.

PEPPERL Ah geh, bis i amal windi wer!

VATER Setz di her da! Setzt di glei her? – Du Hundling!

PEPPERL Tua fei net köppeln.

VATER Halts Maul!

PEPPERL Brauchst mi a net glei nunterwerfa, i hab di a net nun-
tergschmissn.

VATER Des kommt scho noch – setz di her!

PEPPERL Ja gell, wenn die neue Uhr bricht, dann ham mas – i
glaub, i hab so schon die Feder abdraht.

VATER Dei Gurgl drah i dir no ab – daß dus woaßt. – Denk liaba
an dei Zukunft, woaßt heut no net, was du amal werdn willst.

PEPPERL Dös wern mir nachher scho seng.

VATER Heut woaßt no net, was du amal wirst. Pepperl, Pepperl,
denke dran, was aus dir noch werden kann

PEPPERL Ja, da bin i selber neugierig.

VATER Aber siehgst, des gfreut mi heut no, daß es mir gelungen
ist, den heutigen Tag zu erleben.

PEPPERL Ja, mi a, wär schad, wenn ihn mir zwei nimmer erlebt
hätten.

VATER Niemand auf der Welt hätt dir dein Firmpat gemacht,
wenn ich mich nicht deiner erbarmt hätt.

PEPPERL Ja, wennstn du net gmacht hättst, dann könnt i heut
mit meiner Kerzn alloa rumharpfn.

VATER Alle hams dir versprochen, a jeder hat gsagt, dein Buam
mach i an Firmpat, und wies dann drum und drauf ankomma
is, hat sich a jeder druckt. Merk dir das – Pepperl – Freunde in
der Not gehen zehne auf ein Butterbrot. Gell, der Onkel hat
dirs so sicher versprochen, und jetzt hat er dir was ghustet.
Warum hat er dir denn dein Firmpat net gmacht? – Weil er
kein Flins drauf hat, weil er dir koa Uhr hätt kaufen können.
Ich hab dein Firmpat gmacht, ich hab mei Wort ghaltn. I war
da wia da Zoaga.

PEPPERL Ja, des is wahr.

VATER Was hast denn ghabt vor der Firmung?

PEPPERL Nix.

VATER Net amal an Anzug hast ghabt, nackert hättst gehn müssen.

PEPPERL Na hätt i halt mei Badehosn anzogn.

VATER Koan Anzug hast ghabt, koa Hemdknöpferl, koane Sok-
ken, koa Hemad, koan Charakter, nix hast ghabt wia dein
saudumma Kopf.

PEPPERL Ja, und den hab i von dir kriagt.

VATER Ich kann mich noch gut erinnern, wia i rumglaufen bin
um an Anzug für den Buam. Was i da für a Lauferei ghabt
hab, das is der Bua gar net wert. In sämtlichen Kleidererzie-

hungsanstalten war ich in München, beim Isidor Bach, beim
Knagge & Peitz, beim Isidor Kustermann, beim Heilmann &
Littmann, nirgends hab ich einen Kommunionanzug auftrie-
ben. *Pepperl raucht die Zigarre, es wird ihm schlecht, er
nimmt seinen Hut und geht ab. Kellner kommt herein und
serviert die Getränke, ab. Vater allein* Und da wo ich ein auf-
triebn hätt, kostet ein Kommunionanzug heute fünfundsechzig Mark, ja, ja, mir wars ja gnua, des kann i mir als Mittel-
standler net erlaubn, daß ich für den Buam fünfundsechzig
Mark am Tisch hinleg – ich bin koaner von der Burschoisie,
i muaß mir mei Geld mit der Hände Fleiß verdienen, na hab i
mir denkt, koan neuen konnst net kaffa, kaff dir halt oan von
Herrschaften abgelegten Kommunionanzug, zua alle Dandler
bin i, in meine sämtlichen Stammkneipen ha i 's rumerzählt,
nichts wars, die ganze Hoffnung hab i schon aufgebn. Derweil schleicht sich ein Zufall ein. Kommt der Erlacher Franzl
zu mir, a alter Spezi, ein Kriegskamerad von mir, mir san
anno Siebazg mitanand z' Deisenhofen gstandn, Mann an
Mann, Brust an Brust, direkt am Isarufer, wos so feucht war,
der hat es erfahrn, daß i an Kommunionanzug kaufen will.
Des gfreut mi, Franzl, hab i gsagt, sag i, aber es is net gsagt,
daß des, wo dein Hundsbuam paßt, mein Knaben aa paßt –
kurze Rede langer Sinn, der Erlacher Franzl bringt den Anzug, der Pepperl ziagtn o und – paßt hat er! *Er haut auf den
Tisch* Hätt ja i im Leben net denkt, daß dem Pepperl der Anzug paßt, wo er an Buam gar net kennt – kennt an Buam gar
net – aber wia gsagt, der Erlacher bringt den Anzug, der Pepperl ziagtn o, und – paßt hat er. *Er haut auf den Tisch* No ja,
die Ärmel warn zlang, des stimmt, de hat d' Muada dahoam
abgschnittn, und de Sach war erledigt, aber so is doch die ganze Sache furchtbar interessant. Und noch dazu will er mir den
Anzug schenken – naa, sag i, Franzl, des gibts net, es gfreut mi
ja über alle Maßen, daß du mir den Anzug kredenzt – aber so
sehr mich dein Antrag würdigt, so hat die Sache einen ganz
anderen Haken, denn du bist selber ein armer Teufl, und wenn
du mir schon den Anzug gibst, dann wollen wir die Sache fi-
nanziell regln. In dieser Beziehung bin ich ein Ehrenmann, da
laß i mir nichts nachsagen. Aber wie gsagt, er bringt den An-

zug, der Pepperl zieht ihn an und – paßt hat er, das is ja das
Horrende an der Angelegenheit. Man muß doch bedenken,
daß er mein Buam noch mit keinem Auge erspähet hat. Kennt
der an Buam net, sei Bua is vielleicht a Mißgeburt, aber mei
Bua is gwachsn wie eine Hyazinthe. Aber wie gsagt, der Erlacher Franzl bringt den Anzug, der Pepperl ziagtn an und –
paßt hat er! *Er haut auf den Tisch und fällt damit zu Boden*
Oha, jetzt hats mi abidraht – wo er an Buam gar net kennt –
das ist ja das Frappante – ja was is denn des *Er ruscht beim
Aufstehen immer mit den beiden Füßen aus* Muaß i in meine
alten Tag noch 's Radlfahrn lerna.

PEPPERL *kommt weinend* Vata, mir is so schlecht.

VATER Mir auch.

PEPPERL Vata, i möcht hoamgeh.

VATER Ich auch.

PEPPERL Mach, steh halt auf.

VATER Wenn i könna tat, scho.

PEPPERL Was hast denn?

VATER A Hepfa.

PEPPERL Der legt si glei am Boden hin, der faule Kerl! *Er hängt
seinen Hut an den Kleiderständer und hebt den Vater auf.
Der Vater fällt immer wieder hin. Pepperl hebt ihn immer wieder auf* Mach, steh doch auf, mir is ja selber so schlecht.

VATER *singt* »Auf der schönen grünen Wiese, da spielt...«

PEPPERL Halt doch dei Mäu! *Vater fällt wieder hin. Pepperl
schimpft* Geh, sei doch net so ekelhaft!

VATER Ich hab gekämpft für König und Vaterland!

PEPPERL Ja, des is ja jetzt wurscht... *Vater fällt hin.* Jetzt wirds
mir bald z' dumm wern, 's nächstemal konnst alloa in d' Firmung geh... *Vater fällt hin.* Dann setz di halt auf an Stuhl,
wannst nimmer steh konnst. *Vater fällt mit dem Stuhl um.*
Jetzt werd i bald narrisch wern.

KELLNER *kommt mit den Speisen herein* Ja, um Gotteswillen,
wie sieht es denn hier aus, was ist denn das für ein Benehm-
men!

PEPPERL Ich bins ja net, das war ja er.

KELLNER Das ist ganz egal. Sie gehören beide nicht in dieses
feine Lokal, das ist ja furchtbar.

PEPPERL Weil er immer so viel sauft, der alte Aff.

VATER *zum Kellner* Ich bin ein Ehrenmann, das merkst dir!

KELLNER *hebt alles auf und stellt die Speisen auf den Tisch* So,
jetzt essen Sie Ihre Makkaroni und dann machen Sie so
schnell wie möglich, daß Sie fortkommen. Das geht doch nicht,
wie Sie sich hier aufführen. *Zum Vater* Nicht wahr, das
müssen Sie doch selbst einsehen, daß das hier nicht geht.

PEPPERL Ja, des hört der nimmer.

VATER *singt.*

KELLNER, *nachdem er den Tisch in Ordnung gebracht hat* Also
bleiben Sie endlich sitzen und verhalten Sie sich ruhig, sonst
lasse ich Sie rauswerfen. *Kellner ab.*

PEPPERL So, jetzt hast es, jetzt werden wir noch rausgeschmissen
aa, grad heut an mein Firmungstag. Jetzt bleibst amal sitzn, du
bsuffana Uhu. *Beide fangen zu essen an. Pepperl haut mit
der Kerze Vaters Nudeln hinunter.*

VATER Mußt denn du immer beim Fressen die damische Kerzn
ham! *Er nimmt sie ihm aus der Hand, ißt jetzt mit der Kerze,
wickelt Nudeln darüber, steckt die Kerze in die Westentasche,
holt sie wieder heraus und fährt Pepperl damit beim Essen in
den Mund hinein. Pepperl schreit. Vater wirft Nudeln hinunter, der Tisch fällt um, er steckt alle Nudeln in die Tasche. Pepperl hat eine Nudel im Mund. Vater zieht sie heraus.*

PEPPERL Wo is mei Huat, komm lauf ma davon.

VATER Ja, dann brauch ma nix zahln. *Beide nehmen ihre Hüte
vom Kleiderständer, werfen ihn um, und Pepperl trägt Vater
huckepack hinaus.*

KELLNER *kommt* Halt, zahlen, zahlen!

Vorhang

EINE FIDELE MÜNCHNER STADTRATSSITZUNG
ANNO DAZUMAL

STADTRAT OBERBERGER Ich eröffne die heutige Sitzung und heiße Sie alle herzlich willkommen. Es liegen heute ausgerechnet 13 Punkte vor, die ihrer Erledigung harren. Und diese 13 Punkte will ich Ihnen, meine Herren, zwecks Begutachtung bzw. Genehmigung bei der heutigen Sitzung vorlegen. Ich beginne mit meinen Ausführungen:

Punkt 1 Neupflasterung des Speiselokals unseres Herrn Bürgermeisters.

Punkt 2 Erneuerung des unkündbaren Vertrages des Uhrmachers am Karlstor.

Punkt 3 Impfung sämtlicher Eisenfiguren unserer Denkmäler gegen Verrostung.

Punkt 4 Erhöhung der Hundesteuern von dreißig Mark auf zwanzig Mark.

Punkt 5 Antrag auf Erteilung einer Konzession zur Abhaltung von Jugendspielen, wie – »Schneider, leih mir dei Scher« – »Fürchtet ihr den schwarzen Mann?«

Punkt 6 Neubau einer historischen Schweißtropfensammlung mit Erfrischungsraum – der Dienstmann-Institute Münchens.

Punkt 7 Neubau einer Entlausungsanstalt der Münchener Lausbuben.

Punkt 8 Das Ersetzen der Petersturmmusik durch Grammophon oder Lautsprecher.

Punkt 9 Entfernen der Straßenbahnschienen in den verkehrsreichen Straßen der Stadt.

Punkt 10 Verlegung der Auer Dult in den Hofgarten.

Punkt 11 Erlassung eines Verbotes »Kinder unter acht Jahren dürfen nicht als Mitglieder im Veteranenverein aufgenommen werden«.

Punkt 12 Fällt aus.

Punkt 13 Vorlage zur Genehmigung eines Männergesangvereinerholungsheimes im Zentrum der Stadt.

Nun bin ich mit meinen Ausführungen dieser Ausführungen zu Ende und bitte Sie, zur freien Diskussion übergehen zu wollen. Kollege Stadtrat Huber hat das Wort.

STADTRAT HUBER Meine Herren! Ich sehe in den dreizehn Punkten eine riesige Aufgabe, deren wir in einer einzigen Sitzung nicht gewachsen zu sein scheinen. Ich denke, wir nehmen zuerst den Punkt 13 in die Hände, damit wir wenigstens die Unglückszahl 13 umgangen haben. Mit den anderen 12 Punkten werden wir dann schon ins Klare kommen. Meine Herrn! Punkt 13. Vorlage zur Genehmigung eines Männergesangvereinerholungsheimes im Zentrum der Stadt.

Meine hohen Herrn! Es war vorauszusehen, daß eine konjunktive Resignation aller gegenwärtigen Handelsabkommenschaften mit beschränkter Anzahl eintreten sollte. Obwohl die Ferienkolonie mit Grundbesitzungen allerorts, aus dem Terrain und Trust – Emanzipationen mit Disziplinarstrafen und Verkehrsanstalten in gegenseitigen Meinungsaustäuschen sich kreuzten.

Es konnte nur seitens der Neuregelung in Packträgerkreisen und Roten Radlerinstituten keine Einigung erzielt werden. Es sei denn, daß die wirtschaftlichen ökonomischen Bedingungen das einzige Hindernis in der Hemdknöpflindustrie den geplanten Weg sperren würden, so würden sich dennoch mit vereinten Kräften Mittel und Wege finden, die Überproduktion im Zacherlinhandel im Keime zu ersticken, und auf dem 45 000 Quadratmeter großen Grundstück des Realitätenbesitzers N. N. ein Männergesangvereinerholungsheim erstehen zu lassen. – Als Amerika im Jahre 1855 die Ausfuhr von gestöckelter Milli auf ein Minimum beschränkte, da war es König Barbarossa der 66., welcher damals dem Erfinder des Zweiräderkarrens den Auermühlbachorden überreichte. Ja, gerade er war es, welcher hinsichtlich der verkürzten Geschäftsinteressen die prinzipielle Entscheidung in den Abgrund stellte. Großmütig drückte damals der Zitherklub ›Gut Klang‹ seine Meinung gegen alle diese verzweifelten Ansichten aus, und als wahre Wohltat entstanden damals die vielen Bedürfnisanstalten, um die sich die Stadtverwaltung Lorbeeren und herzliche Anerkennungen aus allen Kreisen der Be-

völkerung errungen hat. Mit aller Energie griff die Presse um
sich und schleuderte seitenlange Artikel gegen das ekelerre-
gende Orangenschalenwerfen auf den Straßen aus und im Nu
war der Christbaumhandel in den Sommermonaten aufgeho-
ben. Der chinesische Armenpflegschaftsrat Tschin Tschin setzte sich mit der Nürnberger Lebkuchenindustrie in Verbindung
und bezweckte damit, daß im Prozesse der Römischen Brief-
markensammlungsgesellschaft mit elektrischem Kraftbetrieb
gegen die schwedische Turteltaubenzüchterei eine einigerma-
ßen zustande gekommene Einigung erzielt werden konnte.

Die Beiseitelegung des Handelsvertrages mit der sizilian-
schen Straßenreinigungsaktiengesellschaft, welche mit 120%
des Grund- und Hausbesitzervereins im Kegelklub Alt-Hei-
delberg eine abermalige Verzinsung der Reichskassakonto-
steuer zu Allach (Bezirksamt Berlin) in Anrechnung brachte,
konnte kraft seines 300jährigen Bestehens des afrikanischen
Perlacher Knabenhortes zur nochmaligen Submission heran-
gezogen werden.

Nach meiner Ansicht steht also der Erbauung eines Männergesangvereinerholungsheimes nicht mehr das geringste im
Wege und gebe hiermit das Wort Herrn Stadtrat Westermeier.

STADTRAT WESTERMEIER Meine Herrn! Die Worte meines Vor-
redners waren Mist! *Pfuirufe.* Niemals soll diese Schundan-
sicht zur Durchführung kommen. *Pfeifen, allgemeines Gemurmel.* Das Übereinkommen des chinesischen Schaukelbu-
denbesitzers mit der Nürnbergerlebkuchenfabrikationsgesell-
schaft ist erbärmliche Lüge!!! *Hört, hört* Das Kleinhesse-
loherseegeschwader war ja von dem Großhesseloher Kirch-
weihfest gar nicht eingeweiht. *Lüge – Schiebung.* Das sind
ja elende Lausbubengerüchte!!! *Bravo Bravo – Ha ha ha ha –
anhaltendes Hohngelächter.*

Wie konnte Seine Exzellenz der Großkaufmann Plieventans
seine Grundbesitzungen zur Erbauung eines Männergesangvereinerholungsheimes reserviert halten – er mußte doch wissen, daß der Grund- und Hausbesitzerverein beim Magistrat,
Abteilung für Schmetterlingsammlung III. Stock Zimmer
Nr. 00, noch gar nicht vorstellig geworden war. *Empörung.*

Wie konnte die Münzenzeltgießerei den Antrag zur Erbauung eines Männergesangvereinerholungsheimes stellen, ohne – nicht den geringsten Einblick in den Laubsägeholzlagerplatz zu haben. Das sind ja direkte Erpressungen. *Ausrufe – Das ist Mumpitz – das ist Humbug.*

Die Anisloabi- und Mohnweckerlkommission hat mit Recht sämtliche Zweiräderkarren des Dienstmanninstitutes konfiszieren lassen, denn gerade durch das Schifferlfahren am Starnberger Bahnhof waren die Geleise derart stark beschädigt, daß das betrügerische Einschänken in und außerhalb der heißen Jahreszeiten im Hofbräuhaus nicht zu-, sondern abnimmt. *Pfui – Gemeinheit – Schluß!!! Hinaus mit dem Kerl!!! – Furchtbarer Tumult. Glockenzeichen BBBBBrrrrrr!!!*

Meine Herren! Meiner Ansicht nach steht also der Erbauung eines Männergesangvereinerholungsheimes nichts mehr im Wege, ich schließe die heutige Sitzung mit der Bitte an alle anwesenden Herren Stadträte . . .

       Auf in den Ratskeller!!!

*Die Bühne zeigt die Studierstube eines feinen Mannes. Echte
Teppiche, Lederklubsessel, elegante Tischchen, eine mächtige
Standuhr und kitschige Ahnenbilder in prunkvollen Goldrahmen an der Wand zeigen, wie wohlhabend das Haus ist. Am
Fenster steht ein riesiger luxuriöser Schreibtisch mit Tischtelefon und auf dem prunkvollen Kamin im Hintergrunde thront
ein gewaltiger Lautsprecher.*

Karl Valentin, der SCHREINERMEISTER BRANDSTETTER, *paßt in
diese feine Umgebung gar nicht hinein. In einem Unikum von
Gehrock, der vor dreißig Jahren einmal schwarz war, nun aber
grün und blank ist, mit einem uralten Hut, der früher eine ›Me-
lone‹ war und jetzt lappig ist, wenn man ihn anfaßt, bewehrt
mit einem erbarmungswürdigen Regenschirm, – so irrt er in dem
Luxus dieses Zimmers umher.*

Liesl Karlstadt, der BUBI *des Herrn Geheimrats, ist ein ent-
setzlicher Fratz im Matrosenanzug.*

DER HERR GEHEIMRAT, *ein eleganter Mann Ende der Fünfzig,
scheint ein Freund der Tafel zu sein:* »Ein Dicker mit großem
Portefeuille, den Otto Rückert übrigens vortrefflich hinsetzt als
einen naiven Menschenfresser.«

*Nach der Verdunkelung des Zuschauerraumes ergeht bei geschlos-
senem Vorhang durch den Lautsprecher der folgende Vorspruch:*
»Es war einmal ein reicher Mann, der hatte einen schlecht er-
zogenen Sohn, der aber trotzdem der Liebling des Vaters war.
Da kam einmal ein armer Mann aus dem Volke in das Haus,
um ein Darlehen zu erbitten. Wie es ihm dabei erging, wäre
eigentlich ein Trauerspiel – wenn nicht so schrecklich viel Ko-
misches dabei passieren würde.«

Indem sich der Vorhang hebt, hört man den Schreinermeister
BRANDSTETTER *fragen* Ist der Herr Geheimrat zu Hause?
FANNY, *das Dienstmädchen in schwarzem Kleid, sehr lang und*

dünn, mit weißem Schürzchen und Häubchen, geht durch das Zimmer und öffnet die Tür Nein, der Herr Geheimrat ist leider nicht zu Hause. Wollen Sie bitte nähertreten.

BRANDSTETTER *tritt ein* Ja, dann wart i halt, bis er kommt. Wo is er denn?

FANNY Der Herr Geheimrat hat einen Ausflug gemacht. Er muß aber bald zurückkommen. Wen darf ich denn melden?

BRANDSTETTER Mein Name ist Brandstetter.

FANNY Und in welcher Angelegenheit?

BRANDSTETTER Zivil – privat halt.

FANNY Is recht. Werds ausrichten, sobald der Herr Geheimrat zurückkommt; bitte, warten Sie so lange. *Fanny geht ab.*

BRANDSTETTER Herrgott, mit hundert Markl wär mir gholfen, oder wenigstens mit hundertfufzge.

DER HERR GEHEIMRAT, *eleganter Fünfziger, mit Hut und hellem Sommermantel, darunter hellem Anzug, tritt ein und fragt noch in der Tür nach draußen* So, Fanny, ist Post gekommen?

FANNY *tritt diensteifrig hinter ihm ein* Nein, aber Besuch.

DER HERR GEHEIMRAT So, wer denn?

BRANDSTETTER Grüß Gott, Herr Geheimrat. *Er läßt seinen Schirm auf seine Füße fallen; Fanny hebt den Schirm auf und gibt ihn ihm verkehrt in die Hand.*

DER HERR GEHEIMRAT Was suchen Sie denn?

BRANDSTETTER Jetz hab i den Griff verlorn.

DER HERR GEHEIMRAT Da ist er ja! *Er gibt Hut und Mantel der Fanny* Wie können Sie solche Leute hereinlassen?! Jeden Tag machen Sie eine neue Dummheit, Sie kann man wirklich zu nichts brauchen als zum Fressen. *Fanny geht ab.*

BRANDSTETTER De werd no net viel gfressen habn.

DER HERR GEHEIMRAT Na, was ist denn? *Er setzt sich* Hängen Sie doch Ihren Schirm irgendwo auf und Ihren Hut. *Brandstetter sieht sich ratlos um, zieht dann Nagel und Hammer aus der Tasche, schlägt den Nagel in die eine Seitenwand der Standuhr und hängt seinen Hut daran. Der Herr Geheimrat hat unterdessen gelesen und schaut sprachlos zu, steht auf* Ja, was fällt Ihnen denn ein? Nehmen Sie gefälligst Ihren Hut da herunter. Einen Nagel in meine polierten Möbel hineinzuschlagen! Wollen Sie sofort Ihren Hut herunternehmen!

BRANDSTETTER Wieder runter nehma, na hab i ja den Nagel umsonst neighaut.

DER HERR GEHEIMRAT Ja, sagen Sie einmal, schlagen Sie überall Nägel hinein, wo Sie hinkommen?

BRANDSTETTER Nein, nur wo kein Kleiderhaken ist.

DER HERR GEHEIMRAT Nehmen Sie sich einen Stuhl.

BRANDSTETTER Bin so frei. *Er setzt sich in den Klubsessel und rutscht herunter.*

DER HERR GEHEIMRAT Nicht da! *Brandstetter schnalzt mit der Zunge, worauf ein Stuhl an einer Schnur von selbst zum Schreibtisch läuft. Er setzt sich auf diesen.*

DER HERR GEHEIMRAT Was ist das für ein Unsinn! Also, was führt Sie zu mir?

BRANDSTETTER Ja, mein Name ist Brandstetter. Holz-Schreinermeister. Wir kennen uns doch.

DER HERR GEHEIMRAT Ich habe Sie noch nie gesehen.

BRANDSTETTER Doch, doch. Sind Sie nicht einmal vor sieben oder acht Jahren mit der Elektrischen durch die Neuhauser Straße gefahren, da sind wir uns auf der hinteren Plattform vis-a-vis gesessen.

DER HERR GEHEIMRAT Erstens sitzt man auf einer Plattform nicht, und zweitens fahr ich nie mit der Elektrischen. Nur mit dem Auto.

BRANDSTETTER Nacha müssen wir uns irgendwo in einem Auto getroffen haben.

DER HERR GEHEIMRAT Aber ein Auto hat doch keine Plattform.

BRANDSTETTER Nein. Ich richt mich da ganz nach Ihnen, Herr Motorrat – – ah – Herr Geheimrat.

DER HERR GEHEIMRAT Jetzt erinnere ich mich, natürlich kenne ich Sie, sagen Sie, waren Sie nicht einmal vor vier Jahren –

BRANDSTETTER Stimmt, stimmt.

DER HERR GEHEIMRAT So lassen Sie mich doch erst ausreden. Waren Sie nicht einmal vor vier Jahren bei meinem Freund, dem Baron Rembremerding, angestellt als Gärtner?

BRANDSTETTER Ja, beim Herrn Baron Rembremerding, da war ich Gärtner. Das heißt, eigentlich war ich kein direkter Gärtner. Ich mein so: Ich war kein Direktor und ich war auch kein Gärtner. Ich war Spritzbrunnenaufdreher.

DER HERR GEHEIMRAT Spritzbrunnenaufdreher, ja, ist denn das
auch ein Beruf?

BRANDSTETTER Beruf weniger. Es war eigentlich mehr so ein
kloans Nebenschanzerl von mir, im ganzen Jahr hab ich ja
bloß zwei Mark verdient.

DER HERR GEHEIMRAT Zwei Mark im ganzen Jahr? Aber davon
kann man doch nicht leben.

BRANDSTETTER Ja, leben schon, aber wie!

DER HERR GEHEIMRAT Mir ist das ganz unverständlich.

BRANDSTETTER Da heißts einteilen.

DER HERR GEHEIMRAT Aber wie ist das möglich, daß Sie im ganzen Jahr nur zwei Mark verdient haben?

BRANDSTETTER Ja, das kann ich Ihnen schon erzählen, wenns
Ihnen interessiert, Herr Zweirat, Herr Geheimrat. Das war
so. Der Herr Baron Rembremerding der hat nämlich in seinem
Park eine – eine – wie heißt mers denn, so eine – eine Funk . . . .

DER HERR GEHEIMRAT Eine Funkanlage.

BRANDSTETTER Nein, eine Funk . . . – so a ausländischer Name –
eine Funk – –

DER HERR GEHEIMRAT Eine Funkstation?

BRANDSTETTER Ja – nein – Herrgottsakra, jetzt is mir der Name
entfalln, eine Funk – eine Funktäne.

DER HERR GEHEIMRAT Sie meinen eine Fontäne.

BRANDSTETTER Ja, mir in Giesing drauß sagen halt Spritzbrunnen, und diesen Spritzbrunnen, den hab ich alle Jahre im
Frühling aufdrehen müssen, dann hat er gspritzt bis zum
Herbst. Und wenn dann der Winter kommen ist, nacha hab
ich ihn wieder zudrehen müssen. Und da hab ich fürs Auf-
drehn a Markl kriegt und fürs Zudrehn auch a Markl, sind
zusammen zwei Mark.

DER HERR GEHEIMRAT Ja, wissen Sie, Herr Brandstifter –

BRANDSTETTER – stetter, bitte!

DER HERR GEHEIMRAT Herr Brandstetter, für diese kurzen zwei
Tätigkeiten finde ich zwei Mark eigentlich ganz gut bezahlt.

BRANDSTETTER Natürlich ists gut bezahlt. Ich mach ja auch dem
Herrn Baron Rembremerding keine Vorwürfe, nur zwenig is
halt zum Afdrahn gwesen.

DER HERR GEHEIMRAT Wieso das?

BRANDSTETTER Ich mein so. Wenn der Herr Baron Rembremerding in seinem Park tausend solchene Spritzbrunnen ghabt
hätt, die wo mer alle Tag auf- und zudrehn hätt müssen, das
wären dann zweitausend Mark pro Tag gewesen, des wär a
Gschäft.

DER HERR GEHEIMRAT Aber ich bitte Sie, welcher Mensch kann
sich heutzutage den Luxus von tausend Spritzbrunnen leisten!

BRANDSTETTER Ja, niemand.

Das Telefon läutet.

DER HERR GEHEIMRAT Hallo, hier Geheimrat Müller.

BRANDSTETTER Ja, und da bin ich halt zu Ihnen – denn ich hab
auch an Heimgarten und da hab ich auch an Spritzbrunnen,
aber der is kleiner, ganz klein –

DER HERR GEHEIMRAT So sind Sie doch ruhig, wenn ich spreche.
– Hallo, wer ist dort? – Sind Sie doch ruhig. Ach, Herr Siebenmeier, ja, ich erwarte Ihren Anruf seit drei Wochen, das
ist sehr wichtig. Also erzählen Sie mir, was sagen Sie, die Ak-
tien sind wieder gestiegen? Das ist ja sehr interessant. *Brandstetter hat das Telefon betrachtet; er legt seinen Schirm darauf.*
Hallo! Weg ist er. *Er sieht den Schirm* Ja, was fällt Ihnen
denn ein, Sie kindischer Mensch? Sie haben mir ja die ganze
Unterbindung verbrochen. Wie kommen Sie denn dazu, Ihren
dummen Schirm da hinaufzulegen? *Er wirft ihn herunter.*

BRANDSTETTER Ja, Sie legen ja des Ding aa drauf

DER HERR GEHEIMRAT Ja, das ist doch der Hörer. Haben Sie denn
noch nie ein Tischtelefon gesehen?

BRANDSTETTER Naa, i kenn des neimodische Glump net.

DER HERR GEHEIMRAT Für was haben denn Sie's angeschaut?

BRANDSTETTER I hab glaubt, des is a Waag.

DER HERR GEHEIMRAT Blödsinn. Wen interessiert das schon, wieviel Ihr dummer Schirm wiegt.

BRANDSTETTER Auf a halbs Pfünderl schätz i ihn schon.

Das Telefon läutet.

DER HERR GEHEIMRAT So, jetzt sind Sie aber ruhig! Hallo, ach ja,
Herr Siebenmeier, wir waren leider unterbrochen. Ich bin etwas nervös. Ich habe einen lästigen Besucher da. Aber Sie
müssen mir die Sache unbedingt jetzt erzählen.

*Brandstetter tupft mit dem Zeigefinger fünf-, sechsmal auf die
Gabel.*

DER HERR GEHEIMRAT Ja, was haben Sie denn schon wieder gemacht, Sie Idiot? Hallo! Jetzt ist er wieder weg. Was treiben
Sie denn?

BRANDSTETTER I hab ja bloß so hitupft.

DER HERR GEHEIMRAT Ja, ist denn so was möglich? *Er wählt*
Sind Sie denn ganz von Sinnen?

BRANDSTETTER Nein, von hier.

DER HERR GEHEIMRAT Was fällt Ihnen denn überhaupt ein! Ja,
hier ist Geheimrat Müller. Ach, Herr Siebenmeier –

BRANDSTETTER Ja, ist denn das so empfindlich? Wenn i da hin-
lang – *er langt hin* – dann saust der andere scho fort?

DER HERR GEHEIMRAT Ja, zum Donnerwetter, das ist ja zum Verrücktwerden!

BRANDSTETTER Ja, wia woaß denn der andere des, daß i da hin-
tupf?

DER HERR GEHEIMRAT Ja, bin ich denn verpflichtet, Ihnen den
Nutzen und Schaden des Telefons zu erklären? Soll ich Ihnen
vielleicht an Vortrag halten? Also, zur Sache, was wollen Sie
eigentlich?

BRANDSTETTER Ja, wie gesagt. Der Kummer geht net aus. Die
Kinder müssen auch in die Schule, die Frau is auch nimmer so,
wies sein soll, mir können Sie 's glauben, Herr Geheimrat,
von gestern auf heut habe ich vier Nächte nicht geschlafen,
und da hätt ich eben die große Bitte an Sie, ob Sie mir nicht
den Betrag von –

BUBI *im Matrosenanzug mit Schifferknoten kommt mit der Radiozeitung herein. Fanny begleitet ihn* Fanny, gehen Sie einmal in mein Zimmer und holen Sie mir die große Radio-Zei-
tung. Du, Papa, eben lese ich in der Radiozeitung, daß heute in
Wien ein großer Fußballkampf ist, und den möcht ich gerne
hören. Aber mit meiner Apparatur kann ich Wien nicht erreichen. Jetzt wollte ich mir eine neue Antenne auf das Dach
hinaufbauen, aber die Großmutter will mit mir nicht aufs
Dach hinausklettern.

DER HERR GEHEIMRAT Das kannst du auch nicht verlangen. Die
Großmutter wird morgen siebenundachtzig Jahre alt.

BUBI Nu ja, dann ists doch nicht mehr so schad, wenns runter-
fällt –

DER HERR GEHEIMRAT Das darf man nicht sagen. Du brauchst
doch auch auf dem Dach keine Antenne. Das geht doch so
auch. Du hast jedenfalls nicht richtig eingestellt.

BUBI Natürlich habe ich richtig eingestellt. Da kannst dich gleich
selbst überzeugen –. *Er schaltet ein, es kracht* Das klingt ja
häßlich. Ja, meine Antenne ist eben zu schwach, ich habe nichts
wie Störungen.

Brandstetter schneuzt sich sehr laut.

DER HERR GEHEIMRAT Das klingt aber schön!

BRANDSTETTER Scheener tuats wie Eahna Grammingfon.

BUBI Das ist doch kein Grammophon, das ist doch ein Radio-
apparat.

DER HERR GEHEIMRAT Da bestell ich dir eben jetzt eine Zimmer-
Antenne. *Er telefoniert* Hier Geheimrat Müller. Ich habe vor
wenigen Wochen einen Apparat bei Ihnen gekauft, für meinen Jungen, und nun möchte mein Junge gern Wien hören,
diesen Fußballmatch, aber es ist unmöglich. Er kann Wien
nicht bekommen, er hat nur Störungen Das kracht so furchtbar.

BRANDSTETTER Wie bei mir; ich hab auch immer so Störungen,
so Darmstörungen.

DER HERR GEHEIMRAT Sind Sie doch ruhig!

BUBI Stören Sie doch meinen Papa nicht.

DER HERR GEHEIMRAT Ruhe! Also ist diese Dach-Antenne nötig
oder nicht? Nicht. So, eine Zimmerantenne genügt auch. Sehr
gut. Danke schön. Guten Tag, Herr Haring.

BRANDSTETTER Des is a saudummer Name. No ja, allweil no besser, als wenn oaner Rollmops heißt –

BUBI Ha ha.

DER HERR GEHEIMRAT Sind Sie doch still mit dem Unsinn! Also
du brauchst dir keine Dachantenne machen, nur eine einfache
Zimmerantenne. Da ziehst du einfach einen Draht quer durch
das Zimmer – und dann hast du eine Antenne.

BUBI Ja, dann muß ich sofort meinen Draht holen, und ihr müßt
das Zimmer frei machen, und dann baue ich mir meine Antenne. Ich komme gleich wieder. *Bubi geht ab.*

DER HERR GEHEIMRAT Mein Sohn, mein ganzer Stolz! Er ist so
lebhaft. Er interessiert sich so sehr für Technik. Wissen Sie!

BRANDSTETTER Ja, ja, alle Kinder san ganz narrisch mit dem
Radio.

DER HERR GEHEIMRAT Haben Sie auch Kinder?

BRANDSTETTER So so.

DER HERR GEHEIMRAT Ich frage, ob Sie auch Kinder haben?

BRANDSTETTER Ja natürlich! Ich bin ja Schreinermeister.

DER HERR GEHEIMRAT Knaben oder Mädchen?

BRANDSTETTER Das könnt ich Ihna gar net genau sagn.

DER HERR GEHEIMRAT Aber erlauben S', das müssen Sie doch
wissen!

BRANDSTETTER Ja mei, i bin die meiste Zeit unten in der Werkstatt. Ja, a Tochter hab i halt, a Deandl, a Madl und a Kind.

DER HERR GEHEIMRAT So so. Sagen Sie, finden Sie, daß mein
Sohn mir ähnlich sieht?

BRANDSTETTER Ja – jünger is er halt.

DER HERR GEHEIMRAT Natürlich kann er nicht älter sein.

BRANDSTETTER Älter auf keinen Fall. Aber, wenn ich meine Meinung sagen darf, eigentlich schaut er mehr Ihrer Frau Geheimrat, Ihrer Alten, Ihrer geheimen Alten, Ihrer alten geheimen
Frau Rat, Ihrer Geheimfrau –

DER HERR GEHEIMRAT Meiner Frau? Kennen Sie meine Frau?

BRANDSTETTER Nein, kennen tu ich sie nicht.

DER HERR GEHEIMRAT Wie können Sie dann sagen, daß der Bub
ihr mehr ähnlich schaut?

BRANDSTETTER Der Wimmer Sepp kennts. Der hats ausgstellt
gsehn.

DER HERR GEHEIMRAT Was ausgestellt? Meine Frau? Ach, jetzt
verstehe ich: bei dem Fotografen Sahm in der Türken-
straße.

BRANDSTETTER Nein, ganz woanders, der alte Witz von »Drüben beim Schweinmetzger Sieber mit an Zitronenschnitzl im
Mäu«.

DER HERR GEHEIMRAT So eine Unverschämtheit!

BUBI *mit viel Antennendraht* So, jetzt gehts los. Jetzt bau ich
meine Antenne. Jetzt weiß ich bloß nicht, soll ich den grünen
Draht nehmen oder den braunen.

DER HERR GEHEIMRAT Was willst du denn mit dem alten Draht?
Wirf ihn doch weg. Wo ist denn der neue?

BUBI *wirft den alten Draht Brandstetter vor die Füße* Den
neuen hab ich auch mitgebracht, aber ich glaube, daß der zu
schwach ist.

DER HERR GEHEIMRAT Der genügt vollkommen. Mach schnell.
Sonst versäumst du den Fußballkampf.

BUBI *hakt das Drahtende links ein, geht an Brandstetter vorbei*
Wo ist denn mein Hammer? Ich kann meinen Hammer nicht
finden. *Er geht um Brandstetter herum und um den Geheimrat, und geht dann auf die andere Seite* Natürlich, die Fanny
hat ihn wieder verlegt.

DER HERR GEHEIMRAT Da, Bubi, da liegt er ja!

BRANDSTETTER *spürt die Schlinge* Hilfe! Hilfe!

DER HERR GEHEIMRAT Bubi, schau, der erstickt ja, gib acht!

BRANDSTETTER, *nachdem die Schlinge von ihm entfernt worden
ist* Der Bua ist gelungen.

DER HERR GEHEIMRAT Sie müssen Ihren blöden Kopf auch überall vornedran haben. Möchten Sie nicht dem Jungen seine
Freude verderben!

BUBI Ja, da wird doch meine Antenne kaputt, wenn Sie Ihren
dummen Kopf dahintun. *Er hängt den Draht auf der anderen
Seite ein, probiert das Radio, es kracht.*

DER HERR GEHEIMRAT Schalt aus! Schalt aus!

BUBI Jetzt klingt er genauso scheußlich wie vorher, Papa.

DER HERR GEHEIMRAT Bau dir halt noch eine zweite Antenne.
Die machst du da oben rüber, machst sie am Lüster fest und
ziehst sie dann auf die andere Seite zurück.

BUBI Ja, da wird mir aber der Draht nicht reichen. *Er steigt mit
dem Draht auf den Stuhl, den Tisch und auf Brandstetters Kopf.*

BRANDSTETTER Der steigt mir direkt aufs Haupt.

DER HERR GEHEIMRAT Komm runter, Bubi. Du könntest mir
sonst herunterfallen. Die Fanny soll dir die Leiter bringen. –
Fanny, bringen Sie rasch die Leiter.

BUBI Ja, die Leiter und einen Hammer. *Fanny bringt Leiter und
Beil.*

DER HERR GEHEIMRAT Was wollen Sie denn mit dem Beil? Ich
habe doch Hammer gesagt, Sie blöde Kuh!

BUBI Da, nehmen Sie den Draht, Sie dumme Gans. Sie müssen
weggehen! *Er zieht die Leiter auseinander, wirft Brandstetter
herunter, der verwickelt sich in die Antenne und in den vielen
Draht, der am Boden liegt; Brandstetter hängt seinen Schirm
in die Antenne ein, spielt damit Schwebebahn und läuft seinem Schirm nach; er stellt seinen Stuhl in die Leitersprosse
hinein. Bubi hat immer dabei geschrien.*

DER HERR GEHEIMRAT So bleiben Sie doch endlich sitzen, Herr
Brandstetter!

BUBI *steigt auf die Leiter* Weißt du, Papa, so einen alten Esel
hab ich noch nie gesehn. *Er hängt den Draht in den Lüster
ein.*

DER HERR GEHEIMRAT Das sagt man nicht – aber der Junge hat
recht, einen anderen Ausdruck kann er gar nicht gebrauchen.
So, jetzt komm herunter und zieh deinen Draht ans andere
Ende. Sonst versäumst du noch den Anschluß. *Bubi wirft den
Draht auf Brandstetters Kopf und steigt dann herunter.*

BRANDSTETTER Zefix.

DER HERR GEHEIMRAT No, wegen dem kleinen Brettchen, Sie Töl-
pel! *Bubi hängt den Draht ein.* Tun Sie doch die Leiter hinaus, Fanny! Was halten Sie denn Maulaffen feil? *Bubi und
Fanny ziehen die Leiter weg, Brandstetter bleibt hängen.*
Halt, halt, bleiben Sie doch da, wo fahren Sie denn hin? *Brandstetter zuckt die Achseln.*

BUBI Gehn Sie weg! *Er wirft ihn herunter. Brandstetter untersucht seinen Stuhl.*

DER HERR GEHEIMRAT Was schauen Sie denn da?

BRANDSTETTER I hab bloß gschaut, ob da net ein Montor drinnen
ist.

BUBI Montor, Montor, – das heißt ja Motor!

DER HERR GEHEIMRAT Gib dir doch keine Mühe, der wirds nie
begreifen. – Kommen Sie endlich zur Sache. Was wollen Sie
eigentlich von mir?

BRANDSTETTER Meine Notlage ist eben so komprimisierend und
so würde ich Ihnen sehr empfehlen, mir ein bißchen unter die
Arme zu greifen in Gestalt eines Darlehens von ungefähr,
sagn mar –
Bubi schaltet das Radio ein, die Musik ist so laut, daß die bei-

den sich nicht mehr verstehen können; er schaltet wieder aus.

DER HERR GEHEIMRAT So reden Sie doch lauter, was wollen Sie denn?

BRANDSTETTER Ja, ich hab mir eben gedacht, ungefähr die Summe von –

BUBI *schaltet zum zweiten Male ein – Musik – er schaltet aus* Das ist jetzt schon Wien!

DER HERR GEHEIMRAT Ja, so reden Sie doch lauter, ich versteh Sie nicht, wieviel wollen Sie denn von mir?

BRANDSTETTER Ja, ma hört ja nix mit dera Saumusik!

DER HERR GEHEIMRAT Mein Bub macht keine Saumusik.

BUBI Was, Saumusik? Das ist ja keine Saumusik, sondern eine Radiomusik. *Er schlägt Brandstetter mit dem Hammer auf die Hand.*

BRANDSTETTER Au, au, au!

DER HERR GEHEIMRAT Na, na, sind Sie nur nicht so empfindlich, wenn Sie der kleine Junge mit dem Hämmerchen auf die Hand schlägt. – Also kurz, ich habe keine Lust mehr, mit Ihnen noch länger zu verhandeln. Was wollen Sie denn haben? *Bubi schaltet zum dritten Male die Musik ein. Zugleich läutet das Telefon.* Bubi, schalt aus, schalt aus, das Telefon! *Bubi schaltet aus. Wenn der Herr Geheimrat sprechen will, spricht Brandstetter immer dazwischen* »Ich komm halt dann a andersmal.«

DER HERR GEHEIMRAT So sind Sie doch endlich still, zum Donnerwetter! Kann man denn heute nicht telefonieren!

BRANDSTETTER Ja, jetzt is er doch stad, der Grammophon.

DER HERR GEHEIMRAT Ja, aber hier wird doch telefoniert! Schweigen Sie doch!

BUBI Ja, schweigen Sie, mein armer Papa wird ganz nervös, sind Sie still! *Er schlägt ihn mit einer Papierrolle auf den Kopf.*

DER HERR GEHEIMRAT Aber Bubi, sei doch ruhig. – Schweigen Sie!

BUBI Ja, schweigen Sie! *Er schlägt mit der Papierrolle auf den Tisch und läuft ab.*

BRANDSTETTER Bin i denn da zum Teifi reikumma!

DER HERR GEHEIMRAT *am Telefon* Ja, ich verstehe, schön! Ich komme hernach zu Ihnen rüber, Herr Direktor. Ich werde gleich meinem Chauffeur Bescheid sagen. Sie können sich verlassen drauf. Auf Wiedersehen, Herr Direktor. *Er steht eilig auf* Entschuldigen Sie einen Augenblick, bester Herr Brandmiller.

BRANDSTETTER Brandstifter bitte, – a – a – Brandstetter.

DER HERR GEHEIMRAT Sie wissen scheints selbst nicht genau, wie Sie heißen.

BRANDSTETTER I kannt ja vielleicht morgen wiederkumma.

DER HERR GEHEIMRAT Nein, nein, um Gotteswillen. Bleiben Sie, ich komme sofort wieder. *Er geht ab.*

BUBI *läuft herein mit Werkzeugkiste und Isolierband* So, jetzt muß ich mich aber beeilen, daß ich meine Antenne richtig in Ordnung bringe. Gehn Sie weg, bitte schön – *er wirft das Kistl auf den Boden und steigt auf die Leiter hinauf* Ich muß nämlich jetzt meine Antenne isolieren, sonst gibts Kurzschluß. Da können Sie mir gleich behilflich sein. Geben Sie mir einmal diese Kiste herauf, bitte schön.

BRANDSTETTER Des kannst dir denka – aber wenn is ihm net naufgib, dann gibt mir der Alt koa Geld.

BUBI Sie, Sie sollen mir diese Kiste heraufgeben, Sie altes Trampeltier.

BRANDSTETTER Obischlagen tua i di jetzt von der Loater. *Er gibt ihm die Kiste hinauf – es fällt alles heraus.*

BUBI *wirft die Kiste auf ihn* Nicht einmal diese Kiste können Sie heraufgeben, Sie altes Kamel.

BRANDSTETTER Jetzt werds mir z'dumm!

BUBI Ich sags schon meinem Papa!

BRANDSTETTER Wo ist denn dei Papa hingangen?

BUBI Der ist in die Garage. Der muß dem Chauffeur Anweisung geben.

BRANDSTETTER Kommt er gleich wieder?

BUBI Nein!

BRANDSTETTER Na san ma ja ganz alloa?

BUBI Ja, wir sind allein!

BRANDSTETTER Des is recht. Do kimm amoi runter. *Bubi steigt rasch von der Leiter, schreit nach Papa und Fanny.* Du Saubua, du dreckater, was erlaubst dir denn du alles gegen an alten Mann? Du hast a nette Bildung.

BUBI Papa! – Fanny! – Sie, werden Sie ja nicht frech! *Er wirft ihm Papiere hinauf.*

BRANDSTETTER *läuft ihm nach* Was, frech, du Rotzkrippi. *Er packt ihn, gibt ihm Ohrfeigen, schlägt ihn mit dem Beil. Bubi schreit, schlüpft unter den Schreibtisch und weint laut. Brandstetter wirft alles Mögliche unter den Schreibtisch und schlägt mit dem Schirm hinein* Du Herrschaftskrüppel, du wampeter. Zwoamal hast mi übern Stuhl nurtergschmissen, mitn Draht hättst mi bald derdrosselt, an Hamma hast ma auf d' Pratzen naufghaut, und du möchst a Herrschaftskind sei? Du Galgenhund, du ausgschamter.

BUBI I sags schon meinem Papa!

BRANDSTETTER Oa Wort wennst halt sagst, dann reiß i dir deine Ohrwaschel raus aus deim Saukopf. Mir wennst ghörn tatst, dir tat i a Bildung lerna. Alle Tage tat i di auf a glühade Ofenplatten naufsetzen, du Schafottpflanzerl, du Salonstrizzi.

BUBI Wenn mein Papa kommt, dann können Sie was erleben.

BRANDSTETTER 's Maul halt, sag i! Du Galgenbua, du unzeitiger!

DER HERR GEHEIMRAT *von außen* Warten Sie unten mit dem Wagen, ich fahre sofort weg. *Er kommt herein* So, das ist erledigt. – Ja wie sieht es denn hier aus, in meinem Zimmer! Wo ist denn der Bubi, wo ist mein Sohn?

BRANDSTETTER Das weiß i net. Also auf Wiedersehn! I komm lieber morgen!

DER HERR GEHEIMRAT Bleiben Sie hier! Was ist denn hier los! Bubi!

BUBI Hallo, hallo! Hier bin ich!

DER HERR GEHEIMRAT Da ist er ja unterm Tisch! Ja, der weint ja, was hat er denn?

BRANDSTETTER Kuckuck hat er gspielt und na hat er sich angestoßen am Kopf.

BUBI Ui, das ist gar net wahr, der lügt dich an!

DER HERR GEHEIMRAT Der kommt mir ganz verändert vor. Bubi, komm heraus, was hast du denn?

BUBI Ich kann nicht herauskommen, weil ich mich fürchte.

DER HERR GEHEIMRAT Was fürchten! Komm heraus!

BUBI Ich trau mich nicht, ich hab so viel Angst!

DER HERR GEHEIMRAT Komm heraus. *Er zieht ihn heraus* Also, was ist los, rede!

BUBI Der Mann hat – *Brandstetter schaut ihn böse an, aber in dem Augenblick, in dem der Herr Geheimrat umschaut, macht er ein freundliches Gesicht.* Schau, wie mich der anschaut.

DER HERR GEHEIMRAT *dreht sich immer um* Also rede!

BUBI Ja, der hat – jetzt droht er mir sogar!

DER HERR GEHEIMRAT Also, was ist hier passiert? Ich will wissen, was jetzt hier vorgegangen ist.

BUBI Ja, das war so – jetzt schaut er schon wieder so!

DER HERR GEHEIMRAT Also heraus damit!

BUBI Ja, jetzt sag ich aber auch alles, und wenn Sie mir auch drohen. Ich fürcht mich nicht mehr vor Ihnen. Weißt du, Papa, wie du draußen warst, da war ich ganz still und ganz brav. Da hat mich der Herr von der Leiter heruntergeworfen, hat häßliche Wörter zu mir gesagt und hat mich ins Gesicht und auf den Kopf geschlagen.

DER HERR GEHEIMRAT Was, Sie haben mein Kind geschlagen?

BRANDSTETTER Mein Herz denkt nicht daran.

BUBI Jawohl, er hat mich geschlagen, mit dem Beil und mit dem Regenschirm, und eine Menge Ohrfeigen hat er mir gegeben.

BRANDSTETTER Ist nicht wahr!

DER HERR GEHEIMRAT Sie hören doch. Mein Junge sagt es, und der Junge hat noch nie gelogen.

BRANDSTETTER Ja, wenn Sie Ihrem Rotz – Ihrem Herrn Knaben mehr glauben als wie einem alten Mann –

BUBI Jawohl, Sie haben gesagt, ich bin ein Rotzbankert und ein wampeter Herrschaftskrüppel. Jawohl. Und dann hat er gesagt, wenn ich dir ein Wort erzähle davon, dann wird er mir alle beide Ohren wegschneiden und mich auf eine glühende Ofenplatte hinaufsetzen.

DER HERR GEHEIMRAT Ja, Sie Harmann! Sie ausgewachsener! Meinem Kinde solche Scheußlichkeiten zu sagen, das ist der Gipfel einer verruchten Phantasie.

BUBI Ja, und dann hat er noch gesagt, ich bin eine Schafottpflanze und ein Salonstrizzi.

DER HERR GEHEIMRAT A – A – A – A – und Sie wagen es, mich zu bitten um ein Darlehen von –

BRANDSTETTER Von 150 Mark, wenn ich bitten darf.

DER HERR GEHEIMRAT Schweigen Sie! Sie kommen als Bittsteller und führen sich hier auf wie ein Straßenräuber. Nehmen Sie sich in acht. Aber ich gebe Ihnen das Geld. Kommen Sie her! Aber nur, damit ich Sie endlich loswerde. Bitte unterschreiben Sie da. Sie bekommen einhundertfünfzig Mark auf die Dauer von drei Monaten, verpfänden zur Sicherheit Ihre Werkstätte mit Inventar und zahlen eine Kleinigkeit Zinsen, sagen wir fünfzehn Mark. So und nun unterschreiben Sie. *Legt ihm die Quittung vor. Brandstetter nimmt den Bleistift, unterschreibt.*

BUBI *reißt ihm den Bleistift aus der Hand* Das ist mein Bleistift.

DER HERR GEHEIMRAT Der Bub hat ganz recht, da, nehmen Sie den Federhalter. *Brandstetter schreibt.*

BUBI *stößt ihn von hinten, er wirft dabei die Tinte um* Meinen Sie, ich leihe Ihnen meinen Bleistift auch noch?

DER HERR GEHEIMRAT Sind Sie wahnsinnig, über meine wichtigen Schriftstücke die Tinte auszuschütten? Sie Esel, Sie dummer. Und ich hab auch noch reingegriffen, ich bin auch noch voll geworden.

BRANDSTETTER Da sinds auch noch voll. *Er wischt ihm mit dem Löscher im Gesicht herum, der Geheimrat schimpft, Brandstetter wischt sich die Hände an einem Zierdeckchen ab.*

DER HERR GEHEIMRAT Wollen Sie das unterlassen, Sie Schweinepelz! *Er öffnet die Schublade, nimmt Geld heraus.*

BUBI Jetzt hab ich mir was ausgedacht, dem zu ich jetzt was an, weil er gar so frech war zu mir. *Er bindet ein Schnurende an Brandstetters Arm, das andere Ende an die Figur* So, das ist jetzt die Strafe, weil er gar so ungezogen war zu mir. *Er läuft zum Herrn Geheimrat.*

BRANDSTETTER *hebt während des Schnuranbindens die Arme in die Höhe und sagt* Wissen S', Herr Geheimrat –

DER HERR GEHEIMRAT Sind Sie ruhig! *Er zählt ihm das Geld hin* So, und jetzt machen Sie, daß Sie rauskommen.

BRANDSTETTER Dank schön, Herr Geheimrat, nix für ungut.

DER HERR GEHEIMRAT Ja, ja, ja, gehn Sie nur! *Er hält ihm die Hand hin* Leben Sie wohl!
Brandstetter greift nach der Hand, die Schnur spannt sich und die Figur fällt herunter. – Großes Schweigen.

BUBI *springt auf den Tisch* Ui, der hat die herrliche Figur heruntergeworfen.

BRANDSTETTER Ich??

DER HERR GEHEIMRAT Jawohl, Sie haben die Figur zerbrochen.

BRANDSTETTER Ich?? Vielleicht is a Lastauto vorbeigfahrn drunt!

BUBI Ha, Lastauto!

BRANDSTETTER Ja, ich hab mich doch gar net vom Platz grührt.

DER HERR GEHEIMRAT Wollen Sie vielleicht behaupten, i c h bins gewesen?

BUBI Oder wollen Sie gar sagen, i c h sei es gewesen?

BRANDSTETTER *entdeckt die Schnur an seinem Arm* Da schaun S' her, Herr Geheimrat, Ihr saubers Früchterl hat mir –

DER HERR GEHEIMRAT Aber Bubi, das kann ich gar nicht glauben!

BUBI Ha, ha, ha, ha. Diese Schnur hat er sicher selbst herumgebunden um den Arm.

BRANDSTETTER Du Saubua!

DER HERR GEHEIMRAT Was: ich?

BRANDSTETTER Nein, der hintere!

DER HERR GEHEIMRAT Sie, werden Sie mir ja nicht gewalttätig, sonst ruf ich das Wasserfall – a, das Überfallkommando. Wissen Sie denn überhaupt, was diese Figur kostet? Dreihundert Mark, die müssen Sie mir ersetzen.

BRANDSTETTER Ja wie soll denn i als armer Mann dreihundert Mark zahlen könna? I kannt Eahna höchstens hundertfünfzig Mark ozahln, die wos mir grad gebn ham, und des andere halt dann in Raten – *er legt das Geld auf den Tisch* – o mei, o mei!

DER HERR GEHEIMRAT Wie man sich nur in einer fremden Wohnung so aufführen kann? Machen Sie, daß Sie nauskommen! *Radio-Signal.*

BUBI Still, das ist jetzt der Fußballmatsch.

Lautsprecher spricht weiter Vor der Übertragung des internationalen Fußballwettkampfes in Wien folgt nach ein Vortrag von Professor Knigge ›Wie erziehe ich meine Kinder.‹

BRANDSTETTER Da horcha S' zua, Herr Geheimrat, da könna Sie aa no was lerna!

Vorhang

I. AKT

*Die Bühne zeigt einen Ausschnitt aus dem ›Englischen Garten‹
in Nachmittagsbeleuchtung. Verschlungene Promenadenwege
ziehen sich gegen den Hintergrund hin und verschwinden hinter den Kulissen der Baumgruppen und Gebüschinseln. Links
deutet Weiden- und Erlengestrüpp auf einen nicht sichtbaren
Wasserlauf, im Vordergrund davor ein großer Wegweiser mit
zwei Armen, wovon der eine nach hinten, der andere nach links
zeigt und die Aufschrift ›Zur Rosenau‹ erkennen läßt, in der
Bühnenmitte eine Promenadenbank mit Lehne. Es ist ein schöner Tag und heiteres Wetter. Über den seidenblauen Himmel
ziehen rings große weiße Kumuluswolken.*

*LIESL KARLSTADT, die Kindsmagd, hat ein helles Sommerkleid
mit farbenfreudigem Blumendruck an und einen schwarzen Gür-
tel mit altmodischer Schließe um die Taille geschlungen. Ihre halben gehäkelten Handschuhe lassen die fünf Finger frei, auf
der üppigen Frisur sitzt ein gelber Strohhut mit flacher Krempe,
auf den ein buntes Arrangement von Samtschleifen, Stoffrosen
und anderen Phantasieblumen im Jugendstil getürmt ist. Sie
trägt Ohrringe und schiebt einen altertümlichen Kinderwagen
mit vier hohen Rädern, von denen das hintere Paar höher ist als
das vordere. Das darin befindliche Baby wird von einer großen
Zelluloidpuppe dargestellt.*

*KARL VALENTIN ist ein Schwerer Reiter im Sonntagsstaat, die
schirmlose Kavalleriemütze mit der weißblauen Kokarde sitzt
auf seinem dunklen Scheitel, dessen Haare in die niedrige Stirn
gekämmt sind. Diesmal hat er eine pfiffige spitze Nase aufgeklebt, weiße Baumwollhandschuhe angezogen und das weißle-
derne Koppel mit dem mächtigen Säbel, an dem der bunte Faust-
riemen baumelt, um die Taille geschnallt. Er trägt lange enge
Steghosen und Gummizugstiefel, die goldenen Knöpfe seiner
Uniform blitzen in der hellen Nachmittagssonne.*

KARL VALENTIN *geht stumm über die Bühne von links nach rechts. Er bleibt zehn Sekunden hinter der Bühne und kommt denselben Weg zurück. Hierauf wartet er wieder kurze Zeit und geht dann am Horizont entlang, wieder nach rechts, kommt nach vorn, geht auf den Hintergrund zu, kehrt wieder um und geht schnurgerade zum Souffleurkasten. Er frägt den Souffleur* »Wo geht's denn da zur Rosenau?« – *kehrt wieder um und sieht den Wegweiser – geht darauf zu, betrachtet ihn kopfschüttelnd und geht rechts ab. Hinter der Szene frägt er abermals* Wo geht's da zur Rosenau?

EIN PASSANT Da müssen S' da nüber – allweil gradaus.

KARL VALENTIN Da komm ich ja her.

DER PASSANT Ja, da müssen S' nüber.

KARL VALENTIN So –! *Er geht wieder über die Bühne, bleibt in der Mitte beim Wegweiser stehen und sagt* Da g'hört aa so a Hand her. – *Er geht links ab – kommt aber sofort wieder zurück und schreit zurück* Da ist ja a Bach, da kann man nicht nüber.

DER PASSANT *von drüben* Ja, über den Bach geht doch a Brücken, und über de müssen S' nübergehn.

KARL VALENTIN So! – *Er dreht sich um und geht wieder links ab. Dann frägt er hinter der Szene* Sie, Fräulein, wo geht's denn da in d'Rosenau?

LIESL KARLSTADT *hinter der Szene* Da müssen S' da nübergehn in d'Rosenau.

KARL VALENTIN *hinter der Szene* Da hat mich aber einer da rüber gschickt in d'Rosenau.

LIESL KARLSTADT *tritt auf und zieht einen Kinderwagen hinter sich her* Da müssen S' nübergehn, allweil gradaus, dann kommen S' direkt hin.

KARL VALENTIN *kommt wieder auf die Szene* Ja, aber der hat gsagt, ich soll über den Bach nübergehn, der da herüben ist.

LIESL KARLSTADT Ja, das stimmt schon, der Bach ist da herüben auf der Seite.

KARL VALENTIN Ja, und die Brücke?

LIESL KARLSTADT Die ist drüben auf der andern Seite.

KARL VALENTIN Das gibts doch net, daß der Bach da ist und die Brücken da drüben.

LIESL KARLSTADT Ja, das kommt mir auch a bißl dumm vor.

KARL VALENTIN Das ist schon saudumm.

LIESL KARLSTADT Ja, wissen S', der Bach ist schon da drüben aa.

KARL VALENTIN Des warn ja dann zwoa Bach.

LIESL KARLSTADT Ja, ich glaub, daß des da drüben der gleiche Bach ist, wie der da herüben.

KARL VALENTIN Wie gibts denn des, der kann doch net zu gleicher Zeit da drüben und da herüben sein.

LIESL KARLSTADT Des woaß i aa net, vielleicht schlangelt er sich so umanander.

KARL VALENTIN Ja, des teans gern, die Bach.

LIESL KARLSTADT Da ham S' recht – aber Sie wolln doch in d'Rosenau?

KARL VALENTIN Jawohl –

LIESL KARLSTADT Ja, da gehts schon da nüber, denn wenn Sie da nunter ganga, komma Sie nie in d'Rosenau, da kommen S' immer weiter weg davon.

KARL VALENTIN Das stimmt.

LIESL KARLSTADT Sehng S', da ist a so a Taferl.

KARL VALENTIN Da kennt ma sich aber net aus.

LIESL KARLSTADT Ja, ja, wissen muaß ma halt an Weg – Sie wollen wahrscheinlich heut zu dem Brillantfeuerwerk, das soll ja wunderbar werden.

KARL VALENTIN Ich habs no net gsehn.

LIESL KARLSTADT Ja, da müssen S' da nunter gehn, das ist leicht zum finden.

KARL VALENTIN Für mich net.

LIESL KARLSTADT Ja, weil S' no nia dort warn, – ich wüßt ja an Weg guat, weil i scho a paarmal drunt war, aber heut kann i net, weil ich 's Kind dabei hab. – Aber da finden S' schon hin, den Weg kann Ihna ja jeder kloane Bua sagn.

KARL VALENTIN Wenn aber koaner kommt?

LIESL KARLSTADT Dann kommt vielleicht a großer – jetzt genga S' amal immer gradaus bis zu dem Bach, dann nüber über de Brücken – dann kommt der Baum mit de vielen Äst, und dann genga S' links nei in des Gaßl – und dann müssen S' direkt zur Schleißheimer Straße nausgehn, sonst finden S' überhaupt net hin.

KARL VALENTIN Mersse, danke. *Er macht Honneur.*

LIESL KARLSTADT Immer gradaus, dann links, dann über die Wiesen, wo de Blümerl san, da – wo vorigen Sonntag der Schmetterling g'flogn ist.

KARL VALENTIN Dann find ichs schon. *Er geht ab.*

LIESL KARLSTADT Und nach der Wiesen sehn S' so gleich das große Schild ›Zur Rosenau‹, und wenn S' Ihna nicht mehr auskenna, dann fragn S' nochmal, und wenn niemand kommt, dann kehrn S' nochmal um und fragn mich nochmal – jetzt hört er mich doch nimmer – *Sie geht zur Bank und sagt zum Kind* So, Butzerl, jetzt hast as g'hört, der Soldat geht jetzt in d'Rosenau nunter zum Brillantfeuerwerk – Brillantfeuerwerk – das hoaßt auf lateinisch Pyrotechnisches Experement. – Siehgst, jetzt wenn du auch schon groß warst, und warst auch a Soldat, dann kannten wir zwei auch zum Feuerwerk gehn, – aber du bist ja koa Soldat – du bist ja bloß a Drecksau, weilst schon wieder alles naß gmacht hast. Das ist a Kreuz mit dir. *Sie haut das Kind mit dem Kopf an* O Verzeihung – ist ja wahr auch, nichts wie ärgern muß ma sich mit dir. Hast's net gsehn, was das für ein strammer Soldat war, der hätt mich sicher mitgenomma, aber mit dir kommt man ja nirgends hin. Wieviel Soldaten hätt ich schon kenna glernt, wennst du net waarst. Du hast mir noch jeden Sonntag verpatzt – du bist das einzige Hindernis auf meinem Liebespfade – so, jetzt schlaf und laß mir mei Ruah. *Sie setzt sich auf die Bank und strickt* Der wird wohl nunterfinden in d'Rosenau – ja, ich denk schon, der ist net so dumm – ich habs eahm ja ganz deutlich erklärt – das war ein netter Kerl – ganz mei G'schmackerl – und noch dazua a Schwerer Reiter – de Schweren Reiter san von alle de feschesten Soldaten, die man sich denken kann – jetzt d'Artilleristen gefalln ma zwar aa ganz guat, und d'Jäger san schneidig, da hab i amal oan kennt – und d'Schwoalischö – die san schö – Aber treu bleibn tut oan halt koaner – da gengas oamal oder zwoamal mit oan fort und dann lassen s' oan wieder laufa. Und ich möcht halt so gern verheirat sein – so eine Schwere-Reiterehe muaß was Herrlichs sein. Ach ja – wia hoaßt das Lied – Schatz, mein Schatz, reise nicht so weit von hier – im Rosengarten sollst meiner warten, im grünen Klee,

juhee, im weißen Schnee... Weißer Schnee is a Schmarrn, als
obs an schwarzen Schnee auch gebn tat. *Karl Valentin kommt
wieder. Liesl Karlstadt* Ja, wer kommt denn da? San Sie schon
wieder da von der Rosenau?

KARL VALENTIN Sie ham mich schön angschwindelt mit dem
Schmetterling, d'Augn hätt ich mir bald rausgschaut – ich hab
koan fliagn sehngn.

LIESL KARLSTADT Ja, Sie san guat, mit Eahna kunnt i glei so viel
lacha, vorigen Sonntag hab ich der Schmetterling gsehn,
moana S', daß der wega Eahna acht Tag auf oan Platz umanander fliagt? Ja, ham S' denn gar nicht hingfunden?

KARL VALENTIN Naa, überhaupts net.

LIESL KARLSTADT Sie wollen doch zu dem Feuerwerk, ham S'
gsagt – no ja, da hams ja noch Zeit – das ist ja erst auf d'Nacht
– beim Tag ist ja nia a Feuerwerk, da braucha S' Ihna net so
darenna – da san S' ja in zehn Minuten drunt, da könnten S'
leicht no a bißl da auf d'Bank niedersetzen.

KARL VALENTIN Wenn S' gestatten. *Er setzt sich, rutscht aber
gleich wieder über die Bank hinunter.*

LIESL KARLSTADT Da brauch ich doch nichts gestatten, ich bin ja
froh, wenn ich a bißl a Unterhaltung hab.

KARL VALENTIN *hat sich wieder aufgesetzt* Das Kinderwagl ist aa
net billig gwesen?

LIESL KARLSTADT Naaa – gell Sie san a Schwerer Reiter?

KARL VALENTIN Ja, aber mehra Reiter wia schwer.

LIESL KARLSTADT Sie san guat, mit Eahna kunnt ich so viel lacha
– Sie san fei a strammer Soldat.

KARL VALENTIN Passiert schon – lieb Vaterland magst ruhig sein,
wenigstens solang als ich dabei bin.

LIESL KARLSTADT San S' scho lang beim Militär?

KARL VALENTIN Zwoa Jahr – jetzt bin ich ja bei einem Major als
Bedienter. Das ist aber a Schmarrn, denn wenn ich ihn be-
diena muß, ist eigentlich er der Bediente.

LIESL KARLSTADT Hat der a Frau aa, der Major?

KARL VALENTIN Freili, de Gnädige.

LIESL KARLSTADT Wia ist denn de?

KARL VALENTIN Windi –

LIESL KARLSTADT Wia schauts denn aus?

KARL VALENTIN Grimmi –

LIESL KARLSTADT Naa, i moan, obs a Alte oder a Junge ist?

KARL VALENTIN A kloane – dicke – a recht a langs G'stemm. Kenna Sie s' net?

LIESL KARLSTADT Naa, Gott sei Dank – no ja, vielleicht siech ich s' amal.

KARL VALENTIN Da sind wir neulich beim Mittagstisch gsessen, weil wir beim Major einen eigenen Mittagstisch haben, das heißt, wir stellen das Nachtessen auch gleich auf den Mittagstisch 'nauf, weil, extra wieder einen Nachttisch kaufen, das rentiert sich nicht, ein Nachtkastl haben wir schon. Gestern haben wir zu Mittag Preiselbeer g'habt und Schweinsbraten dazu, und der Schweinsbraten wird bei uns in der Küche zubereitet, weil wir zum Schweinsbratenzubereiten eine eigene Küche haben, aber nicht, daß Sie glauben, da kann man bloß einen Schweinsbraten zubereiten, nein, alles, was man essen kann.

LIESL KARLSTADT Wirklich alles? Auch das Brot?

KARL VALENTIN Nein, alles auch wieder nicht. Die Semmeln zum Beispiel kriegen wir gleich fertig vom Bäcker, mein Major ist nämlich furchtbar sparsam. Nach dem Essen braucht er immer einen Zahnstocher. Glauben Sie, der wirft die gebrauchten Zahnstocher weg? Nein, er sammelt sie, bis er so drei- bis vierhundert beisammen hat, dann muß ich sie zum Tischler tragen zum Abhobeln.

LIESL KARLSTADT Ja, Sie san guat. Des sagen S' ja nur, damit i recht viel lach.

KARL VALENTIN Was glauben denn Sie, das ist Tatsache! Zwei Kinder habn mir auch beim Major, ein zweijähriges Mädchen und einen dreijährigen Knaben. Der dreijährige Knabe ist jetzt schon um ein Jahr älter als das zweijährige Mädchen. Mit den Kindern käme ich ja ganz gut aus, aber mit unseren Haustieren muß ich mich soviel ärgern, weil wir beim Major drei Haustiere haben, also die »Haustüre« selber unten am Hauseingang, einen Bernhardinerhund und einen Laubfrosch. De zwoa fressen zu Mittag immer aus einer Schüssel, und ein Viech ist dem andern um's Fressen neidig; immer wenn der Bernhardinerhund ein Bein im Maul hat, vergönnt es ihm der Laubfrosch

nicht, jetzt möcht es einer dem anderen wieder aus dem Maul
reißen, und da ziehen's damit im ganzen Zimmer umeinander,
meistens wird der Bernhardinerhund Herr, weil er ja bedeutend größer und stärker ist. Vor ein paar Tagen hab ich es gemerkt, wer zum Streiten ang'fangt hat: – der Laubfrosch! –
Ich hab aber dann den Laubfrosch so geprügelt, daß er am andern Tag grün und blau war, blau eigentlich weniger, nur grün.
Das Kind schreit.

LIESL KARLSTADT Jetzt fangt der aa wieder an Glei, Butzerl, ich
komm schon. Sehn S', so gehts mir allaweil. Ja, ich hab mirs
ja denkt, jetzt hat er mir wieder 's ganze Wagl vollgmacht.

KARL VALENTIN Da geht noch mehra nei.

LIESL KARLSTADT *nimmt das Kind und die Betten heraus. Die Betten fallen auf den Weg* Geh, möchten S' net a bißl halten,
nehma S' 'n da um d'Mitten, aber lassen S' 'n ja net fallen.

KARL VALENTIN Der is ja net stad, ich leg'n daweil da hin. Wo ist
er denn – Kuckuck dadadada. *Er legt das Kind am Boden hin
und sticht ihm mit dem Säbel in den Bauch hinein.*

LIESL KARLSTADT Ja, um Gotteswillen, was treiben S' denn – Ja
Butzerl – *Sie nimmt das Kind wieder.*

KARL VALENTIN Der ist aber wehleidig.

LIESL KARLSTADT Das könna S' mit dem net machen, das ist ein
empfindlicher Kerl, den wenn ma a bißl mitn Säbel in Bauch
neisticht, dann fangt er gleich zum Bläcken an. So, jetzt schlaf
wieder.

KARL VALENTIN A Fliagn sitzt auf seiner Nasen. *Er schlägt mit
der Mütze auf das Kind.*

LIESL KARLSTADT Ja, was fallt denn Ihnen ein, der haut ihn glei
mit 'r Kappn ins Gesicht nei.

KARL VALENTIN Ist gut, daß ich heut an Helm net aufghabt hab.

LIESL KARLSTADT Sie waarn a saubere Kindsmagd. Ihna kannt
ma net braucha dazua, das hab ich schon gspannt.

KARL VALENTIN *faßt ihr den Busen an* Da san S' staubig, das
muaß ma wegwischen.

LIESL KARLSTADT Ja, Sie san frech! Das mag ich net. – Ja ja, das
ist net so leicht, gel, Butzerl, das woaßt du am besten, ja, jetzt
lacht er ja schon wieder – gelln S', das ist doch a netter Bua.

KARL VALENTIN Und jung ist er.

LIESL KARLSTADT   Und de roten Backerl, die er hat. Jetzt ist er auch wieder gsund. Aber vor vier Wochen hätten S' 'n sehn solln.

KARL VALENTIN   Da hab i koa Zeit ghabt.

LIESL KARLSTADT   Da hat er schlecht ausgeschaut, da hätten S' 'n gar nimmer kennt.

KARL VALENTIN   Ja, was ist des?

LIESL KARLSTADT   Da war er schwer krank, da hat er die ersten Zähn kriegt.

KARL VALENTIN   Mei Gnädige hats vor vierzehn Tag kriegt.

LIESL KARLSTADT   So spät erst? Ach Sie, de werd erst de ersten Zähn kriagt ham.

KARL VALENTIN   Die dritten hats schon kriagt, weils ich selber gholt hab.

LIESL KARLSTADT   Das ist ja ganz was andres – aber was moana S', was der Bua ausg'standen hat, Tag und Nacht hat er g'schrien.

KARL VALENTIN   Warum?

LIESL KARLSTADT   Wega de Zähn.

KARL VALENTIN   Hat er Angst ghabt, daß er koa kriegt?

LIESL KARLSTADT   Naa, so weh hats eahm to, der hat ja gleich soviel Fieber ghabt.

KARL VALENTIN   Ja was ist des?

LIESL KARLSTADT   Er hat mich selber so viel erbarmt. Zum Doktor hab ich ihn auch fahren müssen, weil er net amal mehr a Mehlmus vertragn hat können.

KARL VALENTIN   Aber des hätt er scho beißen känna.

LIESL KARLSTADT   Bloß mehr an Haferschleim ham ma ihm gebn dürfen.

KARL VALENTIN   Den mag mei Schimmel auch, das heißt an Schleim weniger, aber an Hafer.

LIESL KARLSTADT   Ja, und dann hat er d'Fraisen noch dazuakriegt, da ist er ganz blau worn, und umanandaghaut hat er dabei mit de Händ und mit de Füß.

KARL VALENTIN   Ja, das macht mein Schimmel auch, erst kurz hat er wieder d'Kehl ghabt – da war er vor acht Tag da hinten ganz offen.

LIESL KARLSTADT   Und der Bub vor vier Wochen.

KARL VALENTIN   Ja, Kinder kriegen's meistens früher. Da hat ma

gar net hinkommen dürfen – so ist er im Stall drinn gstanden –,
so ghört er nei, aber so war er drinn gstanden, und wia man
angrührt hat, hat er ausghaut mit de Haxen. *Er schlägt mit
dem Fuß den Wagen um.*

LIESL KARLSTADT Jessas Maria, mei Kind – ja Butzerl – wo ist er
denn – sei nur grad stad, ich tu dir ja alles – hast dir weh weh
to – Butzi, Butzi – geh, red halt, moana S', daß er sterbn muaß?

KARL VALENTIN Das sehn S' scho, ob er alt werd.

LIESL KARLSTADT Mein Gott, bin ich jetzt derschrocken, wenn das
mei Gnädige wissen tat, ich trauet mir nimmer hoam. Glei
derfst wieder in das Betterl nei. *Sie will den Kinderwagen auf-
heben, kanns aber nicht. Karl Valentin schaut, ohne zuzugrei-
fen.* Geh, helfen S' halt a bisserl mit. *Sie legt das Kind in den
Wagen. Karl Valentin »hilft« – verwickelt sich mit dem Säbel
ins Strickzeug – schneidet die Wolle ab – sticht mit dem Säbel
in den Wagen – haut sich den Ellenbogen an und reißt den Wiesenteppich aus. Schließlich steckt er den Säbel verkehrt in die
Scheide.* LIESL KARLSTADT Mein Gott, san Sie a Mannsbild, Sie
arbeiten ja rum wie a Narrischer. Das geht doch net. Auf so a
kloans Kind muß ma doch Rücksicht nehmen.

KARL VALENTIN *schleicht auf den Zehen am Wagen vorbei* Malheur gehabt.

LIESL KARLSTADT Ja – jetzt werd ich schön langsam wieder heim-
fahren.

KARL VALENTIN Und ich werd mich schleunigst verduften.

LIESL KARLSTADT Sie san ja fein heraus – Sie dürfen jetzt bei dem
schönen Wetter in d'Rosenau nuntergehen.

KARL VALENTIN Ja – hoffentlich find ich nunter. Also dann adje –

LIESL KARLSTADT Schad, daß S' schon genga – jetzt wars eigentli
erst ganz lustig worn bei uns.

KARL VALENTIN Jawohl!

LIESL KARLSTADT Dann wünsch ich Ihnen halt recht viel Vergnügen, amüsieren S' Ihnen recht gut – und wenns recht kracht,
dann denken S' an mich.

KARL VALENTIN O bitte.

LIESL KARLSTADT Treffen Sie jemand?

KARL VALENTIN Nein – leider – höchstens meine Kompagniespe-
zeln, und da hat jeder a Gschöpf dabei.

LIESL KARLSTADT Und Sie san ganz alloa? –

KARL VALENTIN Ja mei.

LIESL KARLSTADT Bräuchten S' halt aa a bißl a Ansprach. – Wissen S', ich möcht ja furchtbar gern zum Feuerwerk gehn, weil ich noch nia oans gsehn hab.

KARL VALENTIN So, so ...

LIESL KARLSTADT Natürlich hängt das von Ihnen ab – aufdrängen will ich mich nicht.

KARL VALENTIN Ja, ich auch nicht.

LIESL KARLSTADT Mitganga waar i ganz gern.

KARL VALENTIN Das moan ja ich. Genga S' halt mit.

LIESL KARLSTADT Ist's wahr, mögn S'? Des geht leider net, weil i's Kind dabei hab.

KARL VALENTIN Des können S' doch da stehn lassen.

LIESL KARLSTADT Was fallt denn Ihna ein, naa, naa, den fahr ich jetzt hoam und Sie warten ma da auf der Bank.

KARL VALENTIN Mir wars gnua, des kenn i scho, mi versetzen, des is mir schon z'oft passiert.

LIESL KARLSTADT Na, i versetz Eahna net, in zehn Minuten bin i wieder da, mein Ehrenwort.

KARL VALENTIN Naa, auf des laß i mi net ei, da geh i scho lieber mit.

LIESL KARLSTADT Sie könna doch net als Soldat mit'n Kinderwagl mitlaufen, da müssen S' Eahna ja schama.

KARL VALENTIN Lieber schäm i mi, als wie daß i da zehn Minuten wart.

LIESL KARLSTADT Also, na genga S' mit.

KARL VALENTIN Wo wohnt denn Eahna Herrschaft?

LIESL KARLSTADT Glei da vorn in der Ludwigstraße.

KARL VALENTIN In der Ludwigstraß? Das ist guat.

LIESL KARLSTADT Warum?

KARL VALENTIN Ich hab an Freund – der hoaßt auch Ludwig.

LIESL KARLSTADT Also genga S' mit und warten mir unten a paar Minuten, nur derfen S' Ihna net direkt vors Haustor hinstelln, sonst sieht uns wer. Vielleicht vis-à-vis in a Eckerl nei.

KARL VALENTIN Versteh schon – raffiniert halt.

LIESL KARLSTADT Dann, wann ich runterkomm, gehn wir gleich miteinander die Theresienstraße nunter, dann san ma so glei in der Schleißheimer Straß.

KARL VALENTIN Mir könna aa an kloan Umweg machen, durch den
Englischen Garten, daweil wird's schön langsam dunkel, und
zum Feuerwerk komma ma noch früh gnua. *Er nimmt sie um
die Mitte und beide gehen ab.*

Vorhang

II. AKT

*Die Bühne hat sich in den Biergarten ›Zur Rosenau‹ verwandelt.
Halblinks im Hintergrund ragt das altväterische Gasthaus in die
Szene hinein und läßt Tür und Fenster sowie eine Petroleum-
lampe in Gestalt einer Stallaterne mit Schirm sowie den geschweiften Barockgiebel sehen. Auf der Mauer ist schwungvoll ›Zur Rosenau‹ aufgemalt. Den Bühnenhintergrund schließt ein Staket-
zaun ab, der in der Mitte von einem steinernen Pfeiler gehalten
wird. Ein blühender Holunderbusch mit großen weißen Dolden
drängt sich hindurch, rechts eine blühende Kastanie über dem
Garteneingang, darunter eine Gaslaterne und ein weißblauer
Wimpel zur Feier des Sonntags. Grobgehobelte Tische und Bänke
ohne Lehne sind über die ganze Bühnentiefe verteilt. Auch die
große Kiste mit den Feuerwerkskörpern kann man gut sehen.
Im Vordergrund hängen Kastanienzweige mit weißen und roten
Blütenkerzen in das Bühnenbild herein. Kreuz und quer sind
Drähte über die Bühne gespannt, woran schon einige Lampions
hängen, während die anderen von der Kellnerin und dem Haus-
knecht nach und nach bei Beginn des Spieles aufgehängt werden.*

KARL VALENTIN *und* LIESL KARLSTADT *erscheinen im gleichen
Kostüm wie im ersten Akt.*

DER DICKE WIRT *hat eine große weiße Schürze vorgebunden,
seine mächtigen Backen quellen aus dem Hemdkragen. Es ist so
heiß, daß er nicht einmal eine Weste trägt, aber das schwarze
Käppchen mit der hellen Fransentroddel hat er doch auf den
kahlen Schädel gestülpt.*

DER FEUERWERKER *ist klein und flink. Er trägt einen kurzen
Schnurr- und Knebelbart wie alle Leute, die etwas mit Zauberei
und Knalleffekten zu tun haben. Eine große Hornbrille wird von*

buschigen dunklen Brauen überschattet, eine graue Ballonmütze
hat er weit in die Stirn gezogen und legt sie während des ganzen
Spieles nicht ab.

DIE KELLNERIN erscheint in einer weißen Leinenkleiderschürze,
die sie über ihr ganzes geblümtes Sommergewand gezogen hat,
um den Leib hat sie einen dünnen schwarzen Riemen geschnallt,
an dem rechts die lederne Zahltasche lang herunterhängt.

DIE GÄSTE sind Soldaten in den bunten Uniformen der Zeit vor
1914, mit weißen Koppelriemen, gewaltigen geschwungenen Sä-
beln, schirmlosen Mützen, blitzenden Epauletten und bunten
Kragen. Sie haben Mädchen mit den langen engen, manchmal
geschlitzten Röcken und gewaltigen Pleureusen im gleichen Ju-
gendstilgeschmack bei sich.

DER HAUSDIENER hat die Hemdärmel aufgekrempelt und trägt
zu einer alten Hose eine offene Weste, unter der das kragenlose
Hemd verschwindet.

Wenn sich der Vorhang öffnet, sieht man den Wirt und die
Kellnerin auf der Szene.

DER WIRT Also los, schickts euch, Lampions aufhängen! An blauen,
an roten, an grünen – habts denn gar koan G'schmack? Italienische Nacht – das Wort alloa sagt schon, daß ma net lauter
gleiche an oan Draht hinhängt.

EIN HAUSIERER tritt auf Zigarrn, Zigaretten, Virginia, Feuerzeig,
Zigarren, Zigaretten gefällig! Er geht an alle leeren Tische und
dann monoton sprechend wieder ab.

DER WIRT Anzapfen! Viere ist's bald, habt's d'Kerzn schon nei-
g'steckt? Die Tische müssen besser abgeputzt werden. Man
hört anzapfen.

EIN SOLDAT mit Mädchen Kellnerin, a Maß! Er ißt aus einem
Paket.

DIE KELLNERIN Prost.

DER WIRT Ah, grüaß Gott beianand, wia geht's, wia steht's, bleim
ma heut auch da beim Brillantfeuerwerk? Sehn S', das is der
Herr Feuerwerker, der richt grad alles her, und steckt alles auf,
fürs Brillantfeuerwerk mit bengalischer Beleuchtung – a wunderbares Wetterl ham ma heut dada.

DER SOLDAT Aber nimmer lang, heut halts net aus.

DER WIRT Waar net übel – heut is doch ein herrlicher Tag.

DER SOLDAT Aber regnen tuts heut noch, des woaß ich gwiß, denn
wia ich heut mein Herrn sein Hund spaziern g'führt hab, da
hat er a Gras gfressn, und wenn a Hund a Gras frißt, das ist
das sicherste Zeichen, daß 's auf d' Nacht no regnet.

DER WIRT Waar net übel, das waar so a Schlag für mich, das Feuerwerk kostet mich dreihundert Mark. Da taat ichs na scho glei
lieber nächsten Sonntag abhalten. Sie, Herr Feuerwerker, was
moana denn Sie? Grad jetzt sagt mir der Herr Soldat, daß heut
's Wetter wahrscheinlich net aushalten tuat.

DER FEUERWERKER Aaah – Papperlapapp – heute bei dem blauen,
klaren Himmel kann es doch nicht regnen, wie kommen Sie
denn auf so einen Unsinn?

DER WIRT Ja, also der Soldat hat nämlich einen Herrn, und der
Herr hat heut a Gras gfressn – nein – der Hund hat an Herrn
gfressn – nein – der Soldat hat an Hund gfressn – nein – an
Hund hat er spaziern gführt, und da hat der Hund a Gras
gfressn, und er sagt, wenn a Hund a Gras frißt, dann regnt's
auf d' Nacht.

DER FEUERWERKER Das glaube ich kaum. Ich halte es für ausgeschlossen, daß es heute regnet. – Das heißt, gehört hab ich das
allerdings auch schon oft, daß, wenn ein Hund ein Stück Gras
frißt, daß es dann bestimmt regnet.

DER WIRT Gell, Sie hams auch schon ghört?

DER FEUERWERKER Das wäre natürlich furchtbar unangenehm,
wenn im letzten Moment ein Regenwetter käme – ja, ich mache
Ihnen den Vorschlag – wir verschieben das Feuerwerk auf
nächsten Sonntag – ich bin allerdings mit meiner Arbeit schon
fast fertig, aber wenn Sie wollen, dann nehme ich das ganze
Feuerwerk wieder herunter.

DER WIRT Runter . . .

DER FEUERWERKER Pack Ihnen alles ein!

DER WIRT ein . . .

DER FEUERWERKER Sie heben die Kiste gut auf!

DER WIRT auf . . .

DER FEUERWERKER Und wir brennen das Feuerwerk am nächsten
Sonntag ab.

DER WIRT ab . . .

DER FEUERWERKER Ich will Ihnen natürlich nichts dreinreden,
aber es wäre ewig schade, wenn's alles verregnen würde. Ihre
schönen Ballone werden naß, – das packen wir alles ein, und
Sie heben die Kiste gut auf.

DER WIRT Ja, des stelln ma dann in d' Küch nei.

DER FEUERWERKER Um Gotteswillen – nur nicht in die Küche,
zum Ofen, das sind alles Explosivkörper – die Kiste stelln Sie
am besten untern Eiskasten.

DER WIRT Naa, naa, de Raketn schaun so ähnlich aus wie d'
Würscht, und mei Alte, des Rindviech, verwechselts und legt's
in d' Pfanna nei und Bumm –

DER FEUERWERKER Naa, so dumm wird Ihre Frau Gemahlin doch
net sein.

DER WIRT Wally, teats die Ballon wieder runter, ich trau dem Wetter nicht recht, wir halten das Feuerwerk nächsten Sonntag ab.
Alles wird abgenommen und eingepackt.

DER FEUERWERKER Ich packe gern alles ein, wegen der Arbeit ist
es mir nicht, denn nächsten Sonntag haben wir dann die Garantie, daß es schön Wetter wird. *Der Wirt läuft immer an der
Kiste herum.*

DER FEUERWERKER Sie, mit Ihrer brennenden Zigarre, kommen
Sie mir ja nicht zu nahe an die Kiste. *Ein anderer Soldat setzt
sich und bestellt sich ein Bier.*

DER WIRT Grüaß Gott beinand, wie gehts, wia stehts, heut hätt
ma a wunderbares Brillantfeuerwerk ghabt, auf d'Nacht, aber
ich trau mir leider nicht, weils Wetter nicht aushalt dada.

DER ANDERE SOLDAT Wer sagt denn das?

DER WIRT Der Ding sagt's – dem sei Hund hat a Gras gfressn,
und da sagt er, regnts auf d' Nacht bestimmt noch.

DER ANDERE SOLDAT Ah, Schmarrn – heut halts aus! Schaun S',
mir ham an Laubfrosch dahoam, und der sitzt schon seit acht
Tagen ganz z'höchst oben auf der Leiter drobn, und das ist das
sicherste Zeichen, daß schön Wetter bleibt.

DER WIRT Ja, ghört hab ich das schon oft, Sapprament –

DER FEUERWERKER So, Herr Wirt, jetzt bin i fertig – also nächsten Sonntag komm ich wieder – vielleicht um dieselbe Zeit
wie heute, und da brennen wir unser Feuerwerk ab. – Auf
Wiedersehn. *Er will gehen.*

DER WIRT Jaaaaa – Herr Feuerwerker, könnt ich Sie noch einen
Moment sprechen?

DER FEUERWERKER Gewiß. Haben Sie mir noch was zu sagen,
haben Sie noch einen Wunsch?

DER WIRT Jetzt sagt mir grad der Soldat, eben im Moment, daß
heut auf d' Nacht doch schön Wetter bleibt.

DER FEUERWERKER Ja was ist das!

DER WIRT Er sagt, er hat einen Laubfrosch, und der sitzt in an
Glasl drin, ganz hoch auf der Leiter drobn und das, sagt er,
ist das sicherste Zeichen, daß schön Wetter bleibt.

DER FEUERWERKER Lassen Sie sich doch net beeinflussen, Herr
Wirt.

DER WIRT Ja, das ist eben ein Fehler von mir.

DER FEUERWERKER Ich meine, das ist doch ein Ding der Unmög-
lichkeit, daß an ein und demselben Tag ein Hund Gras frißt
und ein Laubfrosch oben auf der Leiter sitzt.

DER WIRT Ja – das ist mir das Auffällige.

DER FEUERWERKER Kein Mensch kanns vorher sagen, wie das
Wetter wird.

DER WIRT Ja, weils eben kein Mensch sagen kann, drum braucht
man eben diese Viecher.

DER FEUERWERKER Gehört hab ich das auch schon, daß der Laubfrosch der sicherste Wetterprophet sein soll – das lernt man
doch schon in der Schule. Ich glaube selbst schon bald, daß
der Laubfrosch recht hat – denn ich will Ihnen was sagen –
warum hat der Hund ein Gras gfressn?

DER WIRT Das woaß i net.

DER FEUERWERKER Ganz einfach – weil er Hunger ghabt hat.
Hätt der Soldat seinem Hund eine Wurscht gegeben, dann
hätte derselbe nie Gras gefressen.

DER WIRT Natürlich – ja – wenn a Hund a Wurscht frißt, dann
wirds ja net schlecht Wetter.

DER FEUERWERKER Wissen Sie was – wir brennen das Feuerwerk
doch heute abend ab – ich packe Ihnen wieder alles aus und
Sie hängen Ihre Lampions wieder auf.

DER WIRT Wally – Hausl* – hängts d' Lampions wieder nauf;

* Hausdiener

das Feuerwerk findet heute statt. *Beide hängen die Lampions wieder auf.*

DER FEUERWERKER Es ist wirklich besser, wenn wir das Feuerwerk heute abbrennen, wer weiß, wie nächsten Sonntag das Wetter wird – da kann es vielleicht noch viel mehr regnen wie heute.

DER WIRT Ja, regnts denn heut?

DER FEUERWERKER Das weiß ich nicht – aber gehn Sie mir bitte mit Ihrer brennenden Zigarre weg! *Er packt wieder alles aus.*

NOCH EIN SOLDAT *tritt auf* I möcht drei Quartl und an saubern Teller! *Er schneidet einen mitgebrachten Rettich auf.*

DER WIRT Aaa, san ma heut auch komma zum Brillantfeuerwerk?

DER DRITTE SOLDAT Was ist heut? A Brillantfeuerwerk? Wann?

DER WIRT Wenns finster is, weil mas beim Tag net sicht – sehn S', jetzt richtets der Feuerwerker scho her – das wird kein gewöhnliches Feuerwerk, sondern ein Brillantfeuerwerk, mit Raketen und Speibteufeln. Wenn de da naufsausn …!

DER DRITTE SOLDAT Das wirds Eahna schön dawaschn, denn daß's heut auf d' Nacht noch regnt, da wett ich meinen Kopf.

DER WIRT Waar net übi, heut is doch ein herrlicher Tag.

DER DRITTE SOLDAT Aber regna tuats heut no, denn wia i heut in da Früah meine Roß putzt hab, san d' Fliagn so am Stallfenster umananda gsummt, und wenn d' Fliagn so am Stallfenster umananda summa, Sssssssss, das is das sicherste Zeichen, daß 's auf d' Nacht regnt.

DER WIRT Jetzt kenn i mi gar nimma aus. *Er geht weg und sagt für sich:* Der Hund frißt a Gras, der Laubfrosch sitzt am Stangerl droben und d' Fliagn san bös, ja was is des. Sie, Herr Feuerwerker, genga S' amal her!

DER FEUERWERKER Und was ist los, Herr Wirt?

DER WIRT Jetzt sagt mir der Schwere Reiter grad, daß, wenn d' Fliagn am Fenster umananda summa, daß da bestimmt an dem Tag auf d' Nacht no regnt.

DER FEUERWERKER Das ist doch schrecklich mit Ihnen, jetzt hätte alles schön geklappt, jetzt lassen Sie sich wieder beeinflussen. Ich kann Sie gar nicht verstehen – von jedem Deppen lassen Sie sich was erzählen.

DER DRITTE SOLDAT Was Depp – ich gib Eahna nacha gleich an Deppen ...

DER FEUERWERKER Beruhigen Sie sich doch – Sie sind doch gar nicht gemeint damit, ich meine doch Sie, Herr Wirt.

DER WIRT Mich hat er g'meint!

DER FEUERWERKER Auch mit Recht, weil Sie nie wissen, was Sie wollen. Denn wegen dem seine drei oder vier Fliegen, die da am Fenster ...

DER WIRT Ah – drei oder vier – wieviel war'n's?

DER DRITTE SOLDAT A ganzer Haufen, a paar Hundert.

DER WIRT Na also – a paar Hundert Fliagn san mir doch maßgebender als wia dem sein einzelner saudummer Laubfrosch.

DER FEUERWERKER Ja ... gehört habe ich das allerdings auch schon. – Es wäre natürlich sehr unangenehm, wenns im letzten Moment alles verregnen würde. Ich will Ihnen aber in keiner Weise dreinreden –, aber wie gesagt, wenn Sie sich nicht traun, dann ist es besser, wir verschieben das Feuerwerk. Denn stell'n Sie sich vor, wenn im letzten Moment ein Wetter kommt; alle Gäste laufen weg, alles wird naß ...

DER WIRT Ja, mei Bier ...

DER FEUERWERKER Ach, das Bier kann ja naß werden.

DER WIRT Nein, überbleiben tut es mir.

DER FEUERWERKER Na ja, das wäre nicht so schlimm, Sie können Ihr übriggebliebenes Bier selber trinken, aber ich kann mein Feuerwerk nicht fressen. Ich packe Ihnen alles wieder ein –

DER WIRT Wally – Hausl – das Feuerwerk findet heute nicht statt, ich trau mir net; jetzt wieder alles einpacken – warten S', ich hilf a bisserl.

DER FEUERWERKER Jetzt sind Sie schon wieder da mit der Zigarre, wie oft muß ich's denn noch sagen?

DER WIRT *läßt die Zigarre fallen* Sie, Herr Feuerwerker, mei brennende Zigarre ist in die Kiste gefallen.

DER FEUERWERKER Wo, hier – um Gotteswillen! *Er macht den Deckel zu, man hört eine ziemliche Explosion. Der Wirt ist zitternd auf einen Tisch hinaufgestiegen.*

DER FEUERWERKER Jetzt hat man die Bescherung! Das war ja ein Leichtsinn sondergleichen – dreimal hab ich Sie gewarnt.

DER WIRT Und einmal ist's bloß explodiert.

DER FEUERWERKER Das ist noch gut abgelaufen, die Kiste hätte in die Luft fliegen können, – da schaun Sie her, was Sie angestellt haben. Jetzt gehn Sie mir aber nicht mehr her. Jetzt ham ma den Salat.

EIN VIERTER SOLDAT *tritt auf* Herrgott, ham ma heut a schöns Wetter. Grad a Freud is, weil Sonntag is! Ist's erlaubt? *Er setzt sich.*

DER WIRT Grüß Gott.

DER FEUERWERKER Halt! Machen Sie, daß Sie wegkommen, Sie reden ja doch bloß wieder vom Wetter, was anderes wissen Sie nicht, sonst geht's wieder an! *Er zieht den Wirt weg.*

DER VIERTE SOLDAT Herrgott, ham ma heut a schöns Wetter, grad a Freud is' – jetzt bleibts mindestens vierzehn Tag so schön. – Da g'freut einem der Ausgang nochmal so, wenns gar so schön Wetter is, so soll'n alle Sonntage sein, und d' Schwalberln fliagn ganz hoch, und zwitschern – und der Rauch steigt kerzengrad in d' Höh – da kanns überhaupt net regna, dann muaß ja schö Wetter bleib'n.

DER WIRT *hat aufmerksam zugehört und schreit* Herr Feuerwerker...

DER FEUERWERKER Weiß schon, weiß schon, Ballons aufhängen, Feuerwerk auspacken, das is' ja zum Verrücktwerden. Jetzt wird es mir zu dumm, einmal heißt es auspacken, dann wieder einpacken, ich mache nicht mehr mit. Zum letztenmal pack ich's Ihnen jetzt wieder aus, aber dabei muß es nun bleiben.

DER WIRT Da wird nichts mehr gredt – Herr bin i! Das Feuerwerk findet heute unter allen Umständen statt.

DER FEUERWERKER Ich glaub Ihnen nicht mehr, braucht bloß wieder jemand sagen, es regnet, dann sprechen Sie wieder anders.

DER WIRT Was? – Oana soll mir heut noch kommen und bloß das Wort »Regen« sagen, den hau i mit mein Bratschlegl nieder wie an Stier... *Er haut mit einem Holzschlegel auf den Tisch. Karl Valentin kommt mit Liesl Karlstadt herein.*

DER VIERTE SOLDAT Grüß Gott, Fräulein.

LIESL KARLSTADT Grüß Gott.

KARL VALENTIN Servus, Kamerad! *Beide setzen sich zum vierten Soldaten.*

DIE KELLNERIN Was is?

KARL VALENTIN Sonntag is.

DIE KELLNERIN Naa, was kriagn ma – a Maß oder a Halbe?

KARL VALENTIN Was magst denn?

LIESL KARLSTADT Entweder a Maß oder a Halbe, das is ja gleich.

KARL VALENTIN Das is gleich.

DIE KELLNERIN Ja ... was soll i nacha bringa?

KARL VALENTIN Bringens zwoa Halbe in oan Maßkrug!

DIE KELLNERIN Das is ja a Maß – also, na bring ich a Maß.

KARL VALENTIN Ja.

LIESL KARLSTADT Naa – des is ja zvui, i mag überhaupt koa Bier
– i mag höchstens a Schluckerl.

KARL VALENTIN Also, na bringen S' a Maß und a Schluckerl. *Die
Kellnerin geht ab. Karl Valentin bricht eine Brezen auseinander* Der Bäcker lebt aa nimmer, der wo de Brezn gebacken
hat.

DIE KELLNERIN *bringt eine Maß und eine Halbe* Gsundheit!

LIESL KARLSTADT Jetzt hats doch zvui bracht, so vui Geld hättst
net ausgebn braucha.

KARL VALENTIN Für di is mir nix zvui. Trink nur.

LIESL KARLSTADT Bittschön! *Sie trinkt eine ganze Halbe aus.*

KARL VALENTIN *gibt das Glas der Kellnerin* No a Schluckerl –
da, trink derweil da, bis des andere kummt.

LIESL KARLSTADT Naa – dank schön. Also i hab jetzt Durst ghabt!

KARL VALENTIN Des ham ma scho g'sehng. *Die Kellnerin bringt
neues Bier.* 's nächst Mal bringen S' mir aber an Decklkrug.

DIE KELLNERIN Warum jetzt an Deckelkrug?

KARL VALENTIN Weil da allweil da Dreck so neifallt.

DIE KELLNERIN In der Rosenau gibts koan Deckel.

KARL VALENTIN Aber an Dreck.

LIESL KARLSTADT Mir braucha doch koan Deckel, i mag sogar die
Gläser ohne Deckel viel lieber. Da braucht ma net lang an
Deckl aufmacha, da kann ma schnella trinka.

KARL VALENTIN Ja ja ...

LIESL KARLSTADT Ja ... und de Arbeit mit der Putzerei, so an
Deckl muaßt mit Zinnkraut putzen, da kannst glei zehn Minuten hinfummeln, bis er sauber is.

KARL VALENTIN Du brauchst'n do net putz'n!

LIESL KARLSTADT Jaa. – Du aa net!

KARL VALENTIN Arbeit'n möchts nichts, faule Luada seids, denk

an das Sprichwort, des ma scho in der Schul gelernt ham:
»Sich segen bringt Regen« ...

DER WIRT Regen? – Dir gib i glei an Regen! *Er haut ihm den
Schlegel auf den Kopf – Ein Tumult bricht aus. Alle springen
auf, halten den Wirt zurück und schimpfen wüst durcheinander.*

DER VIERTE SOLDAT Da braucht ma oan doch net glei an Schlegel
auf's Dach naufhaun!

DER WIRT Dir hab ich'n net naufg'haut, also bist staad. Da woaß
ma ja gar nimmer, wo man die Nerven hernehmen soll. *Zu
Karl Valentin* Herr Nachbar, werden S' schon entschuldigen,
i hab nimmer g'wußt, was i tua, san S' ma halt net bös, wenn
i Eahna den Schlegl naufghaut hab.

KARL VALENTIN Was ham S'?

DER WIRT An Schlegl hab i Eahna naufghaut.

KARL VALENTIN Wem?

DER WIRT Ihnen!

KARL VALENTIN Wann? Heut?

DER WIRT Jetzt grad im Moment.

KARL VALENTIN Mir?

DER WIRT Freilich. Ihnen doch – oder soll ich mir'n selbst naufghaut ham?

LIESL KARLSTADT Ja was hast denn du für an Kopf? Hast du des
net gspürt?

KARL VALENTIN Naa – i hab ja a Kappe aufghabt.

DER WIRT Des müassn S' halt 's nächste Mal aba tua, bei solcher
Gelegenheit, sonst spürn Sie ewig nix, oder net so saudumm
daher red'n, und sagen vom Regen, wo i a schön's Wetter
brauch, weil i heut a Feuerwerk abbrenna will.

LIESL KARLSTADT Ja, Sie, wann is denn des Feuerwerk?

DER WIRT Jetzt na, wenns finster wird.

LIESL KARLSTADT Jetzt is aber no lang net finster.

DER WIRT Drum wirds aa jetzt no net abbrennt.

KARL VALENTIN Wenns aber heut net finster wird?

DER WIRT Des is mir wurscht, ob 's finster wird oder net, abbrennt wird's auf alle Fälle.

KARL VALENTIN Na kannst 's aa jetzt abbrenna, jetzt is ja no net
finster.

DER WIRT Jetzt is do no hell, dunkler muß es auf alle Fälle werden.

LIESL KARLSTADT Ja, Sie... was taten S' denn da, wenns heut ausnahmsweis net finster werden tat?

DER WIRT Geh reden S' doch net so saudumm daher, finster werds do alle Tag auf d'Nacht.

KARL VALENTIN Wenn's alle Tag finster werd, dann kannt ma ja alle Tag a Feuerwerk abbrennen.

DER WIRT Freili kannt ma das, aber wenn ma alle Tag a Feuerwerk abbrenna tat, dann is ja a Feuerwerk was ganz alltäglichs – das hätt' ja gar kein Sinn.

KARL VALENTIN Na hätt ja des aa kein Sinn, wenn's alle Tag dunkel werd.

DER WIRT Das hat eben schon an Sinn, denn wenn's auf der Welt gar niemals mehr dunkel werden tat, dann könnt ma gar nia a Feuerwerk abbrenna.

KARL VALENTIN Warum net? Es hoaßt doch »Alles kann man, wenn man will«!

DER WIRT Natürlich kann ma... jetzt woaß i nimmer, was i sag'n soll...

LIESL KARLSTADT Ja, Sie, wenn's aber dunkel is und Sie zünden Ihr Feuerwerk net an, dann kann ma's ja auch net sehn?

DER WIRT Das is doch klar, daß ma im Finstern net sieht.

KARL VALENTIN A Feuerwerk aa net?

DER WIRT Jo! Grad a Feuerwerk sieht ma im Finstern besser.

LIESL KARLSTADT Auch wenn's net ozund'n is?

DER WIRT Jessas, jessas, die bringa mich direkt zur Verzweiflung. – Jetzt laßt's mir mei Ruah und wartet's halt, bis finster is.

KARL VALENTIN Ja... wir können doch net bis morgen in der Früh da warten, bis des Feuerwerk da angeht.

DER WIRT Bis morgen in der Früh? Da is ja schon z'spät, da wirds ja scho wieder hell. .

LIESL KARLSTADT Ja, Sie, aber wenn...

DER WIRT Jetzt laßt's mir mei Ruah – steigt's ma an Buckl nauf.

KARL VALENTIN Ja. Des is a guate Idee, von Eahnan Buckl aus seh ich's Feuerwerk viel besser.

LIESL KARLSTADT Sag nix mehr zu eahm – jetzt stinkt er ihm.

DER VIERTE SOLDAT Geh weiter, Musi, sing ma oans, bis 's Feuerwerk ogeht. *Die Kellnerin bringt eine Ziehharmonika – Karl Valentin spielt.*

ALLE *singen*

»Des Morgens um halbe viere
Ertönet der Trompetenschall,
Da heißt es, auf, ihr Kürassiere,
Und marsch hinunter in den Stall.
Und putzt das Rößlein sauber ab,
Und putzt das Rößlein sauber ab,
Woran ich meine, woran ich meine,
Woran ich meine Freude hab.

Am Sonntag gehn wir promenieren,
Hinunter in die Rosenau,
Da kann ma sich gut amüsieren,
Da gibt es oft an Mordsradau.
Da haust halt oan a paar herab,
Da haust halt oan a paar herab,
Woran ich meine, woran ich meine,
Woran ich meine Freude hab.«

Während des Singens ist die Dämmerung eingefallen; es beginnt ein wenig dunkel zu werden.

KARL VALENTIN Ja, was is jetzt mit dem Feuerwerk?

DER FEUERWERKER So, meine Herrschaften, jetzt kanns losgehn – jetzt bin ich soweit! *Alle gehen nach hinten zum Zaun, Karl Valentin und Liesl Karlstadt kommen nach vorn an die Rampe.*

LIESL KARLSTADT Jetzt werd's glei scheppern, da hinten.

DER WIRT Was is denn mit euch zwei, was stellt's euch denn da her?

KARL VALENTIN Ja 's Feuerwerk möcht'n mir anschaun.

DER WIRT Des is doch dahinten, sehgts denn net, wo die andern Leut stehn?

BEIDE Aso! *Sie gehen gleichfalls nach hinten.*

LIESL KARLSTADT Is scho anganga?

ALLE Naa, wir wart'n aa scho drauf.

DER FEUERWERKER Einen Moment, Herr Wirt, jetzt kann ich's nicht abbrennen, ich kann nicht anfangen, weil ich kein Zündholz hab.

DER WIRT Jessas, Jessas, jetzt hat der wieder koa Zündholz, des is doch blöd, des is grad so dumm, als wenn a Kaminkehrer koan Kamin dabei hat.

DER FEUERWERKER Das kann doch einmal vorkommen.

DER WIRT Das derfat net vorkommen, Sie san a trauriger Feuerwerker – hat denn niemand a Feuer?

KARL VALENTIN Ja, in der Kuchl, da is Feuer gnua, brennt's es halt in der Kuchl ab!

DER FEUERWERKER In der Kuchel kann man doch kein Feuerwerk abbrennen.

DER WIRT Red's koan Schmarrn und gebt's ihm Streichhölzer.

DER DRITTE SOLDAT Da! *Der Feuerwerker stürzt hinaus.*

ALLE Wann geht's denn amal an? – Wann werd's denn abbrennt?

DER FEUERWERKER *läuft wieder auf die Szene, alles fragt, er bahnt sich den Weg durch die Leute* Herr Wirt, tut mir leid, aber ich kann das Feuerwerk noch nicht abbrennen.

DER WIRT Warum denn? Was ist denn scho wieder?

DER FEUERWERKER Es ist noch viel zu hell –

DER WIRT Jetzt machen S' mi aber bald narrisch, jetzt hab'n S' a schöns Wetter, haben S' Streichhölzer. Jetzt is Eahna auf einmal wieder z'hell – tean S' nur mir net traun ...

ALLE *lachen und schimpfen durcheinander* Des ist ja a Schwindel, so a Bamberlfeuerwerk, der alte Tritschler ... *Sie setzen sich wieder an die Tische.*

DER FEUERWERKER Ich verbitte mir das, ich als Fachmann muß doch wissen, wenn ich ein Feuerwerk abbrennen kann. Jetzt is doch noch hellichter Tag, und ich brauche eine tiefdunkle Nacht.

KARL VALENTIN Brennen Sie's doch im Keller ab – da is dunkel.

DER FEUERWERKER Im Keller – Unsinn. Haben Sie schon mal im Keller drunt ein Feuerwerk g'sehn?

KARL VALENTIN Ich schon –. Im Augustinerkeller war schon oft a Feuerwerk.

DER FEUERWERKER Ja, im Augustinerkeller, aber net im Augustinerkeller-Keller, drum, ich brauch eine stockdunkle, rabenschwarze Nacht.

KARL VALENTIN Jetzt ist's aber schon ziemlich dunkel. *Er trinkt vom Bier.*

DER FEUERWERKER Das nützt mir gar nichts. Ich kann mein
Feuerwerk nicht »ziemlich« abbrennen, ich muß es ganz abbrennen.

LIESL KARLSTADT Jetzt braucht ma halt an Barometer, daß ma
wissen taten, wie dunkel es ist.

Karl Valentin spuckt das Bier aus und lacht.

LIESL KARLSTADT Da brauchst net so gschwolln lacha, wenn i
was sag.

KARL VALENTIN Du Rindvieh – du moanst ja an Thermometer.

LIESL KARLSTADT Du kannst ja glei sagn: an Kilometer.

DER WIRT Oder gleich an Manometer, zum Dummheit messen.

DER FEUERWERKER Das nützt mich alles nichts, ich brauch eine
totale rabenschwarze Nacht.

DER WIRT Ich weiß schon – eine rapide Finsternis.

KARL VALENTIN Zu was »Fensterkiss«?

LIESL KARLSTADT A Finsternis, hat er gsagt – a Dunkelnis. *Jetzt
wird es plötzlich ganz schnell dunkel.*

DER FEUERWERKER So, jetzt können wir anfangen.

LIESL KARLSTADT Im Dunkeln tut's Feuerwerk funkeln!

*Man hört, wie sich im Dunkeln des hinteren Gartens die
Paare küssen – es folgt ein Schuß, dann wird es für wenige
Sekunden wieder hell.*

DER WIRT *sieht die küssenden Paare und ruft* Ah, is des das
Feuerwerk?

*Und nun ist die Vorstellung auch schon im vollen Gange. Sie
beginnt mit einem Feuerrad, dann folgen Christbaumkugeln,
die Bühnenscheinwerfer blitzen ab und zu auf, es regnet rote
und grüne bengalische Zündhölzer, Rauchkerzen duften, es
knallt erheblich. Alle Gäste im Biergarten der Rosenau begleiten das Schauspiel mit anerkennenden Zurufen: »Aaaah« und
»Ooooh« und »Da schau her!« Zum Schluß klatschen alle.
Man hört »Bravo« rufen und alle verlassen die Bühne, während die Lampions aufflammen und die Gartenbeleuchtung
angezündet wird.*

KARL VALENTIN *und* LIESL KARLSTADT *schauen dem verlöschen-
den Feuerwerk nach* Gute Nacht, schön war's.

DER WIRT Halloh! Was is denn mit euch zwoa? Auf was wartet's denn noch?

KARL VALENTIN Wann is denn das Feuerwerk aus?

DER WIRT Jessas, Jessas, des sehgts doch, daß schon aus ist, sonst tat's doch noch was sehgn.

LIESL KARLSTADT Aber schön war das Feuerwerk!

KARL VALENTIN Und kracht hat's oft!

LIESL KARLSTADT Aber stinken tut so ein Feuerwerk!

KARL VALENTIN Ja, ja, es riecht nicht alles gut, was kracht.

DER WIRT Gute Nacht. – Machts, daß weiter kommts.

KARL VALENTIN Hoffentlich finden ma hoam, weil's so finster is.

DER WIRT Da, habt's an Lampion – den schenk i Euch! *Beide raufen um den Lampion und zerreißen ihn dabei.*

LIESL KARLSTADT Jetzt hast'n z'rissn – schad.

Karl Valentin will ihn einstecken.

LIESL KARLSTADT Da brennst di ja.

DER WIRT Der brennt net vor Dummheit. – Gute Nacht.

LIESL KARLSTADT Sie, wann haben S' denn wieder amal so a schöns Feuerwerk?

DER WIRT Nächsten Sonntag.

KARL VALENTIN Da gehn ma wieder runter – den Sonntag, der jetzt kommt?

DER WIRT Jawohl.

KARL VALENTIN Ja ... wenn's aber nächsten Sonntag regnet?

DER WIRT Jetzt leckt's mi am A ....

Vorhang

ALPENVEILCHEN

*Der Bühnenhintergrund zeigt eine grobgemalte Hochalpenland-
schaft mit steilen Felsgipfeln, Gletschern, Schneekaren und am
unteren Rand Tannenwald. Davor sitzen an einem Zithertisch
der Vater und der Sohn im Tirolergewand. An die vorderen Füße
des Tisches haben sie zum Publikum gewendet ein Stück Pappe
gelehnt, auf dem eine Sennhütte mit einem Röhrlbrunnen im
Vordergrund und weitere Gletscher- und Schneeberge aufgemalt
sind. Diese Pappe hat in der Mitte ein Gelenk, so daß sie zu-
sammengeklappt werden kann. Auf dem Zithertisch liegt die
Zither des Sohnes und seine Bauernklarinette aus braunem Holz.
Vor der Zither steht eine Kälberglocke mit schrillem Ton. An der
linken Schmalseite des Tisches sitzt*

DER VATER. *Er trägt einen hohen, spitz zulaufenden Tirolerhut
mit einer langen runden Hahnenfeder, eine graue Tirolerjoppe
mit grünem Ausputz und dunkelgrüne Hose. Auf seiner mächtigen Nase sitzt eine Nickelbrille mit kleinen Gläsern, Backen,
Mund und Brust sind von einem riesigen Schnurrbart und Vollbart bedeckt, dessen Zipfel bis zur Taille hinabgehen. Er spielt
eine altertümliche Tirolerklampfe ohne Kontrabässe.*

DER SOHN (*Karl Valentin*) *trägt ein flaches, rundes Tirolerhütl
mit einer großen weißen Adlerflaumfeder darauf. Er hat eine
pfiffige Nase angeklebt, seine graue Tirolerjoppe mit grünem
Ausputz und Hirschhornknöpfen ist geöffnet, so daß man die
grüne Weste mit Silberknöpfen und die gestickten Hosenträger
darunter sieht. Unter dem weißen Hemdkragen kommt eine
leuchtend rote Krawatte hervor.*

DIE TOCHTER (*Liesl Karlstadt*) *ist in ein dürftiges Dirndl gekleidet, das in schreienden Farben ein schottisch kariertes Muster
zeigt. Um den Hals trägt sie eine weiße Schleife und über der in
der Mitte gescheitelten, straff über die Ohren gelegten Frisur ein
flaches, rundes, schwarzes Tirolerhütl mit buntem Aufputz. Ein
kurzes weißes Schürzchen mit Klöppelspitzen hat sie umge-
bunden.*

DER HERR DIREKTOR *kommt mit Brille, angeklebter Nase und mächtigem Schnurrbart im Smokinganzug mit schwarzer Schleife auf die Bühne.*

Noch bei geschlossenem Vorhang stimmt das ganze Terzett hinter der Szene an

ALLE DREI

    Grüß Gott, grüß Gott mit hellem Klang,
    Heil deutschem Lied und Sang.

Während des Schlußakkords öffnet sich der Vorhang schnell und enthüllt das rührende Bild des um den Zithertisch versammelten Terzetts ›Alpenveilchen‹ zu dem sich gelegentlich als Vierter ein Harmonikaspieler gesellt.

DER VATER

    Mei' Schatzerl hoaßt Nannerl,
    Hat schneeweiße Zahnerl,
    Hat kohlschwarze Knia,
    Aber g'sehng hab' is nia.

ALLE DREI

    Hat kohlschwarze Knia,
    Aber g'sehng hat er s' nia. –
    Es folgt ein Jodler.

DER SOHN Du kimmst, Vater!

DER VATER I woaß scho! *Er singt*

    Zwischen Bergen, die voll Schnee, duljö,
    Duljö, duljö, duljö, hoho,
    Liegt a himmelblauer See!

DER SOHN Der Vater is allaweil no' verschleimt!

ALLE DREI

    Almarausch, Almarausch, bist a schöns Bläamerl!
    Almarausch, Almarausch, blüaht so schö' rot!
    Es klopft dreimal.

DER SOHN Was schlagt denn da drauß auf dem Tannabaum?

DER VATER *und* DIE TOCHTER *antworten*

    Was hör' i die ganze Nacht schrei'n (Kikeriki),
    Was muß denn des nur für a Vogerl sei',
    Des kann doch koa Nachtigall sei'.
    Naa, naa, mei' Bua, des is koa Nachtigall,

Naa, naa, mei' Bua, des derfst net glaub'n.
A Nachtigall schlagt auf koan Tannabaum,
De schlagt auf ara Haselnußstaudn.

DIE TOCHTER

Und der Vater hat neulich der Dirn
A Birn aufig'worfa aufs Hirn,
Jetzt tuat der Dirn
'S Hirn weh von der Birn.

Denn a so a Birn
G'spürt ma auf der Stirn,
Drum wirft der Vater der Dirn
Koa oanzige Birn mehr auf's Hirn.

*Sie knickst gschamig und dankt für den Beifall; in ihren Abgang
hinein platzt plötzlich als Einlage ein kurzer Foxtrott.*

Dann singt wieder DER SOHN

I bin a Steyrer-Bua
I hab a Kernnatur –

DER VATER   A Hundsbua bist, daß d'as woaßt!

DER SOHN   Wer is a Hundsbua? *Er springt auf und zieht sein
Messer.*

DER VATER   Schamst di net vor dein alten Vatern? Glei' spielst
weiter!

DER SOHN   Alt bist net, aber schierli'. Oan spiel i no, na mag i
nimmer! *Er setzt sich wieder.*

ALLE DREI *singen*

Im schönen Isartal
Tönt muntrer Büchsenknall,
In Tölz, da is a Schiaßats heut,
Das freut uns allemal.

Drum packts an Stutz'n an
Wer zieln und treffn kann,
Mit frischem Mut,
An Strauß am Hut,
So liebt's das Schützenblut.

Frisch, flott und stramm im Takt,
Die G'schicht gleich angepackt,
D' Musikanten fesch voran,
Da blast a jeder, was er kann,

> Alles nur »Juhe« schreit,
> Vor lauter Lustbarkeit.
> Duljö, duljö, duljö, duljö,
> Des is a wahre Freud!
> Ja, ja, ja, ja, des is a Freud, a Freud, a Freud, a Freud!...

Sie finden keinen Schluß mehr, bis der Sohn aufhört und ruft

DER SOHN Als zweites kommt das schöne Lied »'s Edelweiß« –
gsungen von der Berger Vroni – unserer Tochter! *Er läutet
mit der vor ihm stehenden Handglocke.*

DER VATER Me i n e r Tochter!

DER SOHN Die g'hört scho dei, die nimmt dir neamd! *Er läutet
wieder. Die Tochter tritt züchtig vor mit einem künstlichen
Edelweiß an überlangem Stengel.*

DER VATER Stell dich doch weiter vor!

DIE TOCHTER Was?

DER SOHN Weiter vor stelln sollst di! – Möchtst es net hint im
Rückgebäud singa?
*Die Tochter dreht sich um und geht rückwärts mit dem Rük-
ken zum Publikum gegen die Rampe vor.*

DER SOHN Drah di do um! Mechtst as net uns vorsinga – Hast's
Bleamerl? *Er beugt sich nochmals zum Publikum vor und läutet* »'s Edelweiß!« *Dann läßt er das Vorspiel auf seiner Zither
folgen und ruft zur Tochter, ehe sie überhaupt angefangen
hat* – Höher – höher!

DIE TOCHTER *singt zu hoch* Wer nennt mir jene Blume, die allein –

DER SOHN Kimmst ja net nauf!

DIE TOCHTER So hoch kann i überhaupt net singa!

DER SOHN Warum singst na so hoch?

DIE TOCHTER Weilst mas du anschaffst, grad hast gsagt, höher,
höher!

DER SOHN Rindviech! Ich hab gmoant, 's Bleamerl sollst höher
naufhebn! Also, jetzt singst halt tiefer! *Er beugt sich wieder
zum Publikum vor und läutet* »'s Edelweiß«, tiefer!

DIE TOCHTER *singt nun viel zu tief* Wer nennt mir jene –

DER VATER *haut sie auf den Arm, so daß sie weint* Hörst denn
net, daß z'tief is!

DER SOHN Jetzt bläckt er, der Socka! Sing's halt dann in der Mitt

drinn! *Er beugt sich abermals zum Publikum vor und läutet*
»'s Edelweiß« in der Mitt'n!

DIE TOCHTER *singt nun endlich richtig*
    Wer nennt mir jene Blume, die allein
    Auf steiler Alm erblüht im Sonnenschein,
    Die schönste Zierde unsrer Alpenwelt,
    Hoch droben einsam wächst vom Schnee erhellt.
Plötzlich kann sie nicht mehr weiter.

DIE ANDERN *flüstern ihr immer überlaut zu* Die schönste Zierde
unsrer Alpenwelt!

SIE *aber wiederholt fortgesetzt die letzte Zeile*
    Hoch droben einsam wächst vom Schnee erhellt!
*Bis Vater und Sohn entschlossen und unter heftigem Poltern
ihrer Stühle aufstehen und zornig abgehen. Die Tochter bleibt
allein auf der Bühne und fängt die zweite Strophe zu singen
an*
    Der Hirtenknabe auf den — *Sie hört plötzlich auf und sagt*
    A so, die spieln ja gar nimmer!

VATER *und* SOHN *kommen wieder herein und sagen* Ja, könna
mir des schmecka, daß du no a Stroph singst?

DIE TOCHTER Vom Edelweiß hab i jedesmal zwei Strophn gsungen.

DER SOHN An Dreck, 's Edelweiß hat ja bloß oa Stroph, außer du
singst die erste zwoamal!

DIE TOCHTER Aber der Vater hats do heut in der Fruah beim
Kaffee sogar gsagt, daß i zwoa Strophn singa muaß!

DER SOHN Heit ham ma gar koan Kaffee ghabt, heit ham ma an
Kakao ghabt. Jetzt tua nur grad amal 's Bleamerl runter, da
halt sie's immer in der Hand! — jetzt gehst naus und laßt dir
vom Wirt zwoa Teller gebn, dann gehst zum Sammeln. *Die
Tochter geht langsam und gschamig ab.*

DER SOHN *ruft der Tochter nach* Zum Christkindl kriagst Roll-
schlittschuh, daß d' schneller gehn kannst! *Er beugt sich zum
Publikum vor* Währenddem, daß unser Vroni zum Sammeln
geht, werden wir uns erlauben, Ihnen den Klarinett-Ländler
vorz'blasn vom Beethoven. *Er läutet und fängt zu blasen an,
indem er gelegentlich die Töne pfeift, die er auf der Klarinette
nicht trifft. Die Tochter kommt mit den Tellern zurück, stellt*

*sich neben den Sohn hin und schaut recht blöd. Der Sohn will
ihr sagen, daß sie zum Sammeln gehen soll, kann aber nicht
sprechen, weil er bläst, und macht ihr immer mit der Klarinette
komische Kreise vor, um ihr klarzumachen, daß sie herum-
gehen soll. Als sie diese Verrenkungen keineswegs versteht
und nur noch depperter dreinschaut, platzt ihm endlich die
Geduld und er schreit* Ja, geh nur grad amal!

*Die Tochter geht verschüchtert zum Sammeln ab. Noch ehe
sie die Treppe in den Zuschauerraum hinunter ist, erscheint
der Herr Direktor*

DER HERR DIREKTOR Was wolln Sie denn da? *Zum Sohn* Hörn
S' auf mit dem Blasen! *Zur Tochter* Was tun Sie denn mit
dem Teller?

DIE TOCHTER Sammeln muaß i!

DER HERR DIREKTOR Für was wolln Sie denn da sammeln?

DIE TOCHTER Für den Kunstgesang, wo mir ham!

DER HERR DIREKTOR Was? Kunstgesang? Des is ja a Hundsge-
sang! – Und da wolln Sie noch sammeln? Wer hat Ihnen denn
das erlaubt?

DIE TOCHTER Mei Vater hats gsagt!

DER HERR DIREKTOR So! Wer is denn Ihr Vater?

SOHN *und* TOCHTER *deuten auf den Vater hin* Der da, – der
ältere!

DER HERR DIREKTOR Und wer ist denn der Dürre?

DIE TOCHTER Des is mei Bruder!

DER HERR DIREKTOR Also, das ist gleich, da im Hotel* darf nicht
gesammelt werden, das geht nicht. Da hab'n Sie einen Brief,
den geb'n Sie Ihrem Vater und dann packen Sie zusammen
und verlassen augenblicklich die Bühne.

DIE TOCHTER Ja, is scho recht! *Der Sohn fängt sofort wieder an
zu blasen. Der Herr Direktor schaut im Abgehen immer wieder grimmig auf die Bühne und macht gebieterische Bewegungen, damit der Sohn das Blasen einstellen solle.*

DER SOHN Was hat denn der wolln? Warum hat er denn so

---

* Gemeint ist das Hotel ›Frankfurter Hof‹, wo ›Alpenveilchen‹ zuerst aufgeführt wurde.

g'schimpft? – Ja red halt, – oder – leg Buchstabn daher, na
setz' i mir's selber z'samm!

DIE TOCHTER I hätt sammeln wolln, und dann is der rei'kemma
und hat mir den Briaf gebn!

DER SOHN Des wird halt der Briefträger g'wesn sei! Da! Vater,
lies den Brief!

DER VATER Ja, i kann ihn net lesen, i hab meine Augenglasln net
dabei – lesn doch du!

DER SOHN Ja, des kann i net lesen, des is mit der Dampfmaschin'
g'schriebn, les'n du – hast'n ja kriagt aa!

DIE TOCHTER Sehr geehrte Alpensängertruppe ›Gebirgsveilchen‹!

DER SOHN Des is unser Firma!

DIE TOCHTER *liest* »Nachdem Ihr Kunstgesang mir und dem
werten Publikum gar nicht gefällt, verlange ich, daß Sie binnen einer Minute die Bühne samt Instrumenten und Inventar
verlassen. Die Direktion.«

DER SOHN Wia hoaßt er?

DIE TOCHTER Direktion!

DER SOHN *zum Vater* Da hast es jetzt mit dei'm feinen Varieté-
Theater, wär'n ma zum Mathäser ganga, hätt ma a guat's
G'schäft gmacht! Aber du kommst immer mit de feina Leut
daher. Die wolln dort koa Glampf'n und koa Zither hörn, die
mögn dort bloß an Grammophon und a Harpfa!

DIE TOCHTER Jetzt geh nur, sunst kommt er nomal daher!

DER SOHN Ja laßn nur kemma, – aber deswegn lassen ma uns a
koane graun Haar wachsen, weil mir scho in andere Etablisse-
menta g'spielt ham als wia daherin in dera Boaz'n! – Sie san
no amal froh, wenn S' solchane Volkssänger kriagn, wia mir
san! – Sie san net auf uns a'gwiesn, aber mir auf Eahna, des
müassens Eahna merka! – Geh weiter, Vater, pack 's Gebirg
z'samm, dann gehn ma. *Alle gehen ab. Dabei klappt der Vater die am Zithertisch zum Publikum lehnende Pappe mit der
Gebirgslandschaft zusammen, klemmt sie unter den Arm und
nimmt sie mit.*

Vorhang

DAS CHRISTBAUMBRETTL

Arme kleine Leute wollen sechs Monate nach Weihnachten das
Fest nachfeiern. Das Bühnenbild zeigt ihre armselige Stube, man
erblickt durch das große Fenster in der Mitte die herrliche Aus-
sicht auf eine Frühlingslandschaft mit blühenden Bäumen. In
buntem Durcheinander steht der Hausrat umher: ein Kinder-
dreirad an der Rückwand, mit einem alten Sack zugedeckt, eine
Kommode mit zerbrochenem Geschirr, ein Grammophon und
ein alter eiserner Ofen, eine Küchenuhr, billige Öldrucke und
eine Zugposaune an den Wänden, ein Tischtelefon, Tintenlöscher
und Strickzeug mit dicker Wolle vervollständigen die Unord-
nung. Daß ein Festtag ist, erkennt man an der lecker aussehen-
den Schaumtorte, die auf einem Stuhl neben dem Kleiderschrank
steht. Die Abenddämmerung fällt allmählich ein. Ehe sich der
Vorhang gehoben hat, hört man das Grammophon ›O du fröhli-
che, o du selige, gnadenbringende Weihnachtszeit‹ spielen.

DIE MUTTER *(Liesl Karlstadt) sitzt in einem ärmlichen Hauskleid*
und mit einer blauen Schürze in Fleckerlschuhen an einem
kleinen runden Tisch in der Mitte der Bühne unter der altmo-
dischen Petroleumhängelampe; sie hat weinend den Kopf in
die Hände gestützt und spricht Die Weihnachtsglocken läuten; o hätte ich nie mehr diesen Tag erlebt. Ich kann keine
Freude mehr haben. Mein Sohn, mein Alfred, er ist ja nicht
mehr bei mir, er ist hinausgezogen in ein fernes Land, aus dem
er wohl nie wieder zurückkehren wird. Ach Alfred, warum
hast du mir das angetan! Er ist nach Oberammergau gegangen, er wollte Fremdenführer werden; aber als er hinkam
nach Oberammergau, waren die Passionsspiele bereits schon
lange beendet. Ach Alfred, was Blöderes hätte dir gar nimmer einfallen können. Die alten Augen sind müde vor Weinen und das Bild ist schon so verstaubt, ich kann ihn gar nicht
mehr sehen! Pfui! *Sie spuckt auf das Bild und wischt es mit*
dem Taschentuch ab – So, jetzt ist es besser, jetzt schaut er

wieder so frisch in die Welt, daß man seine Freude daran haben kann. *Sie wirft das Bild ein paarmal in die Höhe* Ach ja! – *Sie zündet sich eine Zigarre an* Wo nur mein Mann so lange bleibt? Mein guter Mann – diesen langweiligen Uhu habe ich heute auf den Viktualienmarkt geschickt, daß er ein Christbäumchen heimbringt für die kleinen Kinder, und nun kommt er so lange nicht heim. Ich glaub, daß er gar nimmer heimfindet, der alte Depp. Es wird ihm wohl nichts passiert sein. Es ist schon so spät, die Sonne muß auch schon bald aufgehen. Eins – zwei – drei – Aha, da ham mas schon. Ich muß doch nachschaun, wo er sich momentan wieder herumtreibt. *Sie nimmt das Telefon* Sebastian, wo bist du denn augenblicklich? So, am Viktualienmarkt gehst du grad? – Hast schon ein Christbäumchen? – Dann ists schon recht – geh nur glei heim! Gib Obacht, wenn du über die Straße gehst, daß dich keine Frau überfährt mitn Kinderwagl. *Es klopft* Ja, herein! Also adje, Sebastian, komm nur gleich! – ich wart auf dich – Grüß dich Gott, Sebastian! *Es klopft* Ja, herein! *Sie legt den Hörer auf. Im selben Moment kommt der Vater (Karl Valentin) mit dem Christbaum herein. Er trägt einen schneebestäubten Raglan, Brille, schneebestäubten Hut, Fäustlinge und einen Christbaum.* Ah, da ist er ja! Im Moment hab ich mit dir noch telefoniert und jetzt bist du schon da!

DER VATER Ja, i hab glei einghängt und bin glei herg'laufen.

DIE MUTTER Das ist recht – da hast ja's Bäumerl, ah der is nett – wunderschön.

DER VATER No ja, kindisch ist er halt.

DIE MUTTER Er gehört ja auch nur für d' Kinder.

DER VATER Ja, ich war in zwei Christbaumfabriken, und da hams mir den gebn.

DIE MUTTER Ja, da is ja kein Christbaumbrettl dran, hast dus verloren? Ich hab doch ausdrücklich gsagt, du sollst an Baum mit Brettl bringen.

DER VATER Ja, der hat ja keins.

DIE MUTTER Das seh ich ja, daß er keins hat.

DER VATER Wie kannstn das sehn, wenn keins dran ist?

DIE MUTTER Aufgschriebn hab ich dirs sogar, an Baum mit Brettl!

DER VATER Ja, die haben lauter Bäum mit Brettl ghabt, das war der einzige ohne Brettl.

DIE MUTTER Und den hast extra rausgesucht?

DER VATER Aber so ist er doch viel natürlicher, im Wald wächst er doch auch ohne Brettl.

DIE MUTTER Aber den kann man doch nicht brauchen, den kann ich ja nicht hinstellen am Tisch.

DER VATER Dann legn man halt heuer hin – jetzt ham man fünfzehn Jahre hing s t e l l t, jetzt l e g n ma amal heuer hin.

DIE MUTTER Ich möcht doch den Baum aufputzen. Ich hab solche Sprüch gmacht bei den Kindern, ich hab gsagt, wenn du kommst, dann kommt 's Christkindl auch gleich. Und jetzt bringt er an Baum ohne Brettl! Da wärs mir schon lieber gwesn, du hättst bloß a Brettl bracht und gar koan Baum.

DER VATER Am Brettl allein hätten die Kinder auch kei Freud ghabt.

DIE MUTTER Aber so kann ich ihn nicht hinstellen!

DER VATER Ja, dann halt ich ihn halt.

DIE MUTTER Geh, du kannst doch nicht bis am heiligen Dreikönigstag so dastehn und kannst den Baum halten.

DER VATER Warum nicht, ich hab ja so nichts zu tun, ich bin ja arbeitslos.

DIE MUTTER Aber da sind doch noch vierzehn Tag hin, du kannst doch nicht Tag und Nacht den Christbaum halten, du mußt doch auch manchmal wieder amal nausgehen.

DER VATER Dann nimm ich ihn mit.

DIE MUTTER Das kannst dir denken – jetzt gehst da hin, wo du den Baum kauft hast, und tauschtn um, sagst, sie sollen dir an andern geben.

DER VATER Naa, naa, der is froh, daß er den anbracht hat.

DIE MUTTER Dann muß ma halt selber a Brettl hinmachen.

DER VATER Ja, ich geh zu der Hausmeisterin und hol a paar Bretter vom Hof rauf, da schneiden wir a Stück runter.

DIE MUTTER Holst einfach so ein kleines Brett rein, das machen wir hin.

DER VATER So ein Stück Brett halt.

DIE MUTTER Aber zieh dich zuerst aus.

DER VATER Ganz?

DIE MUTTER Dein Mantel und dein Hut – aber leg mir an Hut nicht aufs Bett nauf, sonst zerlauft der ganze Schnee.

DER VATER Der zlauft nicht, das ist ja ein Christbaumschnee.

DIE MUTTER Jetzt geh nur.

DER VATER Ich trag jetzt mein Raglan naus und hol die Bretter. *Er geht ab.*

DIE MUTTER So ein schönes Bäumchen hat er bracht, er ist ein guter Mann, aber ein furchtbares Rindvieh – bringt er einen Baum ohne Brettl daher. – *Man hört Kindergeschrei* Pst! – Ja, wer hat denn das Kind verkehrt herg'legt, da steigt ja 's ganze Blut in den Kopf. *Abermals Kindergeschrei* Ja, sei nur still – Hundsbankert, hör doch auf, der ist gewiß wieder naß. *Sie legt das Kind auf den Tisch* Ja, ja, ich werde dich gleich trocken legen. *Sie nimmt den Tintenlöscher und trocknet das Kind damit, das Kind schreit immer noch* Jetzt sei doch ruhig – wart, ich werd dir ein Wiegenlied blasen. *Sie nimmt die Posaune von der Wand* So, mein Kind, jetzt paß schön auf. *Sie bläst ›Schlaf, Kindlein, schlaf‹ usw. – beim letzten Ton ist das Kind eingeschlafen. Der Vater kommt mit zwei langen Brettern herein, bleibt damit in der Hängelampe hängen, stößt alles um, der Tisch fällt auseinander, der Fliegenfänger klebt ihm im Gesicht, ein verzweifeltes Durcheinander entsteht, die Mutter will ihm helfen* Da, nimms Kind. *Sie drängt ihm das Kind auf und hängt die Posaune wieder an die Wand.*

DER VATER Nimm mir doch die Bretter ab!

DIE MUTTER Mein Gott, wie ders Kind hat! Mein Gott, ist das was! *Umständlich befreit sie ihn vom Fliegenfänger, von den Lampenketten usw.*

DER VATER Sind die Bretter recht? Daraus können wir uns Christbaumbrettln im voraus machen für mindestens zwanzig Jahr.

DIE MUTTER Was hast denn jetzt da für lange Bretter bracht, waren denn keine längeren mehr da?

DER VATER Naa, des war des längste.

DIE MUTTER Ja, dann hol eine Säge und schneid ein Brettl runter!

DER VATER Ja, dann hol ich jetzt ein Stück Säge.

DIE MUTTER Und ich heiz einstweilen ein.

DER VATER *kommt mit der Säge und legt den Christbaum der Länge nach auf das Brett* Das gibt drei Christbaumbrettl.

DIE MUTTER O Gott, o Gott, raucht der Ofen wieder!

DER VATER Hastn höchstens angezundn.

DIE MUTTER Dummes Gered! Vor zwei Jahren hab ich schon zu dir gsagt, du sollst den Kaminkehrer holen.

DER VATER Ich telefonier ihm halt, weißt du die Kaminnummer? *Er telefoniert* Wie bitte? Die Nummer wissen wir beide nicht, Fräulein.

DIE MUTTER Wer ist denn eigentlich da?

DER VATER Wir sind falsch entbunden, der König Herodes hat, glaub ich, grad gesprochen.

DIE MUTTER *reißt ihm das Hörrohr aus der Hand* Wer ist denn da? Wie? – Ah, grüß Gott!

DER VATER Wer is denn?

DIE MUTTER Die Frau vom Kaminkehrer ist da! Grüß Gott Frau Kaminkehrersgattin! Ist Ihr Mann daheim? Geh, sagn S' zu ihm, er soll gleich rüberkommen. *Der Vater spricht dazwischen* Sagn S' bei uns raucht der Ofen.

DER VATER Er soll rauskehren vom Ofen.

DIE MUTTER Ich sags ihm schon.

DER VATER Ich kanns ja auch.

DIE MUTTER Dann sagst dus ihr, wenn du so gscheit bist.

DER VATER Ach bitt schön, möchten S' nicht mit der Leiter bei uns den Ofen auskehren?

DIE MUTTER Schmarrn, sie weiß doch schon alles, was sagts denn?

DER VATER Sie sagt, er kommt vielleicht ganz bestimmt. *Er legt das Hörrohr in den Geschirrhafen hinein.*

DIE MUTTER Schneid doch amal das Brett ab! *Sie kniet noch immer beim Ofen am Boden. Der Vater nimmt die Säge und setzt sich auf die Mutter* Was machst denn, siehgst nimmer, blinder Heß?

DER VATER Wie groß soll denn das Brettl eigentlich sein?

DIE MUTTER Hast denn noch nie a Christbaumbrettl gsehn?

DER VATER Schon oft, aber das hab ich nimmer so im Gedächtnis.

DIE MUTTER Dann nimm halt das vorjährige Brettl als Muster.

Der Vater sägt das Brett ab, die Mutter hilft ihm dabei. Gib obacht, daß du dich nicht schneidst!

DER VATER *redet immer* Die Kinder werden a Freud haben. Jetzt kommt ein Ast. – *Die Mutter geht ab und holt das Kaffeeservice.* Bring mir eine Schweinsschwarte zum Schmieren. *Die Mutter geht an den Tisch. Er drückt mit der Säge das Brett in die Höhe und stößt der Mutter das Geschirr aus der Hand* Ich hab doch gesagt, du sollst 's Brett halten.

DIE MUTTER Wo hast du denn das Brettl, das du runtergschnitten hast?

DER VATER Da ists. *Er hält das lange Brett immer noch in der Hand. Die Mutter steigt am anderen Ende drauf. Das Brett haut den Vater auf die Füße* Au, au, jetzt ists am Fuß naufgfallen.

DIE MUTTER Auf was fürn Fuß?

DER VATER Auf unsern Fuß. *Er hebt das Brett auf, fahrt der Mutter unterm Rock damit herauf.*

DIE MUTTER Was machst denn? Heute am Heiligen Abend macht er so saudumme Sachen.

DER VATER Ist doch erst der Heilige Nachmittag.

DIE MUTTER Jetzt hat er so a kleins Brettl runtergschnitten, das können wir doch nicht brauchen. Da nehmen wir halt das alte her, aber da mußt du noch ein Loch hineinbohren.

DER VATER Dann hol ich den Bohrer. *Er tut es und bohrt ins Brettl ein Loch hinein; das Brettl dreht sich immer.*

DIE MUTTER Komm, laß dir helfen. Das Brett legt man daher am Tisch, ich halt dir und du bohrst. *Der Vater bohrt und spricht dabei.* So red doch nicht immer, paß doch aufs Loch auf!

DER VATER Ja, ich kann doch unterm Bohren reden.

DIE MUTTER Das brauchst gar nicht.

DER VATER So! *Er hat durch das Brett und durch den Tisch gebohrt, daß der Bohrer unten raussteht.*

DIE MUTTER Das sieht dir wieder gleich! Bohrt er in den schönen Tisch a Loch hinein, da brauchst dir noch was einbilden drauf, das schönste Stück in unserer Wohnung is jetzt auch kaputt.

DER VATER Das war vorauszusehen.

DIE MUTTER Das Loch ist überhaupt zu groß, da paßt der Christbaum gar nicht hinein.

DER VATER Das Brettl brauchen wir ja jetzt nicht. Jetzt können
  wir den Christbaum glei in den Tisch neistecken.

DIE MUTTER Das hättest glei tun können, da hätten wir überhaupt kein Brettl braucht.

DER VATER Das sag ich ja immer, drum hab ich ja an Christbaum
  ohne Brettl kauft.

DIE MUTTER Jetzt schmück amal den Baum, häng a paar Kugeln
  hin, die Kinder freun sich ja schon drauf.

DIE KINDER *hinter der Szene* Mama, dürfen wir schon rein?

BEIDE Nein, noch lange nicht.

DIE MUTTER Schick dich doch, die Kinder möchten schon herein.
  *Der Vater hängt ein paar Christbaumschmuck-Glaskugeln
  hin, wirft aber dabei Tisch und Baum um.*

DIE MUTTER Jessas, jessas, was machst denn wieder? *Die Kinder schreien wieder.* Gleich, Kinder, schreit doch nicht so!
  Zum Vater Schick dich doch, mach die Kerzen hinauf. *Die
  Kinder schreien abermals.* Seids doch still – ihr Hundsbankerten, ihr miserablen!

DER VATER Hundsbankerten brauchst net sagn zu dene Sau-
  krüppeln! *Die Kinder schreien erneut.*

DIE MUTTER Seids doch ruhig, der Teufel soll euch holen!

DER VATER Vergiß dich doch nicht, der Teufel solls holen: wenns
  der Teufel holt, braucht ma uns doch die ganze Arbeit nicht
  machen.

DIE MUTTER Das geht dich gar nichts an, schick dich doch!

DER VATER O tuh, tuh! *Er heult furchtbar.*

DIE MUTTER Seids still, Kinder, der Vater is narrisch wordn. *Zum
  Vater* Was machst denn jetzt? *Der Vater hat sich einen Ker-
  zenhalter an den Finger gezwickt.* Um Gottes willen, das Un-
  glück auch noch! *Die Kinder schreien wieder.* Gleich kommts
  Christkindl – *Zum Vater* So, du zündest jetzt amal den
  Baum an und ich bring derweil die Kinder.

DER VATER Die hast schon einmal gebracht.

DIE MUTTER Ich mein, ich brings herein. *Sie geht ab. Der Vater
  nimmt ein Zündholz und zündet den Baum unten an.*

DIE MUTTER *kommt herein und schreit* Was machst denn da, du
  zündest ja den Baum an!

DER VATER Du hast doch gesagt, ich soll den Baum anzünden!

DIE MUTTER Ich hab doch gemeint die Kerzen.

DER VATER An Baum hast gsagt.

DIE MUTTER No ja, wie man halt so sagt. *Sie geht ab. Der Vater zündet die Kerzen an, läutet mit der Handglocke und läßt das Grammophon spielen. Die Mutter und die Kinder kommen herein* So, Kinder, jetzt is 's Christkindl kommen. *Alle stellen sich um den Baum.*

KINDER Ah, ah, der ist schön!

DER VATER No, gar so schön ist er nicht.

ALLE *singen* Ein Prosit, ein Prosit, der Ge - müt - lich - keit! Eins - zwei - drei - Gsuffa!

DER VATER No, no, no, jetzt bist in an Frühschoppen hineingekommen.

DIE MUTTER *zum Kind* Jetzt sagst du dein Gedicht. Kannst es noch? Jetzt sags schön, daß der Vater a Freud hat.

DAS KIND
>Sankt Niklas durch die Wälder schritt
Manch Tannenbäumchen nimmt er mit,
Und wo er wandert, bleibt im Schnee
Manch Futterkörnchen für Hase und Reh.
Leise macht er die Türen auf,
Jubelnd umdrängt ihn der kleine Hauf:
Sankt Niklas, Sankt Niklas,
Was hast du gebracht?
Was haben die Englein für uns gemacht?«
Vater und Mutter weinen währenddem.

DER VATER Schön hat sies gsagt, sehr schön!

DAS KIND So, gute Mutter, und das gehört dir! *Es schenkt der Mutter eine Haube.*

DIE MUTTER *freut sich* Ach du gutes Kind, ich danke dir! Da schau her, Vater, so was Schönes!

DER VATER Ah, Ölsardinen!

DIE MUTTER Geh, mach doch deine Batzlaugen auf. A Haube hat sie mir geschenkt, die is schön, die kann ich notwendig brauchen. Ja, hast du die Haube selbst gestrickt?

DAS KIND Nein, Mutter, die hab ich nicht selbst gestrickt, die hab ich gestohlen.

DER VATER Ja was is des?

DIE MUTTER Ja, wo hast denn die Haube gestohlen?

DAS KIND Beim Oberpollinger.

DER VATER Des is recht!

DIE MUTTER So, beim Oberpollinger? Ja habns denn da so schöne Hauben? Das gute Kind, jetzt is alles so teuer, man kann so nichts mehr kaufen.

DER VATER Natürlich, man ist ja direkt verpflichtet dazu.

DIE MUTTER Hoffentlich hat dich kein Mensch gesehen!

DAS KIND Nein, Mutter, da hat mich niemand gesehen.

DIE MUTTER Dann gehst nächste Woch noch einmal hinein und holst mir eine.

DER VATER Und wennst amal beim Henne vorbeikommst, dann nimmst mir an ›Mercedes‹ mit.

DIE MUTTER Du bist ein gutes Kind, du bist jetzt schon reif fürs Zuchthaus. – Mach nur so fort. Da schau her, was dirs Christkindl bringt, eine Zugharmonika.

DAS KIND Ah, danke, Mutter!

DIE MUTTER *zum zweiten Kind* Und dir ein Springseil.

DAS ZWEITE KIND Ah, danke, Mutter.

DER KAMINKEHRER, *entsetzlich lang, mit hohem schwarzem Zylinder, Hacke, Leiter und Besen, kommt plötzlich herein.* Grüß Gott beieinander! *Die Kinder schreien und fürchten sich vor ihm.*

DIE MUTTER Seid ruhig, Kinder, der tut euch nichts – *Zum Kaminkehrer* Um Gotteswillen, Herr Kaminkehrer, Sie können wir jetzt nicht brauchen, wir haben doch jetzt gerade Bescherung.

DER VATER Ausgerechnet jetzt kommt er. Ich hab doch eigens telefoniert, Sie sollen morgen am Feiertag kommen. Speziell als Kaminkehrer sollen S' soviel Anstand haben, daß S' jetzt nicht am Ofen umananderkratzn.

DER KAMINKEHRER Das werden wir gleich haben. Ich bin gleich fertig. *Er fängt am Ofen sehr laut zu klopfen und zu kratzen an.*

DIE MUTTER Geh, warten S' doch einen Moment, Sie sehn doch, daß wir gerade Bescherung haben, man versteht sein eigenes Wort nicht mehr, vor lauter Lärm. *Die Kinder machen auch Lärm.* So hört doch auf, ihr Fratzen!

DER VATER Wartens S' an Moment, Herr Kaminkehrer. *Zur Mutter* Da schau her, du bekommst deine Fotografie, die hab ich vergrößern lassen. *Er überreicht ihr einen Papierdrachen.*

DIE MUTTER Was, an Drachen? Ich glaub, du willst mich derblecken. Was meinst denn da damit? Da schau her, Vater, du kriegst von mir auf Weihnachten ein Cockorell-Motorrad – aber heuer mußt noch selber treten; 's nächste Jahr kriegst dann an Hilfsmotor dazu. *Sie gibt ihm das Kinderdreirad, das zugedeckt auf der Bühne steht. Zum Kaminkehrer* Herr Kaminkehrer, nehmen S' an Moment Platz.

DER KAMINKEHRER Bin so frei! *Er setzt sich von rückwärts auf den Stuhl, auf dem der Schaumkuchen liegt, mitten in denselben hinein.*

DIE KINDER *schreien* Mutter, der Kaminkehrer hat sich in den Schaumkuchen gesetzt!

DER KAMINKEHRER Jessas Maria! Daß mir des grad auf Johanni passieren muß. *Er dreht sich um und wischt mit der Hand den Schaum von seiner Hose.*

DER VATER *hat sich währenddessen auf das Rad gesetzt und fährt damit über die Bühne, wobei alles umfällt – die Lampe fällt herunter – es entsteht ein fürchterlicher Tumult. Die Mutter und die Kinder schreien. Er bleibt plötzlich mit offenem Munde in fassungslosem Staunen in der Mitte stehen* Ja wia komma denn Sie auf Johanni?

DER KAMINKEHRER Was wolln S' denn, heut ist doch der 24. Juni!

DER VATER Himmikreuzsapprament! Da geht nacha mei Abreißkalender nach!

DIE MUTTER Des schaugt dir scho gleich!

DER VATER Siehgst, Alte, drum hab ich ja heut den Christbaum auch so billig kriagt!

Vorhang

IM SCHALLPLATTENLADEN

*Das Szenenbild gibt das Innere eines Schallplattengeschäftes
wieder. Im Hintergrund sieht man die Schaufenster mit Spiegel-
schrift, hinter denen von Zeit zu Zeit Straßenpassanten vorübergehen. Ein Ladentisch verläuft von hinten nach vorne auf der
rechten Bühnenseite, darauf stehen mehrere Vorführapparate,
Schallplatten mit und ohne Papierbeutel liegen herum, die Wän-
de sind mit Plakaten der Schallplattenreklame bedeckt, vor dem
Ladentisch stehen mehrere Hocker ohne Lehne, ein Lautsprecher ist unter dem Ladentisch befestigt. In Wandregalen sieht
man Schallplattenkästen und -ständer, Vorführapparate und
Lautsprecher. Auf einem sechseckigen Tischchen mit gedrehten
Füßen stehen weitere Reklameschallplatten, Schallplattenver-
zeichnisse und -prospekte sowie Werbedrucksachen liegen aus.*

*DIE VERKÄUFERIN (Liesl Karlstadt) trägt ein dunkles Kleid mit
weißem Ausputz um den Halsausschnitt und an den Ärmeln.*

*KARL VALENTIN hat sehr unordentliche Haare; offenbar hat er
diesmal eine besonders zerzauste Perücke erwischt. Sein Ober-
körper steckt in einem kurzen, hellen Sommerüberzieher mit
verdeckter Knopfleiste, der verkehrt zugeknöpft ist, so daß der
rechte Schoß vorne viel weiter herunterhängt als der linke und
auch der Kragen oben nicht paßt. Eine dunkle Korkenzieher-
hose hängt bis tief auf die unförmigen uralten Schnürstiefel
herab. Karl Valentins Kostüm wird durch den unvermeidlichen
schwarzen »Goggs« und einen dicken gewöhnlichen Bambus-
spazierstock vervollständigt. Er legt beides kaum aus der Hand
und richtet damit allen möglichen Schaden an. Dabei rutschen
ihm die Gummiröllchen aus den Ärmeln und fliegen gelegentlich durchs Lokal.*

*DER VERKÄUFER ist ein unauffällig und adrett gekleideter jun-
ger Mann.*

KARL VALENTIN Guten Tag! Ich krieg eine Schachtel Dritte Sorte.
VERKÄUFER Ja bei uns gibt es keine Zigaretten zu verkaufen.

KARL VALENTIN Was gibts denn dann?

VERKÄUFER Bei uns gibt es nur Schallplatten und Gramaphone.

KARL VALENTIN So? Dann gebn S' mir halt ein Gramaphon!

VERKÄUFERIN Nun, dann schauen S' Ihnen den da amal an, das ist ein sehr schöner Apparat.

KARL VALENTIN Aber der ist ja kaputt, der hat ja ein Loch! *Er deutet auf die Schallöffnung* Und dann möcht ich einen, der da vorne einen Reißverschluß hat.

VERKÄUFERIN Einen Reißverschluß gibt es doch an einem Apparat nicht.

KARL VALENTIN So ein Apparat ist aber recht unpraktisch. Wenn man da den Finger hintut und fällt der Deckel zu, dann kann man sich leicht einzwicken.

VERKÄUFERIN Ja da muß man halt Obacht geben.

KARL VALENTIN Wenn man aber nicht Obacht gibt? Und dann sticht man sich auch sehr leicht an dem Stachel da. Hätten S' nicht einen solchen mit einem Trichter?

VERKÄUFER Nein, mit Trichter gibt es keinen Apparat mehr. Die sind ja unmodern.

KARL VALENTIN Aber grad so einen möcht ich haben.

VERKÄUFERIN Ja warum denn?

KARL VALENTIN Wissen S', ich hab nämlich noch eine ganze Flasche Sidol zu Haus, und die möcht ich aufbrauchen.

VERKÄUFERIN Nun, da werden Sie doch einen anderen Zweck dafür finden.

KARL VALENTIN Ja freilich, ich hab so Schnallen zhaus.

VERKÄUFER Wie meinen Sie? Was für Schnallen?

KARL VALENTIN So Türschnallen halt.

VERKÄUFER Ach so!

VERKÄUFERIN Und wie steht es mit dem Gramola da? Der wäre sehr billig und gar nicht teuer.

KARL VALENTIN Also unteuer! Was kostet denn der?

VERKÄUFER Wir könnten Ihnen den Apparat sehr preiswert überlassen. Ich mache Ihnen ein günstiges Angebot. Sie bekommen den Apparat zum Preise von fünfundachtzig Mark. Also sehr billig! Und dabei verdienen wir hier an diesem Apparat nur fünf Mark, denn der kostet uns selbst im Einkaufspreis achtzig Mark.

VERKÄUFERIN Du, Josef! Der Apparat hat uns aber nur dreißig Mark gekostet.

VERKÄUFER Aber nein! Der doch nicht!

VERKÄUFERIN Du irrst dich, der hat uns nur dreißig Mark gekostet.

VERKÄUFER Nein, wenn ich dir sage, der hat uns immer schon achtzig Mark gekostet. *Er stößt sie mit dem Fuß.*

VERKÄUFERIN Warum stößt du mich denn?

KARL VALENTIN Die harmonieren auch net zsamm.

VERKÄUFER Weil der immer schon achzig Mark gekostet hat.

KARL VALENTIN Natürlich, Frau, sonst müßt er doch fünfundfünfzig Mark daran verdienen. Sagen S' mal, haben Sie den Apparat nicht mit Dampfbetrieb?

VERKÄUFERIN Mit Dampfbetrieb gibt es keinen, aber mit elektrischem Betrieb, zum Beispiel der hier, das ist ein ganz moderner Apparat mit Lautverstärker.

KARL VALENTIN Was kostet denn der?

VERKÄUFERIN Ja, der ist eminent teuer.

KARL VALENTIN Der ist mir auch zu eminent teuer.

VERKÄUFER Wissen Sie denn, was der Apparat kostet?

KARL VALENTIN Nein!

VERKÄUFERIN Der kostet fünfhundert Mark.

KARL VALENTIN Mit der Nadel?

VERKÄUFERIN Wollen Sie sich nicht das Reisegramola ansehen? Das wäre sehr billig, das kostet nur zwanzig Mark.

KARL VALENTIN Mit Reise?

VERKÄUFERIN Nein, natürlich ohne Reise.

KARL VALENTIN Aber ich reise ja fast selten nie, ich bin noch ganz selten gerissen.

VERKÄUFERIN Sie können ja den Apparat zu Hause auch spielen lassen.

KARL VALENTIN Geht der zu Hause auch?

VERKÄUFERIN Natürlich!

KARL VALENTIN Und auf der Reise?

VERKÄUFERIN Und auf der Reise!

KARL VALENTIN Zu gleicher Zeit?

VERKÄUFERIN Nein, entweder zu Hause oder auf der Reise.

KARL VALENTIN Ah, dann ist das ja ein Entweder-Apparat. Sa-

gen S' amal, kann man den Apparat auf der Straßenbahn
auch spielen lassen?

VERKÄUFERIN Aber auf der Straßenbahn wäre doch die Strecke
zu kurz.

KARL VALENTIN Auf der Ringlinie?

VERKÄUFERIN In der Straßenbahn spielt doch kein Mensch Gramola.

KARL VALENTIN Na also, dann werd ich mich zu einem von den
drei beiden entschließen.

VERKÄUFERIN Und dann machen wir auch Reparaturen.

KARL VALENTIN Bevor man schon einen kauft? Das muß ja ein
gutes Fabrikat sein.

VERKÄUFER Nein, falls mal irgendwie Bedarf wäre an Reparaturen.

KARL VALENTIN Ja, Sie, ich habe einen bekannten Freund, der
hat auch so einen Apparat, und der gibt jetzt immer so un-
reinliche Töne. Wissen S', der wohnt schon drei Jahre im
Waschhaus, und da ist's so feucht, und da ist ihm die Nasn da
eingerostet.

VERKÄUFERIN Die Nadel? Ja und was soll man da machen?

KARL VALENTIN Ja, da hat er gmeint, ob man die Nadel da nicht
spitzig machen könnt.

VERKÄUFERIN Nein, das geht nicht. Da soll sich halt Ihr Freund
ein Schächterl neue Nadeln kaufen.

KARL VALENTIN Ja, das hab ich ihm auch gsagt.

VERKÄUFERIN Und dann hätten wir noch sehr schöne Sachen in
Schallplatten.

KARL VALENTIN Die wären mir eigentlich viel lieber als ein
Gramaphon.

VERKÄUFERIN Was sollen das dann für Platten sein?

KARL VALENTIN So runde dunkelschwarze Platten.

VERKÄUFERIN Ja, ich meine, wollen Sie Schallplatten mit Musik
oder mit Gesang?

KARL VALENTIN Nein, nur mit Schall, mit billigem Schall.

VERKÄUFERIN Gut, wir werden Ihnen mal was vorspielen.

KARL VALENTIN Ja, sind S' so frei!

VERKÄUFER *eine Platte herbeibringend* So, sehen Sie, da ist
zum Beispiel ein sehr schöner Marsch.

KARL VALENTIN M – arsch. *Er wiederholt das öfters. Der Verkäufer spielt den Marsch. Karl Valentin pfeift dazu, nachdem die Nadel abgesetzt ist* I pfeif auf jede Platten.

VERKÄUFER Also, was sagen S' dazu, die ist doch schön?

KARL VALENTIN Ja das schon, aber das war doch nicht Caruso?

VERKÄUFERIN Ja, Sie wollen Caruso hören?

KARL VALENTIN So. I!?

VERKÄUFER Wollen Sie dann eine Platte hören von Caruso? Das können Sie natürlich auch. *Er legt eine Caruso-Platte mit dem Prolog des Bajazzo auf.*

KARL VALENTIN *hört zu bis zum Lachen des Bajazzo, bevor die Nadel abgesetzt wird* Jetzt lacht er, jetzt freut er sich selber, weil er naufkommen ist.

VERKÄUFERIN Was sagen Sie jetzt?

KARL VALENTIN Ja, die Caruso-Platten sind schön, aber man kann doch auf diese Platte nicht tanzen.

VERKÄUFERIN Auf eine Caruso-Platte tanzt auch kein Mensch.

KARL VALENTIN Nicht a u f der Platte, ich mein halt so, so nach der Platte.

VERKÄUFERIN Ach, Sie wollen eine Tanzplatte haben?

KARL VALENTIN Mit Schall!

VERKÄUFER Ach, ich verstehe Sie schon. Sie wollen eine Schallplatte hören, nach der man tanzen kann.

KARL VALENTIN Ja! *Der Verkäufer legt einen Ländler auf. Karl Valentin – schon bevor die Musik spielt* Ja der ist recht. *Er hört einige Takte lang zu* So was mein ich, das ist die richtige! Was kostet die?

VERKÄUFERIN Eine Mark fünfzig das Stück.

KARL VALENTIN Ist mir zu teuer. Die Hälfte wäre halt recht.

VERKÄUFERIN Ja auseinanderschneiden kann ich Ihnen die Platte nicht.

KARL VALENTIN Nicht von der Platte die Hälfte, vom Preis mein ich.

VERKÄUFERIN Wir haben schon billigere Platten; wenn ich nur wüßte, was Sie wollen.

KARL VALENTIN Sagen S' amal, haben Sie die Platte von der Freiwilligen Sanitätskolonne, das ›Sanitätslos‹ oder so ähnlich?

VERKÄUFER Wie meinen Sie, das Sanitätslos?

KARL VALENTIN Ja, das Sanitätslos!

VERKÄUFER *im Katalog nachsehend* Wie soll das heißen? Das
  Sanitätslos?

KARL VALENTIN Nein, das Sanitätslos – allein.

VERKÄUFER Das Sanitätslos allein?

KARL VALENTIN Ohne allein.

VERKÄUFER Nur »Das Sanitätslos«?

KARL VALENTIN Ohne das!

VERKÄUFER Nur Sanitätslos?

KARL VALENTIN Ohne Nur!

VERKÄUFER Also Sanitätslos!

KARL VALENTIN Ohne Nur und ohne Also.

VERKÄUFER Sanitätslos!

KARL VALENTIN Ja! – Die mein ich!

VERKÄUFER Nein, eine solche Platte gibt es nicht.

KARL VALENTIN Doch, ich weiß ja genau.

VERKÄUFERIN Vielleicht wollen S' einmal die Melodie pfeifen
  oder singen?

KARL VALENTIN Der Refrain geht so *Er singt die letzte Strophe
  von ›Seemannslos‹.*

VERKÄUFERIN Ach, Sie meinen ja ›Seemannslos‹!

KARL VALENTIN Ja, stimmt, ›Seemannslos‹ heißts, ja, so heißts.

VERKÄUFER Die haben wir natürlich auf Lager, die können Sie
  haben. *Er bringt diese Platte herein, gibt sie der Verkäuferin,
  die sie Karl Valentin hinhält; der schlägt sie mit dem Stock
  entzwei.*

VERKÄUFERIN Um Gotteswillen, was machen Sie denn da?

KARL VALENTIN Die will ich nicht haben. Die Platte spielt meine
  Hausfrau seit Jahren jeden Tag, zum Hals wächst mir die
  Platte raus, Hemmungen hab ich bekommen, dem Irrsinn war
  ich schon nahe. Diese Platte rotte ich aus, die kauf ich überall auf, Rottiwürfel mach ich daraus.

VERKÄUFERIN Aber beruhigen Sie sich doch. Nehmen Sie doch
  Platz!

VERKÄUFER Aber Sie brauchen diese Platte doch nicht zusam-
  menschlagen.

KARL VALENTIN *hat sich gesetzt* Sie, sagen Sie mal, wo ist denn
  jetzt eigentlich die Lehne?

VERKÄUFERIN Wie meinen Sie? Was für eine Lene? Bei uns war noch nie eine Lene. Vielleicht in unserem Hauptgeschäft, bei Häring, ich glaube, da ist eine Lene, so ein großes, schwarzes Fräulein?

KARL VALENTIN Die Lehne meine ich!

VERKÄUFERIN Ach, die Stuhllehne!

KARL VALENTIN Der Stuhl ist hier und die Lehne ist im Hauptgeschäft! Haben Sie vielleicht diese Himbeer-, Heidelbeer-, Brombeer-, Preißelbeerplatten?

VERKÄUFER *wiederholt* Himbeer-, Heidelbeer-, Brombeer-, Preißelbeerplatten? Nein, die gibts nicht!

KARL VALENTIN Halt – Meyerbeer-Platten meine ich.

VERKÄUFERIN Nein, die haben wir zur Zeit nicht mehr, die sind ausgegangen.

KARL VALENTIN Wohin?

VERKÄUFERIN Kommen Sie mal hier an den Tisch, dann zeig ich Ihnen noch verschiedene Platten.

KARL VALENTIN Gestorbene Platten?

VERKÄUFERIN Vielleicht darf ich Ihnen einige Valentin-Platten vorführen? *Sie legt die Platte auf ›Vor Gericht‹. Man hört die Stimmen Karl Valentins und Liesl Karlstadts.*

STIMME DES RICHTERS Also, Sie geben zu, daß Sie den Kläger ein Rindvieh geheißen haben?

STIMME DES ANGEKLAGTEN Ja, ich habe aber gemeint, daß er deshalb nicht beleidigt ist.

STIMME DES RICHTERS Wieso meinten Sie das?

STIMME DES ANGEKLAGTEN Na jo, weil er so saudumm dahergeredet hat.

STIMME DES RICHTERS Eigentlich finde ich, daß Sie saudumm daherreden, denn ein Rindvieh ist doch ein Tier, und ein Tier kann doch nicht reden. Oder haben Sie schon ein Tier reden gehört?

STIMME DES ANGEKLAGTEN Jawohl, einen Papagei!

STIMME DES RICHTERS Ja, ein Papagei ist doch kein Rindvieh!

STIMME DES ANGEKLAGTEN In dem Moment, wo ein Papagei dumm daherredet, ist eben der Papagei auch ein Rindvieh!

STIMME DES RICHTERS Haben Sie denn schon einen Papagei gehört, der dumm daherredet?

STIMME DES ANGEKLAGTEN Und ob!

STIMME DES RICHTERS Erklären Sie mir das.

STIMME DES ANGEKLAGTEN Das kann ich beweisen. Meine Hausfrau hat einen Papagei in einem Käfig, und wenn man an den Käfig klopft, dann sagt das Rindvieh: »Herein!«

STIMME DES RICHTERS Finden Sie das dumm?

STIMME DES ANGEKLAGTEN Und ob!

STIMME DES RICHTERS Wieso?

STIMME DES ANGEKLAGTEN Wie kann denn ich in den kleinen Käfig hineingehen!

STIMME DES RICHTERS Wir kommen da ganz von der eigentlichen Sache ab. – Warum haben Sie den Kläger ein Rindvieh geheißen?

STIMME DES ANGEKLAGTEN Weil er meine Frau beleidigt hat.

STIMME DES RICHTERS Inwiefern?

STIMME DES ANGEKLAGTEN Er hat zu meiner Frau gesagt, sie sei eine blöde Gans, und meine Frau ist keine Gans, dafür habe ich Beweise.

STIMME DES RICHTERS Da brauchen Sie doch keine Beweise dafür, denn genauso wie der Kläger kein Rindvieh ist, kann Ihre Frau keine Gans sein, wenigstens keine blöde Gans.

STIMME DES ANGEKLAGTEN Aber Herr Richter, mit dieser Bemerkung »wenigstens keine blöde Gans« geben Sie ja selbst zu, daß eine Frau eine Gans sein kann, und eine Gans ist aber doch blöd.

STIMME DES RICHTERS Wieso ist eine Gans blöd?

STIMME DES ANGEKLAGTEN Weil eine Gans nicht einmal sprechen kann.

STIMME DES RICHTERS Na ja, ein Tier kann eben nicht sprechen.

STIMME DES ANGEKLAGTEN Doch, der Papagei!

STIMME DES RICHTERS Jetzt kommen Sie wieder mit dem saudummen Papagei als Vergleich!

STIMME DES ANGEKLAGTEN Da muß ich Ihnen widersprechen, denn ein Papagei ist nicht saudumm, weil Sie, Herr Richter, nicht den Beweis erbringen können, daß jede Sau dumm ist, denn es gibt im Zirkus dressierte Säue, also kluge Säue.

STIMME DES RICHTERS Aber wir haben doch von der blöden Gans gesprochen, nicht von einer dressierten Sau.

STIMME DES ANGEKLAGTEN Gut, bleiben wir wieder bei meiner Frau.

STIMME DES RICHTERS Nun müssen wir aber zur Ursache der Beleidigung kommen. Aus welchem Grund hat denn der Kläger Ihre Gans eine blöde Frau geheißen. Verzeihung: umgekehrt wollte ich sagen, Ihre Frau eine blöde Gans geheißen?

STIMME DES ANGEKLAGTEN Ja, die Sache ist zu schweitweifend.

STIMME DES RICHTERS Sie meinen: zu weitschweifend.

STIMME DES ANGEKLAGTEN Zu weitschweifend, jaja! Wir haben nämlich einen Heimgarten, und die Frau Wimmer hat auch einen Heimgarten, direkt neben unserem Heimgarten, und da ist immer ein Konkurrenzneid, wer die schönsten Blumen hat.

STIMME DES RICHTERS Ja, weiter –

STIMME DES ANGEKLAGTEN Und da tun wir immer Samen tauschen –

STIMME DES RICHTERS Was tun Sie?

STIMME DES ANGEKLAGTEN Samen tauschen! Sie gibt mir zum Beispiel einen Chrysanthemensamen und ich gebe ihr dafür einen Rhabarbersamen, und da hat sie mir heuer für meine Fensterblumen statt Hyazinthen Sonnenblumen-Samen gegeben, und wir haben so viele Sonnenblumen bekommen, daß wir nicht mehr zum Fenster naussehen können, da hat ihr Mann zu meiner Frau gesagt, sie ist eine blöde Gans, und ich hab zu ihm gesagt: »Sie sind ein Rindvieh« und er hat dann zu mir gesagt – (Pause)

STIMME DES RICHTERS Was hat er gesagt?

STIMME DES ANGEKLAGTEN (schweigt)

STIMME DES RICHTERS Na, so reden Sie doch, was hat er noch gesagt?

STIMME DES ANGEKLAGTEN Na ja, Herr Richter, was wird so ein ordinärer Mensch denn noch gesagt haben, des können S' Ihnen doch denken!

STIMME DES RICHTERS Na, was hat er gesagt?

STIMME DES ANGEKLAGTEN Ich bitte um Ausschluß der Öffentlichkeit!

VERKÄUFERIN Hat Ihnen die Schallplatte gefallen?

KARL VALENTIN Die war nicht unnett! – Aber daß da die Öffentlichkeit ausgeschlossen wurde, ist mir unbegreiflich, denn ge-

rade bei dem Verlauf der Verhandlung wären doch alle gespannt gewesen, was der Angeklagte zum Schluß noch gesagt
hat. Ich kann mirs ja denken, aber was ich mir denke – gerade
das wäre auch interessant – ob sich das die anderen Zuhörer
im Gerichtssaal auch gedacht haben.

VERKÄUFERIN Was denken Sie sich, was der Angeklagte da sagen wollte?

KARL VALENTIN Na, was hätte er wohl sagen wollen!

VERKÄUFERIN Ich kann mirs denken!

KARL VALENTIN Na also, – und deshalb wurde die Öffentlichkeit
ausgeschlossen.

VERKÄUFERIN Hier habe ich noch eine hübsche Platte von einem
Ballgespräch. *Sie legt sie auf. Man hört einen Walzer und
wieder die Stimmen Karl Valentins und Liesl Karlstadts*

ER Ein herrlicher Walzer, nicht wahr, mein Fräulein?

SIE Aber tüchtig heiß isch es do.

ER Ja, eine ermattende Hitze ist hier.

SIE Aber lieber z'heiß als z'chalt.

ER Vorigen Sonntag war ich auch hier, da wars lange nicht so
heiß.

SIE Was Sie net säget.

ER Es war nicht ganz so heiß, aber immerhin.

SIE Jo, jo, das ischt oft verschiede.

ER Und vom Tanzen wird einem immer noch heißer.

SIE Ich hasse d' Hitz.

ER Ja, ja, man erspart sich ein Dampfbad dabei.

SIE Ich bi froh, daß ich chein wüllene Rock hüt agleit ha, da hätt
ich jo noch mehr gschwitzet.

ER Das glaube ich, man kann sich beim Tanzen nicht leicht genug anziehen.

SIE Mini Mamma schwitzt o sehr liecht, seit sie!

ER Tanzt Ihre Frau Mama auch noch gern?

SIE Nei!

ER Warum nicht?

SIE Ach Gott, sie is scho ziemli alt und schwitzt ä so liecht, seit
sie.

ER Ihre Frau Mama auch? Da haben Sie die Hitze wahrscheinlich von Ihrer Mutter geerbt.

SIE Hä, Sie, Sie sind jetzt o nen Witzbold!

ER So, so, Ihre Mama schwitzt auch sehr oft –

SIE Nei, nei, nu wenn sie tanzt, meint s'.

ER Ach so, nur beim Tanzen schwitzt sie?

SIE Jo, jo, bim Tanz –

ER Tanzt sie noch öfters?

SIE Nei, überhaupt numme.

ER So, sie tanzt nicht mehr.

SIE Chein Schritt meh.

ER Na, dann schwitzt sie doch auch nicht mehr –

SIE Nei, t' Mamma hat mitm Tanze endgültig Schluß gmacht,
aber d'r Papa schwingt no gern 's Tanzbei.

ER Was Sie nicht sagen; schwitzt Ihr Herr Papa auch so
leicht?

SIE Natürlich, bim Papa isch es jo liecht verständli.

ER Wieso?

SIE Hä, er isch jo en geborene Schwyzer!

VERKÄUFERIN Nun, wie hat Ihnen diese Platte gefallen?

KARL VALENTIN Nein, diese Platte gefällt mir nicht. – Wenn so
ein Idiot, währenddem er mit einer Dame tanzt, nichts anderes zu reden weiß als nur vom Schwitzen, dann soll er eben
nicht tanzen, dann soll er statt tanzen arbeiten, dann schwitzt
er nicht. Denn einer, der so saudumm daherredet beim Tanzen, der verdient wirklich nicht, daß er mit einer Dame tanzen
darf, selbst wenn er nicht schwitzen würde.

VERKÄUFERIN Aber das Nächste wird Ihnen bestimmt gefallen,
eine nette häusliche Szene. *Sie legt auf* Hören Sie nur! *Liesl
Karlstadts und Karl Valentins Stimmen ertönen.*

MÄNNERSTIMME Klara! Ich finde meine Brille nicht. Weißt du,
wo meine Brille ist?

FRAUENSTIMME In der Küche hab ich sie gestern liegen sehen.

MÄNNERSTIMME Was heißt gestern! Vor einer Stunde hab ich
doch noch gelesen damit.

FRAUENSTIMME Das kann schon sein, aber gestern ist die Brille
in der Küche gelegen.

MÄNNERSTIMME So red doch keinen solchen unreinen Mist, was
nützt mich denn das, wenn die Brille gestern in der Küche gelegen ist!

FRAUENSTIMME Ich sag dirs doch nur, weil du sie schon ein paarmal in der Küche hast liegen lassen.

MÄNNERSTIMME Ein paarmal! – Die habe ich schon öfters liegen lassen, – wo sie jetzt liegt, das will ich wissen!

FRAUENSTIMME Ja, wo sie jetzt liegt, das weiß ich auch nicht; irgendwo wirds schon liegen.

MÄNNERSTIMME Irgendwo! Freilich liegts irgendwo – aber wo – wo ist denn irgendwo?

FRAUENSTIMME Irgendwo? Das weiß ich auch nicht – dann liegts halt woanders!

MÄNNERSTIMME Woanders! – Woanders ist doch irgendwo.

FRAUENSTIMME Ach, red doch nicht so saudumm daher, woanders kann doch nicht zu gleicher Zeit »woanders« und »irgendwo« sein! – Alle Tage ist diese Sucherei nach der saudummen Brille. Das nächste Mal merkst dir halt, wo du sie hinlegst, dann weißt du, wo sie ist.

MÄNNERSTIMME Aber Frau! So kann nur wer daherreden, der von einer Brille keine Ahnung hat. Wenn ich auch weiß, wo ich sie hingelegt hab, das nützt mich gar nichts, weil ich doch nicht sehe, wo sie liegt, weil ich doch ohne Brille nichts sehen kann.

FRAUENSTIMME Sehr einfach! Dann mußt du eben noch eine Brille haben, damit du mit der einen Brille die andere suchen kannst.

MÄNNERSTIMME Hm! Das wäre ein teurer Spaß! Tausendmal im Jahr verleg ich meine Brille, wenn ich da jedesmal eine Brille dazu bräuchte – die billigste Brille kostet drei Mark – das wären um dreitausend Mark Brillen im Jahr.

FRAUENSTIMME Du Schaf! Da brauchst du doch nicht tausend Brillen!

MÄNNERSTIMME Aber zwei Stück unbedingt, eine kurz- und eine weitsichtige. – Nein, nein, da fang ich lieber gar nicht an. Stell dir vor, ich habe die weitsichtige verlegt und habe nur die kurzsichtige auf, die weitsichtige liegt aber weit entfernt, so daß ich die weitsichtig entfernt liegende mit der kurzsichtigen Brille nicht sehen kann!

FRAUENSTIMME Dann läßt du einfach die kurzsichtige Brille auf und gehst so nah an den Platz hin, wo die weitsichtige liegt, damit du mit der kurzsichtigen die weitsichtige liegen siehst.

MÄNNERSTIMME Ja, ich weiß doch den Platz nicht, wo die weitsichtige liegt.

FRAUENSTIMME Der Platz ist eben da, wo du die Brille hingelegt hast!

MÄNNERSTIMME Um das handelt es sich ja! – Den Platz weiß ich aber nicht mehr!

FRAUENSTIMME Das verstehe ich nicht. – Vielleicht hast du s' im Etui drinnen.

MÄNNERSTIMME Ja! Das könnte sein! Da wird sie drinnen sein! Gib mir das Etui her!

FRAUENSTIMME Wo ist denn das Etui?

MÄNNERSTIMME Das Etui ist eben da, wo die Brille drinnen steckt.

FRAUENSTIMME Immer ist die Brille auch nicht im Etui.

MÄNNERSTIMME Doch! – Die ist immer im Etui. Außerdem ich habs auf.

FRAUENSTIMME Was? – Das Etui?

MÄNNERSTIMME Nein! – Die Brille.

FRAUENSTIMME Jaaaaa! Was seh ich denn da? – Schau dir doch einmal auf deine Stirne hinauf!

MÄNNERSTIMME Da seh ich doch nicht hinauf.

FRAUENSTIMME Dann greifst du hinauf – Auf die Stirne hast du deine Brille hinaufgeschoben!

MÄNNERSTIMME Ah! – Stimmt – Da ist ja meine Brille! – Aber leider?! *Sehr schnell*

FRAUENSTIMME Was leider?

MÄNNERSTIMME Ohne Etui!

VERKÄUFERIN Hat Ihnen die Schallplatte gefallen?

KARL VALENTIN Eine optische Platte hat mit Humor nichts zu tun. Ich bin selbst ein leidenschaftlicher Augengläserträger; ich weiß, was das für ein Übel ist, wenn man etwas lesen will und man findet seine Brille nicht. Da beneide ich nur diese Menschen vor Tausenden von Jahren, wo es noch keine Augengläser gab; die haben sich nicht ärgern müssen.

VERKÄUFERIN Ja, vor tausend Jahren hat es auch noch keine Zeitung gegeben, damals haben ja die Menschen noch gar keine Brille gebraucht.

KARL VALENTIN Zeitung hat es freilich keine gegeben –

VERKÄUFERIN Aber die Bibel hat es doch schon gegeben.

KARL VALENTIN Ja, die Bibel schon — sehr einfach – wenn einer die Bibel nicht lesen konnte ohne Augengläser, dann hats ihm eben ein anderer vorgelesen, der noch gut gesehen hat.

VERKÄUFERIN Warten Sie! Hier habe ich noch etwas Reizendes von einem Hunderl. *Sie legt eine neue Platte auf – man hört Hundegebell sowie abermals die Stimmen von Karl Valentin und Liesl Karlstadt.*

DAMENSTIMME Ach, is des a netts Hunderl! Ham S' das schon lang?

HERRENSTIMME Ja, ja, schon zehn Jahr.

DAMENSTIMME So, so, insgesamt?

HERRENSTIMME Selbstverständlich!

DAMENSTIMME Warum darf er denn nicht frei laufen?

HERRENSTIMME Er hat keinen Beißkorb.

DAMENSTIMME Ja, beißt er denn?

HERRENSTIMME Ja woher, nicht im geringsten!

DAMENSTIMME Dann braucht er doch keinen Beißkorb.

HERRENSTIMME Doch, ohne Beißkorb darf er nicht Straßenbahn fahren.

DAMENSTIMME Aber er fährt doch jetzt nicht Straßenbahn.

HERRENSTIMME Jetzt nicht, es ist ja auch gar keine Straßenbahn da.

DAMENSTIMME Aber da kommt alle Augenblick eine.

HERRENSTIMME Das nützt mir nichts, ich darf doch nicht fahren, weil ich keinen Maulkorb habe.

DAMENSTIMME Sie brauchen doch keinen. Nur das Hunderl muß einen haben.

HERRENSTIMME Des weiß ich schon, der hat ja einen, nur dabei hab ich ihn nicht.

DAMENSTIMME Ja, dann dürfen S' freilich nicht in die Straßenbahn hinein.

HERRENSTIMME Natürlich darf ich nicht hinein, dann fahr ich halt mit der nächsten.

DAMENSTIMME Ach so, ich hab geglaubt, Sie wollen schon mit dieser fahren.

HERRENSTIMME Freilich wollt ich mit dieser fahren, aber bis ich heim lauf und hol den Beißkorb, ist doch die Straßenbahn weggefahren, die kann doch auf mich nicht zehn Minuten warten.

DAMENSTIMME Ja, des kann auch der Schaffner nicht machen, denn wenn er nicht wegfährt, dann würden sich ja die nachkommenden Straßenbahnwagen stoppen, des geht nicht, des können S' auch nicht verlangen, daß wegen so einem kleinen Hunderl ...

HERRENSTIMME Freilich kann ich das nicht verlangen, das weiß ich schon selber. Lassen S' mir jetzt mei Ruah mit dera saudumma Fragerei, kümmern Sie sich um Ihre Kinder und net um andere Leut ihre Viecher! Man hat ja so so viel Ärger und Verdruß mit den Hunden. Mitten in der Nacht muß man oft ausm warmen Bett raus und muß die Tiere nunterlassen. In Hof dürfens nicht nunter, in Hausflur sollns nicht. Ja, wir Menschen habens bequem, aber ich kann meinem Hund nicht zumuten, daß er aufs W. C. geht. 's ganze Jahr hat ma mitm Hausherrn und dem Hausmeister Streitigkeiten wegen den Hunden – wie gestern abend zum Beispiel: Setzt sich mein Hund mitten aufs Trottoir und macht sein großes Gschäfterl; ein Herr sieht das, kommt auf mich zu, brüllt mich an: »So eine Sauerei, haben wir den Bürgersteig deshalb, daß diese Sauviecher ihn beschmutzen dürfen?! Der Hund weiß es natürlich nicht, daß das der Bürgersteig ist, aber Sie blöder Kerl könnten das wissen! Ich glaube, die Straße ist breit genug für derlei Verrichtungen!«

DAMENSTIMME Ja mei, aber auf d' Straßn soll so ein Hunderl auch wieder nicht, da schrein dann die Autofahrer und Radfahrer glei wieder: »Weg von der Straßn mit dem Sauhund!«

HERRENSTIMME Na ja, ich hab mich belehren lassen, und an andern Tag, wie mein Hund sich wieder aufs Trottoir setzt und will sein großes Geschäfterl machen, hab ich ihn sofort mit der Leine vom Bürgersteig heruntergezogen auf d' Straßn. Schreit mich ein Mann an: »Sie unverschämter Kerl, den Tierschutzverein sollt ma holen, mitten unterm Geschäft zieht der rohe Mensch das arme Hunderl auf die Straße hinunter. Angezeigt gehören Sie, so ein Rohling!«

DAMENSTIMME Ja mei! Was machen S' denn dann morgen, wenn das Hunderl wieder müssen muß?

HERRENSTIMME Aufs Hausdach geh ich mit meim Hund hinauf, oder ich laß ihn einschläfern und dann ausstopfen.

DAMENSTIMME Da ham S' recht. Dann braucht er sein Gschäfterl nimmer ausüben, dann hat er für immer ausgeschäftelt.

VERKÄUFERIN Gefällt Ihnen diese Platte?

KARL VALENTIN Das ist eigentlich eine Hundsplatte!

VERKÄUFERIN Wie bitte?

KARL VALENTIN Eine Hundsplatte! – Die handelt von Hunden, und Hunde sind Geschmackssache.

VERKÄUFERIN Nun, Sie werden doch keine Hunde nicht fressen!?

KARL VALENTIN Hunde sind Liebhaberei! Wenn Sie dieselbe Platte in Katzen hätten, dann würde ich die Platte kaufen!

VERKÄUFERIN Ah! – Sie sind ein schwieriger Kunde! – Aber hier, da hab ich was für Sie, das sind biegsame Platten in allen Farben. Da hol ich Ihnen noch welche. *Sie geht ab.*

KARL VALENTIN *allein* Ja was 's net alles gibt, biegsame Gramaphonplatten. So ein Glump erfindens, aber fürn Katarrh habens heut noch nix. *Er prüft die Wachsplatten auf Biegsamkeit, zerbricht dabei einige Platten, bis die Verkäuferin entsetzt wieder auf die Bühne kommt.*

VERKÄUFERIN Ja, was machen S' denn da? Sie haben mir da drei Platten zerbrochen!

KARL VALENTIN Vier!

VERKÄUFERIN Aber die sind doch nicht biegsam, das müssen Sie doch sofort bemerkt haben!

KARL VALENTIN Sofort!

VERKÄUFERIN Aber das geht doch nicht! Kommen Sie mal da rüber, dann zeig ich Ihnen was andres. *Sie nimmt eine Platte, legt sie auf den Hocker, auf dem Valentin gesessen hat, führt ihn an den Tisch rechts* Sehen Sie, das hier, das sind Kristallplatten!

KARL VALENTIN Um Gotteswillen! Die sind ja noch empfindlicher! *Er geht zurück zum Hocker und setzt sich auf die dort liegende Schallplatte, die hörbar zerbricht.*

VERKÄUFERIN Um Gotteswillen, jetzt haben Sie mir schon wieder eine Platte zerschlagen.

KARL VALENTIN Was heißt »zerschlagen«. Zersetzt habe ich sie!
— Sie, sagen Sie mal, früher hat es doch auch so kleine Platten
gegeben, ach, da haben Sies ja. *Er nimmt die kleinen Platten
in die Hand* Was kostet denn da das Pfund?

VERKÄUFERIN Die gehen nicht pfundweise, da kostet das Stück —
*Karl Valentin hat sich mit dem Stock auf den Ladentisch ge-
lehnt.*

VERKÄUFERIN Aber ich bitte Sie, nehmen Sie doch den Stock da
weg! — *Sie schlägt Valentins Stock vom Ladentisch.*
*Karl Valentin fällt neuerdings auf eine Schallplatte, die wie-
der kaputtgeht.*

VERKÄUFERIN So — jetzt ist schon wieder eine Platte kaputt!

KARL VALENTIN Der saudumme Stock! *Er nimmt den Stock und
wirft ihn hinter die Bühne; Fensterscheibengeklirr deutet an,
daß die große Auslagescheibe zerschlagen ist.*
*Verkäuferin eilt hinaus und bringt den Stock zurück. Der Ver-
käufer kommt mit herein.*

VERKÄUFERIN Um Gotteswillen, Josef, schau nur, was der gemacht hat. Ja, schauen S' nur grad. Jetzt haben Sie uns die
Auslagescheibe auch noch zusammengeschlagen!

KARL VALENTIN Wie wärs mit einer biegsamen Auslagscheibe?

VERKÄUFER Aber das geht nun doch zu weit. Was wollen Sie
denn eigentlich hier im Laden?

KARL VALENTIN Einen Gramaphon kaufen!

VERKÄUFER Also, was ist denn mit dem hier?

KARL VALENTIN Das ist doch der, bei dem Sie nur fünf Mark
verdienen, das will ich nicht.

VERKÄUFER Und mit dem da, wie stehts damit? *Er weist auf das
Reisegramola.*

KARL VALENTIN Ja, ich reise ja nie!

VERKÄUFER Ja, was wollen S' denn dann? *Er wird wütend.*

KARL VALENTIN Wieso denn? Haben Sie Kaufzwang?

VERKÄUFER Was heißt hier Kaufzwang?

KARL VALENTIN Ich kann mir doch in einem Laden einen Gramaphon ansehen und kann ihn erst zu Weihnachten kaufen. Das
kann ich doch machen, wie ich will!

VERKÄUFER Ja, das können Sie. Aber Sie haben kein Recht, mir
einen derartigen Schaden zuzufügen, haben Sie verstanden?

KARL VALENTIN Das ist vergessen! Und übrigens, heute ist die Zeit nicht mehr, daß man in einen Laden hineingeht und kauft sich ganz einfach einen Gramaphon, heute kommt zuerst die Magenfrage!

VERKÄUFERIN Dann hätten Sie in einen Wurstladen gehen müssen!

KARL VALENTIN Das kann Ihnen wurst sein!

VERKÄUFER Nein, das ist nicht der Fall. Wo kämen wir denn hin, wenn wir lauter Kunden hätten, die uns einen derartigen Schaden anrichten?

KARL VALENTIN Dann gingen S' zugrund!

VERKÄUFER Na also! Wie stehts jetzt, was wollen S' nun hier im Laden?

KARL VALENTIN Ja, wie gesagt, das liebe Geld halt. Was kostet eine Schallplatte?

VERKÄUFER Drei Mark.

KARL VALENTIN Ja schaun S', um drei Mark, da krieg ich schon einen Hut! Und was kosten Gramaphonnadeln?

VERKÄUFERIN *ihm verschiedene Arten von Nadeln zeigend* So ein Schachterl kostet halt sechzig Pfennig.

KARL VALENTIN Eine Nadel bräucht ich eigentlich nur. Geben Sie s' nicht stückweise her?

VERKÄUFER Nein, das geht dann doch schon nicht, das wären nette Geschäfte!

KARL VALENTIN Also, so ein Schächterl kostet sechzig Pfennig. Und der – *Er zeigt auf das große Grammophon mit Lautverstärker* – der kostet fünfhundert Mark?

VERKÄUFER Ja!

KARL VALENTIN *sieht Kataloge auf dem Tisch liegen, nimmt einen und fragt* Sie, was kostet denn so ein Katalog?

VERKÄUFERIN Der kostet nichts!

KARL VALENTIN Wie, der kostet nichts?

VERKÄUFER Nein! Den bekommen Sie gratis, umsonst!

KARL VALENTIN Umsonst? So? Dann nehm ich einen Katalog! *Er geht ab.*

VERKÄUFER *ihm nachgehend* Da hört sich doch alles auf!

Vorhang

Die Bühne ist leer und unaufgeräumt. Ein grauer Samtvorhang
schließt sie nach hinten ab, vor dem ein paar Versatzstücke her-
umstehen. Alles, was gebraucht wird, bringen die beiden Clowns
und der Bühnenmeister während des Spieles auf die Szene.

KARL VALENTIN *ist als musikalischer Clown geschminkt. Er hat*
einen riesigen, haarlosen, weißen Schädel, aus dem der blutrote
Mund melancholisch herausleuchtet Eine große schwarze Horn-
brille ohne Gläser sitzt auf seiner traurigen dunkelroten Nase.
Die dünnen Beine stecken in langen, enganliegenden Trikots,
seine bunte Phantasiejacke wird oben durch eine steife, breite,
weiße Halskrause oder eine überdimensionale gestärkte weiße
Schleife abgeschlossen. Sein Clownhut, manchmal ein schwarzer
Halbzylinder, dessen völlig flacher Rand tief in die Stirn gezo-
gen ist, manchmal eine abgeschnittene »Kreissäge« mit ganz
schmaler Krempe, paßt ihm schlecht, er rückt ihn fortwährend
unbeholfen zurecht, wobei man fühlt, daß auch seine halben
weißen Zwirnhandschuhe die Hände offenbar behindern. Oft
hat er über die helle Weste eine gewaltige Uhrkette mit riesigen
Gliedern von einem Gilettascherl zum andern gezogen, die Füße
stecken in riesigen Gummischuhen.

LIESL KARLSTADT *hat sich in schlotternde weiße Hosen gesteckt,*
unter denen nur ihre gewürfelten Filzschuhe hervorschauen. Sie
trägt ein glitzerndes Bolerojäckchen und gleichfalls eine große
weiße gestärkte Halskrause und ein lustiges Clownhütchen, auch
sie ist kreideweiß geschminkt – ein wenig auf die Maske der
Mickymaus –, und trägt weiße Handschuhe. Alles an ihr atmet
Lustigkeit und Verschmitztheit. Lange weiße Spitzenmanschet-
ten fallen aus den enganliegenden Trikotärmeln ihres goldbe-
stickten bunten Samtjäckchens auf die Hand drücken.

DER HERR DIREKTOR *erscheint im dunklen Straßenanzug.*

DER BÜHNENMEISTER *im flatternden weißen hochgeschlossenen*
Arbeitskittel, unter dem seine offene Weste und ein dunkelwei-
ßes Hemd hervorschauen.

*Karl Valentin kommt fertig als Clown geschminkt und kostü-
miert auf die Bühne und wartet.*

DER HERR DIREKTOR *kommt von der anderen Seite* Sie, machen
Sie sofort, daß Sie wegkommen! Was wollen Sie denn hier?

KARL VALENTIN Ich wart bloß auf meinen Freund.

DER HERR DIREKTOR Das geht nicht, da müssen Sie gehn!

KARL VALENTIN Ich hab mich mit meinem Freund zusammenbestellt, Ecke Schwanefelder- und Senetalerstraße.

DER HERR DIREKTOR Ja, das ist da draußen, aber nicht hier, das
ist doch die Bühne.

KARL VALENTIN Ja, da haben wir uns zusammenbestellt.

DER HERR DIREKTOR Also, das geht auf keinen Fall, es kommt
nun gleich die nächste Nummer, da können Sie nicht warten,
da müssen Sie da naus gehn.

KARL VALENTIN Dann bitte sagen Sie meinem Freund, ich war
da, und bin wieder fortgegangen.

DER HERR DIREKTOR Ist schon recht, ich werde sagen ...

KARL VALENTIN Grüß Gott! *Valentin geht ab. Der Direktor will
nun auch gehen.*

Liesl Karlstadt tritt fertig im Clownkostüm auf. Sie wartet.

DER HERR DIREKTOR Ja, Sie, was wollen denn S i e hier?

LIESL KARLSTADT Ich wart bloß auf meinen Freund.

DER HERR DIREKTOR Das geht hier nicht, da können Sie nicht
warten.

LIESL KARLSTADT Mein Freund und ich haben uns nämlich zusammenbestellt Ecke Schwanefelder- und Senetalerstraße.

DER HERR DIREKTOR Das ist aber draußen auf der Straße, nicht
hier auf der Bühne.

LIESL KARLSTADT Nun, wir haben ausgemacht da herin, denn
draußen bei dem Sauwetter, da tröpfelt's immer.

DER HERR DIREKTOR Also das geht mich nichts an, verlassen Sie
die Bühne.

LIESL KARLSTADT Bitte, wenn aber mein Freund kommt, dann
sagen Sie einen schönen Gruß von mir, und ich war schon
da.

DER HERR DIREKTOR Ja, Ihr Freund war schon da.

LIESL KARLSTADT Wie, der war schon da?

DER HERR DIREKTOR Gerade im Moment ...

LIESL KARLSTADT So, der war schon da, wo ist er denn hingegangen?

DER HERR DIREKTOR Da hinaus.

LIESL KARLSTADT So, der w a r schon da? Ja, was ist denn jetzt des? *Sie geht eilig ab.*
Karl Valentin kommt wieder.

DER HERR DIREKTOR Sie, nun sind Sie schon wieder da!

KARL VALENTIN Ich möchte fragen, ob mein Freund schon da war?

DER HERR DIREKTOR Der war eben hier, der ist da hinausgegangen.

KARL VALENTIN Da bin ich ja hereingekommen, da müssen wir wahrscheinlich aneinander vorbeigegangen sein. – Nun werd ich ihn schon finden. *Er geht ab.*
Liesl Karlstadt kommt wieder herein.

DER HERR DIREKTOR Was wollen Sie denn schon wieder hier?

LIESL KARLSTADT Ja, Sie haben gesagt, mein Freund wär da draußen, ist ja gar nicht wahr.

DER HERR DIREKTOR Der war eben wieder herin.

LIESL KARLSTADT Ah, drum war er nicht drauß.

DER HERR DIREKTOR Jetzt ist er aber drauß.

LIESL KARLSTADT So, dann werd ich ihn schon finden. *Sie will abgehen, stößt aber sogleich mit dem wieder auftretenden Karl Valentin zusammen. Sie geben sich beide die Hand und bleiben Hand in Hand eine ganze Weile stehen, ohne etwas zu sagen. Dann*

BEIDE *zugleich* Wie geht's Ihnen denn immer? *Sie machen wiederum eine Pause, dann wieder beide zugleich* O danke gut! *Sie schweigen abermals. Endlich sagt*

LIESL KARLSTADT Jetzt haben wir uns schon lange nicht mehr gesehen.

KARL VALENTIN So, so!

LIESL KARLSTADT Da kann man nichts machen!

KARL VALENTIN Das hab ich auch schon einmal g'habt ...

LIESL KARLSTADT Sie, ich hätte eine kleine Bitte an Sie, kann ich Sie einen Moment sprechen?

KARL VALENTIN Bitte.

LIESL KARLSTADT Ich möchte Ihnen was sagen, sind S' nicht beleidigt?

KARL VALENTIN Durchaus nicht, da haben Sie meine Hand.

LIESL KARLSTADT Um die handelt sich's nämlich ... Ich möcht Sie
nur ersuchen, ob Sie meine Hand nicht wieder auslassen möchten, die haben Sie noch vom Grüß-Gott-Sagen in der Hand gehabt ... *Dann gehen sie beide zur Rampe vor.*

KARL VALENTIN Liebe Zuhorcherinnen und Zuhorcher! Wir erlauben uns, anläßlich aus unläßlich des Umzuges des Einzuges ...

LIESL KARLSTADT Geh, was reden S' denn da für an Schmarrn
zam!

KARL VALENTIN Ja, i werd wohl wissen, was ich red!

LIESL KARLSTADT Ja, einen Mist reden S' zam!

KARL VALENTIN Wir erlauben uns, hinlänglich des Einzuges Kaiser Ludwigs des Bayern in München im Jahre 1312 ...

LIESL KARLSTADT hinlänglich – a n l ä ß i g des Einzuges heißt's
doch!

KARL VALENTIN Anläßig – anläßlich heißt's – Wir erlauben uns,
anzüglich des Umzuges – einzüglich des Auszu ...

LIESL KARLSTADT Geh – geh – geh – anläßlich des Einzuges heißt's!

KARL VALENTIN Ich hab doch g'sagt: hinläßlich des Abzuges! –
Sie machen mich ganz wirr, – wo ich so ein, so schon einer sind
– bist – bin – will ich sagen. – Wir erlauben Ihnen ...

LIESL KARLSTADT Was?

KARL VALENTIN Wir erlauben u n s , umständlich, ah anständig ...

LIESL KARLSTADT anläßlich ...

KARL VALENTIN anläßlich des Umstandes ...

LIESL KARLSTADT des Einzuges –

KARL VALENTIN des Einzuges Kaiser Nepomuks ...

LIESL KARLSTADT Nicht Nepomuk – Kaiser Ludwig –

KARL VALENTIN Kaiser Ludwigs in München zum Sendlinger-
platztor ...

LIESL KARLSTADT Isartor!

KARL VALENTIN ... Isartor, im Jahre 1940 ...

LIESL KARLSTADT Lassen S' mich reden! – Also dann reden Sie!

KARL VALENTIN Anläßlich des Einzuges Kaiser Ludwigs des Bayern zum Isartor im Jahre 1312 gestatten wir uns n a c h t r ä g -
l i c h noch ein Duett zu blasen auf zwei Trompeten, ein sogenanntes halbes Quartett! Wir beginnen mit dem Anfang! *Beide*

blasen die erste Stimme Halt! Jetzt ham mir alle zwei die erste Stimme geblasen; bei einem Duett muß doch einer die erste und der andere die zweite Stimme blasen.

LIESL KARLSTADT Das ist doch klar – das hätten S' aber vorher schon wissen können! *Beide blasen die zweite Stimme, hören wieder auf* Jetzt blast er a u c h die zweite!

KARL VALENTIN Ja, ich hab doch ausdrücklich g'sagt: einer die erste und der andere die zweite!

LIESL KARLSTADT Das ist ja recht, und da hab ich den einen g'macht.

KARL VALENTIN Den einen hab i c h gemacht; Sie hätten den andern machen soll'n! – Mir ist's gleich. Ich kann die erste u n d die zweite blasen.

LIESL KARLSTADT Ja – dann kann ich ja heimgehen; dann brauchen S' mich ja überhaupt nicht mehr!

KARL VALENTIN Nein! – ich mein so: ich kann die erste – und kann aber auch die zweite blasen!

LIESL KARLSTADT Das ist eben bei mir leider auch der Fall.

KARL VALENTIN Dann sind S' doch froh!

LIESL KARLSTADT Ja – also, was wollen S' denn jetzt für eine blasen?

KARL VALENTIN Ach, wissen S' was? Blas ma gar nicht! Oder blasen Sie die erste und ich die zweite – oder umgekehrt!

LIESL KARLSTADT Oder machen wir's so, wie Sie woll'n!

KARL VALENTIN Ja – so geht's auch! Ja – wie woll'n Sie?

LIESL KARLSTADT Wissen Sie was? Sie blasen jetzt die zweite, dann brauch ich nur mehr die erste blasen!

KARL VALENTIN Ja, so mach ma's!

LIESL KARLSTADT Können Sie sich's merken?

KARL VALENTIN Nein – merken kann ich mir gar nichts –, da kann ich eher noch blasen.

LIESL KARLSTADT Da brauchen Sie sich auch gar nichts merken. Sie blasen einfach die zweite Stimme, und das, was ich tu, das geht Sie gar nichts an.

KARL VALENTIN So – dann geht Sie das auch nichts an, was ich tu, merken Sie sich's! *Beide blasen falsche Töne.*

DER HERR DIREKTOR *kommt auf die Bühne gestürzt* Hören S' doch auf, das ist ja ganz falsch!

KARL VALENTIN Das hörn wir schon selber! Mischen S' Ihnen

nicht in andere Leut nein, mischen Sie sich lieber in sich selbst
nein! Sie sind der Allerjüngste, schämen Sie sich, daß S' noch
so jung sind!

DER HERR DIREKTOR Ham Sie denn keine Noten?

KARL VALENTIN Freilich, aber nach Noten können wir doch nicht
auswendig blasen!

DER HERR DIREKTOR Das braucht es auch gar nicht; nehmen Sie
doch Noten! *Beide blasen das Stück zweistimmig vollkommen
falsch. Furchtbar!*

KARL VALENTIN Is guat, daß das der Kaiser Ludwig damals nicht
gehört hat!

DER HERR DIREKTOR Nein, das dulde ich nicht! Jetzt spielen Sie
einmal nach Noten. *Beide nehmen ihre Noten, Karl Valentin
ein kleines, Liesl Karlstadt ein riesengroßes Notenbuch aus
Pappe, worin die Notenköpfe übergroß gemalt sind, so daß
die Zuschauer die Noten gut erkennen können.*

LIESL KARLSTADT *kann das große Buch nicht halten und sagt zu
Karl Valentin* Da müssen Sie mir schon helfen.
*Karl Valentin nimmt das Buch in der Mitte, zwickt sich damit
in den Finger, nimmt es dann an der Ecke, Liesl Karlstadt ergreift es an der anderen Seite, dabei blasen beide unausgesetzt
den gleichen leeren Ton in ihre Instrumente.*

LIESL KARLSTADT Ja, Sie blasen ja nur immer einen einzigen Ton.

KARL VALENTIN Ich kann ja nicht mehr blasen, weil ich nicht auf
die Klapperln hindrücken kann.

LIESL KARLSTADT Warum können S' denn auf einmal nicht mehr
hindrücken?

KARL VALENTIN Weil ich 's Buch in der Hand hab. *Er läßt das Buch
los, es fällt Liesl Karlstadt auf den Fuß.*

LIESL KARLSTADT Au, au!

KARL VALENTIN Ich hab eine andere Idee, schaun S' her: Ich häng
Ihnen mein Buch da hinten nauf und Sie hängen Ihr Buch ihm
nauf. *Dabei zeigt er auf sich selbst* Mir!

LIESL KARLSTADT Ah, Sie meinen wahrscheinlich so, daß einer
dem andern hint neinschauen kann. *Beide hängen sich die
Noten gegenseitig auf den Rücken, Liesl Karlstadt trägt ein
ganz kleines Notenblatt, Karl Valentin ein riesengroßes auf
Pappe aufgeklebtes, das ihm weit über die Schultern hinaus-*

ragt. Alle beide Clowns laufen im Kreis u-neinander herum und versuchen zu blasen; dabei bemerken sie, daß immer nur einer blasen kann.

KARL VALENTIN Da müssen Sie vor mir stehen.

LIESL KARLSTADT *stellt sich vor ihm auf* Ja, jetzt is falsch, Sie müssen vor mir stehn, sonst kann ich Ihnen ja nicht da hinten neinschaun.

KARL VALENTIN Ja so, da war ich jetzt im Irrtum. Jetzt is wieder nix. Wia kommt jetzt des? Des müßt scho gehn, aber des geht net.

DER BÜHNENMEISTER *kommt herein* Jetzt möcht ich bloß wissen, wie lange Sie den Blödsinn noch machen wollen; glauben Sie vielleicht, das Publikum schaut Ihnen noch lange zu?

KARL VALENTIN Die solln halt wegschaun, wegen dem Publikum machen wir des auch gar nicht, das machen wir bloß für uns zwei und fünftens ist das kein Blödsinn! Wir wollten was machen, wir haben zwei Instrumente, zwei Notenbücher, wir sind zu zweit und können uns doch gegenseitig hinten net neinschaun. Wie kommt das?

DER BÜHNENMEISTER Wissen Sie, was Sie brauchen? Notenständer!

KARL VALENTIN Wir haben aber keine.

DER BÜHNENMEISTER Aber ich hab welche.

LIESL KARLSTADT Ja, geben S' uns a paar.

DER BÜHNENMEISTER Sie können dann gleich ein paar haben von mir.

LIESL KARLSTADT Dann teilen wirs zusammen. Jetzt können Sie das Buch wieder runtertun, wenn der Notenständer bringt. Es hat Sie so nicht gut gekleidet, da ham S' ausgschaut wia a Segelflugzeug!

DER BÜHNENMEISTER *bringt einen ganz großen und einen ganz kleinen Notenständer* So, da haben Sie einen und da Sie.
Karl Valentin nimmt den großen Ständer, sein kleines Notenbüchlein fällt immer durch. Liesl Karlstadt nimmt den kleinen Ständer, aber das große Buch hat nicht Platz und der Ständer fällt immer damit um.

DER BÜHNENMEISTER So geht das freilich nicht. Tauschen Sie doch die Ständer.

Karl Valentin und Liesl Karlstadt tauschen ihre Notenständer, indem Karl Valentin sich vor Liesl Karlstadts Notenständer stellt. Da sie aber nur die Plätze gewechselt haben, hat jetzt Karl Valentin den kleinen Notenständer mit dem großen Notenbuch, der immer umfällt, und Liesl Karlstadt den großen Notenständer mit dem kleinen Notenbuch, das immer durchfällt.

DER BÜHNENMEISTER Jetzt geht's ja wieder nicht! Ich hab doch gesagt, daß Sie tauschen sollen!

LIESL KARLSTADT Das haben wir doch getan!

DER BÜHNENMEISTER *zu Liesl Karlstadt* Sie haben das große Notenbuch, da nehmen Sie doch den großen Notenständer. *Zu Karl Valentin* Sie haben das kleine Notenbuch, Sie nehmen den kleinen Notenständer!

KARL VALENTIN Das ist doch klar, da wären mir aber selber auch draufkommen, da hätt ma Sie net braucht dazua. *Der Bühnenmeister geht achselzuckend ab.*

Liesl Karlstadt kann das schwere Buch nicht auf den hohen Ständer hinaufbringen. Sie setzt mehrmals an, läßt es aber immer wieder sinken.

KARL VALENTIN *hilft ihr nicht, sondern steckt die Hände in die Hosentaschen und sagt über die Schulter* Da werden S' Ihna aber schwer tun mit dem Buch.

LIESL KARLSTADT *ächzend* Natürlich, wenn nur wenigstens einer da wäre, der mir helfen täte.

KARL VALENTIN *schaut sich mit langem Hals auf der ganzen Bühne um, ohne sich vom Platz zu rühren* Es ist schon niemand da auch.

LIESL KARLSTADT *macht eine letzte gewaltige Anstrengung, und es gelingt ihr schließlich mit zitternden Knien, ihre schweren Noten auf den hohen Ständer hinaufzuwuchten. Völlig außer Atem haucht sie* Dank schön!

KARL VALENTIN *hat mit den Händen in den Hosentaschen interessiert zugeschaut, ohne sich zu rühren, und sagt nun gönnerhaft* Bitte, bitte!

Nun wollen beide blasen. Liesl Karlstadt hebt ihr Instrument steil nach oben, um die Noten auf ihrem hohen Notenständer lesen zu können, dabei fällt ihr ihr Clownhütchen immer wie-

*der hinten herunter, sie hebt es auf und versucht es von neuem
mit dem gleichen Erfolg. Karl Valentin aber muß sich zum Blasen nach vorn bücken, um auf seinen kleinen Notenständer
hinunterzuschauen. Dabei fällt ihm sein Hut ebenso nach vorn
herunter. Auch ihm gelingt es nicht, mit aufgesetztem Hut sein
Blasen zu beginnen.*

KARL VALENTIN Sie, das geht nicht, der Notenständer ist für mich
zu nieder, wenn ich da blas, fällt mir immer der Hut vorn hinunter.

LIESL KARLSTADT Bei mir ist's grad das Gegenteil, wenn ich da
hinauf schaue, dann fällt mir der Hut immer hinten nunter,
und außerdem ist's bei mir dazu noch furchtbar unappetitlich,
denn mir läuft der Saft aus dem Mundstück immer gleich liter-
weis ins Mäu nei, wenn i 's Instrument so hoch hebn muß.
Möchten Sie nicht daher gehen und mit mir den Platz tauschen? *Sie geht zu Karl Valentins kleinem Notenständer und
setzt sich davor auf den Fußboden. Karl Valentin macht es ihr
nach, geht zu ihrem großen Notenständer und setzt sich am
Fuß desselben ebenfalls hin. Er schaut wehmütig steil auf die
Noten in die Höhe, die er nun erst recht nicht erreichen kann.
Der Bühnenmeister holt die beiden Notenständer schimpfend
von der Bühne.*

BEIDE *schauen ihm traurig nach und sagen zugleich* Jetzt ham
ma gar nix mehr, der hats uns nur leihweise geliehen. *Sie stehen auf und klopfen sich den Staub von den Hosen. Der Bühnenmeister kommt zurück, er bringt einen doppelseitigen großen Notenständer, Karl Valentin und Liesl Karlstadt legen
jeder auf seiner Seite ihre Noten darauf und beginnen zu blasen. Kaum haben sie angefangen, so wird der Notenständer
immer länger, sie steigen auf den Stuhl, um ihn einzuholen,
indem sie immer weiterblasen, aber der Notenständer geht
immer mehr in die Höhe, so daß sie die Noten nicht mehr lesen
können, sie lassen die Instrumente resigniert sinken.*

KARL VALENTIN *schreit in das begleitende Orchester zum Kapellmeister hinunter, der immer weiterspielt* So hörn S' doch auf,
sehen S' denn net, daß er wachst?

KARL VALENTIN *und* LIESL KARLSTADT *beklagen sich von den Stühlen herunter beim Publikum* Haben Sie das gesehen? Wir ha-

ben jetzt da geblasen, da ist der Notenständer immer länger wordn, wenn wir jetzt keinen Stuhl hätten, hätten wir überhaupt gar nicht mehr auf unsere Noten schaun können. *Der Notenständer ist inzwischen wieder sanft heruntergesunken und so klein geworden, wie er anfangs war. Karl Valentin und Liesl Karlstadt steigen von ihren Stühlen herunter und sagen dabei* Jetzt weil wir am Stuhl droben gestanden sind, jetzt ist der Notenständer wieder ganz herunten. Jetzt brauch ma keinen Stuhl mehr. *Der Notenständer ist inzwischen wieder emporgewachsen, und wie sie ansetzen wollen, bemerken sie es und schauen steil und entgeistert zu ihren Noten hinauf. Dann treten sie ganz dicht unter die Schmalseite des Notenständers, Karl Valentin wackelt an seinem Stiel, der Notenständer saust plötzlich herunter und schlägt mit dumpfem Knall auf ihre Schädel, beide schreien »Au, au!« und jammern, Karl Valentin weint.*

LIESL KARLSTADT Sie, da herin da spukt's! *Karl Valentin räuspert sich, wischt sich die Augen und spuckt aus.*

LIESL KARLSTADT Aber jetzt bin ich draufgekommen! Gehen Sie her, ich muß Ihnen was sagen! *Sie zieht Karl Valentin am Ellenbogen auf die Seite und flüstert* Können Sie sich das denken, wie jetzt das gegangen ist?

KARL VALENTIN *ganz laut* Vielleicht hat der unten an Kunstdünger hing'schmiert und dadurch wachst der Ständer.

LIESL KARLSTADT Nein, am Boden liegt ein Schnürl, und da zieht der Bühnenmeister wahrscheinlich immer dran, dadurch wird der Notenständer immer länger und kürzer.

KARL VALENTIN Dem schneiden wir das Schnürl ab! *Während sie auf der Seite zusammen reden, hat der Bühnenmeister den Doppelständer geholt und unbemerkt einen anderen dafür hingestellt, an dem tatsächlich unten eine Schnur herabhängt, die bis in die Kulisse geht.*

LIESL KARLSTADT *bemerkt jetzt das Schnürl* Ja sehen Sie, da liegt eins. Obacht! Treten S' nicht drauf! Sehen Sie, das ist ein richtiges längliches Schnürl! *Sie zieht an dem Schnürl, ein Schuß ertönt, der Ständer fällt um.*

KARL VALENTIN *läßt sich vor Schreck auf den Boden fallen und hebt dabei die Hände hoch, als ob er sich ergeben wolle* Ich

bin ganz geschwollen, mir paßt der Hut nimmer. *Er versucht,
sein Clownhütchen mit einer Hand wieder auf den Kopf zu
setzen, aber das gelingt ihm nicht, das Instrument hat er dabei
unter den anderen Arm geklemmt, ohne seine andere Hand
aus der Hosentasche zu ziehen.*

LIESL KARLSTADT Da brauchen S' nur Ihre Hand raustun! Überhaupts kann Ihnen ja gar nix wehtun! Das schwere Ding, das
da runterg'fallen is, is doch mir naufg'fallen!

KARL VALENTIN So, Ihnen is naufg'falln, dann tut's mir nimmer
weh! *Er lacht vergnügt.*

LIESL KARLSTADT Der Notenständer ist Ihnen eben zu nieder, aber
den kann man ja höher machen. *Sie zieht am Schnürchen, der
Notenständer hüpft in die Höhe* Sehen Sie, der ist hinaufgefallen, gut, daß wir nicht droben gestanden sind.
*Der Bühnenmeister kommt mit einem neuen Notenständer
und schaut vorwurfsvoll auf den in die Höhe gehüpften alten.*

KARL VALENTIN Sie, da ist was passiert, der is hinaufgefallen!

DER BÜHNENMEISTER Und ganz von selbst?

LIESL KARLSTADT Ja, wir haben nur naufg'schaut, da is er schon
davonghupft.

DER BÜHNENMEISTER Sie müssen doch alles kaputt machen. Da
haben S' einen anderen!
*Liesl Karlstadt und Karl Valentin setzen ihre Noten auf den
neuen Doppelständer, wie sie aber zu blasen anfangen wollen,
dreht sich das Oberteil blitzschnell neunzig Grad um die eigene
Achse, sie laufen eilig nach, der Notenständer dreht sich abermals um neunzig Grad.*

LIESL KARLSTADT Blasen S' doch nicht immer! Da zieht's ja! *Sie
setzen beide wieder an, aber mit dem ersten Ton dreht sich der
Notenständer abermals, sie laufen um den Ständer herum und
versuchen dabei immer wieder zu blasen, der Ständer dreht
sich immer schneller, sie laufen in Karriere hinterher.*

KARL VALENTIN *schreit außer Atem zum Bühnenmeister hinter
die Bühne* Sie, der fliegt davon! *Der Bühnenmeister kommt
mit einem neuen Notenständer auf die Bühne gestürzt, stellt
ihn hin und geht schnell wieder ab. Liesl Karlstadt und Karl
Valentin stellen ihre Noten drauf und wollen anfangen zu blasen, beim ersten Ton schwingt der Notenständer hin und her*

wie ein Metronom Tick-tack, tick-tack. Karl Valentin schreit Sie, den kann man nicht brauchen, der is ja b'soffen.

LIESL KARLSTADT Der is damisch wordn, den dürfen S' gleich in den Eisschrank neinstellen. *Der Bühnenmeister stürzt verzweifelt auf die Bühne und bringt einen neuen Notenständer. Liesl Karlstadt und Karl Valentin stellen ihre Noten auf und blasen einen kurzen Marsch. Dann verbeugen sie sich, bei der dritten Verbeugung sinkt der Notenständer in sich zusammen.*

KARL VALENTIN *zum Bühnenmeister* Sie, den kann man nicht brauchen, der ist zu weich! *Der Bühnenmeister bringt schnell einen neuen Notenständer, Liesl Karlstadt holt die große Trommel, indessen sagt*

KARL VALENTIN Als nächstes erlauben wir uns, ein Duett vorzutragen auf den verschiedenartigsten Instrumenten der Welt, hier die kleinste Mundharmonika *er zieht ein winziges Instrument aus dem Westentascherl* und hier die größte Trommel der Welt.

Liesl Karlstadt bringt ächzend eine riesige Trommel mit einem Meter achtzig Durchmesser hereingeschleppt.

KARL VALENTIN Diese kleine Mundharmonika hat zwanzig Pfennig gekostet, die haben wir bar bezahlt. Die große Trommel kostet sechshundert Mark, aber darauf sind wir noch einige Mäuse schuldig.

LIESL KARLSTADT Raten!

KARL VALENTIN Wir ersuchen beim nächsten Vortrag um größtmögliche Ruhe, damit man die Trommel gut hört. *Sie spielen wenige Takte eines Marsches* Wir erlauben uns noch einen Vortrag vorzutragen, betitelt Da capo.

Der Bühnenmeister kommt und bringt einen neuen Notenständer.

KARL VALENTIN Variationen über das bekannte Volkslied ›Lang, lang ist's her‹ für Klarinette und Pomperton. *Liesl Karlstadt bringt ihm ein Bombardon, er nimmt es, setzt sich damit auf den Stuhl, rutscht aber, offenbar von der Schwere des Instruments nach vorne gezogen, nach vorwärts vom Stuhl wieder herunter, Liesl Karlstadt hilft ihm wieder hinauf, er fällt nach links, sie hilft ihm wieder hinauf, da fällt er nach rechts, dann hustet er in das Schalloch des Bombardons hinein, hebt es ge-*

schwind hoch, schaut mit einem Auge zum Mundstück hinein
und steckt sein Taschentuch wie ein Geiger in den Hemdkragen, nun blasen beide eine Oktave. Karl Valentin hält den tie-
fen Ton aus und imitiert damit das Brummen des Zeppelins.
Dazu sagt er: Zeppelin! Dann blasen beide ›Lang, lang ist's
her‹, bleiben aber auf dem vorletzten Ton hängen, alles wartet auf den Grundton, sie blasen immer weiter, Karl Valentin
blättert dabei die Noten um, da fallen sie ihm herunter, beide
blasen immer noch weiter, während der Notenständer, vom
Gewicht der Noten befreit, auseinanderschnalzt, das Oberteil
fliegt über die Bühne und verschwindet nach oben. Beide schauen
ihm entgeistert nach.

Der Bühnenmeister kommt mit einem letzten Notenständer
auf die Bühne gestürzt und stellt die Noten drauf.

KARL VALENTIN und LIESL KARLSTADT blasen nun den letzten Ton
und den Schlußmarsch, das Orchester spielt einen Tusch, sie
verbeugen sich, der Notenständer verbeugt sich ebenfalls dreimal nach vorn, Liesl Karlstadt geht ab, Karl Valentin pfeift
beim Abgehen dem Notenständer und sagt Geh weiter, wir
sind schon fertig! Der Notenständer rutscht von allein in die
Kulisse; dabei fällt der

                              Vorhang

AN BORD

Der Schauplatz des Spiels ist eine gewöhnliche Bierwirtschaft, in die sich zwei bessere Herren verirrt haben. Das Fenster verschwindet unter Bier- und Zigaretten-Reklameplakaten; ein verräuchertes Büfett mit allerlei Geschirr, grünem Vorhang und vier Blechvasen nebst zwei vernickelten Sektkühlern langweilt sich in der Ecke. Tische und Schanktisch sind mit leeren Gläsern und Bierkrügen, Aschenbechern, Brotkörbchen aus Stroh, Bieruntersetzern, Zündholzständern und Kästen mit Bestecken versehen. Irgendwo auf einem Ansatztischchen verrostet langsam ein Tischtelephon, daneben lehnt ein verschmutztes altes Fahrrad am Grammophongehäuse, das von einem umfangreichen, aber offenbar billigen Lautsprecher gekrönt wird.

Die KELLNERIN RESI *(Liesl Karlstadt) trägt das übliche schwarze Kleid mit schwarzen Strümpfen, weißer Trägerschürze mit Zahltascherl, der angetrunkene* SEEMANN ANTON KAMMERLOHER *(Karl Valentin) eine abgetragene dunkle, gestreifte Hose, helles, fleckiges Jackett, waagrecht gestreiften, weißblauen Seemannspullover, unter dem sein offenes Hemd hervorschaut, und einen schwarzen »Goggs«, den er aufbehält. »Wie der Hut mit salopper Lockerheit an die düsteren Brauen herabgeht, wie Valentin sich am Tischende hinlümmelt, mit auseinandergespreizten Knien, das Hinterteil nur tangential am Stuhl mit einer infernalischen Eleganz der Allüre, mit einer gefährlich abwartenden Ruhe, — das alles ist das meisterlich große und intime Wahrbild der Wirklichkeit.« (Wilhelm Hausenstein)*

Bei Spielbeginn sitzen die beiden besseren Herren, gut bürgerlich gekleidet, der eine im hellen, der andere im dunklen Anzug, an einem kleinen runden Tisch. Noch hinter dem geschlossenen Vorhang ertönt aus dem Lautsprecher das Lied »Mich rief es an Bord, es wehte ein kalter Wind«, dann öffnet sich der Vorhang, wobei der dicke bessere Herr schon eifrig mit seiner Erzählung begonnen hat.

DER DICKE Und so zog ich durch die ganze Welt, denn ein Weltreisender muß überall gewesen sein. So gings über Rußland nach Sibirien, China, durch die Wüste Gobi nach Tibet, über Korea, Formosa nach Japan, von dort über die Philippinen nach Australien. Ich besuchte sämtliche Inseln wie Ceylon, Sumatra, Java, Celebes. Dann gings nach Indochina, Siam, Nepal, Hinterindien, Vorderindien, Turkestan, Afghanistan, Aserbeidschan, Arabien, von da aus nach Afrika, Ägypten, durch die Wüste Sahara bin ich jetzt schon zehnmal kreuz und quer gezogen, war in Senegambien, Abessinien, war auf Madagaskar, im Sudan und im Kongo, in Natal, kurz überall. Vom Kap der Guten Hoffnung gings nach Südamerika, Chile, Argentinien, Peru, Brasilien, Mexiko, Ekuador. Dann nach Uruguay, Paraguay und dann nach den Vereinigten Staaten von Nordamerika, später über Alaska, Kanada, Lappland und Finnland. In Europa war ich in Schweden, Norwegen, Dänemark, Polen, sämtlichen Balkanstaaten, auch Griechenland, Türkei, sowie Österreich und Italien, Schweiz, war in England, Holland, Belgien, Frankreich und Spanien.

DER ANDERE BESSERE HERR Was? In Spanien waren Sie auch? Erlauben Sie, da müssen Sie aber viel Zitronen gesehen haben?

DER DICKE Natürlich, das ist ja die Heimat der Zitronen. Überhaupt Spanien! Ein sehr schönes, wunderbares Land! Ich war fünf Jahre dort.

DER ANDERE BESSERE HERR Was – fünf Jahre? Da müssen Sie aber perfekt spanisch sprechen können!

DER DICKE Logisch! Ich spreche fließend spanisch – ich spreche überhaupt acht Sprachen.

DER ANDERE BESSERE HERR Acht Sprachen? Donnerwetter! Perfekt?

DER DICKE Spanisch natürlich am besten. Spanisch ist sozusagen meine zweite Muttersprache.

DER ANDERE BESSERE HERR Ach so, Ihre Schwiegermuttersprache.

RESI No, was sagen S' da, Herr Nachbar, gelln S', da können wir zwei net hin, dös san gscheite Leut – aber wir zwei können nur eine Sprach und die net gscheit, und der kann gleich acht Sprachen und spanisch kann er no extra.

KAMMERLOHER Gsagt hat ers, – der und spanisch? – Ewig net!

RESI Freilich kann er spanisch – er hats doch selber gsagt!

KAMMERLOHER Ja gsagt – glaubst du des?

RESI Ja warum soll ich das net glaubn, der andere Herr glaubts ihm doch auch.

KAMMERLOHER Dann is halt der grad so dappet wie du.

RESI Sie ham halt net Obacht gebn, wo der scho überall war, der is scho in der ganzen Welt rumkommen, der is ein Weltreisender.

KAMMERLOHER A Weltreisender? A Sprüchmacher is er. In Spanien war er? So schaut er aus! Merk dir des, Resi, einer, der sagt, er war überall, der war noch gar nirgends. Ich war in Spanien, ich war Matros!

RESI Sie warn schon in Spanien? Ja, des weiß ich ja gar net.

KAMMERLOHER Drum sag ich dirs ja, ich war in Spanien Matros, drei Jahr war ich bei der vierten Marinedivision, da schau her! *Er zeigt ihr seine Tätowierung.*

RESI Des is guat! Des ham S' Ihnen neinstechen lassen, gell?

KAMMERLOHER Naa, a Abziehbildl hab ich mir aufpappt.

RESI So, a Matros warn Sie, da müssen S' aber schneidig ausgschaut ham! Was ich sagn will: Ham Sie unsere neue Grammophonplatten schon ghört?

KAMMERLOHER Naa, laß 's rauschen!

RESI Dös war a Platten für Ihnen, des is a Matrosenlied, ah, wunderschön.

KAMMERLOHER Matrosenlieder kenn ich alle. Seemannslos. *Er singt* »Stürmisch die Nacht und die See geht hoch ... tapfer noch kämpft das Schiff –«

RESI Ja, des is Seemannslos.

KAMMERLOHER Was sagsd?

RESI I sag, des is Seemannslos.

KAMMERLOHER *singt* »Warum die Glocke so greußlich klingt, dort zeigt sich ein Riff.«

RESI Ja, wie gsagt, des is das Seemannslos, aber unser Matrosenplatte is noch schöner. Aber ich weiß nie, wies heißt, die hat so an damischen Namen, der fallt mir nie ein. Des geht halt so *sie singt* »dara dararararara raaaaarara.« Das ist wunderschön, das Lied.

KAMMERLOHER Das is La Paloma, die weiße Taube.

RESI Siehgst es, er weiß 's.

KAMMERLOHER Des hab ich schon tausendmal gsungen.

RESI Des könnt ich auch tausendmal hörn, des Lied.

KAMMERLOHER *singt* »Mich rief es an Bord, es wehte ein kalter Wind.«

RESI Ja, des ists. Des is großartig, des Lied.

KAMMERLOHER Schon der Anfang ist so schön – mich rief es an Bord; paß auf, Resi, den wern mir gleich fangen jetzt, frag 'n amal wie »an Bord« auf spanisch heißt. Frag 'n amal.

RESI Freilich, i laß mich von dem recht zsammschimpfen, des könnens Ihnen denken.

KAMMERLOHER Wenn er so lang in Spanien war, dann muß er doch wissen, wie »an Bord« auf spanisch heißt, frag 'n halt!

RESI Der tät mir höchstens an rechten Krach machen, den müssen S' schon selber fragen. Überhaupts »an Bord«, des weiß i auch net, wie des auf spanisch heißt.

KAMMERLOHER Du brauchst es auch nicht wissen, der solls wissen, der Fettnbene*. Sie, Herr Nachbar, wenn Sie schon in Spanien warn, wie heißt denn nacha zum Beispiel »an Bord« auf spanisch? Aha – hatn schon derbissen, da hastn schon, den spanischen Sprüchmacher.

RESI Lassen S' den Herrn gehn.

KAMMERLOHER *steht auf, geht zum runden Tisch* Passen S' auf, Herr Nachbar, ich will nix unrechts von Ihnen, aber wenn Sie schon so lang in Spanien warn, dann müssen Sie doch wissen, wie »an Bord« auf spanisch heißt. Wenn S' mir des sagn können, hab ich Respekt vor Ihnen, außerdem sind Sie ein Sprüchmacher. Also – wie heißt »an Bord« auf spanisch? Wie heißts denn? Sag halt was – warum sagst denn nichts?

DER DICKE Fräulein, wo bleibt mein Schinkenbrot?

RESI Jessas, des hab ich ganz vergessen, gleich bring ichs Ihnen. *Sie holt es. Der andere bessere Herr lächelt.*

KAMMERLOHER Was lachst denn da, Chines, du mit deim Schnauzlgsicht warst ja noch nicht amal in der Menterschwaign drobn, viel weniger in Spanien, dir hau ich gleich a paar am Backen hin! *Er geht auf seinen Platz.*

* kommt von Benedikt, heißt etwa Fettwanst

RESI *mit Schinkenbrot* Setzen S' Ihnen nieder, is gscheiter. Guten Appetit! Geh, tun S' den Herrn net so belästigen, der belästigt Ihnen ja auch net.

KAMMERLOHER Der belästigt mich eben schon – der soll keine solchen Nägel runterhaun. Der soll jetzt sagn, wie »an Bord« auf spanisch heißt.

RESI Mei, der mags halt net sagn.

KAMMERLOHER Der möchts schon, wenn er könnt, können tut er nicht! Also wie heißts denn?

DER DICKE Lassen Sie mich bitte in Ruhe.

RESI Lassen S' ihn doch gehn, der erstickt ja.

KAMMERLOHER Wie heißts dann auf spanisch?

DER DICKE Ich will mein Brot in Ruhe essen.

KAMMERLOHER Friß danach.

DER DICKE So ein ungebildeter Mensch – da hört sich doch alles auf, wer weiß, ob er in Spanien war.

KAMMERLOHER Wer – ich? I war in Spanien, Gott sei Dank, *er steht auf,* i kanns ja beweisen. Wo hab i denn meine Papiere? Da is mei Brieftaschen, da schau her, Mo. *Er holt die Papiere aus der linken Gesäßtasche seiner geflickten Hose. Strafzettel und Schiffspapiere fallen ihm sofort heraus und bedecken in buntem Durcheinander den Boden vor seinem Stuhl.*

DER DICKE Ich glaubs Ihnen schon.

KAMMERLOHER Resi, heb mir meine Papiere auf.

RESI Ja, i habs schon gsehn, da tanzt er immer umeinander, bleiben S' halt sitzn auf Ihrm Platz.

KAMMERLOHER Tu mirs net in Unordnung bringen.

RESI Is des Ihr Brieftaschn? Die schaut ja sauber aus.

KAMMERLOHER Da hat amal der Blitz neigschlagen – weißt, mir leidts ja kein Leitzordner. Da lies vor – da stehts schwarz auf weiß.

RESI Oha – des is schon mehr schwarz auf dreckig.

KAMMERLOHER *packt sie beim Kopf* Resi, Resi, sei kei Böse. Lies ihm vor, dem wamperten Klaubauf, weißt, meine Augäpfl sind heut schon voll Alkohol, da, wo der Schiffsstempel drauf is.

RESI Da versteh i recht viel davon – is des da, wos heißt: Anton Kammerloher – da: Anton Kammerloher, geboren den 25. August 1892 zu München, Freibadstraße 14/0 war vom 1. Februar 1929 . . .

KAMMERLOHER Februar?

RESI Ja – 1. Februar 1929 bis 2. Juni 1929 in der hiesigen Strafanstalt Stadelheim untergebracht und wurde heute, den 2. Juni, entlassen. *Die beiden besseren Herren lachen.* Ihnen les ich gleich nochmal was vor, da hab ich mich richtig blamiert, des hab ja ich net gwußt, Sie warn ja schon in Stadelheim?

KAMMERLOHER Dös is ja wurscht – d' Hauptsache ist, daß i wo war – aber der war ja noch nirgends, der war ja noch net amal richtig bei ihm selber.

RESI Oder is des das richtige? Da heißts Kammerloher, 5. Marinedivision, Handelsdampfer Antwerpen?

KAMMERLOHER Des is das richtige.

RESI Des hätten S' mir halt gleich geben solln, des kann ja ich net wissen.

KAMMERLOHER Also – war ich in Spanien oder net? *Er steckt dem anderen besseren Herrn die Nase hinein* Da ham mas, ich war dort, ich war in Spanien, aber du net. *Er haut ihn auf den Kopf.*

RESI Jetzt sowas! *Geht zum Gast* Is Ihnen was passiert?

DER DICKE Nehmen S' amal dem Mann den Hammer ab.

RESI Der hat doch kein Hammer!

DER DICKE Freilich – ich habs doch gspürt.

RESI Ah – der hat bloß solche Fratzen, aber entschuldigen S' bitte, ich kann ja nichts dafür.

DER DICKE Sagt ja auch niemand, aber sagen Sie, Fräulein, kommt der öfters da rein?

RESI Ja – des is der Kammerloher, der kommt alle Tage rein zu uns, des is sonst ein ganz netter Mensch.

DER DICKE Sonst – da ham wir ja Glück ghabt, daß wir ausgerechnet heute da sind, wo er nicht so nett ist.

RESI Heut hat er a bisserl zuviel trunken, jetzt ist er besoffen.

DER DICKE Sehn S' einmal zu, daß Sie ihn nausbringen.

RESI Der wird so nimmer lang da sein, der geht so gleich. Aber entschuldigen Sie bitte, mir ist die Sache sehr peinlich.

DER DICKE Schon gut.

RESI *geht zu Kammerloher* Die zwei Herren ham sich jetzt grad beschwert über Sie, die möchten ihr Ruh habn, jetzt trinken S' aus und gehen S' heim.

KAMMERLOHER Resi, jetzt bringst mir noch an Schapfa.

RESI Wegen Ihnen kann ich mich net derrennen.

KAMMERLOHER A Bier will i ham, sag i.

RESI Ich hab keins mehr, heut.

KAMMERLOHER Sei stad, gschnappige Amsel, a Bier fahrst jetzt her, sonst sag i dir was anders.

RESI Sie ham ja heut so schon so viel trunken, ich bring Ihnen einfach keins mehr, ich weiß überhaupt nicht, was Sie heut habn, Sie sind heut direkt streitsüchtig.

KAMMERLOHER Ich bin doch net streitsüchtig – ich will ja gar nix von ihm.

RESI Also, dann halten S' Ihna Maul.

KAMMERLOHER I möcht ja nur ham, daß der mir sagt, wie »an Bord« auf spanisch heißt.

RESI Des is doch gleich, wie des heißt.

KAMMERLOHER Des is net gleich. *Er steht auf* Des muß ich jetzt wissen. *Er nimmt seinen Stuhl, setzt sich zu ihm* Paß auf, Kamerad, alter Freund – i will ja nichts unrechts von dir, ich möcht jetzt nur von dir wissen, wie »an Bord« auf spanisch heißt. Also, raus damit!

DER DICKE Lassen Sie mich doch zufrieden.

KAMMERLOHER *geht weg von ihm* Du bist ja bei mir ausradiert auf ewig.

RESI Jetzt zahln ma, des is des Gscheiteste. Was hamsn ghabt? Sechs Halbe – eine Mark achtzig, zehn Zigaretten macht zwei Mark zehne.

KAMMERLOHER Wie heißts dann auf spanisch?

RESI Zwei Mark zehne.

KAMMERLOHER *zahlt* Schama tät ich mich, da herin sitzen und net spanisch können.

RESI Ja wie ham ma 's denn da – da fehln ja noch 65 Pfenning.

KAMMERLOHER Ich hab net mehr drauf, Resi, morgn kriegst as na schon.

RESI So schaun Sie aus – morgen ham Sie genau wieder so wenig Geld wie heut, Ihna mag i – ich tät halt dann net so viel saufen, wenn schon 's Geld net glangt.

KAMMERLOHER Dafür hab ich auch nix gessen. *Er singt* »Stürmisch die Nacht.«

RESI Also gell, net vergessen, 65 Pfenning krieg ich noch!

KAMMERLOHER Mei Orgel!

RESI Ja, nur recht gschert sei!

KAMMERLOHER A Halbe möcht ich jetzt noch.

RESI Hab koans mehr.

KAMMERLOHER Na bringst mir a Flaschl.

RESI Hab ich auch net.

KAMMERLOHER Dann nimmst an Schlüssel und sperrst dei Wirtschaft zu.

RESI Des kann ich machen, wie ich mag.

KAMMERLOHER Bring mir halt noch a Halbe!

RESI Ich hab wirklich keins mehr, mitm besten Willen könnt ich
Ihnen keins mehr bringen. Das hat auch gar kein Wert mehr
heut, sind S' gscheit, Herr Kammerloher – gehn S' heim, Ihr
Frau wird so schon Angst ham.

KAMMERLOHER Da hab ich schon mehr Angst auf d' Frau, wenn
i mitn Strudl heimkomm.

RESI Gehn S' zu, sind S' gscheit – schaun S', ham S' noch den
weiten Weg zum machen mit dem Radl bei dem schlechten
Wetter, schließlich passiert Ihnen noch was, gehn S' heim zu
Ihre Kinder. *Zieht ihn auf* Jetzt legn S' Ihnen nieder und
schlafen S' Ihrn Rausch aus und morgen kommen S' dann
wieder. Dann gibts dann auch wieder a frisches Bier. Jetzt
gehn S' nur zu – 's Radl bring i naus.

KAMMERLOHER Naa – halt, mein Brennabor –

RESI Den bring ich schon naus. So – jetzt wern ma 'n gleich draus
ham – jetzt fahr ich ihm noch sein Karrn naus und dann ham
wir unser Ruh. Ja, gehn S' nur heim.

KAMMERLOHER Heim – naa, heim geh i net – jetzt bleib ich erst
recht da, und so lang bleib ich da sitzen, bis der Hanswurscht
mit mir spanisch redt.
Er hat sich gesetzt.

RESI Des wern mir dann schon sehn – Sie gehn jetzt heim und
aus ists, was wär denn jetzat des – da herin wird gar net spanisch gredt, des sag ich Ihnen im Guten – jetzt is amal Schluß
mit dem spanischen Schmarrn – meinen S', ich laß mir von

Ihnen meine Gäst vertreibn, des können S' Ihnen denken. Bei
der heutigen Zeit darf ma froh sein, wenn a paar herin sitzen,
und der tät mirs nausekeln – Sie machen jetzt, daß S' nauskommen, und wenn Sie mir net folgn, dann sag ichs am Wirt.

KAMMERLOHER Auf den is g'hust, des wär der einzige, den ich
fürchten tät.

RESI Also Schluß jetzt, machen S', daß S' weiterkommen. *Sie
dreht ihn hinaus* So, Herr Kammerloher.

KAMMERLOHER Schaust du mich für an Traller an?

RESI Ich meins Ihnen ja nur gut, jetzt gehn S' heim. So, Gott sei
Dank. Bleibn S' draus, bleibn S' draus.

KAMMERLOHER Ja, jetzt merk ichs ja erst, nausgschmissen werd i
da, und warum werd ich nausgschmissen? Weil der Sauhund
net spanisch redt. Jetzt will ichs wissen, wie heißts, raus damit, wie heißts? *Er haut auf den Tisch.*

RESI Jetzt regn S' Ihnen nicht so auf, des hat gar kein Wert, der
Herr hat Ihnen doch nichts getan.

KAMMERLOHER Ich laß mir schon nix tun – – wie heißts? Raus damit, Dreckkerl, dreckiger.

RESI *gibt ihm einen Wurf* Jetzt langts aber, jetzt wirds aber Zeit,
so a unverschämter Kerl, da hört sich doch alles auf!

DER DICKE Was, will der in dem Zustand noch Radfahren? Der
bricht ja den Hals.

RESI A woher, Unkraut verdirbt net.
*Kammerloher fällt mit dem Rad um, er beginnt sofort heftig
zu bluten. Alles schreit.*

RESI Jeß Maria, da ham mas jetzt.

DER DICKE Saufen bis zur Bewußtlosigkeit und dann liegens da.
Der andere bessere Herr schiebt das Rad hinaus.

RESI Sie, der blut ja, was tun wir denn da – und der Wirt ist auch
net da.

DER DICKE Der Wirt könnte da auch nicht helfen, da muß ein Arzt
her.

RESI Meinen S', daß er sterben muß?

DER DICKE Möglich.

RESI Ja, mir wärs genug, ich krieg noch 65 Pfenning von ihm!

DER ANDERE BESSERE HERR So rufen S' doch die Sanitäter an!

RESI Ich weiß ja die Nummer net.

DER DICKE Dann fragen Sie bei die Sanitäter zuerst an, was sie für eine Nummer haben.

DER ANDERE BESSERE HERR Rufen S' doch die Auskunft an!

DER DICKE Die Auskunft ist seit Erfindung des Telefons dauernd belegt.

RESI Bis ma da lang reden, derweil ham mas ja im Buch. *Sie sucht bei Z.*

DER DICKE Ja, Fräulein, was suchen S' denn da unter Z?

RESI Is ja recht, man sagt doch – Zanitäter kemma.

DER DICKE Blödsinn, das wird doch mit S geschrieben.

RESI Wenn nur der Wirt da wär, sonst telefoniert halt der immer. *Sie blättert ganz aufgeregt* Jetzt hab ichs: Sanitätskolonne siehe Seite Nr. 1 – da muß ich vorn schaun – jetzt gehts da bei 12 an, auweh, die hams mir rausgrissen.

DER ANDERE BESSERE HERR Wenn wir nur die Nummer wüßten.

RESI Ja, wenn wir nur die Nummer wissen täten.

KAMMERLOHER, *am Boden* 24 8 00.

DER DICKE Der weiß die Nummer!

RESI Ich will Ihnen was sagn, des kann schon stimmen, den hams schon öfters gholt. *Sie wählt* Grüß Gott – Bitt schön, bei uns herübn in der Goldenen Enten in der Ismaningerstraße da liegt einer, sind S' so gut – ja – der Wirt is nämlich net da und einer hat net spanisch können – ja, ich bin d' Kellnerin – ja, und der rührt sich nimmer, jetzt weiß ich net, was ich tun soll, soll ich ihm an Kamillentee kochn oder soll er gleich selber nübergehn zu Ihnen?

DER DICKE Aber Fräulein, der kann doch nicht gehn, sie solln ihn holn, Fräulein.

RESI Holn solln S' n, Fräulein.

DER DICKE Das sind doch keine Fräulein. Die Sanitäter sollen sofort kommen und einen Verletzten holen.

RESI Also Sie brauchen ihn erst am Letzten holen.

DER DICKE Nein, einen Verwundeten solln sie holen ...

RESI Sie, bitt schön, einen Verwunderten.

DER ANDERE BESSERE HERR Verwundeten – deten, deten, deten ...!

RESI Ja den solln S' dann deten – der hats gsagt.

DER DICKE Sagen Sie, ein Unglück ist passiert!

RESI Ja, es ist was passiert. Ha – naa, Eglfing is net da bei uns. Ich bins, 's Radl is einm naufgfallen, jetzt is der Kopf kaputt unds Radl blut. Ja bitt schön, Parterr liegt er – am Boden – ja dankschön. *Sie hängt ein.*

DER ANDERE BESSERE HERR Was haben sie gesagt?

RESI An schönen Gruß hams gsagt und sie kommen gleich. So, und jetzt hol ich a Wasser.

DER DICKE Der hat ja schon so viel gsoffen.

RESI Wenn nur der Wirt da wär! Grad heut is er in eine Versammlung gangen.

DER DICKE Jetzt hören S' doch einmal auf mit dem Wirt, das ist ja furchtbar.

RESI Wie ist denn des eigentlich zugangen?

DER DICKE Das ist ganz einfach – ich war dagesessen und der Herr da, dann habe ich von Spanien gesprochen, darauf hat er mich belästigt, hat mich auf die Schulter geschlagen und hat Du zu mir gesagt.

RESI Da brauchen S' Ihnen gar nichts denken, des sagt er zu mir auch immer.

DER DICKE Dann wollte er in der aufdringlichsten Weise von mir wissen, wie »an Bord« auf spanisch heißt.

RESI Da muß ich aber jetzt dumm fragen, warum ham Sie 's ihm denn nicht gsagt? Sie können doch spanisch?

DER DICKE Freilich kann ich spanisch.

RESI Na also!

DER DICKE Ich spreche perfekt spanisch. Aber der Zufall! Gerade das eine Wort »an Bord« ist mir unbekannt.

RESI So was Dummes. Hätten S' halt irgend ein anderes gesagt.

DER DICKE Das wollte er ja nicht wissen, und überhaupt: mit einem derartigen Menschen spreche ich nicht.

RESI Derartig ist er ja nicht, er ist ja bloß besoffen.

DER ANDERE BESSERE HERR Das ist ja das Traurige.

RESI Mir war nur das eine unangenehm, wie ihm seine Brieftaschen nuntergefallen ist, wo ihm das ganze Glump rausgfallen ist und ich Depp les das noch vor von Stadelheim. Ich hab mich net viel gschamt. *Man hört von außen Hupenzeichen.* Jetzt hab ich was ghört. *Sie läuft ab und kommt sofort wieder* Kommen schon, jetzt müß ma gleich Platz machen. *Zwei Sanitäter in Uniform mit Rotkreuzarmbinde kommen mit einer*

Tragbahre herein und stellen sie auf den Boden. Des ist gut,
daß S' jetzt da sind, wissen S', ich hab gleich telefoniert.

SANITÄTER Wir sollen hier jemand abholen, wo ist er denn?

RESI Da liegt er am Boden.

SANITÄTER Ist gerauft worden?

DER DICKE Nein, nur eine Meinungsverschiedenheit hats gegeben.

SANITÄTER Das kennt man schon! *Resi und die beiden besseren
Herren reden zugleich auf den Sanitäter ein, daß man nichts
mehr versteht.*

DER DICKE Also reden kann nur einer, sonst versteht man ja nichts.

RESI Ja, die Sache war so . . . Der Herr war in Spanien . . .

DER DICKE Nein, das war so. Ich bin dagesessen, der Herr da und
er da . . .

RESI Ja – und der Wirt war net da . . .

DER DICKE Lassen Sie mich reden. Ich habe mich mit diesem Herrn
unterhalten, ich habe erzählt, daß ich Weltreisender bin, habe
gesagt, daß ich in der ganzen Welt herumgekommen bin, in In-
dien, Sumatra, Borneo, in Holland, Nordamerika, Südamerika,
Australien, England, Frankreich, Schweiz, Italien, Türkei, Afrika, Dalmatien, Mexiko und in Spanien war ich auch.

RESI Ja, und wie er in Spanien war, is 's angangen.

DER DICKE Ja also, ich habe von Spanien gesprochen, da ist er auf
mich zugekommen und wollte von mir in der zudringlichsten
Weise wissen, wie »an Bord« auf spanisch heißt.

RESI Ja, das hat ihm der Herr leider net sagen können, weil ers
selber net weiß.

DER DICKE Ja also, wie gesagt, er ist auf einmal frech geworden,
und dann hat er bezahlt.

RESI Aber mir ist er noch 65 Pfenning schuldig.

DER DICKE Das ist doch Nebensache, Fräulein.

RESI Ich dank schön, das ist ja bei mir d' Hauptsach!

SANITÄTER Das geht mich alles nichts an Ich bin im Dienst, man
hat uns gerufen.

RESI Ja, aber d'Nummer ham mir so lang net gfunden.

DER DICKE Sind Sie doch still, der Mann verblutet ja.

SANITÄTER Also los, da kennt sich der Teufel aus. *Beide Sanitäter heben Kammerloher auf; er kommt zu sich und schreit laut.*

KAMMERLOHER Nur net anlangen – was willst denn? Da werd ich windi! *Er schleudert den einen Sanitäter zurück, dieser fällt in das Büfett, es fällt um, der Sanitäter bricht mit blutendem Kopf zusammen. Der andere bessere Herr und der zweite Sanitäter bemühen sich um den verletzten Sanitäter und legen ihn auf die Tragbahre.*

RESI Mir ist ganz schlecht.

DER DICKE Sie Raufbold, was haben Sie denn da angestellt, Sie sollen sich schämen, sich in einer Wirtschaft, in einem öffentlichen Lokal so aufzuführen. Sie sind ja ein unmöglicher Mensch! Da schaun Sie her, jetzt ist nur mehr ein Sanitäter da, der andere liegt selbst auf der Bahre, wer soll jetzt da hinaustragen helfen?

RESI Ja, wer hilft jetzt da tragn?

KAMMERLOHER Dös wern ma glei ham – da geh her, Kamerad!
Er packt kräftig die Bahre und trägt mit Hilfe des übriggebliebenen Sanitäters den auf der Bahre Liegenden hinaus.
Alle schauen verdutzt nach.

Vorhang

DAS OKTOBERFEST

Der Bühnenhintergrund zeigt ein buntes Panorama des Okto-
berfestes, auf dem man Buden aller Art erkennt. Ganz im Hin-
tergrund ragt ein großes Praterrad in den Himmel, weiß-blaue
Fahnenstangen tragen Wimpel und zweizipfelige Fahnen in den
Landesfarben oder Fichtenkränze. Von anderen Masten sind
Leinen mit Wimpeln gezogen. Ganz rechts im Vordergrund ist
halb von der Seite eine Schaubude zu sehen, vor der ein kleines
Podium aufgebaut ist; bunte Bilder von der Riesendame Wiesi-
Wiesi und dem Ohrenphänomen Taft hängen an den Zeltwän-
den. Daneben hat die Hellseherin ihren Wahrsagestand errich-
tet, das Glücksrad schließt sich weiter hinten an. Weitere Schau-
buden folgen nach der Bühnenmitte zu: die Menschenfresser,
ganz im Hintergrund erkennt man die Schichtl-Bude, deren Po-
dest ebenfalls ein wenig in die Bühne hineinragt. Ein großes
Bierzelt im linken Vordergrund ladet durch Tische und Bänke
zur Brotzeit ein. Links davon hat der Lukas seinen Stand aufge-
macht, an dem ein großer weiß-blauer Mast mit dem Schild
›10 Pfennig‹ und einer Pappe voller Orden emporragt. Der
Schlegel liegt zum Ausholen bereit. Während des ganzen Spiels
wird die Szene von stummen Passanten belebt, die von einer
Bude zur andern in beiden Richtungen lustwandeln.

SIE *(Liesl Karlstadt) hat ein buntgeblümtes, hochgeschlossenes*
Musselinkleid mit langen Ärmeln an, auf dessen weißem Brust-
latz unordentlich eine schwarze Schleife hängt. Ihr altmodischer
Topfhut ist mit einem Sträußchen Himmelsschlüssel geschmückt.
ER *(Karl Valentin) hat sich fein gemacht und offenbar seinen*
guten blauen Anzug zum Wiesenfest hervorgesucht, der förm-
lich nach Mottenkugeln riecht. Um den steifen Gummikragen
mit seinen verschwitzten Ecken ist eine bunte altmodische Schlei-
fe gebunden. Der kurze, hellbraune Sommerüberzieher ist auf-
geknöpft. Darum sitzt er nie richtig, sondern zipfelt nach allen
Seiten. Er trägt einen Schnurrbart, der ehemals vielleicht nach
der Mode »Es ist erreicht« nach oben gezwirbelt war, jetzt aber

melancholisch rechts und links nach unten hängt, nur die äußersten Spitzen heben sich ein klein wenig. Auf der breiten, kurzen Nase sitzt schief ein altmodischer Zwicker, der an einer Seidenschnur befestigt ist, wie man es zuweilen bei kleinen Beamten noch sehen kann. Auf die militärisch kurzgestutzten Haare hat er einen grauen Filz gestülpt, dessen Krempe rund nach allen Seiten lustig, aber unregelmäßig emporstrebt, während der Kopf bereits jede Fasson verloren hat. Die Tabakspfeife, die er später aus dem angebrannten Taschenfutter zieht, ist eine Reformpfeife; man kann das Mundstück über den Kopf drehen.

Von den vielen Nebenfiguren trägt DER REKOMMANDEUR einen altmodischen Gehrock, DIE HELLSEHERIN schmutzige Zigeunertracht mit Münzketten und geknöpftem rotem Kopftuch, das ihr malerisch über die Schultern hängt. DER GLÜCKSHAFENMANN ist hemdärmelig mit offener Weste und alter, dunkler, gestreifter Hose. DER AUSRUFER der Menschenfresser trägt einen Tropenhelm und eine schmierige Khaki-Uniform. SCHICHTL erscheint in seinem historischen Frack und Chapeau claque. DER ALTE MÜNCHNER hat einen gewaltigen Bierbauch, Seehundsbart und trägt schwarzen »Goggs«, goldene Brille mit kleinen, ovalen Gläsern, niedrigen Stehumlegekragen, einen fertiggebundenen Selbstbinder von undefinierbarer Farbe und eine dicke goldene Uhrkette mit zahlreichen Anhängseln aus Hirschhorn und Sauzähnen über die Weste. DER LUKASBESITZER hat eine graue Ballonmütze auf, das kragenlose Hemd ohne Knöpferl ist unter den Westenausschnitt geschlagen, die Ärmel sind bis über die Ellenbogen aufgekrempelt. DIE WIESENBESUCHER sind bunt und unauffällig kostümiert. Schon bevor sich der Vorhang öffnet, hört man den Wiesenlärm summen.

DER REKOMMANDEUR indem er stets auf seinen Schaubildern anzeigt, worüber er spricht Zutritt, Zutritt, meine Damen und Herren, soeben ist Anfang – Beginn einer neuen Vorstellung. Niemand soll den Festplatz verlassen, ohne unserer Vorstellung beigewohnt zu haben. Das muß man gesehen haben. Fragen Sie die Leute, die herauskommen, was sie gehört und gesehen haben. Das Attraktionsprogramm mit Fräulein Lilly Wiesi-Wiesi; das größte Weib, das je in Europa gezeigt wurde. Die Dame ist gegenwärtig zwei Meter dreißig groß und wiegt dreihundertzwanzig Pfund. Die Mutter der Dame ist normal und hat nicht das geringste Talent zu einer Riesin. Die Dame ist militärfrei und spielt mit Vorliebe gern Grammophon. Um die Größe beizubehalten, ißt die Dame nur längliche Speisen, wie Stangenspargel, Makkaroni, Rhabarber und Salzstangerl. Getränke muß sie sprudelnd heiß trinken, da die im Munde eingenommenen heißen Flüssigkeiten infolge der langen Speiseröhre meistens eiskalt in den Magen kommen und zu einer Magenerkältung führen könnten.

Er und Sie kommen auf die Bühne.

ER Kauf ma uns no a Maß...

SIE Naa, Benedikt, mir ham so scho drei Maß, sonst wer'n ma b'suffa. Ein Betrunkener is was Ekliges, aber 's Widerlichste is, wenn man sich nüchtern an Rausch ansauft. Jetzt macha mir an kloana Wiesenbummel, i möcht heut in jede Schaubudn neigeh, und Prater fahrn möcht i aa.

ER Sei doch stad und paß auf, was der hier zum Ausschreien hat.

DER REKOMMANDEUR *hat ein neues Plakat aufgerollt und zeigt es jetzt zur Vorankündigung seiner nächsten Nummer* In der zweiten Abteilung sehen Sie »Tafit«, den Mann mit den Riesenohren. Herr Tafit ist ein medizinisches Rätsel – er ist normal gebaut, bis auf die Ohren – es sind Riesenohren mit einem Meter Durchmesser. Er ist geboren in dem Jahr, als der Komet am Himmel war. Im Alter von zwölf Jahren und sechzehn Monaten kam er in die Lehre eines neapolitanischen Schuhmachermeisters in Ceylon. In seiner vierzigjährigen Tätigkeit als Schusterjunge war seinem Meister Gelegenheit gegeben, ihn in unaufhörlicher Art und Weise bei den Ohren zu ziehen. Infolge dieser jahrelangen Ausdehnung der Ohrmuscheln haben dieselben ungeheure Dimensionen angenommen. Durch die ungeheure Bauchung der Ohrmuscheln hat sich bei Herrn Tafit die Schallaufnahmefähigkeit dermaßen verstärkt, daß Herr Tafit, wie ein Sprichwort sagt, das Gras im Finstern wachsen hört. Das Zerdrücken eines Flohes erschallt bei Herrn Tafit wie ein Böllerschuß. Bei Sturmwind kann sich Herr Tafit nicht auf die Straße wagen, da die Ohrmuscheln Wind fangen würden. In seinen Riesenohren erzeugt Herr Tafit jährlich

zwölf Zentner Ohrenschmalz, welches er stets an einen Wa-
genschmierfabrikanten abgibt und an dem Erlös desselben
einen ganz schönen Nebenverdienst zu verzeichnen hat. Herr
Tafit ist der Liebling sämtlicher Damen. – Er ist vollständig
normal gebaut – bis auf die beiden Ohren – es ist keine Illu-
sion – kein Schwindel – alles echt.

SIE So a Schmarrn! Geh zua, Benedikt, schau daß d' weiter-
kommst. Hier glei nebenan is a Hellseherin. Die möcht i leicht
fragen, ob mir dahoam auch richtig 's Gas zuadraht ham.

DIE HELLSEHERIN *spricht in gebrochenem Deutsch* Gehn Sie her,
schöner Mann – um zwanzig Pfennig sag ich Ihnen Ihre ganzen Charaktereigenschaften und Ihre Zukunft aus den Linien
der Hand.

ER Naa, naa — i mag nix im voraus wissen! Was kimmt, kimmt
früah gnua. Aber mei Frau – de schwärmt für solche Sachen!
– Des is selber so a halberte Astrologin.

SIE San Sie wirklich a Hellseherin?

DIE HELLSEHERIN Ja, ich bin Hellseherin!

ER Bei der Nacht aa – wenns finster is?

SIE Geh, tua doch de Frau net dablecka. *Zur Hellseherin* Da,
Frau, schaun S' amal meine Handlinien o! – Sagen S' ma, ob
mir dahoam 's Gas zuadraht ham.

DIE HELLSEHERIN Oh! Eine brave Frau! Eine gute Frau!

ER Geh weita, Barbara – stimmt scho net!

SIE Benedikt! Die Handlinien sagen mehr als du weißt!

DIE HELLSEHERIN Sie haben heute noch eine große Glück!

ER Moanen S'? – Barbara! – Dann gehn ma glei zum Glückshafn nüba und kauf ma uns a paar Los.

DIE HELLSEHERIN Aber diese Linie – gnädige Frau – oh! Die ist
nicht gut! Ihnen trifft heute noch der Schlag.

SIE Um Gotteswillen! Des hätten S' ma liaba net gsagt! – Hast
g'hört, Benedikt – da Schlag trifft mi heut noch.

ER Ja?

SIE Was »ja«? Ich glaub, des gfreit di, wenn mi der Schlag
trifft!

ER Aber Barbara! – Was woaß denn so a Hellseherin – des woaß
ja net amal a Dokta. *Man hört von weitem eine Turmuhr
schlagen.*

SIE *weint* Benedikt – jetzt woaß i, wievui 's gschlagn hat bei mir.

ER Bei dir? – Naa, des war d' Uhr von de Paulskircha. – Komm, gehn ma. Diese Hellseherei is ja lauter Bockus Hockus.

SIE Hokus Pokus sagt ma.

ER Da oanzige Hellseher is unser Herrgott, und der verlangt koane zwanzig Pfennig! Mir genga jetzt zum Glückshafn nüber und nehmen a paar Los. Du hast doch heit a Glück, hat d' Hellseherin profizeit. Dann wer'n ma glei sehng, obs recht hat.

SIE Ja, des tuan ma. Da drüben is ja so glei da Glückshafn. *Sie gehen zur nächsten Bude.*

ER Da hast a Mark und zwanzig Pfennig – geh hin und nimm zwölf Los.

SIE Bitte zwölf Lose.

ER Bin neugierig, ob a Treffa dabei is.

SIE Und i bin neugierig, ob ma 's Gas dahoam zuagmacht ham. *Aufgeregt:* Da schau her, Benedikt – Nummer 38. *Sie hält jedesmal triumphierend das Los mit der Nummer in die Höhe.*

ER Ja, was is des!

SIE Da schau her – Nummer 176.

ER Ja, was is des!

SIE Scho wieder a Treffa – da schau her – Nummer 18.

ER Ja, was is des!

SIE Nochmal a Treffa – Nummer 78.

ER Ja, was is des!

SIE Da schau her – a 's fünfte aa noch a Treffer – Nummer 80. Gell, die Hellseherin hat recht! – Sie haben heute noch eine große Glück, hat s' gsagt. – *Sie weint* Moanst, ob s' eppa aa mitn Schlag treffa recht hat?

ER Papperlapapp! – Des is lauter Zufall! Schau, da san scho wieda zwoa Treffer – Nummer 95 und Nummer 70. Hast du die aa?

SIE Ja freilich, Benedikt, das sind alles die unsern, heut kommen überhaupt nur Gewinste, wo mir ham. Schau her, Nummer 30 hab i aa und de nächste Nummer 10 hab i aa und jetzt bin i gspannt, ob de letzten – Schau, akrat kemma jetzt unsere letzten Nummern heraus: 6, 36 und 46.

ER Laß da glei die Gwinste gebn – i bin neugieri, was ma alles gwonna ham.

DER GLÜCKSHAFENMANN Bitte, Nummer 38 – ein Regulator.

ER Ja, was is des! Und a Zifferblatt is aa drauf!

DER GLÜCKSHAFENMANN Nummer 176 – ein Nudelholz und ein hölzerner Kochlöffel.

ER Ja, was is des! A Lebenswecker!

DER GLÜCKSHAFENMANN Nummer 18 – ein Vogelbauer.

SIE Ja, was is des! A leerer Vogelbauer, den Vogel dazua hast du eh scho in dein Hirn drin!

DER GLÜCKSHAFENMANN Nummer 78 – eine rote Gießkanne.

ER Ja, was is des! Da, d'rmit kannst du dem deinigen Vogel a Wasser gebn!

DER GLÜCKSHAFENMANN Nummer 80 – ein Teddybär.

SIE Ja, was is des! Des is was für d' Kinder!

DER GLÜCKSHAFENMANN Nummer 95 – ein Karton Kämme.

ER Ja, was is des! Na ham ma glei an Vorrat für de lausign Zeitn.

DER GLÜCKSHAFENMANN Nummer 70 – ein Putzkübel.

SIE Ja, was is des! Mei, Benedikt, des trifft si guat, wo mei alter schon so lang rinna tuat.

DER GLÜCKSHAFENMANN Nummer 30 – ein Schrubber.

SIE Ja, was is des! Jessas, kriagn ma an Besn aa glei dazua.

DER GLÜCKSHAFENMANN Nummer 10 – ein Kinderreifen.

SIE Ja, was is des! Geh her, Benedikt, den häng i dir glei um an Hals! *Sie tut es.*

DER GLÜCKSHAFENMANN Nummer 6 – ein Kleiderrechen.

ER Ja, was is des! Na brauch ma bloß no an Strick zum Aufhänga.

DER GLÜCKSHAFENMANN Nummer 36 – ein Waschschaff.

SIE Ja, was is des! Da konn i morgn früah glei in d' Waschküch geh.

DER GLÜCKSHAFENMANN Nummer 46 – ein Nachttopf.

SIE Ja, was is des! Den trag i aber net, da müaßt i mi ja schama.

ER Wia wuist denn des überhaupt alles hoambringa?

SIE Woaßt was, Benedikt, die Kleinigkeiten schiabst in dei Taschn eini. *Sie stopft ihm das Nudelholz, den Kochlöffel und den Teddybär rechts und links in die Taschen, und unter den Arm schiebt sie ihm den Karton mit den aufgehefteten Käm-*

men und den Kleiderrechen. Den Vogelbauer gibt sie ihm in
die rechte Hand und unter den linken Arm den Regulator.
Endlich muß er die Gießkanne und den Nachttopf in die linke
Hand nehmen. Sie selbst trägt den Putzkübel, den Schrubber
und das Waschschaff Komm, jetzt gehn ma!

ER A solchenes Glück, mehra Treffa als wia Los! *Er geht müh-
sam weiter.*

SIE Du, Benedikt, de Liliputaner san heier aa wieder auf der
Wiesn herausd, de kloanstn Menscha der Welt.

ER Ja, de mecht i mir aa gern oschaugn – naa, des geht ja net, weil
i meine Augngläser net dabei hab. Mir kenna höchstens zu de
Riesn neigeh, der soll zwoameterzwanzge groß sei, den siehg i
ohne Augngläser aa.

SIE Geh, Schmarrn, so kloa san de Liliputaner net, daß d' glei
d' Augengläser dazua brauchst.

ER Du, Barbara, jetzt muaß i dumm fragn. Was is denn eigentlich der Unterschied zwischen einem Liliputaner und einem
Zwerg?

SIE Sehr einfach – ein Zwerg ist klein und ein Liliputaner ist
auch klein.

ER Dann ist doch eigentlich kein Unterschied zwischen einem
Zwerg und einem Liliputaner?

SIE Naa, aber der Zwerg kann niemals größer werden, während
der Liliputaner immer klein bleibt.

ER Des is doch dann auch koa Unterschied.

SIE A Zwerg und a Liliputaner ham überhaupts keinen Unterschied.

ER Nacha kannst zum Zwerchfell aa Liliputanerfell sagn.

SIE A geh, red doch koan so an Schmarrn. Die ham scho an Unterschied aa, nämlich im Alter.

ER Wieso?

SIE Ein Zwerg kann jung sei und mit der Zeit kann er älter werden, genau wie ein Liliputaner auch

ER Ganz klein, winzig klein sind nur die Kinder von den Zwer-
gen und Liliputanern.

SIE Des stimmt net, denn i hab amoi in der Zeitung glesn, daß
die Liliputaner und die Zwerge koane Kinder kriagn.

ER So! – Ja – wo komma nacha de erwachsenen Liliputaner her?

SIE Immer nur von ganz normalen Eltern.

ER A so is des. – Dann kenna also mir zwoa niemals Liliputaner
kriagn.

SIE Aber unsere Kinder – der Georg und d' Resi warn doch aa
kloa, wie s' auf d' Welt komma san, dann warn doch des aa
Liliputaner gwen.

ER Ja, de san aber mit der Zeit größer worn.

SIE Des is saudumm. Denn wenn de kloa bliebn warn, hättn mir
jetzt a scheens Gschäft.

ER Wieso?

SIE Na ja, dann könnt ma uns aa a Bude macha lassn und unsere Kinder ausstelln, dann hätt ma a sichere Existenz. Leider
gehts net, weil mir nicht normale Eltern san.

ER Vielleicht wern mas no.

SIE Naa, des ham ma scho übersehn.

ER An was kennt ma des eigentlich, daß mir nicht normal sind?

SIE Am saudumma Daherredn. *Sie gehen jetzt auf eine im Hintergrund erhöht stehende Schaubude zu, aus der gerade wieder ein Ausrufer heraustritt.*

DER AUSRUFER Meine Herrschaften! Versäumen Sie nicht den
Clou des Festplatzes! – Echte Kannibalen! – Echte Menschen-
fresser! Aus dem fernen Afrika. – Sie zahlen heute auf allen
Plätzen nur halbe Preise.

SIE Des is billig! – Da gehn ma nei.

ER Traust dich neigeh?

SIE Warum nicht?

ER Wenn dich aber so a Menschenfresser frißt?

SIE Der werd ausg'rechnet mi fress'n!

ER Freili! – Du bist doch a Mensch.

SIE Benedikt! – Wie meinst du denn das?

ER Mensch is Mensch – ob Mann oder Frau.

DER AUSRUFER So, meine Herrschaften! Zum Beginn der Vorstellung stelle ich Ihnen fünf Menschenfresser vor – echte Kannibalen aus dem Stamme der Akka-Akka. – Ihre ferne Heimat
ist Nordwestafrika. In der ersten Abteilung zeigen sie Ihnen
einen Original-Kriegstanz. – Los! *Man hört auf einer heise-
ren Grammophonplatte einen Kriegstanz mit Negertrommeln
und Negergeschrei.*

SIE Du, Benedikt, woaßt du ganz bestimmt, daß mir z' Haus 's
Gas zuadraht ham?

ER Ah geh weiter, laß mi mit dein Gas z'friedn.

DER AUSRUFER In der zweiten Abteilung hören Sie ein Kriegs-
gebet. *Das Grammophon krächzt einen Negerchor im Sprech-
gesang, alle Zuschauer klatschen in die Hände.* In der dritten
und letzten Abteilung die schaurige Kannibalenmahlzeit. –
Die Akka-Akka verzehren nun vor Ihren Augen ein Stück
Pferdefleisch. *Er zeigt auf ein Bild. Man hört das Schmatzen,
Zerbeißen und Rülpsen der Fresser. Mehrere Zuschauer gehen vorbei und rufen: »Schwindel – Betrug!«*

SIE Jawohl! Das is der größte Schwindel da herin – diese Bude
gehört gesperrt!

ER Das sind Vorspiegelungen falscher Tatsachen! *Alle Zuschauer
murmeln: »Ganz richtig!«*

SIE Schama S' Eahna! Auf Ihrem Plakat wolln Sie dem Publikum weismacha, daß des echte Menschenfresser san, daweil
fressen s' a Pferdefleisch! *Alle lachen und pfeifen.*

DER AUSRUFER Keine Aufregung, meine Herrschaften! – Von
Schwindel kann hier keine Rede sein! – Das sind garantiert
Kannibalen – echte Menschenfresser. – Die fressen nur jetzt
vor der Vorstellung Pferdefleisch. – Wo sollen wir denn Men-
schenfleisch so viel hernehmen, oder ist vielleicht jemand unter den Herrschaften, der sich fressen lassen will? Bitte, kommen Sie rauf! *Das Publikum ist versturmmt.*

DER ERSTE ZUSCHAUER Ich nicht!

DER ZWEITE ZUSCHAUER Ich auch nicht!

DER DRITTE ZUSCHAUER Kommt gar nicht in Frage!

DER VIERTE ZUSCHAUER Zu sowas gib ich mich nicht her!

DER FÜNFTE ZUSCHAUER Das ist doch keine Art nicht!

DER SECHSTE ZUSCHAUER Dafür bin ich mir zu gut!

DER SIEBENTE ZUSCHAUER Zuerst Eintritt zahln und sich dann
fressen lassen!

DER ACHTE ZUSCHAUER Lächerliche Zumutung!

ER Barbara – geh nur nauf, laß dich nur fressn, i kriag scho wieder a andere.

SIE Ah geh zua, Benedikt, wenn i nur wüßt, ob mir dahoam 's
Gas zuadraht ham.

ER Du, Barbara, da schaug nüber, 's August-Schichtl-Theater is
grad aus worn, da schaug nur grad den Haufa Leit o, de wo
grad rauskemma.

SIE Ja, zum Schichtl geh ma eine.

ER Da brauch ma gar net neigeh, der macht heraus vor seiner
Bude mehra Gaudi als wia drinna, schick di, daß ma ganz vorn
hikemma – schaug hi, seine Musikantn stehn scho alle heraus
vor der Bude und seine Artistn aa, der Herkules, der Schlanga-
mensch, der Zauberer, der weißgeschminkte Clown, an Schichtl
sei Tochter steht aa scho heraus, de scheene Johanna, de beste
Trapezkünstlerin der Welt. *Sie gehen auf die im Hintergrund
links zum Teil sichtbare Schichtl-Bude zu.*

SIE Und de scheena gscheckatn Gwander, wo s' alle oham.

ER Schaug hi, jetzt kimmt er selber, der Schichtl. *Man hört die
Zuschauer lachen.* Paß auf, jetzt werd er glei ofanga mit seine
Sprüch.

SCHICHTL *tritt auf die Ecke seines Podiums heraus* Sehr ver-
ehrtes Publikum! Nachdem die Volksmassen mein Theater
befriedigt verlassen haben, beginnt eine neue Gala-Elite-Vor-
stellung. Auftreten der ersten Künstlerspezialitäten des Kon-
tinents, Jongleure, Seilkünstler, Equilibristen – Zauberer –
Trapezkünstlerinnen – Herkulesse – Schlangenmenschen und
so weiter. Zum Schluß der Vorstellung die berühmte Geister-
und Gespenstererscheinung. Sichern Sie sich jetzt schon Plätze. Zutritt, Zutritt. *Er läutet mit der Glocke* Die Kapelle gibt
das letzte Zeichen und die zweite Vorstellung nimmt ihren
Anfang. *Eine Schallplatte spielt den Tölzer Schützenmarsch.*
Ja, warum gehts denn net rei? Ja, wia ham mas denn? Ja, wia
kemmts ma denn ös vor, moants vielleicht, i bin für eich da,
oder seids ös für mi da? Da stengens alle da heraus und
schaugn mi o. Gehts eina und schaugts hinaus. Was habts
denn im Prinzregententheater? Da zahlts zehn Mark Eintritt
und verstehn deats doch nix davo. *Die Zuschauer begleiten
seine Witze mit einem Lachen, das immer mehr zunimmt.* Bei
mir zahlts nur zwanzg Pfenning und habts was für euer Geld –
da schaugts a, der gscherte Hammel, da hint, da geh rei in mei
Theater, laß ma aa was verdeana, i kaaf dir aa deine dafeiltn
Kartoffeln o. Jetzt lacht er. Also, gehts rei, es kost ja bloß

zwanzg Pfenning, i machs ja nur so billig, weil i woaß, daß ös
alle koa Arbat habts, sunst dats eich net alle daher stelln und
's Maul aufreißn. *Die Leute lachen noch lauter.* Jessas, reißt
der da hint sein Brotladn auf, machn zua – da kunnt ma si ja
gleich fürchtn. Den muaß i engagiern, wenn i amoi in mein
Theater koan Platz mehr hab. In den sei Mäu genga allwei no
a paar eina. – Wohlriechende Landbewohner! *Die Leute lachen laut.* Stellts euch net so lang daher, sonst kriagts no
Plattfüaß aa, wer woaß, ob ichs nächste Jahr no auf d' Wiesn
außakimm, wahrscheinlich fahr ich 's nächste Jahr nach Europa oder nach Holzkirchen. *Wieder lachen einige.* Na habts
as. Also gehts rei, mir fanga jetzt o. Wer rei will, hat höchste
Zeit, und de wo net reigenga, de ham ja so koan Pfenning im
Geldbeutel drinna, weils eahna ganz Geld scho versuffa ham.
Überhaupts moants ös vielleicht, ich mach euch vor der Bude
da heraus an Hanswurschtn? Wenn i amoi nimmer aufs Oktoberfest rauskimm, dann is z' spät, dann kennts euch an
Trauerflor über eure Ohrwaschln nüberbindn und kennts
heuln dazua, wia a alter Hofhund. Also gebts eure zwanzg
Pfenning an der Kasse ab, dann kennts von mir aus higeh,
wos megts. Also mir fanga jetzt o. *Er läutet wieder mit der
Glocke* So – jetzt habts as übersehgn, jetzt is d' Kassa
gschperrt, jetzt derfts gar nimma rei, wenns aa mögn tats. *Der
Zuhörerkreis lacht laut.* Jetzt kimmt mir koaner mehr rei, net
amoi, wenn er an Tausender zahlt. *Man hört noch stärkeres
Gelächter, eine Blechmusik fällt mit dem ›Bienenhausmarsch‹
ein.* Die Künstler begeben sich jetzt in das Theater und die
Vorstellung nimmt ihren Anfang.

SIE Au weh – jetzt san ma ausgrutscht, weil ma nit glei neiganga san.

ER Ah, wenn ma neiganga warn, dann hätt ma ja den Schichtl
heraus net ghört – heraus macht er doch mehra Gaudi als wia
drinna, und dann bei seine Geister- und Gespenstervorstellun-
gen hättst du di ja doch gforchtn. Und erst bei der Hinrich-
tung mit der Guillotine – brr – da köpft der Schichtl alle Tag
an andern Zuschauer – sei froh, daß ma net neiganga san –
der hätt dich am End aa köpft.

SIE No, gar so zwider waar dir des vielleicht gar nicht gwen.

ER Des will i grad net enthaupten – a – behaupten. Woaßt was? Aber jetzt genga ma zur Bräurosl nüber und kaff ma uns a Wiesenmaß. *Sie treten in den Biergarten links vorn an der Bühnenseite neben dem Lukasstand. Ein alter Münchner sitzt schon da.*

SIE Ist der Platz noch frei? *Sie setzen sich umständlich hin, wobei die Gewinne alle durcheinander zu Boden fallen.*

ER Hätt ma nur nix gwonna.

SIE Zwölf Los ham ma gnomma, da warn dreizehn Treffer dabei, des is aa nix, wenn ma gar so a Glück hat. Jetzt hätt i aber Durst. Fräulein, a Maß möcht ma, gelln S'. *Sie wickelt eine Brotzeit aus ihrem Beutel, kurze Zeit darauf stellt die Kellnerin einen Maßkrug vor sie hin, aus dem sie häufig einen Schluck nimmt* Da bin i neugierig, wia mir mit dem Haufa Sach heut hoamkomma. In d' Trambahn könna mir da net nei, da is heut beim Rausfahrn scho so zuaganga, des is koa Art und Manier mehr, des san ja die reinsten Sturmangriffe auf heimatlichem Boden. Ja, da kann ja a anständiger Mensch gar nimma mittoa; da hats ja bald not, daß d' Straßenbahndirektion an jede Trambahn an eigenen Sanitätswagn anhängert, daß s' die Toten und Derdruckten glei selbst mitnehma kenna. Gell, Alter, wias da heut zuaganga is, wie mir auf d' Wiesn rausgfahrn san, da hört sich doch der ganze Gmüashandel auf. *Zu dem alten Münchner am Tisch* Sie moana, mir san neigstiegn in d' Trambahn, na, neigwoikelt hams uns, wie an Dreipfennigtraller. Wie der ganze Haufen drinna war, schreit der Schaffner »z'erst aussteign lassen«, drucka uns de wieder raus. Wia de heraus san, gehts wieder nei, so a Hammel fahrt mir mit der brennenden Zigarette ins Ohrwaschel nei, a andere Frau schreit »Mei Kind, mei Kind!«. Wia ma glücklich auf der Plattform ei'gsperrt san, schreit ma wieder oane: »Grüaß Gott, Frau Deiglmayer!« Ich schau schnell um, daweil hau i mir d' Nasen an de Messingstanga hi, daß i fünf Minuten lang ganz damisch war. »Im Wagn drinna is no a Sitzplatz«, sagt der Schaffner zu mir, »schicka S' Eahna, Frau, sonst setzt sich a andere hin«, i lauf glei nei, daweil sitzt scho a andere brettlbroat dort. Ich steh natürlich im Wagen drin und kann mi nirgends anhalten, weil de Reama zu hoch drobn san, de ham's natürlich nur für de Langhaxeten naufg'macht; umanandergwackelt bin i, wia a alter Kuhschwoaf. »Im Wagen drin derf niemand stehenbleiben«, sagt der Schaffner zu mir. »Saudumms G'red«, sag ich, »soll ich mich vielleicht auf Eahnan Schweinskopf naufsetzen?« Kaum hab i des gsagt, kommt eine Kurven, mich wirft's auf a Bank hin, i fall auf a Frau nauf, de laßt ihran Marmeladhafen fallen und die ganze Schmier liegt am Boden. »Sie saudumms Fraunzimmer«, sagt de zu mir, »kenna S' denn net Obacht gebn? Wenn Sie's Trambahnfahrn net verstehn, dann fahrn S' nächstemal mit'm Zeppelin oder hängas Eahna an d' Schutzvorrichtung an, daß S' d' Leut net so belästigen, Sie Jubiläumstrankhafa.« – »Sie, reden S' Eahna fei net so leicht, sonst kann's sein, daß ich in Eahnam Gsicht drin a Watschenrennats abhalt, Sie Flugga, Sie.« Mein Mann steht daneben und schaut zu, redt und deut nix, und in der Aufregung hätt ma 's Aussteign aa no bald vergessen. »Aussteign wolln ma!« Moana S', de blöden Leut hätten uns nauslassen? »Waarn S' net ei'gstiegn«, sagt a frecher Hundsbua zu mir. »Ja«, sag i, »i waar froh, wenn i net ei'gstiegan waar, in den magistratischen Folterkarrn.« Daß 's Kraut natürlich no ganz fett wird, kimmt der Trambahngeneral a no daher! »Billetten vorzeigen!« Moana S', mir hätten unsere Billettn noch gfunden? Derweil fallts mir ein, daß ich d' Billetten in mein Geldbeutel neido hob. Ich greif gleich nach meim Tascherl, derweil hab i bloß mehr an Taschenriemen in der Hand. »O du heiliger Josef«, hab i gschrien, »mei Tascherl hams ma gstohln, halt'n S' auf, halt'n S' auf!« Moana S', oa Mensch hätt den aufghaltn, der mir mei Tascherl gstohln hat? Mein Mann kann ich überhaupts zu nix braucha, den hab ich dann noch recht zsammgschimpft vor alle Leut, und beim Umsteign steign mir wieder in denselben Wagen nei, wo ma grad ausgstiegn san: also mit dera Fahrerei werd ma no ganz blöd und dappig. *Sie trinkt aus, jetzt erst bringt die Kellnerin den Maßkrug für Ihn. Die Musik spielt ›Ein Prosit der Gemütlichkeit‹. Er wehrt sie mit dem Arm ab, als sie nach seiner frischen Maß greifen will, trinkt und bläst ihr den Schaum ins Gesicht.*

SIE No, Blödsinn – gellns Herr Nachbar, aber a schöns Wetter

ham ma heut. Wir wollten z'erscht gar net rausgehn auf d'
Wiesn, aber jetzt reut's mi doch net. – Im Hippodrom warn
mir auch drinna, ah, ah, wissen S', was ma da alles sieht, des
is ja direkt ausgschamt sowas, de Weibsbilder sitzen ja hal-
bert nackert auf de Gäul droben, i bin ganz rot wordn, mein
Mann hat auch nicht hinschaun mögn.

ER Mögen hätt ich schon wollen, aber dürfen hab ich mich nicht
getraut! Ich wollte dich halt nicht komprimieren!

SIE Da san's rumgritten, 's Gwand is eahna bis da raufgrutscht,
i tät mi net um a Million auf so ein Pferd naufsitzen vor alle
Leut, i tät mi schama.

ER Bei dir tät aa koaner hinschaun.

EIN LUFTBALLONVERKÄUFER *tritt auf und ruft* Luftballon, wer
braucht an Luftballon?

SIE Geh, kauf doch dem arma Mann an Luftballon ab.

ER Was tean denn mir mit an Luftballon?

SIE Den bring i dem kloana Pepperl von der Millifrau mit, gebn
S' oan her, was kost er denn?

DER LUFTBALLONVERKÄUFER Fuchzig Pfenning.

SIE Gib eahm a Fuchzgerl. *Sie nimmt sich einen Ballon.*

ER Um des Geld hätt ma scho bald a Maß Bier kriagt, da hätt
ma mehr ghabt davon.

SIE Freili, a Maß Bier is in fünf Minutn austrunka, aber da hat
ma länger a Freud.

ER Ja, bis er dir auskimmt.

SIE Ja, sunst nix mehr.

ER Die Frau Empenzeder hat sich vorigs Jahr auf der Dult auch
an Ballon kauft, und in einer Sekundn is er ihr scho davogflogn.

SIE Is ja nicht wahr, das war anders: sie hat sich an Ballon kaaft,
ihra Neffe, der Niederreither Ludwig, geht hinter ihr her und
kitzelt s', sie schreit aah! *Über dem Feuer der Erzählung hat
sie auf ihren eigenen Ballon vergessen. Dieser fliegt ausgerechnet jetzt weg und verschwindet.* Jess Marandjosef, schnell,
mei Ballon! *Der alte Münchner und Er stehen ratlos auf und
schauen hinauf.*

ER Da, da, da, da – fliegt er – jetzt is er bei der Paulskirch.

SIE Ja, neben dem Schwaiberl fliagt er.

ER Da – schau, jetzt hat er an Bogn gmacht. *Er tritt zurück, um besser zu sehen, und steigt dabei in den Regulator, dessen Scheibe krachend zersplittert.*

SIE Naa, naa, alles was recht is — jetzt ham ma an Regulator ghabt, jetzt ham ma no net amal draufgschaut, wiavui Uhr daß 's is, tritt er scho mit seine saudumme Trittling nei — Jessas, Jessas, siehgst denn net?

ER Des hätt aa dumm nausgehn könna, wenn ich heut de Gnagelten anghabt hätt.

SIE No, mehr wia hin kann er doch net werden! Es muaß halt immer wieder was daher kemma, i sags ja, i sags ja.

DER ALTE MÜNCHNER So a Glas is teuer, des kost mindestens vier Mark, um des Geld hätten S' Eahna scho a Brathendl kaufen könna.

SIE Ham Sie a Ahnung, um vier Mark kriagn S' koa Hendl, mei Liaba, a Hendl auf der Wiesn kost allweil acht bis zwölf Mark.

ER Bis zwölf Mark fuchzg — das kann sich ein kleiner B-B-Beamter nicht gedulden.

SIE nicht leisten.

ER Ich bin nämlich ge-

DER ALTE MÜNCHNER Geometer — Geologe — Geheimsekretär.

ER Gekürzt worden um neunzig Prozent!

SIE Ja, da kann man sich kein Wiesenhendl mehr leisten, das kauf ich am Viktualienmarkt, da kost's vier Mark fuchzg.

ER Oder eins um fünfundzwanzig Pfenning bei der Epa.

SIE Moanst eppa, daß ma des fressen könnt? Mach koane Witz, wenn ma scho eins kaufen täten, dann am Markt, und da weiß ich, was ich hab, und das brat ich dann schön braun daheim am Gas.

ER Weil du eben von einem Brathendl mit Gas redst, ham mir denn heut 's Gas zugedreht, wia mir zu Haus fortgangen sind? Ich glaub, mir hams brenna lassen.

SIE Jess Marandjosef! Des frag i di ja scho die ganze Zeit, wo mir heraus san auf der Wiesn. Naa, mir hams zuadraht, oder, wart amal, nach dem Essen hast du noch an Kaffee warm gmacht und da hats noch brennt, dann bin i ins Zimmer hinter und hab mein Huat gholt, und wia i wieder vorkemma bin, da woaß i jetzt nimmer, hats noch brennt oder net.

ER Um des handelt sichs ja, i glaub schon, daß mir auch zua-
    draht ham.

SIE Auch, glauben, glauben heißt nix wissen. Jessas Marand-
    josef, d' Wasch hängt aa no überm Gasherd, vielleicht brennt
    scho 's ganze Haus und d' Feuerwehr hat scho unser Woh-
    nungstür aufgsprengt und unsere ganzen Möbel zum Fenster
    nuntergworfen. Alles liegt verkohlt im Hof drunt.

ER Und da sagt der Schiller immer: »Wohltätig ist des Feuers
    Macht« – *Er schnüffelt* Ich hör schon was brandeln.

SIE Depp, sag nur gleich, riacha siehgst es. Wenns da heraußn
    auf der Wiesn schon brandln tät, dann wärs gfehlt!

ER *schnüffelt wieder* Aber brandeln tuats, ah, d' Pfeifen hab i
    brennad in d' Taschen neigsteckt, jetzt is das Futter ange-
    brennt.

SIE Schiabt er d' Pfeifa brennad in d' Taschen nei! Wo du nur
    die letzt Zeit dein Kopf hast, drum hast aa 's Gas daheim
    brenna lassen. An was hast denn eigentlich denkt, wiast da-
    heim an Kaffee warm gmacht hast?

ER Da hab ich doch den Kettenbrief neunmal abgeschrieben,
    den wo ich kriegt hab.

SIE *zu dem alten Münchner* Ham Sie auch schon einmal einen
    Kettenbrief kriegt?

DER ALTE MÜNCHNER Schon a paar hab ich kriegt, des is doch
    jetzt die neue Mode, so an Schmarrn schreibt ma doch net
    neunmal ab.

SIE Das sag ich auch immer – wissen Sie, was da die Post damit
    Geld verdient, das geht in die Millionen! – Solche Briefe wirft
    man weg –

ER Das darf man nicht tun, das bedeutet Unglück, ich habe in
    meiner Jugendzeit auch einmal so einen Kettenbrief wegge-
    worfen, und in diesem Jahr hab ich furchtbares Pech gehabt.

SIE Ja, das hast du mir noch nie erzählt, was ist dir denn da pas-
    siert?

ER No ja, das war doch das Jahr, wo ich dich kenneng'lernt hab.

SIE *wirft ihm das Brotkörberl nauf* Du ausgschamts Mannsbild –
    die ganzen Kettenbriefe sind doch ein aufgelegter Schmarrn.

ER Das ist kein Schmarrn, das hat ein amerikanischer General
    begonnen, das ist hohe Wissenschaft.

DER ALTE MÜNCHNER Naa, naa, das·hat mit Wissenschaft nix zu tun, ganz was anders is, wenn oaner aus der Hand das Schicksal rauslesen kann, das is Wissenschaft.

ER Das ist auch ein Schmarrn, das geht nicht immer, wenn einer zum Beispiel Handschuh anhat.

SIE Na ja, da muß er s' halt ausziehn.

ER Es könnt aber sein, daß er keine anhat, dann könnt er keine ausziehn.

DER ALTE MÜNCHNER Ich kann zum Beispiel aus jeder Hand das Schicksal lesen.

SIE Das is interessant, schaun S' amal, was hab denn ich für eine Hand?

DER ALTE MÜNCHNER Sie ham zwar eine kleine, aber eine sehr kräftige Hand.

ER Das hab ich schon oft bemerkt.

SIE Sieht man auch das, wie alt man wird?

DER ALTE MÜNCHNER Natürlich, Sie, Sie erreichen ein ganz hohes Alter, Sie werden mindestens neunzig Jahre alt.

ER *läßt den Karton mit den Kämmen und den Kleiderhalter fallen, den er noch immer unter den Arm geklemmt trägt. Der an den Tisch gelehnte Kinderreifen fällt scheppernd um.*

DER ALTE MÜNCHNER *deutet weiter* Sie sind auch sehr schweigsam und zurückgezogen, aber Sie sind eine herzensgute Frau. *Zu ihm* Spielt Ihre Frau auch Klavier?

ER Sehr wenig, nur wenn sie abstaubt. *Er hat indessen getrunken und prustet jetzt vor Lachen das Bier wieder aus.*

SIE Geh, schaun S' doch mein Mann auch amal in d' Hand nei.

DER ALTE MÜNCHNER Ja, warum net, toans Eahna Pratzn her.

ER Nein, nein, ich bin für diese Sachen nicht geeignet.

SIE Geh, zeigs doch her, sei doch net so eigensinnig.

ER Nein, nein, nein, nein! *Er versteckt seine Hände.*

SIE Ich weiß schon, warum er sie nicht herzeigen will, er scheniert sich, weil s' so dreckig san.

DER ALTE MÜNCHNER Des macht gar nix aus. *Damit ergreift er die Hand von ihm* Da hab ich schon viel dreckigere gsehn. – Auweh! Ja, was sieh i denn da? Sie warn früher a alter Drahrer.

SIE Das war einmal. Ich habs ihm schon abgewöhnt.

DER ALTE MÜNCHNER Naa, naa, Sie drahn heut noch gern auf.

SIE Hat er vielleicht heut schon aufdraht?

DER ALTE MÜNCHNER Freili, da stehts ja.

SIE Da ham mas schon, 's Gas hat er aufdraht, schaun S' nur gleich, ob er's wieder zuadraht hat aa.

DER ALTE MÜNCHNER Des kann ma net sehn.

SIE Vielleicht sehn Sie's bei mir.

DER ALTE MÜNCHNER Naa, des siecht ma in der Hand net, des siecht ma nur dahoam, aber oans konn i Eahna no sagn, Frau, Sie derfen heut Obacht geben, Ihnen trifft heut noch a schwerer Schlag.

SIE Jessas, was werd denn des sein? Des hat ma ja d' Hellseherin vorhin aa scho gsagt. I moan, der Schlag trifft heut noch dich dahoam, wennst 's Gas net zuadraht hast. Jetzt hab i koa Ruah nimmer, jetzt gehn mir gleich hoam, pack deine Sachen z'samm! *Zum alten Münchner* Da trinken S' unser Bier aus, Herr Nachbar, geh weiter, nimm deine siebn Zwetschgen, dann gehn ma.

ER Ja, wenns nur siebn Zwetschgen warn, dann waars ja leicht, des is ja a Möbelwagen voll Gelump.

DER LUKASBESITZER *schreit von nebenan* Wer schlägt den Lukas? Was is, probieren mas amal, Herr Nachbar – drei Schläg zehn Pfennig, zoagn Sie 's Ihra Frau, daß S' a Schmalz ham!

ER Schmalz hätt i schon, aber am Geld fehlts. *Er steht auf und geht zu dem Lukas hinüber.*

DER LUKASBESITZER No ja, a Zehnerl werds doch noch leidn. *Er gibt ihm den Hammer in die Hand.*

SIE Naa, naa, mir müssen hoam, weil ma dahoam 's Gas brenna ham lassen. *Sie geht ihm nach, um ihn zurückzuziehen.*

DER LUKASBESITZER Lassen S' eahm halt de Freud.

ER Natürlich, schau, Barbara, man lebt doch nur einmal. *Er haut sich mit dem Hammerstiel auf die Nase, so daß sie blutet.* Au!

SIE Das hab ich mir ja denkt. *Sie verbindet ihn mit ihrem Taschentuch* Naa, naa, naa, i sags ja – er haut sich auf d' Nasen und dahoam brennt 's Gas! *Er haut mit dem Hammer das Preistaferl am Lukasstand herunter.*

DER LUKASBESITZER No, no, no, i taat mi gleich no tappiger

g'stelln. Schaun S', Herr Nachbar, Sie müssen besser ausziagn, passn S' auf, da is doch nix dabei, genga S' weg, na
zoag is Eahna. *Er schlägt dreimal, es knallt dreimal.* Jetzt
brauchen Sie 's bloß nachmacha.

ER Hab 's scho g'sehn, da muß ein Schwung hinein. *Er schlägt
zu.*

SIE Nix is, nochmal! *Er haut wieder zu, es kracht wieder nicht.*
Wieder nix, du muaßt mitn Hammer richtig ausziagn nach
hinten, also nochmal!

ER *zieht weit nach hinten aus und trifft mit dem Hammer seine
Frau, die hinter ihn getreten ist, auf den Kopf. Sie tut einen
schweren Seufzer und fällt zu Boden.* Was ist denn los?

DER LUKASBESITZER Eahna Frau ham S' troffa statt an Lukas, die
is hinter Eahna gstanden, und wie Sie auszogn ham, ham Sie
s' mit'm Hammer niedergschlagn.

DER ALTE MÜNCHNER Gelln S', ich hab recht ghabt, die Frau trifft
heut noch ein schwerer Schlag, hab i g'sagt, da ham mas scho.

ER Barbara! Barbara! Sie ist bewußtlos. – Ja, was hast denn du
gmacht – ja so, i habs ja gmacht!

DER LUKASBESITZER Schnell a kalts Wasser her!

ER Nix Wasser! De mag koa Wasser, de mag net amal a Dünn-
bier. Barbara! Bist du bewußtlos? Red! Gib mir a Antwort!
Ich bins doch! Komm doch wieder zu uns, aa – zu dir! Gott
sei Dank, sie öffnet schon wieder die Augen. Barbara! Schau
mich an, kennst mich noch? Sprich doch! – Wer bin ich denn!?

SIE A Rindviech bist!

ER Sie kennt mich noch! *Unter allgemeinem Wiesenlärm und
Musik fällt schnell der*

Vorhang

VERSCHIEDENES

VALENTIN *kommt in ein Werkzeuggeschäft und kauft sich einen Meterstab, er schaut den Meterstab mißtrauisch an und sagt zum Verkäufer* Ich bekomme noch so einen Meterstab.

VERKÄUFER Genügt Ihnen denn einer nicht?

VALENTIN Doch, den zweiten brauche ich nur, um den ersten zu messen, ob der auch wirklich 1 Meter lang ist.

RICHTER Sie haben den Kläger einen Ochs genannt und deshalb ist er beleidigt.

ANGEKLAGTER Nein, ich habe ihn keinen Ochs genannt, ich habe nur zu ihm gesagt, »Sie Ochs . . .«

RICHTER Nun ja, Sie geben es doch zu, daß Sie »Sie Ochs« zu ihm gesagt haben.

ANGEKLAGTER Nein, ich hab zu ihm gesagt, »Sie Ochs . . .«

RICHTER Zum Donnerwetter noch einmal, Sie sagten doch gerade im Moment, daß Sie »Sie Ochs« zu ihm sagten.

ANGEKLAGTER Aber bitte, Herr Richter, fallen Sie mir doch nicht immer ins Wort, lassen Sie mir doch den Satz aussagen; ich sagte zu dem Kläger »Siochs-Indianer sind ausgestorben«.

A Gestern habe ich Sie mit einer Dame gesehen, Herr Valentin, wer war denn das?

VALENTIN Das war meine ehemalige Zukünftige.

Er sucht ein Notenblatt – er findet es nicht – das muß ich verlegt haben – ich bin der reinste Verleger.

VERKÄUFER Einen Hut wünschen Sie – welche Façon, bitte?

VALENTIN Außen schwarz und innen hohl.

Valentin trägt seine Schuhe zum Schuster, um sie sohlen zu lassen. Wie kommt das, sagt der Schuster, daß Ihr linker Absatz viel besser abgetreten ist wie der rechte?

Ja, sagt Valentin, vielleicht bin ich mit dem linken weiter gangen als wie mit dem rechten.

Herr Valentin, können Sie mir vielleicht sagen, wieviel Uhr es ist?
VALENTIN Hörns doch auf mit der ewigen Fragerei, Sie haben mich doch die vorige Woch' scho amal g'fragt.

A Vielleicht holen Sie mich mit Ihrem Auto ab.
VALENTIN Ich habe selbst kein Auto, nicht einmal eine Straßenbahn.

VALENTIN Also Sie san aa im Krieg drauß g'wesen?
B Freilich – Sie auch?
VALENTIN Natürli – aber wundern tuts mich, daß wir uns da net g'sehn ham, da drauß?

BRIEF AN EINEN THEATERDIREKTOR,
GESCHRIEBEN 1934

München, im September 1934

Sehr geehrter Herr Direktor!

Wenn ich mir erlaube, über die gestrige Premiere zu kritisieren, so dürfen Sie es mir ruhig gestatten, mich über meine Eindrücke zu äußern.

Daß gestern abend in Ihrem fast neuen Volkstheater Theater gespielt wurde, haben Sie eigentlich sich selber zu danken, umsomehr, wo man am Nachmittag noch nicht bestimmt gewußt hat, ob am Abend bestimmt premiert werden kann, haben Sie es fertig gebracht, mit fleißiger Energie und stahlhartem Willen, ein herabgekommenes Theater wieder als Schmuckkästchen zu verwandeln, sogar der Herr Oberbürgermeister war unter den Gästen zu erblicken. Über ihm, im 4. Rang, welcher sich ebenfalls über das famose Spiel glänzend amüsierte, saß ein alter Schulkamerad von meiner Wenigkeit, dieser freute sich mehr über die 2 Freikarten, als über das Stück selbst, was auch nicht schwer zu verstehen ist, denn er hat selbst schon, genau wie der ›Hauptmann‹ auf der Bühne, Unterschlagungen gemacht, nur nicht in Dollar, sondern in Mark und Pein.

Ich selbst will ja nicht Kritik ausüben über das Stück, denn dazu bin ich als früherer Schreiner und Getreidehändler nicht berechtigt – aber es war gut – guter hätte es nicht sein sollen, sonst wäre es zu gut gewesen, und damit verwöhnt man das anwesende Publikum im Zuschauerraum, wenn dann das nächstfolgende Stück nicht so gut ist, ich meine überhaupt nicht gut, also ungut, kann man es so leicht nicht mehr gut machen ... Das einzige, was ich auszusetzen habe, war am Schluß der plötzliche Schuß. Obwohl das ganze Publikum ahnte (ich selbstverständlich auch), daß jetzt der Hauptmann hinausgeht, um Selbstmord zu verüben, erschrak es doch furchtbar. Einer alten Dame hinter mir fiel vor Schreck ihr Gebiß aus der Höhle des Mundes und fiel so unglücklich in die Hände einer neben ihr sitzenden jun gen Dame, daß dieselbe meinte, es sei ihr eigenes und es flugs in den Mund schob; natürlich bemerkte sie sofort, daß es nicht mehr Platz hatte, da sie ja die ihren drinn hatte.

Es wäre nur eine Anregung meinerseits, wenn vor dem Schuß hinter der Bühne ein Herr vor die Rampe treten und in einer kurzen Ansprache erklären würde, daß das verehrliche Publikum gefaßt sein soll auf den kommenden Revolverschuß. – Oder könnte man den Schuß nicht weglassen und der Hauptmann soll sich mit Veronal vergiften? Dann könnte sich der Herr diese Erklärung ersparen, denn da kann dann das Publikum nicht erschrecken, und solche unliebsame Vorkommnisse, wie das mit dem Gebiß, wären ein für allemal aus der Welt geschafft – vor allem aus der Theaterwelt.

Daß Sie im Erfrischungsraum nur Flaschenbier verabreichen, ist ein widerlicher Gedanke für einen Münchner, aber wahrscheinlich nicht zu umgehen, da das Anzapfen der Fässer während der Vorstellung zu viel Radau machen würde.

Furchtbare Regiefehler waren in dem Stück wahrzunehmen. An der Stelle, wo der junge Bankier Raaz in einem hochmodernen Zimmer mit Stahlmöbeln und Telefon sitzt, hat der junge Mann eine alte Plastron-Kravatte, wie sie mein Urgroßvater getragen hat, als er das erste Mal in die Realschule ging. Sie, werter Herr Direktor, haben so viel in das neue Theater gesteckt – kaufen Sie dem Raaz eine moderne Kravatte, Modell September 1934, statt Januar 1866.

Daß bei dem Stück viel telefoniert wird, ist nicht zu vermeiden (wenn auch nur Schwindel), aber jedenfalls hat gestern das Publikum daran Anstoß genommen, daß die Bühnentelefone fertig waren und die neue Telefonzelle im Vorraum des Theaters noch ohne jede Apparatur ist. Wann wird hier endlich Abhilfe geschafft? – – Sonst ist alles herrlich gewesen, besonders das neue Theatermobilar, die kostbaren Teppiche im Zuschauerraum; schade, wenn dieser wunderbare Bodenbelag durch das Publikum abgenützt wird. Ich würde an Ihrer Stelle niemand hinein lassen.

Gruß und Kuß!

Ihr

Karl Valentin

DIE RECHNUNG

Eine Dame beauftragte einen Schreinermeister, er möchte in ihrer Wohnung eine Zimmertüre neu anfertigen. Nach drei Tagen aber überlegte sich's die Dame wieder anders, stellte an die Stelle der Tür einen Kleiderschrank und fand nun die Anfertigung der bereits bestellten Türe überflüssig. Sie teilte dem Schreinermeister dieses mit, aber es war bereits zu spät, denn der Schreinermeister hatte mit der Arbeit schon begonnen.

Die Dame einigte sich mit dem Schreinermeister, ihm die bereits gehabten Auslagen zu bezahlen, und bekam von ihm eine Rechnung gestellt folgenden Inhalts:

Eine neue Zimmertüre nicht gemacht ... 16.– Mark

       Dankend erhalten

              Schreinermeister F. Schwarz

Hochwohlgeborne Anni,
liebe Ehefrau und Zuckerschneckerl!

Liebe Frau, teile Dir mit, daß ich in Bad Aibling gut angekommen bin. Bei Ankunft stiegte ich aus demselben Zug aus, in dem ich am Bahnhof zu München einstug. Ich wollte absichtlich nicht weiterfahren, da mein Billet nur bis Aibling giltig war und hätte eine Weiterfahrt keinen Wert gehabt, da ich sonst über Bad Aibling hinausgefahren wäre. Die Eisenbahnfahrt ging sehr schnell, da es ein Schnellzug war; wäre es ein Güterzug gewesen, wäre die Fahrt natürlich nur Güter gewesen. Während der Fahrt aßte ich mein Butterbrot und trankte meinen roten Wein. Vis a vis von meinem Schnellzug sauste auf einmal ein anderer Schnellzug vorbei, und zwar so schnell, daß man die Leute, die in dem anderen Schnellzug saßten, kaum grüßen konnte, obwohl vielleicht ein guter Bekannter hätte drin' sitzen können, der dann am andern Tag zu mir gesagt hätte: Gestern waren Sie aber protzig, weil Sie mich nicht einmal gegrüßt haben. Die Fahrt ging dann weiter; auf einmal wurde es mir not, die Notkabine war aber besetzt; deshalb zogte ich die Notbremse und der Zug stund. Der Eisenbahnbesitzer stiegte zu mir in das Kouplet und schrub mich auf wegen Notzug. Die Gesellschaft im Eisenbahnwagen war sehr gemischt; es waren fast lauter Reisende, nur der eine Herr, der in München den Zug versäumte, fuhr nicht mit, da er wahrscheinlich mit dem nächsten Zug hinter uns nachkommt, in welchem wir auch gefahren wären, wenn wir den Zug auch versäumt hätten. – In Aibling selbst ist es sehr schön, obwohl es, glaube ich, sehr wenig Weinkneipen dort gibt. Gestern hat mich der Kurarzt untersucht, er meint, ich müßte nicht im Bett liegen bleiben, nur bei Nacht müsse ich im Bett bleiben, was ich ja so wie so getan hätte. Sonst geht es mir gut; ich habe mein eigenes Zimmer, in welchem sechs Betten stehen, wovon aber nur vier besetzt sind von vier Patientinnen. – Ich schließe nun meinen Brief und hoffe, daß Du mir in München treu bleibst, wenigstens halbe treu, zum mindesten viertel über zwei. Meine Uhr habe ich vergessen, wir haben auch in unserem Schlafsaal keine Uhr.

Wenn Du mir wieder schreibst, schreibe bitte in den Brief hinein, wieviel Uhr es ist. Ich weiß gar nicht, wie ich an der Zeit bin.

Es grüßt und küßt Dich
              hochachtungsvollst
                        ergebenst

          Nepermuk Semmelmeier, Patient,
                   z. Zt. Bad Aibling.

JA, SO WARN S', DIE ALTEN RITTERSLEUT

Ein uralter Rittersong mit neuen Versen von Karl Valentin. Der Vortragende ist mit Wams und Ritterhelm kostümiert. Maske: Dicke Nase und riesiger Schnauzbart. Die drei letzten Zeilen von jeder Strophe werden eventuell vom Publikum mitgesungen.

I

Da herunt an diesem Ort
Sicherlich – mein Ehrenwort –
Da habn edle Ritter ghaust,
Denen hats vor gar nix graust.
Refrain Ja, so warn s', ja so warn s',
Ja, so warn s', die alten Rittersleut',
Ja, so warn s', ja, so warn s', die alten Rittersleut.

II

Gsuffa habn s' und dös net wia
Aus die Eimer Wein und Bier,
Habn s' dann alls zammgsuffa ghabt,
Dann san s' unterm Tisch drunt gflackt.
Refrain wie oben

III

Auch für Wein, Weib und Gesang
Schwärmte jeder Rittersmann.
Schwärmt er für Gesang allein,
Mußt er schon ein Siebz'ger sein.
Refrain wie oben

IV

So ein früh'rer Rittersmann
Hatte so viel Eisen an,

Die meisten Ritter, i muaß sagn,
Hat deshalb da Blitz daschlagn.
Refrain wie oben

V

Jeder Ritter allbekannt
Trug a ganz a blechers Gwand,
Hat er sich a Loch neigrissen,
Hat's der Spengler löten müssn.
Refrain wie oben

VI

Ritt ein Ritter auf dem Roß,
War das Risiko oft groß,
Hat so a Roß an Hupferer do,
Lag im Dreck der gute Mo.
Refrain wie oben

VII

Hatt ein Ritter den Katharr,
Damals warn die Mittel rar,
Er hat der Erkältung trotzt,
Er hat gräuschpert, gschnäuzt und grotzt.
Refrain wie oben

VIII

So ein früh'res Ritterwei
War dem Manne niemals drei,
Dem Ritter war das einerlei –
Der war auch nur halbedrei.
Refrain wie oben

IX

D' Ritter, die warn lustige Leut
In der guten alten Zeit,
's war ja no a schöners Lebn,
's hat no koa Finanzamt gebn
Refrain wie oben

X

Meckrer gabs in alter Zeit
Damals nicht so viel wie heut,
Denn das Leben war damals schön,
's hat auch nix zum Meckern gebn.
Refrain wie oben

XI

Friedlich warn die Ritter nicht,
Hielten es für heil'ge Pflicht,
Schwertgeklirr war ihr Symbol,
Nur im Kampf war ihnen wohl.
Refrain wie oben

XII

D' Ritter waren auch sehr reinlich,
Jeder Dreck war ihnen peinlich,
Waren auf sich selbst bedacht,
Selten habn s' in d' Hosn gmacht.
Refrain wie oben

XIII

Bayerns Ritter waren kühn,
Ritten einmal nach Berlin,
Ritten bald drauf wieder heim –
Was mag da gewesen sein?
Refrain wie oben

XIV

Wenn die Ritter lange ritten,
Habn sie sich oft aufgeritten,
Ach, der Wolf tat gar so weh,
Schrieen oft Herrjemine.
Refrain wie oben

XV

Und der Ritter Habenichts,
Der hat nämlich wirklich nichts,

'sɛinzge, was der Ritter hott,
Ist ein chronischer Bankrott.
Refrain wie oben

XVI

Vom Färbergrabn die Rittersleut
Lebn nicht mehr seit langer Zeit,
Nur die Geister von densölben
Spuken nachts in den Gewölben.
Refrain wie oben

ERNST BUSCHOR

Museumsdirektor Karl Valentin

Als Museumsmann und als Verehrer der hohen Kunst Karl Valentins horchte ich auf, als der Meister ein im Färbergraben eröffnetes Museum eigener Prägung anzeigte. Gewiß, er hatte als planvoller Sammler zur Münchner Lokalgeschichte in Fachkreisen längst seinen Namen; besonders die Einzelgänger, Charaktertypen, Originalgenies hat er der Vergessenheit entrissen. Aber ein Museum eigener Erfindungen war doch etwas völlig Neues und Unerwartetes. So lenkte ich denn bald meine Schritte in jene winkelige Gasse, wo ich nach einigem Suchen, in der Nähe des Kleiderpalastes Knagge und Peitz, den Eingang zum neuen Kunstinstitut ausfindig machte. Vom Bürgersteig führte eine geräumige Treppe geradenwegs in unterirdische Gemächer hinab. In den Eingangsräumen waren außer der Kassendame nur zwei Herren zu sehen, die aber von der Fülle der schon hier gespeicherten Schätze wenig Kenntnis nahmen, sie saßen auf Stühlen und waren jeder in seine Zeitung vertieft. Beide Herren habe ich näher kennengelernt. Der eine saß auch während aller meiner späteren Museumsbesuche stets unbeweglich auf dem gleichen Stuhl und las dieselbe Zeitungsnummer, ja sogar dieselbe Seite: er war aus Wachs. Der andere hingegen, der meinen eifrigen Studien offenbar lauernd gefolgt war, erhob sich nach einiger Zeit von seinem Sitz und sprach mich an: es war Karl Valentin. »Die Hauptsachen sind in den unteren Räumen«, sagte er, »wenn S' mit runterfahren wollen, der Fahrstuhl geht gleich.« Unweit der ›Deutschen Bank‹ mit ihren Milliardenschätzen (es war eine mit Inflationsgeld überkleisterte echt deutsche Gartenbank) war die Schiebetür. Ich machte höflich dankend von der Einladung Gebrauch, um so mehr, als ich von einer zweiten Treppe nichts entdeckt hatte, und wir betraten den schwankenden Boden des Lifts. Valentin schloß die Tür und sagte: »Es ist ziemlich frisch drunten, vielleicht knöpfen S' Eahna a bißl zu.« Mit sichtlichem Vergnügen stellte er fest, daß ich trotz des heißen Sommertags nicht nur alle Knöpfe schloß, sondern sogar den Rockkragen hochschlug. Das Fahrzeug

pendelte vibrierend in die Tiefe. Durch das große rückwärtige
Fenster konnte man das Gegenkabel und das schlecht verputzte
Mauerwerk des engen Schachtes vorübergleiten sehen, erstaun-
licherweise in mehreren Kilometern. Valentin meinte: »Es war
überaus schwierig, noch freie Räumlichkeiten zu finden; wir mußten schon ziemlich tief gehen.« Aber auch diese Fahrt nahm ein
Ende. Nachdem wir für mein Gefühl den Erdmittelpunkt durch-
quert hatten, drückte Valentin auf den Stop-Knopf, und wir verließen, durch eine seitliche Schiebetür, den Kasten; er selbst fuhr
dann wieder hinauf.

Was diese unteren Räume darboten, kann in seiner über-
raschenden Fülle und Originalität nicht weitergegeben werden,
einige Proben müssen genügen. Jeder Fachgelehrte kam auf seine
Rechnung. Der Techniker stand ergriffen vor dem urväterlichen
Gehäuse des ersten Fernsprechapparats, dessen Reichweite sich
nur auf zwei Meter erstreckte. Der Zoologe sah das schlichte
Doppelwesen eines Ichthyo-Saurus ins Zehnfache gesteigert
durch eine tolle Kreuzung aus den widersprechendsten Gattun-
gen des Tierreichs, die in einem einmaligen Exemplar konserviert
werden konnte; der endlose lateinische Name hat sich meinem
Gedächtnis nicht eingeprägt, er würde eine ganze Zeile dieses
Aufsatzes für sich beansprucht haben! Derselbe Forscher sah sich
einem »Irrtum der Natur« gegenübergestellt: zu Füßen einer
schlanken Birke kroch ein Star im Sand, während oben auf der
Sitzstange des Starenkobels eine Schildkröte ihr jubelndes Lied
in die Lüfte schmetterte. Den Botaniker mußte eine Rose schwer
beschäftigen, die unverkennbaren Petroleumgeruch verhauchte,
während eine daneben stehende Petroleumfunsel nach herrlich-
sten Rosen roch. Der Historiker konnte sein Auge weiden an der
ersten Meereswelle, die unser Ozeanflieger in seinem geschicht-
lichen Standardflug überquerte; sie war in einem nassen Sack
aufbewahrt. Der Philosoph mochte sich über die Aufhebung von
Widersprüchen den Kopf zergrübeln, wenn er in einem Glas-
kasten, auf Plüsch gebettet, einen »liegenden Stehkragen« erblickte. Und so kam auch mein eigenes Fach keineswegs zu kurz.
Da die Alten mit einer gewissen Vorliebe badende Menschen zur
Darstellung brachten, erregte eine Bretterwand mit einem Astloch und der Beischrift ›Blick ins Damenbad‹ meine Aufmerk-

samkeit, aber der Einblick war enttäuschend, denn man sah nur
wieder eine zweite Bretterwand, vor deren Astloch sich eine
Gruppe wächserner Männer drängte; mit welchem Erfolg, bleibt
ungewiß. Von einer Göttin auf einem hohen Piedestal soll später
noch die Rede sein. Den Plastikforscher mußte eine Serie von
Wachsbüsten interessieren, die vergessenen Großen als Denk-
mal gesetzt waren; eine von ihnen galt dem Erfinder der Roll-
gerstensuppe. Der Erhaltungszustand einiger dieser Büsten ließ
allerdings zu wünschen übrig, ja mußte selbst den keineswegs
verwöhnten Altertumsforscher und Ausgräber befremden. Die
Gesichter waren wie von unsauberen Krankheiten zerfressen, ja
bis zur Unkenntlichkeit entstellt. Des Rätsels Lösung brachte ein
Schild, das die Betrachter um Nachsicht bat: »Einige der ausge-
stellten Kunstwerke haben unter der Nähe des Ofens schwer
gelitten.« Die Hitze hatte also die Oberfläche dieser Wachsbüsten
tiefgehend geschmolzen und weitgehend in Bewegung gesetzt.
Karl Valentin hatte ihnen trotzdem den angestammten Platz
nicht entzogen, und diese Ehrfurcht gegenüber dem einmal Ge-
schaffenen bewährte sich besonders in der Behandlung eines anderen Meisterwerks der Plastik. Eine der berühmten Schnee-
plastiken, die in strenger Winterszeit die Passanten des Stachus
jede Kälte vergessen lassen und zu freiwilligen Spenden für den
Urheber begeistern, war für das Museum erworben worden, ohne
daß der Wechsel der Jahreszeiten in Rechnung gestellt war. Im
Hochsommer, vielleicht auch schon früher, war der Schnee völlig zu Wasser zerronnen, und es blieb dem pietätvollen Sammler
nur übrig, wenigstens die Substanz in einem viereckigen Blech-
behälter zu konservieren und zu zeigen.

An die wissenschaftlichen Schauräume reihten sich zahlreiche
andere, die mehr zum Gemüt als zum Verstande sprachen; auch
ihr Inhalt sei kurz gestreift. Der Weg führte durch Kerker und
unterirdische Verliese mit schmachtenden Gefangenen, modern-
den Gebeinen, huschenden Riesenratten. Man durchschritt fin-
stere Korridore, in denen die Beine baumelnder Gehängter um
Nase und Ohren schlugen; durch Gitter im Fußboden erblickte
man Spiegelbilder Hingerichteter. Besonders schauerlich war ein
im Dunkeln ruhender See, über den ein schmaler Laufsteg führte; der Steg hatte die Eigenschaft, daß der Passant in der Mitte

des Weges plötzlich den Boden unter den Füßen verlor, aber nach abgeschütteltem Schreck doch unversehrt weiterschreiten konnte. Am anderen Ufer betrat man ein dämmeriges Lichtspieltheater, in dem schon einige Besucher Platz genommen hatten und auf die weiße Leinwand starrten. Obwohl die Vorstellung noch nicht begonnen hatte, waren sie wie gebannt und reagierten in keiner Weise auf den neuen Ankömmling. Der Beginn ließ weiterhin auf sich warten; mit jeder Minute bekam die gespenstische Reglosigkeit der Versammlung einen drohenderen Charakter, so daß man die seltsame Vergnügungsstätte gern wieder verließ. Ein vorhangverhängter Ausgang führte ins Freie, nicht ohne Hindernis: man stieß gegen eine Bockleiter, auf der ein Anstreicher tätig war; unachtsamerweise hatte er seinen Farbkübel auf den Boden ausgegossen. Hatte man die Pfütze unter oder neben der Bockleiter geschickt übersprungen, so sah man sich – o Wunder! – wieder oben im Eingangsraum, ganz ohne eine Treppe oder einen Fahrstuhl benützt zu haben. Kein Zweifel, da stand wieder die ›Deutsche Bank‹ mit ihren Milliardenschätzen, da saß auch wieder der aufmerksamste aller Zeitungsleser, und da stand auch wieder Karl Valentin und fragte nach den Eindrücken seines Alleinbesuchers. Ich konnte nicht anders, als ihm meine volle Bewunderung versichern, wobei ich mich als Kollegen vom Museumsfach zu erkennen gab. Das Urteil aus Sachverständigenmund schien ihn zu erfreuen, und wir kamen bald in ein Gespräch über die Möglichkeiten einer Steigerung der Besucherzahl. »Kommen zu Eahna aa so wenig Lait?« fragte er gespannt, und ich konnte ihn in diesem Punkt völlig beruhigen; aber er blieb doch schwer enttäuscht durch den Mißerfolg seines einzigartigen Unternehmens, in das er so viel Erfindungskraft, Kenntnisse, Energie und Geld gesteckt hatte. Er trug mir seinen Plan vor, sein Abendkabarett mit dem Museum zu vereinigen. Wir empfanden beide das Mißliche dieser Lösung, die weit unter der Würde des Museums blieb, aber wir konnten keine bessere finden. Um den damals heftig flutenden Fremdenstrom auch in den Färbergraben abzuzweigen, empfahl ich Karl Valentin, sein Museum in die tägliche Übersicht der Zeitungen über die geöffneten Sehenswürdigkeiten, an seiner alphabetischen Stelle, zwischen Glyptothek und Pinakothek, einzureihen, was ihm sehr einleuchtete; ob er es durchgesetzt hat, weiß ich nicht. Wie es unter Kollegen Brauch ist, überreichte er mir eine eigenhändig unterzeichnete Ehrenkarte zum Besuch seines Museums, die ich noch heute zwischen ähnlichen Ehrenkarten bei mir trage. Auch stellte er einen Gegenbesuch in Aussicht, wobei er sich genau nach den Stunden meiner Anwesenheit erkundigte. Er brachte auch tatsächlich schon am andern Tag ein Heft mit eigenhändiger Widmung, aber gerade in der einen Stunde meiner Abwesenheit. Ich hätte dies voraussehen und boshafterweise gerade um diese Stunde auf ihn warten müssen.

Als ich zum letztenmal in den Färbergraben fuhr, traf ich Karl Valentin schon in der Trambahn. Meinen Gruß erwiderte er mit einem jähen Zusammenzucken und einem wütenden Blick, offenbar hätte er sich am liebsten in ein Mausloch verkrochen. Aber als ich hinzufügte: »Grad fahr ich zu Ihnen! Sie fahren doch sicher auch zu Ihnen!«, gewann er wieder sein kollegiales Zutrauen. Auf dem Weg von der Haltestelle zum Museum gab eine Eisdiele Anlaß zu bissigen Bemerkungen. Im Museum selbst war er wieder der alte liebenswürdige Führer durch die Unterwelt, in die wir jetzt immer nur durch eine Vorhangspalte, ohne Treppe und ohne Fahrstuhl, eindrangen. Diesmal machte er mich mit besonderem Stolz auf das kleine Holzmodell einer Vexiertreppe aufmerksam, deren Stufen in Einzelwürfel aufgeteilt waren und dadurch Klaviaturen sehr ähnlich sahen. Durch Kurbeldrehung konnte man die Treppe in Bewegung setzen. Scheinbar in völlig willkürlicher Auswahl, in Wahrheit nach festem teuflischem Plan versank die eine Hälfte der würfelförmigen Stufenteile wie angeschlagene Tasten in der Versenkung, während die andere Hälfte an ihrer Stelle verharrte. Es entstand ein überaus lückenhaftes, zerpflücktes Bild einer Treppe. Schon der nächste Augenblick brachte eine ganz andere Auswahl der versenkten Würfel, und der übernächste verschob das Bild von neuem. Eine als Treppe manifestierte Katzenmusik! Nur ein genialer, geistesgegenwärtiger Springer hätte diese Treppe ersteigen können. Karl Valentin schilderte die Schwierigkeiten der Berechnung und Ausführung und teilte mir mit besonderer Genugtuung mit, daß sich in Amerika ein Interessent für die Ausführung in Lebensgröße gefunden habe. »Schauns«, sagte er traurig, »dös is jetzt no mei

einzige Fraid, solche Sachen ausdenken und zammbasteln. Da
kann i die ganze Nacht sitzen und studieren. Aber Sie hab'n
keine Ahnung, was dös Geld verschlingt.« Er führte mich hinter
die Kulissen des Fahrstuhls, zeigte mir die überaus komplizierte
Motoranlage und nannte die phantastische Summe der Herstellungskosten. »Übrigens«, sagte er, »müßt Sie eigentlich mei alte
Figur interessieren, dös muß auch so a Ausgrabung sein.« Er
führte mich vor die Göttin auf dem Piedestal. Ich gestand, nichts
Besonderes hinter ihr zu finden. »Die Augen!« sagte er, »Sie
müssen ihr gerad in die Augen schauen!« Ich folgte der Anweisung, während er heimlich einen Hebel bediente, der den plötz-
lichen Sturz der Statue auslöste. Sie sank vornüber, auf den Be-
schauer zu. Karl Valentin weidete sich an meinem überflüssigen
Seitensprung: eine geschickt angebrachte Kette im Rücken der
Figur hielt den Sturz auf, kurz bevor das Haupt des Betrachters
zerschmettert werden konnte. Auch der Rest der Führung war
diesmal der Erhöhung meiner Schrecken gewidmet; es war, als
habe sich der Meister für die fast elegische Klage schadlos halten wollen, die ich ihm kurz zuvor ungewollt entlockt hatte. So
rasselte er, als ich die Seufzerbrücke überschritt, zum kritischen
Augenblick des Fehltritts aus dem finsteren Hintergrund in
schauerlichster Weise mit offenbar ganz rostigen Ketten. Dann
kam aus dem gleichen Dunkel eine freundliche Stimme. »Wenn
S' im Kino Platz nehmen wollen, die Vorstellung geht gleich an, ich
komm nach.« Wieder waren viele Plätze, darunter die Eckplätze,
besetzt. Ich setzte mich mutig zwischen die wächsernen Gestal-
ten und starrte mit ihnen auf die Leinwand. Aber war bei meinem letzten Besuch die völlige Reglosigkeit der Gäste das Furchtbare gewesen, so kam jetzt der Schrecken von der entgegenge-
setzten Seite: langsam und feierlich erhob sich eine der Wachs-
puppen der vorderen Reihen und schritt, mit einem durch das
Dunkel spürbaren bohrenden Blick auf mich, dem Ausgang zu.
Als ich bei der Bockleiter mit der Ölfarbenpfütze, bei der ›Deutschen Bank‹ und dem unentwegten Zeitungsleser anlangte, saß
Karl Valentin schon wieder, scheinheilig und hämisch, hinter seiner Zeitung.

Beim Abschied vertagte ich mich auf einige Monate: »Ich muß
jetzt bis zum Herbst zum Ausgraben; morgen flieg ich nach Grie-

chenland.« Ich hätte es nicht sagen sollen; sichtlich sank ich einige
Klafter tief in seinem Respekt. Der Verächter der Eisenbahnen
und Dampfschiffe erwies sich auch als Verächter der Flugzeuge.
»Die Sachen sind doch noch gar net richtig ausg'arbeitet«, sagte
er mit vorwurfsvollem Blick, und aus ihm sprach der erfahrene
Konstrukteur. »Was is dös scho für a Maschine, wenn's an solchen Spektakel macht?« Dabei drückte er auf einen Knopf, und
ein Flugzeug, das zu unseren Häupten an der Decke aufgehängt
war, setzte mit einem ohrenbetäubenden Lärm seine Propeller
in Bewegung. Ich konnte mich freilich des Gedankens nicht er-
wehren, daß diese Geräuschpalette mit einigen zusätzlichen grel-
len Farben untermischt war. Als die Hölle ausgetobt hatte, fuhr
er fort: »Ja, habn S' net in der Zeitung g'lesen, wies unserm Zeppelin in Tokio gangen is? A ganze Komparie Japanesen hat am
Flugplatz stehen müssen und an die Haltetaue ziehn. Ja, wenn
jetzt die net mögn hättn, was hätt der droben machen können?
Da hätt er runterschreien müssn (hier bildete er aus seinen Händen einen Schalltrichter und beugte sich vornüber): ›Jeder zwanzig Dollar!‹, keiner rührt sich. ›Fufzig Dollar!‹, sie mögen net,
›Hundert Dollar!‹ und so weiter. Wenns net nachgeben, steht er
heut noch in der Luft. Der is ja ganz an die Fußgänger ausg'liefert. Nein, die Sachen san no net ausg'arbeitet. I kann Ihnen
bloß abraten.« So schwebte ein Mißton über unserm Abschied.

Ich habe dann Karl Valentin und sein Museum nicht wieder
gesehen, aber beide in einer ungetrübten vollkommenen Erinnerung behalten. Wenn die Direktoren der wissenschaftlichen Mu-
seen sich zur Besprechung versammelten, fehlte eigentlich seine
verehrungswürdige Gestalt. Zugegeben: dieses Museum tanzte
aus der strengen Reihe; es war vorläufig noch zu unhistorisch, zu
phantastisch, zu persönlich. Aber sein Direktor konnte es mit jedem von uns an Genialität der Erfindung, an peinlicher Gründlich-
keit, an Schärfe des Denkens und Sauberkeit der Methode, an un-
verdrossenem Einsatz von Zeit und Hab und Gut aufnehmen.

Es fällt schwer, den Museumsdirektor aus der reichen Persön-
lichkeit herauszugreifen ohne ein Wort tiefsten Dankes an den
qualvollen Verkörperer schwerster Zeitnöte, an den spielenden
Mitbegründer einer neuen Logik, an einen der liebenswertesten
Menschen, die wir gesehen haben.

KURT TUCHOLSKY

Der Linksdenker

> Er ist ein Gespenst und doch
> ein Münchner. *Alfred Polgar*

Das war ein heiterer Abschied von Berlin: sechs Wochen Panke und ein Abend Karl Valentin – die Rechnung ging ohne Rest auf.

Ich kam zu spät ins Theater, der Saal war bereits warm und voller Lachen. Es mochte grade begonnen haben, aber die Leute waren animiert und vergnügt wie sonst erst nach einem guten zweiten Akt. Am Podium der Bühne auf der Bühne, mitten in der Vorstadtkapelle, saß ein Mann mit einer aufgeklebten Perücke, er sah aus, wie man sich sonst wohl einen Provinzkomiker vorstellt: ich blickte angestrengt auf die Szene und wußte beim besten Willen nicht, was es da wohl zu lachen gäbe... Aber die Leute lachten wieder, und der Mann hatte doch gar nichts gesagt... Und plötzlich schweifte mein Auge ab, vorn in der ersten Reihe saß noch einer, den hatte ich bisher nicht bemerkt, und das war: ER.

Ein zaundürrer, langer Geselle, mit stakigen, spitzen Don-Quichotte-Beinen, mit winkligen, spitzigen Knien, einem Löchlein in der Hose, mit blankem, abgeschabtem Anzug. Sein Löchlein in der Hose – er reibt eifrig daran herum. »Das wird Ihnen nichts nützen!« sagt der gestrenge Orchesterchef. Er, leise vor sich hin: »Mit Benzin wärs scho fort!« Leise sagt er das, leise, wie es seine schauspielerischen Mittel sind. Er ist sanft und zerbrechlich, schillert in allen Farben wie eine Seifenblase; wenn er plötzlich zerplatzte, hätte sich niemand zu wundern.

»Fertig!« klopft der Kapellmeister. Eins, zwei, drei – da, einen Sechzehnteltakt zuvor, setzte der dürre Bläser ab und bedeutete dem Kapellmeister mit ernstem Zeigefinger: »'s Krawattl rutscht Eahna heraus!« Ärgerlich stopft sich der das Ding hinein.

»Fertig! Eins, zwei, drei...« So viel, wie ein Auge Zeit braucht, die Wimper zu heben und zu senken, trennte die Kapelle noch von dem schmetternden Tusch – da setzte der Lange ab und sah um sich. Der Kapellmeister klopfte ab. Was es nun wieder gäbe –? »Ich muß mal husten!« sagte der Lange. Pause. Das Orchester wartet. Aber nun kann er nicht. Eins, zwei, drei – tätärätä! Es geht los.

Und es beginnt die seltsamste Komik, die wir seit langem auf der Bühne gesehen haben: ein Höllentanz der Vernunft um beide Pole des Irrsinns. Er ist eine kleine Seele, dieser Bläser, mit Verbandssorgen, Tarif, Stammtisch und Kollegenklatsch. Er ist ängstlich auf seinen vereinbarten Verdienst und ein bißchen darüber hinaus auf seinen Vorteil bedacht. »Spielen Sie genau, was da steht«, sagt der Kapellmeister, »nicht zuviel und nicht zuwenig!« »Zuviel schon gar nicht!« sagt das Verbandsmitglied. Oben auf der Bühne will der Vorhang nicht auseinander. »Geh mal sofort einer zum Tapezierer«, sagt der Kapellmeister, »aber sofort, und sag ihm, er soll gelegentlich, wenn er Zeit hat, vorbeikommen.« Geschieht. Der Tapezierer scheint sofort Zeit zu haben, denn er kommt gelegentlich in die Sängerin hineingeplatzt. Steigt mit der Leiter auf die Bühne – »Zu jener Zeit, wie lieb ich dich, mein Leben«, heult die Sängerin – und packt seine Instrumente aus, klopft, hämmert, macht... Seht doch Valentin! Er ist nicht zu halten. Was gibt es da? Was mag da sein? Er hat die Neugier der kleinen Leute. Immer geigend, denn das ist seine bezahlte Pflicht, richtet er sich hoch, steigt auf den Stuhl, reckt zwei Hälse, den seinen und den der Geige, klettert wieder herunter, schreitet durch das Orchester, nach oben auf die Bühne, steigt dort dem Tapezierer auf seiner Leiter nach, geigt und sieht, arbeitet und guckt, was es da Interessantes gibt... Ich muß lange zurückdenken, um mich zu erinnern, wann in einem Theater so gelacht worden ist.

Er denkt links. Vor Jahren hat er einmal in München in einem Bierkeller gepredigt: »Vorgestern bin ich mit meiner Großmutter in die Oper ›Lohengrin‹ gewesen. Gestern nacht hat sie die ganze Oper nochmal geträumt; das wann i gwußt hätt, hätten wir gar nicht erst hingehen brauchen!«

Aber dieser Schreiber, der sich abends sein Brot durch einen kleinen Nebenverdienst aufbessert, wird plötzlich transparent, durchsichtig, über- und unterirdisch und beginnt zu leuchten. Berühren diese langen Beine noch die Erde?

Es erhebt sich das schwere Problem, eine Pauke von einem Ende der Bühne nach dem andern zu schaffen. Der Auftrag fällt auf Valentin. »I bin eigentlich a Bläser!« sagt er. Bläser schaffen keine Pauken fort. Aber na... latscht hin. Allein geht es nicht. Sein Kollege soll helfen. Und hier wird die Sache durchaus mondsüchtig. »Schafft die Pauke her!« ruft der Kapellmeister ungeduldig. Der Kollege kneetscht in seinen Bart: »Muß das gleich sein?« Der Kapellmeister: »Bringt die Pauke her!« Valentin: »Der Anderl läßt fragen, wann.« – »Gleich!« Sie drehen sich eine Weile um die Pauke, schließlich sagt der Anderl, er müsse dort stehen, denn er sei Linkshänder. Linkshänder? Vergessen sind Pauke, Kapellmeister und Theateraufführung... Linkshänder! und nun, ganz shakespearisch: »Linkshänder bist? Alles links? Beim Schreiben auch? Beim Essen auch? Beim Schlucken auch? Beim Denken auch?« Und dann triumphierend: »Der Anderl sagt, er ist links!« Wie diesseits ist man selbst, wie jenseits der andre, wie verschieden, wie getrennt, wie weitab! Mitmensch? Nebenmensch.

Sicherlich legen wir hier das Philosophische hinein. Sicherlich hat Valentin theoretisch diese Gedankengänge nicht gehabt. Aber man zeige uns doch erst einmal einen Komiker als Gefäß, in das man so etwas hineinlegen kann. Bei Herrn Westermeier käme man nicht auf solche Gedanken. Hier aber erhebt sich zum Schluß eine Unterhaltung über den Zufall, ein Hin und Her, kleine magische Funken, die aus einem merkwürdig konstruierten Gehirn sprühen. Er sei unter den Linden spaziert, mit dem Nebenmann, da hätten sie von einem Radfahrer gesprochen – und da sei grade einer des Wegs gekommen. Dies zum Kapitel: Zufall. Der Kapellmeister tobt. Das sei kein Zufall – das sei Unsinn. Da kämen tausend Radfahrer täglich vorbei. »Na ja«, sagt Valentin, »aber es ist grad e i n e r kumma!« Unvorstellbar, wie so etwas ausgedacht, geschrieben, probiert wird. Die Komik der irrealen Potentialsätze, die monströse Zerlegung des Satzes: »Ich sehe, daß er nicht da ist!« (was sich da erhebt, ist überhaupt nicht zu sagen!) – die stille Dummheit dieses Witzes, der irrational ist und die leise Komponente des korrigierenden Menschenverstandes nicht aufweist, zwischendurch trinkt er aus einem Seidel Bier, kaut etwas, das er in der Tasche aufbewahrt hatte, denkt mit dem Zeigefinger und hat seine kleine Privatfreude, wenn sich der Kapellmeister geirrt hat. Eine kleine Seele. Als Hans Reimann einmal eine Rundfrage stellte, was sich wohl jedermann wünschte, wenn ihm eine Fee drei Wünsche freistellte, hat Karl Valentin geantwortet: »1. Ewige Gesundheit. 2. Einen Leibarzt.« Eine kleine Seele.

Und ein großer Künstler. Wenn ihn nur nicht einmal die Berliner Unternehmer einfangen! Das Geheimnis dieses primitiven Ensembles ist eine kräftige Naivität. Das ist nun eben so, und wem's nicht paßt, der soll nicht zuschauen. Gott behüte, wenn man den zu Duetten und komischen Couplets abrichtete! Mit diesen verdrossenen, verquälten, nervösen Regisseuren und Direktoren auf der Probe, die nicht zuhören und zunächst einmal zu allem nein sagen. Mit diesem Drum und Dran von unangenehmen Berliner Typen, die vorgeben zu wissen, was das Publikum will, mit dem sie ihren nicht sehr heiteren Kreis identifizieren, mit diesen überarbeiteten und unfrohen Gesellen, die nicht mehr fähig sind, von Herzen über das Einfache zu lachen, »weil es schon dagewesen ist«. Sie jedenfalls sind immer schon dagewesen. Karl Valentin aber nur einmal, weil er ein seltener, trauriger, unirdischer, maßlos lustiger Komiker ist, der links denkt.

NACHBEMERKUNG

Die vorliegende Ausgabe enthält neben den bekanntesten und berühmtesten Monologen, Dialogen und Szenen aus den früher erschienenen Bänden ›Brillantfeuerwerk‹, ›Valentiniaden‹, ›Panoptikum‹ und ›Lachkabinett‹, die bis auf letzteren nicht mehr erhältlich sind, eine Auswahl aus Karl Valentins bisher unveröffentlichtem Nachlaß.

Karl Valentin war ein Mann der Kleinbühne und des Brettls, als Schriftsteller und insbesondere Erfinder von Dialogen eher literarischer Clown als ambitionierter Literat. Er spürte allem nach, was die deutsche Sprache an Absurditäten, scheinbaren Widersprüchen und dialektischen Figuren birgt, nicht um es lesbar, sondern um es *schaubar* zu machen, also durch Mimus und Gestus zum unmittelbaren Ausdruck zu bringen. So muß der bloßen Niederschrift von manchen seiner Texte immer ein Restchen szenischen Witzes fehlen, das der geneigte Leser, will er zum vollen Genuß der Lektüre kommen, aus dem Geiste Valentinischen Wortwitzes und aus eigener Phantasie ergänzen mag. Die in den Text eingestreuten Photographien sollen ihm hierzu einige Anhaltspunkte bieten und gleichzeitig eine Huldigung an Liesl Karlstadt sein, die an den meisten Dialogen und Szenen als Schauspielerin und Partnerin Valentins wesentlichen Anteil hatte.

Quellenhinweis: Der Beitrag von Professor Ernst Buschor wurde der Festgabe für Karl Reinhardt, die 1952 unter dem Titel ›Varia Variorum‹ im Böhlau-Verlag, Münster, erschien, entnommen. Der Essay von Kurt Tucholsky stammt aus dem Band ›Und überhaupt...‹, eine neue Auswahl, Hamburg 1953. Der Verlag dankt Prof. Buschor und dem Rowohlt Verlag für die freundliche Genehmigung zum Abdruck.

Soweit der Verbleib der Urheberrechte zu klären war, erfolgt die Wiedergabe der Fotos mit freundlicher Genehmigung der Eigentümer, dem Bilderdienst Süddeutscher Verlag, München, und Ullstein-Bilderdienst, Berlin. Besonderer Dank gebührt Herrn K. K. Wolter und dem Karl-Valentin-Musäum in München.

Ludwig Thoma

Gesammelte Werke in 6 Bänden
Erweiterte Neuausgabe. Zusammen 3966 S. Ln.,
Hld., Ld.

Ausgewählte Werke in 3 Bänden
M. e. Vorwort von Eugen Roth. Zusammen
1393 S. Ln.

Ausgewählte Werke in einem Band
M. e. Geleitwort von Eugen Roth.
79. Tsd. 647 S. Ln.

So war's einmal
Der ausgewählten Werke anderer Teil. 509 S. Ln.

Ein Leben in Briefen
(1875–1921). 503 S. u. 26 Fotos. Ln.

sowie zahlreiche Einzelausgaben

Georg Queri

Kraftbayrisch

Ein Wörterbuch der erotischen und skatologischen
Redensarten der Altbayern. Mit Belegen aus
dem Volkslied, der bäuerlichen Erzählung und
dem Volkswitz. Faksimile-Druck der Ausgabe
von 1912. 226 Seiten. Pappband

Weltliche Gesänge des Egidius Pfanzelter

Bayrische Geschichten, Grobheiten und Lieder.
Mit Illustrationen von Paul Neu.
Textauswahl von Hans Praehofer.
222 Seiten. Leinen

Der schöne Soldatengesang vom dapfern Kolumbus

Gesungen von Georg Queri. Mit vielen bunten
Bildern v. Paul Neu. Faksimile der Erstausgabe
von 1912. 132 Seiten mit 65 farbigen Abb.
Pappband